"十四五"职业教育国家规划教材

劳动简论

主　编　安鸿章
副主编　李　莉　宋建卫

北京理工大学出版社
BEIJING INSTITUTE OF TECHNOLOGY PRESS

内 容 简 介

本书由中国劳动学会常务理事、我国著名劳动经济专家、首都经济贸易大学安鸿章教授，根据最新的《中共中央国务院关于全面加强新时代大中小学劳动教育的意见》编写而成。教材融思想性、科学性、实用性于一体，既体现劳动教育的思想性，又突出劳动科学的系统性，充分彰显了劳动形态的时代发展性，阐明了劳动与人类伦理、经济、法律、心理、劳动关系、管理、安全等的关系，揭示了劳动永远与每个人的生活与发展息息相关的真理。本书还特别注重结合高等院校"三支一扶""大学生志愿服务西部计划""三下乡"等社会实践活动开展服务性劳动的论述，重视生产实习实训、专业服务和创新创业活动，重视新知识、新技术、新工艺、新方法的运用，结合大学生未来的职业发展和社会生活中可能遇到的各种劳动问题，普及必要的实用知识。

全书语言流畅，结构清晰，案例丰富，体例合理，可作为各级高校大学生的劳动教育公共课教材，也可供社会各界人士作为提高自身劳动素养的参考读物。

版权专有　侵权必究

图书在版编目（CIP）数据

劳动简论 / 安鸿章主编．—北京：北京理工大学出版社，2021.8（2023.9重印）
　ISBN 978-7-5763-0218-9

Ⅰ．①劳… Ⅱ．①安… Ⅲ．①劳动教育–高等学校–教材 Ⅳ．①G40-015

中国国家版本馆 CIP 数据核字（2021）第 172064 号

责任编辑 / 曾繁荣		文案编辑 / 曾繁荣	
责任校对 / 刘亚男		责任印制 / 李志强	

出版发行 / 北京理工大学出版社有限责任公司
社　　址 / 北京市丰台区四合庄路6号
邮　　编 / 100070
电　　话 /（010）68914026（教材售后服务热线）
　　　　　（010）68944437（课件售后服务热线）
网　　址 / http://www.bitpress.com.cn
版 印 次 / 2023年9月第1版第4次印刷
印　　刷 / 唐山富达印务有限公司
开　　本 / 787mm×1092mm　1/16
印　　张 / 19.5
字　　数 / 458千字
定　　价 / 57.00元

图书出现印装质量问题，请拨打售后服务热线，负责调换

前言 PREFACE

劳动是推动经济社会发展的根本力量。2018年9月10日,习近平总书记在全国教育大会上,提出了培养德智体美劳全面发展的社会主义建设者和接班人的总要求。这一提法将劳动教育从以往促进青少年全面发展的层次提升为国民教育体系中与德育、智育、体育、美育并举的重要组成部分。

2020年3月,中共中央、国务院颁发了《中共中央国务院关于全面加强新时代大中小学劳动教育的意见》,对新时代大中小学加强劳动教育进行了全面、系统的部署,强调:"劳动教育是国民教育体系的重要内容,是学生成长的必要途径,具有树德、增智、强体、育美的综合育人价值。"2022年10月16日,中国共产党第二十次全国代表大会报告"深化实施人才强国战略"中再次强调"尊重劳动、尊重知识、尊重人才、尊重创造"。

2020年6月,教育部印发了《高等学校课程思政建设指导纲要》,提出:"课程思政建设内容要紧紧围绕坚定学生理想信念,以爱党、爱国、爱社会主义、爱人民、爱集体为主线,围绕政治认同、家国情怀、文化素养、宪法法治意识、道德修养等重点,优化课程思政内容供给,系统进行中国特色社会主义和中国梦教育、社会主义核心价值观教育、法治教育、劳动教育、心理健康教育、中华优秀传统文化教育。"

高校劳动教育本质上融合了通识教育、专业教育的目的和任务,不仅为受教育者提供通行于不同人群之间的知识和价值观,同时也具有促进受教育者专业化发展,体现高等教育促进人的专业化发展的作用。通过劳动教育课程,可以培养学生的劳动精神(含劳动态度、劳动理念、精神风貌),使其成为有素质的劳动者;进而可培养学生的工匠精神(包括爱岗敬业、刻苦钻研、精益求精、追求卓越等),鼓励其成为优秀的劳动者;更进一步地,可以激发学生向劳动模范们学习劳模精神,促使其在工作中爱岗敬业、争创一流、艰苦奋斗、勇于创新、淡泊名利、甘于奉献,成为影响别人的杰出劳动者。

在《中共中央国务院关于全面加强新时代大中小学劳动教育的意见》发布之后,我们根据这一意见,经过紧张研制和编撰,将《劳动简论》正式付诸出版。

《劳动简论》是融思想性、科学性、实用性于一体的创新教材,既体现了劳动教育的思想性,运用马克思主义唯物史观,阐述了全面的、本原的劳动观,把劳动看成包括人类创造世界、改造世界的一切实践活动;又突出劳动科学的系统性,充分彰显了劳动形态的时代发展性,阐明了劳动与人类伦理、经济、法律、劳动关系、安全等的关系,揭示了劳动永远与每个人的生活与发展息息相关的真理。此外,教材还特别突出了实用性,注意结合当代大学生未来的职业发展和社会生活中可能遇到的各种劳动问题,普及必要的、实用的知识。

《劳动简论》以培养劳动观念、指导劳动实践、提升劳动能力为基本理念,以培养学生适应当代社会需要的核心素养和现代职场需要的核心能力为具体要求,以日常生活劳动素养、服务性劳动素养、生产劳动素养培养为教学目标。主要内容包括认知劳动世界、培养劳动能力、提升职业素养三个部分,认知劳动世界部分包括劳动本源与劳动意义、劳动分工与劳动组织、劳动权益与环境保护、劳动精神与劳动素养四个模块,培养劳动能力部分包括家庭劳动实践、学校劳动实践、社会劳动实践、职场劳动实践四个模块,提升职业素养部分包括弘扬职业精神、提升职业素养两个模块。

教材采取分场景的劳动实践指导(家庭、学校、社会、职场)方式,介绍了有关通用劳动技能和职业素养的内化训练方法,旨在引导新时代大学生坚定树立马克思主义劳动观,正确认识劳动的现象与本质,正确理解劳动与社会的关系,正确认识与处理中国特色劳动关系,真正懂得劳动创造价值、劳动关乎幸福人生的道理。

劳动教育是一门实践性很强的课程。为更好地贯彻落实党的二十大精神,除了扎实推进新时代高校劳动教育的课程建设外,各高校至少还需要做到七个"相结合",即劳动教育与思想政治教育相结合、劳动教育与专业教育相结合、劳动教育与实习实训相结合、劳动教育与社会实践和志愿服务相结合、劳动教育与创新创业教育相结合、劳动教育与产教融合相结合、劳动教育与职业生涯教育及就业指导相结合,进一步完善劳动教育体系,将劳动教育融入育人各环节。

《劳动简论》一书由中国劳动学会原常务理事、我国著名劳动经济专家、首都经济贸易大学安鸿章教授领衔担任主编,由鞍山师范学院李莉教授、石家庄学院宋建卫副教授担任副主编。本书在编写过程中,参考和借鉴了许多国内外专家学者的著作和文献材料,在此一并表示感谢,因作者水平有限,书中难免存在不足之处,恳请专家及读者批评指正!

安鸿章

目 录 CONTENTS

第一部分　认知劳动世界

模块一　劳动本源与劳动意义 ··· 2
　项目一　劳动基本概念和意义 ··· 3
　项目二　马克思主义劳动观 ··· 13
　项目三　中国劳动教育的前世今生 ····································· 22

模块二　劳动分工与劳动组织 ··· 28
　项目一　劳动者和人力资本开发 ······································· 28
　项目二　社会劳动分工 ··· 38
　项目三　劳动基本制度 ··· 47

模块三　劳动权益与环境保护 ··· 60
　项目一　劳动法律法规 ··· 60
　项目二　劳动合同及权利保障 ··· 68
　项目三　劳动安全和环境保护 ··· 79

模块四　劳动精神与劳动素养 ··· 88
　项目一　劳动精神 ··· 88
　项目二　工匠精神 ··· 97
　项目三　劳模精神和劳动素养 ··· 105

第二部分　培养劳动能力

模块五　家庭劳动实践 ··· 114
　项目一　自我服务劳动 ··· 114
　项目二　日常生活劳动 ··· 124

项目三　日常家务劳动 ··· 133

模块六　学校劳动实践 ·· 146
　　项目一　校园清洁和环保行动 ·· 146
　　项目二　义务劳动和勤工助学 ·· 157
　　项目三　专业服务和创新劳动 ·· 165

模块七　社会劳动实践 ·· 175
　　项目一　社会实践和社会调查 ·· 175
　　项目二　志愿服务和社区劳动 ·· 189
　　项目三　农工商生产劳动 ·· 198

模块八　职场劳动实践 ·· 209
　　项目一　劳动保护和消防安全 ·· 209
　　项目二　实习兼职和现场管理 ·· 222
　　项目三　角色转换和职场适应 ·· 239

第三部分　提升职业素养

模块九　弘扬职业精神 ·· 252
　　项目一　树立职业意识 ·· 252
　　项目二　担当职业责任 ·· 262
　　项目三　培养职业精神 ·· 269

模块十　提升职业素养 ·· 277
　　项目一　洞悉职场与职业人 ··· 277
　　项目二　达成人职匹配 ·· 286
　　项目三　培养终身学习习惯 ··· 294

参考文献 ··· 305

第一部分

认知劳动世界

模块一

劳动本源与劳动意义

学习指南

劳动,创造了人类,创造了世界,创造了文明;它促进了人的成长与发展,丰富了人们的精神世界;它是人类社会生存和发展的基础,是人维持自我生存和自我发展的唯一手段。恩格斯指出,"劳动是整个人类生活的第一个基本条件,而且达到这样的程度,以致我们在某种意义上不得不说:劳动创造了人本身"。

人类的劳动是体力与智力的结合。随着生产力的发展和人们认识水平的提高,体力劳动和智力劳动渐渐分离。但是,体力劳动和脑力劳动作为一个整体不可分割,二者只是分工不同,没有高低贵贱之分。新的时代,人类劳动的形态已经发生了巨大的变化,许多劳动已被机器代替。但是,在可以预见的未来,体力劳动仍然是不可或缺的。体力劳动仍然是人们维持日常生活所必备的一种基本能力,体力劳动在培养我们的想象力和批判性思维方面的作用是不可替代的。

劳动教育,根植中华五千年的优秀传统文化,承载以劳动为立德树人理念,对推动劳动创新、建设教育强国意义重大。新时代重提劳动教育是对劳动教育的本质认识回归,既有马克思主义"教劳结合"思想的引领,又有"耕读传家久"的传统,作为新时代大学生,要牢固树立"大劳动观",拓展劳动的广度与深度,重构个体与他人、社会和自然的关系,立志成长为一名爱劳动、会劳动、会感恩、会助人的德智体美劳全面发展的社会主义建设者和接班人。

本模块主要包括劳动基本概念和意义、马克思主义劳动观、中国劳动教育的前世今生三个项目,通过学习引导大学生树立科学的劳动观、充分认识劳动是一切成功的必由之路,是创造价值的唯一源泉,积极培养吃苦耐劳、勤劳勇敢、爱岗敬业、诚实守信、埋头实干的劳动精神,形成在劳动实践中发现问题、展开研究、整合知识、解决问题,变单一的体力劳动为具有思维含量的创造性劳动的意识,让劳动教育落地生根、开花结果,让劳动教育凸显实效、绽放魅力,让劳动教育为学生的终身发展和人生幸福奠基。

项目一　劳动基本概念和意义

哲人隽语

> 社会性进步和道德进步，取决于组成这个社会的人们如何看待劳动，把劳动看作什么。
>
> ——苏霍姆林斯基

案例导入

宁肯一人脏，换来万家净

在我国的英模录上，铭刻着一位普通掏粪工人的名字——时传祥。他以"宁肯一人脏，换来万家净"的精神，为首都北京的干净美丽作出了贡献。1966年国庆节前，毛泽东特意把他接进中南海小住。国庆节当天，他被当作贵宾请上了天安门，参加国庆观礼活动。

分析：时传祥，一个普通掏粪工人，因为辛勤劳动、工作兢兢业业，成为一个人人称颂的楷模。用心工作，首先要劳动、要踏实勤奋。劳动没有高低贵贱之分，只有分工的不同，未来无论我们在什么岗位，做什么工作，都应做到踏踏实实、勤奋忘我。一分耕耘，一分收获，美好的人生梦想，只有通过辛勤劳动、诚实劳动和创造性劳动才能实现。

一、认识劳动

劳动是人类社会存在和发展的最基本条件，劳动在人类形成过程中，起到了决定性的作用。劳动是人类的本质特征，社会上一切的物质财富与精神财富都来源于劳动，可以说，没有劳动，就没有人类的生活，劳动是人类特有的。

（一）劳动的概念

劳动有广义和狭义之分。狭义的劳动仅指生产和生活中的劳动，它是人类活动的一种特殊形式，是具有一定劳动知识和技能的人或人群使用劳动工具，是以获取劳动成果为目的而对外部对象实施改造的活动。

广义上说，现代社会还对劳动有许多延伸性的解释，如各类脑力劳动和服务劳动。人们从事的写作、设计、管理、规划等活动，因为主要需要人们的智力参与，故被称为脑力劳动；另外，酒店服务员、导游、银行工作人员、销售人员等从事的活动是无形的服务，故被称为服务劳动。

与劳动相区别的概念是休闲娱乐活动，如打游戏、看电影及体育运动等。休闲娱乐活动虽然具有愉悦身心、提升身体素质、促进人际交往的功能，是人类不能缺少的活动，但它们不是劳动，最根本的原因是它们不以获得劳动产品为目的。

（二）劳动的分类

按照不同的分类标准，我们可以把劳动分为以下几种类型：根据劳动主体所耗费的劳动力的形态，劳动可分为体力劳动和脑力劳动；根据劳动对劳动主体的知识、经验和技能的要求，以及劳动主体所实际耗费的劳动力体力、脑力或体力与脑力的综合量，劳动可分为简单劳动和复杂劳动；根据商品生产的劳动二重性，劳动可分为具体劳动和抽象劳动；根据劳动者付出劳动的必要程度，可分为必要劳动和剩余劳动。

1. 体力劳动和脑力劳动

体力劳动是劳动者以运动系统为主要运动器官的劳动。脑力劳动是劳动者以大脑神经系统为主要运动器官，以其他生理系统的运动为辅的主体运动，如思考、记忆等。

对劳动作这样的区分的必要性在于，自出现脑体分离以来，体力或脑力就呈现出分离状态，体力劳动与脑力劳动的分离不是从来应有的，也不会永远持续下去。体力是脑力的基础，脑力劳动支配体力劳动，产生劳动价值。人的任何一种活动都是体力劳动和脑力劳动共同的成果。在未来理想社会中，人类劳动的耗费，即体力和脑力会呈现出有机融合状态。

2. 简单劳动和复杂劳动

简单劳动是指不需要经过专门训练和培养，没有专长的一般劳动者都可以从事的劳动。复杂劳动是指需要经过专门的训练和培养，具有一定的文化知识和技能的劳动者才能从事的劳动。在同样的时间里，复杂劳动创造的价值量等于成倍的简单劳动创造的价值量。

简单劳动所产生的产品的剩余价值较低，而复杂劳动所产生的产品的剩余价值相对要高。技能是劳动力在劳动过程中掌握的熟练程度而已。例如，农民种植的土豆每斤 2 元，而科学家的一些研究发明却价格不菲。形成商品价值的劳动以简单劳动为计量单位，复杂劳动等于多倍的简单劳动，复杂劳动的产品等于多量简单劳动的产品。复杂劳动背后有教育等的付出，才会在同样时间里，比简单劳动创造更多价值。正因为这样，人类需要教育，需要高级技术，这就是学习的动力之一。"在劳动、资本、知识、技术、管理、数据等要素参与的收入分配制度中，所谓按劳分配的'劳'，不只是指生产一线的直接劳动者的劳动，还有技术、知识、管理、数据的劳动，这些劳动属于复杂劳动。只有复杂劳动的报酬得到体现，连同生产一线的劳动者的报酬加起来，才能够体现以按劳分配为主体。"

当然，复杂劳动和简单劳动的区分是相对的。在一定条件下的复杂劳动，在另外条件下可能就是简单劳动。由于劳动复杂程度不同，在相同的时间内创造的价值也是不同的。

3. 具体劳动和抽象劳动

具体劳动是指在一定具体形式下进行的劳动，是有形的、看得见的。具体劳动创造出不同的使用价值，从而产生了交换。

抽象劳动是指撇开了具体形式的、人类一般的、没有差别的劳动，是人类劳动力（脑力和体力）一般生理学意义上的支出或消耗。抽象劳动反映的是商品生产者之间的经济关系，是劳动的社会属性。抽象劳动形成商品的价值，它是商品经济下特有的历史范畴。

具体劳动和抽象劳动是对立统一的。一方面，二者是统一的，因为商品生产者在进行具体劳动时，同时也付出了抽象劳动，它们在时间、空间上是统一的，二者不可分割；另一方面，二者又是对立的，因为具体劳动和抽象劳动是生产商品时劳动的两种不同属性，但不是两种不同的劳动。

4. 必要劳动和剩余劳动

必要劳动是指劳动者为维持和再生产劳动力所必需的劳动。通俗地讲就是劳动者为了维持自己和家庭的生活所必须付出的那一部分劳动。在必要劳动中所花费的时间，就是必要劳动时间。

剩余劳动与必要劳动相对应，是指超过维持劳动力生产和再生产需要的劳动，亦即生产剩余产品所消耗的劳动，在私有制社会中即为剥削者所占有的劳动。剩余价值被资本家榨取，这是剩余价值的来源。在当前阶段，劳动还是人们谋生的手段，谋生的范围就是必要劳动的范围。随着社会的进步、文化的发展，劳动者的必要劳动范围也应扩大，相应的劳动报酬有增长的趋势。

（三）与劳动有关的概念辨析

1. 劳动与实践

在马克思主义哲学中，实践是一个表征人与自然、人与社会、人与自己诸多相互关系的总体范畴。相比之下，劳动虽然是实践的原型，是最基础的实践活动，但在概念的外延上，劳动小于实践，只是实践的一部分。

2. 劳动与工作

劳动与工作经常是通用的，但劳动肯定是一种工作，而工作不一定是劳动。我们把劳动界定为直接的物质资料生产，因此，很多工作，比如资本的经营管理工作、政治思想工作、文化工作等，就不是劳动。所谓工作，是指在一定的社会分工体系中所从事的某项活动，人类的绝大部分实践活动，除了以消费活动或人本身的生产为主的日常生活实践，都叫作工作或职业活动。工作或职业活动，其外延仅小于实践的范畴，比劳动范畴的外延要大得多。

人们通常不加区别地使用劳动分工和社会分工这两个概念，其实，社会分工比劳动分工要大得多。的确，追根究底，所有其他的社会生活领域都是从劳动领域分化出来的，但一旦这样一种社会分工格局形成，劳动分工反而只是整个社会分工的一部分。凡是在社会分工体系中从事一定职业、履行一定职责、得到一份报酬的活动，都叫作工作，不管它是不是直接生产物质资料的劳动。

3. 劳动与生产

在日常语言乃至学术语言中，劳动与生产经常是互换的，是一对同义词或近义词，而且两个词经常连用而组成新词，如生产劳动、生产性劳动、劳动生产力、劳动生产率等。但生产范畴在外延上是大于劳动范畴的：首先，有些生产活动并不是物质资料生产，比如人口的生产或精神文化产品的生产；其次，物质资料生产包含着比劳动更多的内容，谁也不能否定投资和资本经营活动在物质资料生产过程中的地位和作用，但我们肯定不能把投资和资本经营活动称之为劳动。

此外，生产范畴小于工作范畴，因为很多工作或职业活动，比如政治和社会管理活动，不能叫作生产活动。

根据上述论述，实践、工作、生产、劳动这四个范畴的关系可以用下式表示：实践>工作>生产>劳动。

劳动简论

> **延伸阅读**
>
> **劳动范围的绝对扩大与劳动边界的相对缩小**
>
> 所谓劳动范围的绝对扩大，是指人类改造自然界的广度、强度、力度和深度，人类劳动的平面的和立体的、横向的和纵向的半径，一直在并且还将要不可遏止地增加。所谓劳动边界的相对缩小，是指劳动在人类实践和社会生活结构中所覆盖的范围、所占的比重已经并正在逐步缩小。相对而言，人类其他的实践活动和社会生活的范围已经空前大。
>
> 并不是每个人都理解这种相反相成的运动。很多人看到劳动改造自然界的范围的绝对扩大，就误以为劳动在社会生活中的范围和边界也在绝对扩大，于是在潜意识中，自觉不自觉地出现劳动概念的泛化。
>
> 我们可以把工作或职业界定为合法的谋生或赢利活动，但许多这样的活动也显然不能称为劳动。比如，股票交易活动也要付出一定的体力，而且要付出极高的智力，这种活动可能会给投资者带来很高的回报并且因为繁荣了资本市场而促进了市场经济和物质资料生产的发展，这是一种合法的并且受到社会鼓励和保护的工作或职业。我们还经常在各个彩票售卖点上看到若干彩民非常认真地从事他们的职业活动。社会上还有许许多多与物质资料生产没有直接联系的工作或职业活动，它们都要付出一定的体力和智力，都在为社会提供这样或那样的产品和服务，都在以某种方式推动社会的进步和发展，但我们不能因此就把它们都叫作"劳动"。
>
> 从词源学的角度来看，Labour 的本义指分娩时的痛苦（与中文"生产"的原义同义），这种理解比较忠于劳动的词源学意义，强调了劳动所具有的直接地改造自然的含义，以及劳动的辛苦与艰难，中国古人也很强调劳动的这一方面。本书认为，应该在继承对劳动的这一传统理解的基础上，确定现代劳动的范围和边界。
>
> 当然，在现代社会直接的物质资料生产活动与其他生产活动、经济活动、职业活动、实践活动密切联系和依赖、相互转化和渗透的情况下，要在劳动和其他活动之间划出一条泾渭分明的界线是不可能的，在两者之间会有一块比较模糊的区间，其间的很多活动兼有劳动和其他活动双重性质。但是不管怎么说，离直接的物质资料生产比较远的活动，就不再属于劳动的范围了。

二、劳动对人类社会的意义

人类从原始人进化为现代人，从茹毛饮血的时代进入现在的信息化时代，从原始社会进入社会主义社会，从文字的诞生到文学的繁荣，从刀耕火种到机械化大生产，劳动者用自己的双手与智慧绘制出社会进步的美丽蓝图。

（一）劳动创造了人类

人类从何而来？一直是人们不断探索的科学问题，根据达尔文的物种起源进化理论的观点，人类由类人猿进化而来。从动物进化到人，是劳动促进了这一进程，劳动是人类适应自然和改造自然的独特方式。恩格斯在《劳动在从猿到人转变过程中的作用》一书中指出，其实劳动和自然界一起才是一切财富的源泉，自然界为劳动提供材料，劳动把材料变为财富。但是劳动还远不止于如此，它是整个人类生活的第一个基本条件，而且在某种意义上说：劳动创造了人本身。劳动是人类生存的基本条件，是推动人类社会进步的根本力量，通过劳动，人类得到了大自然的赋予，使丰富的自然资源成为人类的财富；人与人形成了各种社会关系，推动着社会的进步和发展；人自身的体力及脑力得以不断发展，促进了人的全面发展。

恩格斯说："首先是劳动，其次是语言和劳动一起，成为猿人发展的主要推动力，猿的脑髓逐渐变成了人的脑髓。"他认为，手的使用和语言思维的产生都是在生产劳动过程中形成和发展的，正是由于劳动，人才得以从动物界中分化出来。唯有劳动能使人生存和发展，能使人成其为人。劳动是人类赖以生存、发展的决定力量。劳动创造智慧，智慧创造生产工具。人发明制造劳动工具让劳动创造获取更多的价值。劳动是人类生存的需要，也是安全的需要、爱的需要、发展的需要，是人最后自我实现的需要。

（二）劳动创造了社会

社会是指由一定的经济基础和上层建筑构成的整体，也泛指由于共同物质条件而互相联系起来的人群。马克思在充分研究人类历史、经济和科学的发展后发现，人类社会是以物质生产为基础的，现有生产力所决定的分工造成的不同人的经济地位，决定了不同人的社会地位，社会的形态、法律、道德等上层建筑是由经济占统治地位的群体所决定的。

在人类社会由原始社会、奴隶社会、封建社会、资本主义社会、社会主义社会、共产主义社会的不断更替中，人类使用劳动工具的变化促进了社会形态的变化。人类在使用工具中经历了石器时代、铜器时代、铁器时代、蒸汽时代、电气时代、电子时代，在技术社会形态中呈现出从渔猎社会、农业社会、工业社会到信息社会的序列。

从劳动与社会发展的关系角度来看，劳动不仅创造了人类，也创造了社会，劳动是人类创造物质财富和精神财富的基本途径，推动着社会历史向前发展。任何社会发展所需要的物质财富和精神财富都必须通过劳动来创造，有了人类的劳动，才有了满足人类生存必需的前提。

（三）劳动创造了人类文明

"文明"这个词最早见于《易经·乾卦》："见龙在田，天下文明。"唐代经学家孔颖达解释为："天下文明者，阳气在田，始生万物，故天下有文章而光明也。"现在，我国正在大力加强社会主义核心价值体系建设，倡导富强、民主、文明、和谐，倡导自由、平等、公正、法制，倡导爱国、敬业、诚信、友善，积极培育和践行社会主义核心价值观。总之，无论是中国古代还是现今的新时代，创造社会文明都是国家所需，是人民所盼。

人类文明的轨迹是随着人类劳动创造的价值而发展的。人类通过劳动创造了农耕文明、工业文明、信息文明，还塑造了人类的道德观念。精神文明在劳动中孕育、发展、进步，人类的劳动成果越来越丰富，劳动的技术越来越高端，人类文明的程度也越来越高。

劳动简论

> **延伸阅读**
>
> **全面客观看待劳动在人类实践和社会生活体系中的地位和作用**
>
> （一）劳动是最核心的实践活动
>
> 我们把人类实践活动划分为四种：物质资料生产、社会变革活动、文化产业活动和日常生活实践。在这四种实践中，迄今为止，物质资料生产仍然是人类第一位的实践活动，这不仅仅是因为人类的生存和发展受到自然界永恒的制约，只有物质资料生产才能为人类的生存和发展、为人类的其他实践提供物质条件，还因为其他实践活动最初是从物质资料生产中发展出来的。我们又进一步把物质资料生产分为直接的和间接的，即劳动和资本经营活动，其中，劳动对于资本经营活动具有本体论的和历史的优先性：被开发的土地等自然资源、生产工具、作为交换媒介和储藏手段的货币等生产条件和生产资料是积累和凝固的活劳动，是劳动的产物；只有在相当发达的劳动分工和交换的基础上，资本才能作为独立的生产要素产生出来并被运营，虽然集中经营的资本相对于分散的劳动表现出强大的优势，但资本能够集中经营，本身又是分散的劳动长期积累的结果。
>
> （二）劳动是整个人类生活世界和社会结构的基础
>
> 我们把人类活动或人类生活划分为人类特有的活动和人类的动物性活动，又把人类特有的活动划分为人类的实践活动和人类的精神活动。人类的动物性活动、实践活动和精神活动，就构成人类生活的总和，构成人类的生活世界和人类社会，而劳动正是这座宏伟的建筑物的基础。正如马克思所说，只要人类停止劳动哪怕是一年的时间，这座建筑物就会轰然倒塌。我们每个人的生活都可以为此作证：一旦我们失去劳动提供给我们的吃穿住的资料，我们就会活活地被饿死和冻死；我们的确需要其他人类活动所创造的条件才能够活得更好一些，但没有劳动所创造的生活资料，我们连活着都是不可能的。

三、劳动对个人的意义

我们为什么要劳动？当生产力还不是很发达的时候，人们为了获取食物、衣服、住所等生活必需品，不得不每天辛勤劳动。在这种生产力发展水平的社会中，大多数人的大部分时间要用于劳动，但他们未必喜欢劳动；随着生产力的发展，社会财富日益丰富，人们开始有时间来反思劳动的价值，逐步认识到劳动对于社会和人发展的深刻意义。

（一）劳动产生知识

我们生活在一个教育普及的社会，一个没有知识的人，或者知识贫乏的人，是无法适应现代生活的。劳动是知识获得的重要途径，而且在劳动中获得的知识更加实用，这种知识能更加有效地促进智慧的发展，提升应对环境的能力。陶铸先生说："劳动是一切知识的源泉。"这句话告诉我们，劳动可以帮助我们学到大量书本上没法学到的实用知识，而且我们只有在劳动中才能深刻地理解知识，学会运用知识，成为具有真才实学的人。正所谓实践出真知，要获得有用的知识、发展做事的能力就要勇于投入到劳动实践中。人类璀璨的知识和文化艺术作品都是在劳动中诞生的。

(二)劳动开发思维

人类的思维活动离不开实践活动,而智力的核心是思维能力。实践活动既有学习活动,又有创造活动,而劳动兼有学习与创造这两个功能。比如,在劳动中,我们往往会遇到课堂上、书本里没有的问题,这就会引起大脑的思维,就要对劳动的结果有所预想,就要设计达到目的的过程。当我们克服了劳动中的困难,解决了劳动中的问题,看到了自己的劳动成果,便会获得成功的喜悦,这将进一步激发我们的求知欲,增加学习兴趣,促进智力发展,而这一过程在其他活动中是难以实现的。

(三)劳动培养吃苦耐劳精神

劳动不仅是一种生活体验,也是锻炼动手能力、社会实践能力的重要途径,更是培养尊重劳动、勤俭节约、劳动光荣等价值观的重要方式。有企业反映,刚入职的部分大学生受不了一点苦和委屈,没有坚定的意志,缺乏吃苦耐劳精神。因此,大学生在学校时就应多参与一些力所能及的劳动,勇于自我挑战,使自己敢于吃苦、乐于吃苦,从而培养吃苦耐劳的劳动精神。随着社会的进步、科学的发展,我们在未来社会所从事的劳动愈来愈依靠智力而不是体力。

(四)劳动培养责任意识

劳动是衡量一个人综合素质的最后形式,通过劳动教育,人的道德、知识、能力、素质可以得到全面、综合的提升和展示。劳动教育有助于培养大学生独立自主的生活生存能力,有助于增强公民意识和社会责任感。国内外大量的调查研究证明,从小养成劳动习惯,长大后更具有责任心,也更容易适应家庭生活和职场工作的需要。

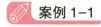

案例 1-1

从洗马桶到世界旅馆业大王

一位年轻人在一家星级酒店得到了他的第一份工作——在卫生间清洗马桶。他因此心灰意冷,十分消沉。难道自己的人生就从马桶开始,沿着马桶一直走下去吗?

这时,一位前辈出现在年轻人的面前。长者什么多余的话都没说就开始动手清洗马桶。年轻人漫不经心地站在旁边瞧着。等清洗完毕,马桶内外光洁一新。长者从马桶里盛出一杯水,当着年轻人的面一饮而尽。这杯不同寻常的水,给了这位年轻人极大的震撼!

从此,这位洗马桶的年轻人仿佛脱胎换骨,每天兢兢业业地踏实工作,工作质量达到了无可挑剔的程度,他也可以从自己洗过的马桶里盛出一杯水,眉头不皱地喝下去……

这位年轻人就是后来的世界旅馆业的大王——赫赫有名的康拉德·希尔顿。

(五)劳动培养劳动价值观

思想决定行动,树立什么样的劳动价值观很重要,直接影响着我们对劳动的态度和行为。教育的本质是培养人,从人的发展视角来看,其根本目的就是全面提高劳动者的素质,为了实现这一目的,每个人必须克服轻视劳动教育的观念,把劳动教育提高到全面贯彻教育方针的高度。劳动教育是德育、技术意识、创新意识与文明意识相互作用与统一的一门课程,它具有其他学科不可替代的育人功能。新时代劳动教育是中国特色社会主义教育制度的重要内容,直接决定社会主义建设者和接班人的劳动精神面貌、劳动价值取向和劳动技能水

劳动简论

平，因此要重视劳动教育。

（六）劳动是个体发展的重要条件

劳动是个体健康成长、走向成熟的重要条件。正确看待劳动，乐于接受劳动，是一个人认识成熟的重要标志。有研究发现，做家务的孩子比不做家务的孩子成绩优秀的比例高27倍，原因就在于他们更具有独立精神。近代思想家们普遍重视劳动对人发展的价值，认为参加劳动有利于促进身心的和谐发展。我国著名教育家陶行知先生说："人有两个宝，双手和大脑，双手会做工，大脑会思考，用手又用脑，才能又创造。"他要求每位学生都拥有"科学的头脑、健壮的双手、农夫的身体、艺术的情趣、改造社会的精神"。总之，只有手脑并用，各个方面才能得到协调发展，才能称为健全的人。

（七）劳动是个人和家庭幸福的源泉

幸福是个人由于理想的实现或接近而引起的一种内心满足，追求幸福是人们的普遍愿望。幸福不仅包括物质生活，也包括精神生活；幸福不仅在于享受，也在于劳动和创造。在科学技术日新月异的未来社会，我们必须具备多方面、多层次的劳动能力和勤奋工作的态度才能适应。不论将来从事什么工作，都需要有动手的技能技巧，这与知识的掌握有联系但又有区别。如果我们在成长过程中就珍惜动手机会，有意识地训练自己的动手动脑能力，久而久之，就会形成动手动脑的好习惯，在未来社会中便能很好地适应生活和工作的需要。人世间的美好梦想，只有通过辛勤劳动、诚实劳动和创造性劳动才能实现；发展中的各种难题，只有通过劳动才能破解；生命里的一切辉煌，只有通过辛勤劳动和诚实劳动、创造性劳动才能铸就。

四、劳动文化

回顾中外人类文明史，我们会发现，它其实就是一部人类奋斗史。如果把人类文明的历史比作一幅绚丽的画卷，那么这幅画卷的底色一定是人类的劳动。

（一）劳动是文学创作的源泉

劳动不仅创造了历史，也创造了美。人们在劳动过程中体现出来的智慧、品格、情感等，都成为无数文学艺术作品竞相讴歌的对象。劳动孕育了文学作品，文学作品中反映了劳动人民的生活。《诗经》作为中国第一部现实主义诗歌总集，其中篇目最多的《国风》部分大都描述劳动人民生活。在中国的文化诗词中，有很多描述劳动的名篇，从唐代李绅的《悯农》，到宋代范仲淹的《江上渔者》，再到现代文学中老舍的《茶馆》和当代路遥的《平凡的世界》，都用不同的劳动者形象反映了作者生活年代的社会状况。

案例 1-2

文学界的改革先锋——路遥

2018年12月18日，庆祝改革开放四十周年大会在北京人民大会堂隆重召开。在这次大会上，已故著名作家路遥被中共中央、国务院授予"改革先锋"荣誉称号。

这份荣誉对于路遥来说，实至名归。作为改革开放的亲历者和见证者，他用手中的笔深刻描绘了1975年至1985年间波澜壮阔的生活场景。这是党和政府给他的最高褒奖，也是对他文学创作的再一次肯定。

路遥是一位有着远大梦想的伟大作家,几十年来,他用殉道式的写作方式,"像牛一样劳动,像土地一样奉献"的创作精神,不惜以生命为代价,创作出一部部精品力作。无论是《惊心动魄的一幕》《在困难的日子里》《人生》,还是后来获茅盾文学奖的《平凡的世界》,以及他的生命绝唱《早晨从中午开始》,这些作品传递了正能量,激励了一代又一代有志青年。

他是文学战线上的一面旗手,也是时代的歌者,站在陕北黄土高原,描绘祖国大好河山,抒发向善向上的情怀,使读者产生强烈共鸣。

路遥,无愧于这个时代,无愧于脚下的土地。

(摘编自:《光明日报》,2019年11月29日)

分析:路遥作为一名作家,用自己的笔将生活写入作品,通过作品中的人物歌颂劳动者的伟大与不懈奋斗的人生历程。正如《平凡的世界》里写道:"我是一个平凡的人,但一个平凡的人也可以过得不平凡。"劳动者可以通过自己坚忍的精神、辛勤的劳动,改变命运、创造不平凡的世界。

(二)劳动是音乐创作的灵感

劳动产生了音乐。在人类还没有产生语言的时候,人们在劳动中通过有节奏的号子来传递信息,这些号子就是最早的音乐雏形。例如,人们庆祝收获时会敲打石器、木器表达喜悦、欢乐的情感。到了现代,歌颂劳动的音乐作品更是不胜枚举。在这些作品中,我国作曲家创作的一大批"劳动者之歌"极富特色。我国一代代作曲家用他们细腻而深情的笔触,歌颂着各行各业建设社会主义事业的劳动者们。《咱们工人有力量》《我为祖国献石油》唱出了工人们鼓足干劲、建设国家的壮志豪情;《美丽的草原我的家》《渔家姑娘在海边》《乌苏里船歌》表现了我国广袤土地上不同地域劳动者们对家乡和祖国的热爱之情;《晒稻草》《新货郎》以鲜明的画面感打动观众,使人们仿佛置身于热闹的劳动场景中;《铁砧之歌》《缆车》道出劳动是人类共有的美德;《沿着社会主义大道奔前方》《在希望的田野上》歌声优美、激昂。

(三)劳动是绘画艺术的素材

劳动不但产生了文学、音乐,也催生了绘画艺术,画家们通过国画、油画、水彩、素描、雕塑、摄影等不同的艺术媒介,用手中的画具描绘热火朝天的劳动场面,为默默耕耘在一线岗位上的职工和劳动模范代表描形写意,结合现场体验和对劳动精神的理解,创作了一批形式多样、充满艺术表现激情的作品,如法国画家库尔贝(1819—1877)的作品《筛麦妇》。库尔贝对整幅画的朴素拿捏得十分精确,他没有过分渲染贫困辛劳,而是将日常劳作表现得欣欣向荣、趣味盎然,如图1-1所示。

图1-1 库尔贝的《筛麦妇》

人类的历史,就是劳动的历史,劳动人民赋予艺术以生命,艺术通过表现手法将劳动人民的生活进行升华。劳动就像时间海洋里的一艘巨轮,带着人类从蛮荒走向文明,而文化艺术就是巨轮航行中激起的魅力浪花。精彩人生,始于劳动。

劳动简论

总结案例

最美清洁工20多年未过春节

新春佳节，家家户户燃放烟花爆竹，欢度春节，却给环卫工人带来了繁重的工作，他们的工作量比平常增加了两三倍。李萍叶是七里河城管局清扫所清扫二站的环卫工人，她当环卫工人20多年来，每年春节，基本上都在马路上清扫垃圾。

凌晨3点起床　清扫垃圾

李萍叶所在的清扫二站负责敦煌路的清扫工作，从西站到十里店黄河大桥，由于此路段属于兰州市商业中心和交通枢纽站，每天产生的垃圾也特别多。

春节期间，她们分三班清扫，早班从凌晨3点清扫到6点半，有时垃圾多的话会延长至早晨8点钟，这时大多数烟花爆竹燃放后产生的垃圾就清扫完毕了；第二班从早晨9时至中午1时，来回巡逻做路面保洁工作；第三班从中午1时至下午6时。由于早班的工作量最大，全站人员的80%常会被派去做早班的清洁工作。

春节期间，每天李萍叶都把闹铃调到凌晨3点钟，从安西路的家骑车10余分钟，就抵达负责的清扫路段。大年三十，由于燃放的放烟花爆竹比较多，她和同事们凌晨2点钟就开始出动了。

上班20多年　春节从未放过假

李萍叶在七里河城管局清扫所当环卫工人20多年了，春节从未放过假，并且还要比平时忙很多倍。以往早班能清扫两三车垃圾，春节期间要扫五六车垃圾，除夕和元宵节还要多。

每年的除夕夜和正月十五这两个团圆的日子，她基本上在马路上做清扫，没有和家人一起团聚过。她告诉记者，春节期间工作量比平常增加两三倍，烟花爆竹遍地开花，纸屑和残渣随风乱飘，有些还刮到了绿化带里，清扫难度也增大了。经常还会有前脚刚扫完，后面又燃放鞭炮的情况发生，她们只好回过头去再扫，从早到晚要来来回回扫好多遍。

(资料来源：《西部商报》，2020年1月30日)

分析：平凡的工作，更需要坚守。美好的城市环境，正是来自一位位普通清洁工的辛苦劳动。是什么信念让她能够把这样一份工作坚守20多年？是什么力量支撑她20多年不过春节坚守岗位？这份力量来自对工作的热爱，对劳动的热爱。工作虽然辛苦，但内心是快乐的。我们作为当代大学生，是祖国的未来，是民族的希望，更需要这种坚守平凡岗位、努力工作的精神和毅力。

课堂活动

关于"大学生快递脏衣服回家"现象的调研

一、活动目标

通过调研，让学生充分认识劳动的意义和价值，爱上劳动，崇尚劳动，积极参加劳动。

二、活动时间

一周时间。

三、活动流程

（1）教师阅读材料向学生说明调研背景和现象。

阅读材料："大学生快递脏衣服回家"的现象

2014年3月9日，全国两会新闻中心举行的网络访谈中，国家邮政局市场监管司副司长说，目前高校的快递业务有一部分来自学生把积攒一段时间的衣服寄回家，家里洗完之后再通过快递寄回来。

"大学生将脏衣服快递回家洗"的现象折射出家庭教育与社会教育的偏失，大学生寄脏衣服回家洗，虽不是普遍现象，但一些家长对他们的衣食住行全部代为操办，从而造成大学生独立生活能力的逐步缺失。

由于父母过度溺爱而造就的"小皇帝""小公主"愈来愈多，甚至出现了很多没有"断奶"的大学生。除了邮寄脏衣服的，甚至还有父母买机票将自己"邮寄"到孩子宿舍，给孩子洗完衣服后，再把自己"邮寄"回家。

（2）教师将学生按照4~6人划分小组，以小组为单位进行调研。

（3）调研结束后，每个小组形成一份调研报告。

（4）每组推选一人陈述本组调研报告，其他小组可以对其提问，小组内其他成员也可以回答提出的问题；通过问题交流，将每一份调研报告中的问题弄清楚。

（4）教师进行归纳、分析，总结发生这种现象的背后原因，教导学生如何从自身做起，拒绝此类行为的发生。

（5）教师结合调研报告和整个活动过程中各组表现，对每个小组赋分。

课后思考：

（1）你是如何认识劳动的概念和意义的？

（2）请简述劳动的价值，并思考除了书中所阐述的几点，你还能想到其他的作用吗？

项目二　马克思主义劳动观

> 劳动创造世界。
>
> ——马克思

城市高楼上的"蜘蛛人"

2019年5月2日，在河南省郑州东站附近，"蜘蛛人"正在进行高楼外墙清洁。两根绳，一块吊板，手持刮子、铲刀，在大楼外墙"飞檐走壁"，这是城市高楼外墙清洁工的

劳动简论

日常工作。"城市的楼越盖越多、越盖越高,加上高铁站、机场等大型设施,风吹日晒雨淋,日子久了,外表脏了,就要'美容'。我们就是城市大楼的'美容师',也就是大家常说的'蜘蛛人'。"31岁的郭永旭是河南郑州一家城市大楼外墙高空清洗公司的负责人。和郭永旭一样,一批从事高空清洗的"蜘蛛人"常年忙碌于河南各地的高层楼宇间。

分析: 这些"蜘蛛人",是城市中不可缺少的劳动者,他们用辛勤的双手美化着城市。而这样的高空作业,不仅要求有专业技术,还要有健康的身体和良好稳定的情绪素质。我们要明白,各种劳动的地位都是平等的,都是在创造财富,只有分工的不同,没有地位的高低。如果大街上没有环卫工人的辛勤劳动,我们能天天行走于干净整洁的街道上吗?如果工厂里没有工人废寝忘食的工作,我们吃什么、穿什么、用什么……我们应该树立正确的劳动观,尊重劳动者,懂得劳动最光荣、劳动最崇高、劳动最伟大、劳动最美丽的道理。

一、马克思主义劳动观

(一) 劳动观的概念

人们在劳动的过程中,总会形成对劳动的看法和认识,这就是劳动观。劳动观反映着劳动者对劳动的态度,决定着劳动者在劳动过程中的行为。劳动观作为意识形态领域的内容,与人生观、世界观是一脉相承的,劳动观生动地反映着人生观、世界观。随着经济的发展和科技的进步,劳动被赋予新的内涵。只有树立正确的劳动观,才能让自己更好地懂得尊重劳动人民,更好地珍惜自己的劳动成果,并以热情饱满的劳动态度积极投入到社会劳动生产中,从而不断提高劳动生产率,创造出更加丰富的社会物质财富,同时促进个人的全面发展。

一个人只有树立了正确的劳动观,才能自觉强化劳动意识,用双手和智慧去创造人生,实现自己的理想,并对人生观、世界观的形成起积极的作用。

(二) 马克思主义的劳动观

劳动是马克思思想体系中的核心观念,是马克思主义理论研究的基础。马克思把劳动比喻成整个社会为之旋转的太阳,劳动是人类生存的本质,人类的发展过程就是劳动的发展史。马克思主义对于劳动的论述,主要体现为劳动本质论、劳动价值论及劳动解放论。

1. 劳动本质论

人的本质是什么,一直是困扰哲学界的一个重要命题。马克思主义认为,劳动是人的本质,人的本质是一切社会关系的总和。

(1) 劳动创造了人本身。恩格斯在《劳动在从猿到人转变过程中的作用》一文中,详细描述了劳动在人类从猿进化为人的过程中的作用。会使用和创造劳动工具把人类社会与猿群世界区分开来。劳动使人学会直立行走,并且劳动还创造了语言。

(2) 劳动创造了人类生活。马克思、恩格斯在《德意志意识形态》中明确指出:"全部人类历史的第一个前提无疑是有生命的个人的存在。"而这"有生命的个人"之所以能够存在,最主要的是因为他们能通过自己的劳动来创造和生产物质生活资料。因此,"第一个需要确认的事实就是这些个人的肉体组织以及由此产生的个人对其他自然的关系"。劳动的过程就是人通过自身的劳动作用于自然的过程，是人的本质力量与自然之间的一种物质交换过程，正是"通过实践创造对象世界，改造无机界，人证明自己是有意识的类存在物，就是说是这样一种存在物，它把类看作自己的本质，或者说把自身看作类存在物"。

（3）劳动是一切价值的创造者。马克思认为，"劳动是一切价值的创造者。只有劳动才赋予已发现的自然产物以一种经济学意义上的价值。"恩格斯在《自然辩证法》中也同样有着明确的表述，"其实，劳动和自然界在一起它才是一切财富的源泉，自然界为劳动提供材料，劳动把材料变为财富。"但是劳动的作用还远不止于此。它是一切人类生活的第一个基本条件，而且达到了这样的程度，以致我们在某种意义上不得不说："劳动创造了人本身"。劳动是人类创造物质和精神财富的活动。

（4）劳动创造了社会关系。劳动不仅创造了人与自然的关系，劳动还形成了人与人之间的关系（即劳动资料的占有和使用关系，劳动的分工和协作关系，劳动产品的交换、分配和消费关系等），以及人与主观意识之间的关系，而这些关系成为人类社会的基本关系。社会是人类劳动的产物，是劳动活动的展开形式，也必将随着劳动的发展而发展。

2. 劳动价值论

劳动创造价值，是古典经济学和马克思主义对国家财富最终来源的科学解释，是对价值来源的唯一正确解释。劳动价值论最早由17世纪的英国古典经济学之父威廉·配第提出，他的代表著作是《赋税论》。18世纪中后期和19世纪初，英国著名经济学家亚当·斯密和大卫·李嘉图对劳动价值理论的形成做成了巨大贡献。亚当·斯密著有《国富论》，大卫·李嘉图著有《政治经济学及赋税原理》。19世纪中期，马克思在《资本论》中继承了亚当·斯密和大卫·李嘉图理论的科学成分，并在方法论和学说体系上进行了深刻改造和重要创新，提出了自己的劳动价值理论。劳动价值论是马克思关于劳动创造商品价值及商品生产、交换遵循价值规律的理论，它详细论述了商品经济的本质和运行规律。他在劳动价值理论基础上进一步科学地创立了剩余价值理论以及后来的利润、平均利润理论，认为资本主义追求的是剩余价值而不是使用价值，随着生产力的发展，资本主义生产关系将成为生产力发展的阻碍。

（1）生产商品的同一劳动划分为具体劳动和抽象劳动，具体劳动创造商品的使用价值，抽象劳动创造商品的价值。而具体劳动与抽象劳动是生产商品劳动的两种形态，是同一劳动的两个不同方面，不是生产商品的两次劳动。

（2）抽象劳动内在的属性是生产商品过程中人类脑力或体力的支出（人类的一般劳动），其外在的属性则是生产商品创造价值的劳动，其抽象劳动创造的价值则是商品经济社会特有的经济特征。马克思认为，在一切社会状态下，劳动产品都是使用物品，但只是历史上一定的发展时代，也就是生产一个使用物品耗费的劳动表现为该物的"对象的"属性，即它的价值的时代，才使劳动产品转化为商品。

（3）抽象劳动内化为商品的价值，外化为商品的交换价值。正如马克思所述："我们实际上也是从商品的交换价值或交换关系出发，才探索到隐藏在其中的商品价值。"这种体现着商品生产者之间平等交换劳动的社会关系正是以抽象劳动为内核的。

3. 劳动解放论

马克思对劳动解放的关注和研究始于《1844年经济学哲学手稿》，在这部论著中，马克思以异化劳动（劳动异化）为起点，探索劳动解放、人的解放的途径。根据马克思的观点，

劳动简论

异化可以理解为一种人与自己的创造物相对立的状态：被人创造出的客体反而外在于人，不以人的意志为转移，甚至转过来支配人、奴役人。同样，劳动本应是体现人的类本质的自由自觉的活动，是人类社会得以形成、发展的源泉，但是在资本主义社会，劳动却是异化的。劳动成了工人外在的、被迫的、与人相对立的活动，人的类本质变成了异己的本质。

马克思从人和物的关系看到了背后的人与人的关系，从劳动异化入手揭示了无产阶级和资产阶级的对立，揭示了资本主义制度下不平等的根源。马克思认为，只有通过共产主义消灭私有财产，才能使劳动转化为凸显人的本质的自由活动，从而实现劳动解放。

马克思认为，废除以私有制为基础的资本主义生产关系，实行以公有制为基础的社会主义生产关系只是第一步。马克思在《哥达纲领批判》中具体地阐述了共产主义社会的发展阶段。首先，建立集体的、以生产资料公有制为基础的社会只是"最近将来"的目标，还只是达到未来理想社会的第一阶段，达不到人类自由发展的目标；而只有到了共产主义社会高级阶段，劳动才不再是奴役人的手段，真正成为自身全面自由发展的机会，至此劳动才算彻底实现解放。

马克思认为，所谓的自由时间是不被生产劳动吸收而由人自由支配并用于自身发展的余暇时间。在自由时间里，人们不只是用来休息、娱乐和消费，而应从事自己爱好的科学、艺术创作等高级活动，进而达到自愿劳动，充分发展人类的自由本质。

劳动解放内在地要求对自由时间的追求和运用，自由时间的生成反过来又会促进劳动解放的实现。自由时间对人的能力发展意义重大，人们进行科学、艺术等创造性活动，都需要大量自由时间的存在。到了共产主义社会，用于发展人的个性的自由时间也将成为衡量人社会价值的重要尺度。在自由时间里，人的自由创造本性才得以彰显，所有人可以用大量的自由时间来发挥自我的个性和特长，也促使劳动真正成为人的自由自在的活动。因此，劳动解放、人的解放从这个意义上说，也依赖于时间的解放。因此，人类必须创造出更多的自由时间。自由时间的逐步生成，首先需要通过提高劳动生产率来缩短工作日。

在共产主义社会，随着物质财富的充分涌流和自由时间的不断生成，人类获得自由而全面发展的条件，逐渐从"必然王国"中解放出来，进入"自由王国"。马克思认为，真正意义上的劳动体现为人的自由自觉的活动，劳动应是"自由的生命表现，因此是生活的乐趣"。人的劳动不应是手段，更应该成为目的本身，成为人的第一需要。只有劳动真正从手段上升为目的，劳动解放才能最终全面实现。

人的解放并不简单等同于劳动解放。劳动解放并不是马克思的终极价值诉求，它只是实现人类解放的一个必然环节。劳动是人的类本质的表现，但人作为一切社会关系的总和，人的本质还受到人所占有的政治、社会、文化等一切社会关系的影响。因此，人的解放要求人在实现自由自觉劳动的同时，还要考虑现实的社会关系下的具体方面。人的解放是一个系统，本身是包含多方面的，人的解放不只要求劳动解放，还包括政治解放、社会解放、文化解放等层面。

马克思的劳动解放思想对当代中国具有重要的指导意义。在社会主义市场经济下，我国劳动领域仍存在种种问题：雇佣劳动、消费异化依然存在，劳动者收入差距增大……对此，必须坚持以马克思劳动解放思想为指导，继续发展和完善社会主义制度，大力发展生产力，并逐步提高劳动和劳动者的地位，以促进劳动解放、人的解放在我国的早日实现。例如，人工智能对人的替代挑战了人们的劳动权利，但带来的却是人的劳动解放和自由而全面发展的机会,并推动人类劳动向真正的自由劳动复归。

延伸阅读

习近平的劳动观

1. 树立什么样的劳动观念?

● 人类是劳动创造的,社会是劳动创造的。劳动没有高低贵贱之分,任何一份职业都很光荣。

——2016年4月26日,习近平在知识分子、劳动模范、青年代表座谈会上的讲话

● 我们的根扎在劳动人民之中。在我们社会主义国家,一切劳动,无论是体力劳动还是脑力劳动,都值得尊重和鼓励;一切创造,无论是个人创造还是集体创造,也都值得尊重和鼓励。全社会都要贯彻尊重劳动、尊重知识、尊重人才、尊重创造的重大方针,全社会都要以辛勤劳动为荣、以好逸恶劳为耻,任何时候任何人都不能看不起普通劳动者,都不能贪图不劳而获的生活。

——2015年4月28日,习近平在庆祝"五一"国际劳动节暨表彰全国劳动模范和先进工作者大会上的讲话

● 必须牢固树立劳动最光荣、劳动最崇高、劳动最伟大、劳动最美丽的观念,让全体人民进一步焕发劳动热情、释放创造潜能,通过劳动创造更加美好的生活。

——2013年4月28日,习近平来到全国总工会机关,同全国劳动模范代表座谈并发表重要讲话

2. 如何对待劳动?

● 素质是立身之基,技能是立业之本。广大劳动群众要勤于学习,学文化、学科学、学技能、学各方面知识,不断提高综合素质,练就过硬本领。要立足岗位学,向师傅学,向同事学,向书本学,向实践学。三百六十行,行行出状元。

● 梦想属于每一个人,广大劳动群众要敢想敢干、敢于追梦。说到底,实现中华民族伟大复兴的中国梦,要靠各行各业人们的辛勤劳动。现在,党和国家事业空间很大,只要有志气有闯劲,普通劳动者也可以在宽广舞台上展示自己的人生价值。

——2016年4月26日,习近平在知识分子、劳动模范、青年代表座谈会上的讲话

● 一切劳动者,只要肯学肯干肯钻研,练就一身真本领,掌握一手好技术,就能立足岗位成长成才,就都能在劳动中发现广阔的天地,在劳动中体现价值、展现风采、感受快乐。

——2015年4月28日,习近平在庆祝"五一"国际劳动节暨表彰全国劳动模范和先进工作者大会上的讲话

● 劳动模范和先进工作者、先进人物不仅自己要做好工作,而且要身体力行向全社会传播劳动精神和劳动观念,让勤奋做事、勤勉为人、勤劳致富在全社会蔚然成风。

——2014年4月30日,习近平在乌鲁木齐接见劳动模范和先进工作者、先进人物代表,向全国广大劳动者致以"五一"节问候

劳动简论

> ● 我国工人阶级要增强历史使命感和责任感，立足本职、胸怀全局，自觉把人生理想、家庭幸福融入国家富强、民族复兴的伟业之中，把个人梦与中国梦紧密联系在一起，始终以国家主人翁姿态为坚持和发展中国特色社会主义作出贡献。
> ——2013年4月28日，习近平来到全国总工会机关，同全国劳动模范代表座谈并发表重要讲话

（三）劳动价值理论是我国社会主义制度的理论基础

中国共产党改造世界，推进中国特色社会主义的伟大实践，其思想基础就是马克思的劳动价值理论。马克思的劳动价值理论是其政治经济学的核心与基石。运用劳动价值理论，马克思发现了资本家剥削工人的秘密，那就是利用他们掌握的资本控制工人通过劳动创造的价值的分配权，无偿占有工人创造的剩余价值。表面上，资本家雇佣工人到工厂做工是支付了工资的，是平等交换；但事实上，资本家支付给工人的工资远远低于工人劳动创造的价值。劳动创造的价值减去工人的工资就是剩余价值，这部分价值被资本家占有了，这就是资本家剥削工人的方法。剥削他人的劳动成果不仅是可耻的行为，而且给社会经济发展带来了不可克服的矛盾，其表现形式就是经济危机的周期性爆发，导致财富的极大浪费。资本主义制度已成为阻碍社会进步的拦路石，虽然资本主义发达国家通过经济全球化，建立世界工厂，把剩余产品销售到其他国家去，可以在一定程度上缓解经济危机的爆发，但资本主义制度的根本缺陷无法消除，要彻底解决这个矛盾唯有推翻资本主义制度，建立人人平等地参与劳动、各尽其能、按劳分配的社会主义制度。因此，确立正确的劳动观念，是我国社会主义制度的根本要求。

社会是由个体组成的，每一个人都是所处社会的一分子，社会要良好运行，继续存在和发展，需要每一个人遵守它的运行规则，为它贡献一份力量。物质资料是社会存在和发展的基础，劳动是财富的最终源泉，因此，通过劳动为社会创造财富是每个人应尽的责任。

二、如何树立科学的劳动观

（一）树立科学劳动观的重要意义

1. 劳动有助于培养热爱劳动的美德

马克思说过，体力劳动是防止一切社会病毒的伟大的消毒剂。脑力劳动者参加一些体力劳动，晒晒太阳，活动筋骨，是有利于身心健康的。向社会提供劳动，获得自己生活的权利，是光荣的生存方式。作为大学生，树立正确的劳动观，坚持劳动正义感，在社会上广泛传播正能量，有助于促进我国社会的和谐发展，是实现中华民族伟大复兴、全面实现共产主义事业的推进器。

2. 劳动是通向成功实现理想的必由之路

青春是用来奋斗的，劳动最光荣。劳动是财富的源泉，也是幸福的源泉。再宏伟的目标、再美好的愿景，只有靠脚踏实地的诚实劳动、勤勉工作，才能一步步变成现实。全面建成小康社会，进而实现中华民族伟大复兴的中国梦，必须依靠知识，必须依靠劳动，必须依靠广大青年、广大知识分子、广大劳动群众。我们作为广大青年中的一分子，更要紧跟时代、肩负使命、锐意进取，把自身的前途命运同国家和民族的前途命运紧紧联系在一起，努

力为共同理想和目标而团结奋斗。

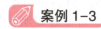

案例1-3

最美搬运工

大家应该普遍有这样的认识,一提到搬运工,就会认为这是男性的一份工作,跟女性一点都不搭边。然而在香港就有一位女搬运工。她穿着朴素,白色背心,灰色牛仔裤,在扛起货物来一点都不比男性弱,干起活来风风火火、利利索索,大包小件拖起就走,据说,200千克的货物对她是小菜一碟。这和她娇小的身影形成强烈反差,因为颜值高、人清秀,所以大家纷纷称她为"最美搬运工"。

在网络爆红后,很多人建议她利用网络来改变自己的人生。她参加过一档综艺节目,在节目里精心打扮的她,颜值非常高,但令人意外的是,参加完综艺节目之后,她依旧选择干自己的本职工作,扛起沉重的货物,穿梭于大街小巷。因为她热爱搬运工这份工作,所以会一直坚持下去。

她接受媒体采访时说的两句话,尤其让人佩服:"有汗出有粮出,就没有什么问题。""我不可以倒下,因为我倒下就没有人撑我。"这两句话加在一起,其实就是当年陶行知先生的那首著名的《自立歌》:"滴自己的汗,吃自己的饭,自己的事自己干。靠人,靠天,靠祖上,不算是好汉!"跨越时空、遥相呼应的两段话,都体现了自强不息的奋斗理念。

3. 劳动有助于形成积极向上的就业创业观

很多大学生会在毕业就业过程中形成眼高手低的择业观念,出现不能胜任工作等问题,只有树立正确的劳动观,才能形成积极向上的就业观和创业观。正确的劳动观能够培养优良的品质,实现积极就业。正确的劳动观能够帮助我们正确认识社会劳动分工的本质,消除劳动差别观,建立劳动平等观,促进我们积极参与基层就业,加强锻炼,为以后的发展奠定良好基础。正确的劳动观能够培养吃苦耐劳的劳动精神和创新精神,促进自主创业。

4. 劳动可以使生活丰富而充实

劳动是一笔难得的人生资源和财富。人生的绚丽和精彩都是在不断劳动并勇于创造的过程中写出来的。劳动能使我们消除不必要的忧虑,摆脱过分的自我注意,使生活内容丰富而充实。劳动的成功与成果,可使我们认识到自己生存的价值,因而对生活充满信心。

5. 有助于促进自身全面发展

作为社会主义建设者和接班人,我们的全面发展对实现中华民族伟大复兴的中国梦有着重要作用。合格的建设者和接班人本质上是"以劳动实现中国梦"的劳动者,既是辛勤的劳动者,也是敬业的劳动者,更是创造性的劳动者。树立正确的劳动观,有利于我们在劳动中增强体魄、磨炼意志,实现以劳树德、以劳增智、以劳健体、以劳育美的目标。

(二)青年学生如何树立正确的劳动观

劳动是伟大、光荣、崇高的重要结合体,是美丽的代名词,是推进社会发展和前进的动力。因此,让全社会特别是青年学生树立正确的劳动观,尊重劳动、崇尚实干,对于实现中华民族伟大复兴的中国梦具有重要意义。

1. 树立正确的劳动观,就要善待自己劳动的岗位

劳动的一个重要特性就是平等性,意思是说劳动虽然有分工、专业、条件和环境等诸多

劳动简论

方面的差别，但就劳动本身而言，是没有高低贵贱之别的。因此，不管是从事体力劳动，还是从事脑力劳动，不管是从事简单工作，还是从事复杂工作，也不管是从事重要工作，还是从事一般性工作，性质都是一样的，其地位都是平等的。只有理解了这一点，才能客观地看待自己劳动的岗位，服从组织分配的工作，在本职岗位上建功立业，用辛勤劳动实现"我的梦"，进而助推"中国梦"的早日实现。

2. 树立正确的劳动观，还要充分认清劳动与财富之间的关系

劳动不但创造着有形的物质财富，也创造着无形的精神财富；劳动在丰富物质生活的同时，也塑造着劳动者的精神世界。正确的劳动观，是既重视物质财富的产出，又重视精神财富的产出；既重视物质上的回报，又重视精神上的满足。树立正确的劳动观，就应该把国家利益和人民利益举过头顶，以集体利益为重，自觉强化奉献意识，用辛勤劳动书写报效祖国的忠诚。

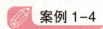

案例 1-4

除险英雄任羊成与红旗渠精神

20世纪60年代，在"十年九旱、水贵如油"的河南林县（今林州市），坚强的林县人民越过天险，用了近10年时间，凭借不怕苦、不怕险的狠劲，在万仞壁立、千峰如削的太行山上削平了1 250座山头，架设151座渡槽，开凿211个隧洞，修建各种建筑物12 408座，挖砌土石2 225万立方米，建成了总干渠全长70.6千米的"人工天河"——红旗渠。它的干渠、支渠分布全市乡镇，自建成之日起就从根本上改变了林县人民的生产生活条件。

在修建红旗渠的人群当中，有一支专门负责除险的队伍。这支队伍每个人身上都系着几十斤的绳索，手上拿特制的铁钩，像荡秋千一样在悬崖上荡来荡去，除去崖上的险石。有人比喻这就是在老虎嘴里拔牙，稍有闪失，身体与悬崖撞击，后果不堪设想。除险人员除下来的石头往往又是顺着手中的铁钩往头上走的，所以，一不留神就很容易砸到自己，随时有生命危险。有一次，在虎口崖施工时，很多碎石头从上面不停地往下掉，除险队长任羊成躲避不及，有一块拳头大小的石头不偏不倚正砸在他的嘴上。他感到脑袋"嗡"的一声，就失去了知觉。随即，他便在空中旋转起来。停了一会儿，他才清醒过来。他仰起头准备向崖上喊话，但是连作张口动作几次，怎么也张不开，觉得嘴是麻木的，似有东西压在舌头上，难以出声。他用手一摸，原来一排门牙竟被落石砸倒，舌头也被砸伤了。情急之下，任羊成从腰间抽出一把手钳，将三颗牙硬生生地连根拔了下来，忍着巨大的疼痛，他又在悬崖上坚持工作了6个小时，直到下工时，才从悬崖上下来。当任羊成完成任务平安落地的时候，他露出了胜利的笑容，虽然笑起来很痛，但他却为自己圆满完成任务而感动由衷的高兴。

3. 树立正确的劳动观，就要坚信劳动价值，养成热爱劳动的良好习惯

劳动是人类的本质活动，劳动光荣、创造伟大是对人类文明进步规律的重要诠释。青年作为我国社会主义事业建设的希望和栋梁，要践行劳动观，不断充实自我。作为新一代青年大学生，只有不忘初心、牢记使命，对工作保持一如既往的干劲儿，才能永葆奋斗品质，为祖国建设添砖加瓦，为实现中华民族的伟大复兴贡献力量。

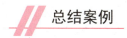 **总结案例**

从贫困生到营收千万的公司CEO

他是中南财经政法大学一名大四学生,同时也是武汉爱鲸科技有限公司创始人、武汉华清捷利科技发展有限公司CEO。今年23岁的李金龙三年前还在为生活费发愁,如今已是年营收数千万元公司的CEO。2020年,正当很多应届毕业生开始为自己毕业后的工作而苦恼时,同样是应届毕业生的李金龙想的却是如何带领他的公司发展得更快。

李金龙出生在甘肃陇西的一个偏远山村,从小家境贫寒,父亲在镇上开了一家兽药铺,以此维持一家人的生计。6岁那年,他右眼不慎受伤,导致很难看清书上的字,虽然视力带给了他很多学习上的不便,但他还是凭努力考入了中南财经政法大学公共管理学院。入学后的李金龙想要通过自己的努力尽可能地减轻家里负担,于是通过开培训班、做驾校代理、卖新生用品的方式赚钱。

李金龙真正意义走上创业道路,机会来自一次调研。在调研中,作为班长的他不仅每天晚上要安排调研行程和对接社区,还要说服同学早起和协调好期末复习。那时的李金龙几乎每天都要工作到夜里一两点钟,5天瘦了6斤。也正是这次社区调研让老师看到了李金龙出色的能力和坚强的意志,于是把他推荐给当时正在创业的师兄们一起创业。

在师兄们的带领下,李金龙开始负责运营更多的项目,涉及在线教育、社会调查、智能洗护设备等多个领域,并且和师兄一起开始新的创业项目——智慧校园。该项目主要以共享洗衣机的刚需聚拢流量、搭建智慧校园生态,目前设备已从15台发展到7 000余台,公司营收超过千万元。

"大二上学期买了车,大三上学期买了房。"李金龙凭借自己的辛勤劳动和创造性劳动,尚在读书阶段就实现了人生几个小目标。

分析:李金龙经历过生活的艰辛困苦,但他没有向困难低头,凭借着自己的努力和坚持考入了大学。在校期间他开始创业且取得了成功。成功是个人能力积累的过程,它与个人劳动观紧密相连,而劳动观也是一个长期培养的过程。任何人的成功都不可能随随便便,都需要付出辛勤劳动。我们未来不一定创业,但若想获得成功,就要树立科学的劳动观,并在劳动中培养自己会劳动、能劳动的本领。

 **课堂活动**

让青春在劳动中闪光

一、活动目标

通过活动帮助学生深刻体会到劳动创造美好生活,体认到劳动不分贵贱,养成热爱劳动的良好习惯。

二、活动时间

建议60分钟。

三、活动准备

教师将学生按照4~6人划分活动小组,并根据活动内容安排各组分别准备以下内容。

劳动简论

(1) 关于劳动的诗词，不少于 5 首。
(2) 中外领袖人物的劳动故事，不少于 3 个。
(3) 有关"劳动最光荣"的视频，不少于 2 个。

四、活动流程

(1) 教师首先安排准备诗词的小组分享诗词，并讲述诗词背后劳动与生活和社会的关系。
(2) 教师安排准备领袖人物劳动的小组讲述劳动故事。
(3) 教师安排准备视频的小组演示有关"劳动最光荣"视频。
(4) 教师要求各小组按照"劳动的概念→树立正确的劳动观→劳动的青春最出彩"展开探究和讨论，并组内分工合作写一篇 1 500 字左右感想。
(5) 每组推选一名代表分享小组撰写的感想。
(6) 教师分析、归纳和总结，引导学生树立劳动最光荣、劳动最崇高、劳动最伟大、劳动最美丽的观念，并根据各组在活动中的表现予以赋分。

课后思考：

(1) 针对我国当前一些青少年出现的不爱劳动、不会劳动、不珍惜劳动成果的现象，你觉得应该如何纠正？
(2) 在新时代背景下，你认为该如何理解马克思主义劳动观并树立科学劳动观？

项目三　中国劳动教育的前世今生

 **哲人隽语**

> 劳动教育的目的，在谋手脑相长，以增进自立之能力，获得事物之真知及了解劳动者之甘苦。
>
> ——中国教育家陶行知

案例导入

杜威的"教育即生活"和陶行知的"生活即教育"

约翰·杜威是美国著名的实用主义哲学家、教育学家，提出了实用主义教育思想，并倡导"教育即生活"，在他的《民主主义与教育》中，杜威提出："教育是生活的必须。"教育是一种培养人的社会活动，是一种特殊的生活方式，从一开始就源于生活，在生活中发展，并以促进生活水平的提高为目标。杜威的"教育即生活"理论认为，教育必须依赖于生活并改善现实生活，通过教育来使儿童获得更好的发展，具备构建美好生活的知识和能力。

陶行知在多年的教育实践探索中继承了杜威的"教育生活理论"并对其进行革新和创造。陶行知在杜威的"教育生活理论"基础上创造了具有中国特色的"生活教育理论"。他主张"生活即教育""社会即学校""教学做合一"。这一生活教育理论在他所创办的晓庄乡村师范学校中得以实践。陶行知说，要先能做到"社会即学校"，然后才能讲"学校即社会"；要先能做到"生活即教育"，然后才能讲"教育即生活"。要这样学校才是学校，要这样的教育才是教育。

分析：杜威的"教育即生活"以及陶行知的"生活即教育"思想对我国当前劳动教育发展具有一定的启发意义。生活中有教育，寓教育于生活。"教育即生活"和"生活即教育"思想都强调了教育与生活之间的关系，主张把二者统一起来。

一、劳动教育概述

（一）劳动教育定义

对劳动教育的定义见仁见智，概括起来有德育说、智育说、德智并育说、全面发展说等多种，下文简介德智并育说和全面发展说。

1. 德智并育说

《中国百科大辞典》在"劳动技术教育"词条下对"劳动教育"和"技术教育"分别进行了解释，"劳动教育是以劳动实践为主，结合进行思想教育。技术教育是使学生掌握一定的生产知识及技术和劳动技能。其实施有利于培养学生的劳动观点、劳动技能和劳动习惯，为普通教育和职业教育打下基础"。也就是说，劳动教育更偏重德育，技术教育更偏重智育，二者相结合共同培养劳动观点、劳动技能和劳动习惯。

2. 全面发展说

苏霍姆林斯基认为，"劳动教育是对年轻一代参加社会生产的实际训练，同时也是德育、智育和美育的重要因素"，其劳动教育的理想追求是"使每一个人早在少年时期和青年早期就能领悟到劳动能使他的自然天赋更全面、更明显地发挥出来，劳动会带给他精神创造的幸福"。陶行知把劳动教育视为"在劳力上劳心"的实践活动。他说："中国教育之通病是教用脑的人不用手，不教用手的人用脑，所以一无所能。"劳动教育的目的就在于"谋手脑相长，以增进自立之能力，获得事物之真知及了解劳动者之甘苦"。

3. 新时代高校劳动教育定义

高校劳动教育是高等教育人才培养体系的重要组成部分，是顺应新时代劳动发展趋势，对大学生进行系统的劳动思想教育、劳动技能培育与劳动实践锻炼，全面提高大学生劳动素养的过程，其目的是引导新时代大学生在劳动创造中追求幸福感、获得创新灵感，培养具有社会责任感、创新精神和实践能力的高级专门人才。

（二）新时代劳动教育的特征

社会在发展，教育在进步。在新的时代，劳动教育必然会在与社会的互动中保持时代性，呈现出自己的鲜明特色。

1. 劳动教育理念的科学化

观念是行为的先导，理论是行动的指南。劳动教育必须成为与德智体美并行的教育。因而，劳动教育需要得到重视而不能在学校中被弱化，在家庭中被软化，在社会中被淡化，它事关个人发展、民族复兴和国家富强。我们要从培养自身良好的劳动价值观和促进自身全面发展的角度出发，积极参与各种形式的劳动教育，而不能仅仅满足于简单的劳动技能、劳动知识的教育。

2. 劳动教育特质的时代化

劳动在不同的时代具有不同的特质。在信息时代，科技制胜，生产劳动演变成以科学技术的方式进行，人才成为第一资源，创新成为发展的第一动力，劳动更在于"智造"而非"制造"。因而，劳动教育在适应时代发展特点的同时，大学生要尚进尚新，以"有本领"的面貌实现自己的时代担当。

3. 劳动教育形式的多样化

劳动教育的实施不仅需要大学科学规划，更需要适应时代特点，在传统体力劳动的基础上更加重视创造性的非体力劳动形式，如科学技术的发明创造、公益活动、志愿服务，以及其他非物质劳动形式，如数字劳动、体育劳动等。

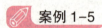

案例 1-5

新时代劳动方式

随着社会的发展，传统意义上单一的体力劳动已经远远不能满足现代社会的进步需要，智力劳动的比重逐渐增大。在人工智能发展的新时代，大数据化是服务社会的基础，数字劳动成为新时代主要的劳动形式。数字劳动是一种生产性劳动，是涉及数字媒体生产和生产性消费文化劳动的具体形式，包括硬件生产、内容生产、软件生产者的劳动和生产性使用者的劳动。每个人都是数字劳动者，是数据信息的生产者、传播者和接收者。数字劳动改变了人们传统的劳动形式，使劳动形式不再是简单的劳动力的付出，而更多需要创造性思维的参与。

数字劳动主要体现两个方面：一种是技术型劳动，是指从事人工智能的程序编程、应用软件开发与设计、对人工智能产品进行管理与维护等专业劳动，属于生产性劳动；另一种是应用型劳动，是指以应用智能软件为主，共享个人或集体价值的劳动，属于服务性劳动。这种形式的劳动不仅体现在工作中，也体现在娱乐活动中，比如聊天软件的应用。

二、新中国劳动教育的历史

（一）劳动教育在我国的开展历史

新中国成立后，中国共产党对马克思主义的教劳结合思想做了创造性实践和发展，并把这一原理作为党的教育方针。毛泽东同志多次就教育与生产劳动相结合问题提出指导性意见，20世纪50年代，"教育与生产劳动相结合"写进了党的教育方针，并纳入国家宪法。

1958年的《工作方法六十条》，对各级各类学校有关工农业生产劳动活动的安排做了明确的规定。劳动教育在我国的教育方针中有了一席之地，但此后也因过度政治化而走向了异化发展时期。

改革开放揭开了时代新篇章，劳动教育改革也提上了日程。1981年《关于建国以来党的若干历史问题的决议》提出，要"坚持德智体全面发展、又红又专、知识分子与工人农民相结合、脑力劳动与体力劳动相结合的教育方针"。1986年又提出把德、智、体、美、劳五育全面发展的教育思想。1999年发布的《中共中央国务院关于深化教育改革，全面推进素质教育的决定》强调，要加强"劳动技术教育和社会实践"，使学生接触自然、了解社会，培养热爱劳动的习惯和艰苦奋斗的精神，强调使诸方面教育相互渗透、协调发展，促进学生的全面发展和健康成长。"教育与生产劳动和社会实践相结合"成为新时期的教育方针。在新世纪新一轮课改中，义务教育阶段的劳动技术教育不再作为单独的课程开设，而归并到综合实践中。

2001年，《国务院关于基础教育改革与发展的决定》（以下简称《决定》）发布，赋予了劳动教育愈加丰富的内涵与要求，推动了劳动教育迈入整合发展的时代。

2010年，《国家中长期教育改革和发展规划纲要（2010—2020年）》进一步强调了坚持教育教学与生产劳动、社会实践相结合，加强劳动教育，培养学生热爱劳动人民的情感，对教育与生产劳动相结合的方针进行了更加深化的阐述，并融入了新时期教育改革的思想。

（二）劳动教育在我国的重生

偏重考试升学客观上冲淡了劳动教育，社会变迁和科技进步改变了传统劳动教育的条件，实践中普遍存在劳动教育在学校中被弱化，在家庭中被软化，在社会中被淡化，在研究中被虚化的现象。

2018年9月10日，针对当前一些青少年出现的不爱劳动、不会劳动、不珍惜劳动成果的现象，习近平总书记在全国教育大会上特别强调了劳动教育的重要性，把"劳"与"德智体美"相并列，明确将育人目标从"德智体美"拓展为"德智体美劳"。习近平总书记在全国教育大会上提出："要在学生中弘扬劳动精神，教育引导学生崇尚劳动、尊重劳动，懂得劳动最光荣、劳动最崇高、劳动最伟大、劳动最美丽的道理，长大后能够辛勤劳动、诚实劳动、创造性劳动。"教育要与生产劳动相结合不仅是马克思主义的基本观点，也是我国教育的基本方针。

三、开展劳动教育的意义

（一）劳动教育是遵循马克思主义教育思想的必然要求

对照人类社会的发展史，无论人类解放和自身发展，还是获得财富，都离不开劳动，幸福也需要通过劳动创造。重视劳动，强调教育与劳动相结合，是马克思主义重要的主张。马克思在《1844年经济学哲学手稿》中指出："正是在改造对象世界中，人才能真正地证明自己是类存在物。"他强调："对社会主义的人来说，整个所谓世界历史不外是人通过人的劳动而诞生的过程。"因此，构建德智体美劳全面培养的教育体系，加强劳动教育，是回归人之本质、回归学生自身的主体性教育方式，能够帮助我们在自主实践中发现自我，通过双手改变和创造自己的生活。

（二）劳动教育是立德树人的重要途径

立德树人既是教育的根本任务，也是检验教育成效的根本标准。立德树人的目的在于培

劳动简论

养德、智、体、美、劳全面发展的合格社会主义建设者和接班人，劳动教育则是实现立德树人目标的一个重要过程。首先，劳动教育能够促使我们端正劳动态度并树立正确的劳动观念，培养我们对于劳动和劳动人民的思想感情，逐步养成热爱劳动、善于劳动及勤于劳动的素质。其次，劳动教育和道德教育紧密联系，劳动教育也是加强德育的过程。

我们只有重视劳动教育，才能将职业技能内化为职业能力，成为具备一定职业素养的技术技能型人才。只有重视劳动教育，我们才能树立正确的择业观念，脚踏实地地做好自身的职业生涯规划。劳动教育不仅是培养数以亿计的高素质劳动者和技术技能人才的重要途径，更是营造人人皆可成才、人人尽展其才的良好环境，弘扬劳动光荣、技能宝贵、创造伟大的时代风尚的必然要求。

（三）劳动教育的实际作用和现实需要

无论是国家富强，还是民族复兴，抑或是人民幸福，离开了劳动，都将是无源之水、无本之木。劳动教育是劳动和教育的有效结合，一方面发挥了劳动的实践效用，通过利用和总结实践经验实现了理论和实践相结合、知行合一，使我们在实践中学习、在学习中实践；另一方面发挥教育的效用，可加强对于劳动生产知识和技术的认识与理解，提高劳动实践能力，以及分析和解决问题的水平。

当前，实现中华民族伟大复兴的宏伟蓝图已经绘就，目标已经明确，部署已经启动，只要每一个中国人积极投身到时代的大潮之中，用劳动创造美好未来，用劳动实现人生幸福，美好而伟大的中国梦就会因劳动而铸就。大家只有重视劳动教育才能成为一大批勤于劳动和善于劳动的人才，才能符合新时代教育发展的根本要求，这也是实现个人梦想和国家梦想的一个重要选择。

总结案例

逾三十载黎明出发，风雨坚守点亮万家

踏上工作岗位至今，张黎明扎根电力抢修一线31年，从一名普通工人成长为行业里响当当的电力"蓝领创客"。经他手开展的技术革新有400多项，他已经成为知识型、技能型、创新型的新时代产业工人的典型代表。

带电作业被称为电力行业最危险的专业，在带有高压电的线路上工作，随时会有触电、高空坠落等危险。巡视、抢修、操作……在看似简单的工作中，他坚持把简单的事情重复做、重复的事情用心做，工余时间巡线8万多千米，亲手绘制线路图1 500余张，累计完成故障抢修、倒闸操作等2万余次，从未发生安全事故。在长期的工作中他练就了一手事故诊断的绝活，根据停电范围、故障周边环境、线路设备健康状况等，能迅速判断出事故的基本性质、大概位置，甚至能准确点明故障成因，这为高效完成抢修任务赢得了宝贵时间。大家因此送给他"活地图"的绰号。

他和同事们反复试验发明的"可摘取式低压刀闸"，将线路变压器发生保险片短路烧毁故障的抢修时间，从过去约45分钟一下子缩短至8分钟。如今，这项发明获得了国家专利并得到了广泛推广，仅这一项小革新每年就可创造经济效益300多万元。

2011年，以张黎明名字命名的"张黎明创新工作室"应运而生，这是国家电网天津市电力公司的第一个职工创新工作室。工作室成立以来，张黎明带领同事们开展技术革新400多项，获得国家专利140多个，20多项成果填补智能电网建设空白。"张黎明创新工作室"还孵化出"星空""蒲公英"等8个创新工作坊，培养出一批"蓝领创客"，创造了大效益。

分析： 张黎明工作兢兢业业，勇于创新，成为知识型、技能型、创新型产业工人的典型代表，使"一线创新大有可为"成为现实。他扎根电力抢修一线30多年，用心做好与电力抢修相关的每一件事情，不仅展现了平凡人坚守平凡劳动的伟大，同时也是实现个人的人生价值。新时代的大学生应当学习这种精神，在大学学习中重视劳动教育，树立"扎实做好每一件事情"的劳动观念，提升个人劳动素养，为未来进入职场踏实、用心地工作做好准备。

课堂活动

案例讨论：反思劳动创造意识

一、活动目标

引导学生深刻理解劳动教育、提高对创新意识的认识。

二、活动时间

建议15分钟。

三、活动流程

（1）教师出示以下阅读材料，并提问：请结合实际情况谈一谈造成以下现象的原因及对策。

阅读材料：就业力报告

4月22日，中国人民大学中国就业研究所联合智联招聘发布《2020年大学生就业力报告》，全面分析疫情影响下的大学生就业形势。报告显示，75.8%的人首选单位就业，选择自由择业和升学分别为7.7%和7.5%，选择创业的仅为2.8%，6.2%的人选择暂不就业等慢就业类。这组数据说明了大学毕业生的劳动创造意识不容乐观。

（2）教师将学生按照6~8人划分小组，通过小组内部讨论形成小组观点。

（3）每组推选一名代表陈述本组观点，其他小组可以对其进行提问，小组内其他成员也可以回答提出的问题；通过问题交流，将每一个需要研讨的问题弄清楚。

（4）教师进行归纳、分析和总结，引导学生深刻认识开展劳动教育的重要性，提前做好就业准备。

（5）教师根据各组在活动过程中的表现赋分。

课后思考：

（1）2018年全国教育大会明确将育人目标从"德智体美"拓展为"德智体美劳"。在这一理念指导下，你认为现在所倡导和推行的素质教育的内涵与以往相比有何不同？

（2）你认为大学生开展劳动教育还具有哪些意义？请列举。

模块二 劳动分工与劳动组织

学习指南

劳动作为人的第一需要,是人类社会赖以产生、存在和发展的基础。劳动不仅创造了人本身、生产资料和生活资料,同时也在生产人类的一切社会关系,劳动是人类社会存在的基础。人类自出现社会分工以来,以劳动力为对象的社会分工与协作、劳动组织与管理等部门相继出现,劳动不再是单纯的人的体力或脑力支出,而是有组织、有分工、有协作、具有复杂关系和形态、内部构造细密的人类社会生产系统。

劳动科学是指以人类劳动实践为总的研究对象,以劳动者在劳动过程中产生的劳动问题以及与劳动问题相关的一切自然和社会关系及其调整问题为研究内容,而形成的具有内在联系和分布规律的学科群。随着人类社会的发展,劳动分工更加精细化,劳动部门以及劳动形态也趋向多样化和复杂化,为了帮助大学生科学认识劳动科学与劳动、就业及社会生活的密切关系,特编写了劳动科学常识部分。

本模块包括劳动者和人力资本开发、社会劳动分工、劳动基本制度三个项目,希望通过系统学习,可以多维度了解社会分工、劳动组织、劳动就业、劳动保障、收入分配等问题,促进劳动认知和劳动素养的提升。

项目一 劳动者和人力资本开发

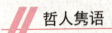
哲人隽语

> 劳动是人类存在的基础和手段,是一个人在体格、智慧和道德上臻于完善的源泉。
>
> ——乌申斯基

劳动分工与劳动组织 模块二

案例导入

在平凡岗位上续写不平凡的故事——疫情中首都劳动者群像扫描

医务人员白衣执甲逆行出征,社区工作者、公安干警联防联控日夜奋战一线,重大项目、重点工程建设者全面复工复产……在"五一"国际劳动节,北京市开了一场特殊的新闻发布会,一位位平凡的劳动者讲述疫情防控中的感人故事,他们用不平凡的事迹,谱写下新时代的首都劳动者之歌。

来自北京市医院管理中心的刘立飞是北京援鄂医疗队队长。2020年1月27日,北京援鄂医疗队紧急受命驰援武汉,来自13家市属医院的151名队员,在重症定点医院之一的武汉协和医院连续奋战65天。

在刘立飞眼中,这支队伍中的每个人,背后都有感人的故事:世纪坛医院医生丁新民把"有事找我"四个大字"顶"在了防护服额头;宣武医院肖汉医生是土生土长的武汉人,别人都是"去武汉",他称自己是"回武汉",直到离开武汉前才敢告诉母亲他在武汉;安定医院59岁的医生姜长青每天在心理驿站缓解大家的心理压力……

疫情防控离不开坚强的后勤保障。在北京小汤山定点医院,全国五一劳动奖章获得者、国网北京昌平供电公司带电作业班班长王月鹏和他的同事们,在工程建设一线加班加点,连续92天集中封闭、奋力建设。

王月鹏回忆,印象最深刻的是大年三十当天接到小汤山医院电力增容工程的任务,200多人放弃了春节休假,昼夜奋战,仅用22天就高质量完成了这项工作。

发布会上,在冬奥训练场馆为国家队提供服务保障的刘博强,讲述了疫情期间的制冰故事。刘博强为了摸清冰场运行规律,每天早上五点半就到冰场记录冰面的温度。经过连续一个月的测试比对,终于总结出最合适的温度、湿度值。

(摘编自:新华网,2020年5月2日)

分析:首都劳动者在平凡的岗位上续写着一个又一个不平凡的故事,用自己的辛勤劳动为疫情防控和经济社会发展贡献力量。我国当前的物质财富和精神财富都是广大劳动者的劳动成果,都是由各种正当职业的劳动者创造的。我国劳动者分工不同,地位平等,都为社会主义现代化建设作出了贡献,都应当得到承认和尊重。大学生作为新时代的劳动者,更应在劳动中发现广阔天地,体现人生价值,在创新中把握美好未来。

一、劳动者与劳动力

(一)劳动者的定义

1. 社会定义

劳动者是指一个包括中小资产阶级、公务员、知识分子、自由职业者、工人、农民、渔民和手工业者等在内的多阶级政治集合。它是在一定的社会分工体系下,具有一定的劳动能力,处于一定的劳动岗位,遵循一定的劳动规范,有目的地、相对持续地从事或向他人提供有价值物品与服务活动的社会人。

劳动简论

2. 法律定义

劳动者是指达到法定年龄,具有劳动能力,以从事某种社会劳动获得收入为主要生活来源,依据法律或合同的规定,在用人单位的管理下从事劳动并获得劳动报酬的自然人。并不是所有的自然人都是合法的劳动者,要成为合法的劳动者必须具备一定的条件并具有劳动权利能力和劳动行为能力。合法劳动者是区别于"非法劳动者"存在的,"非法劳动者"如偷渡者打工。

劳动者的主体资格始于劳动者最低用工年龄(除特种工作外为16周岁)、终于法定退休年龄。劳动者达到法定退休年龄后即丧失劳动者主体资格,不能再与单位形成劳动关系,此时与单位之间的用工关系,由劳动关系转变为劳务关系。

3. 马克思主义定义

劳动者是生产力三个基本要素之一,是生产力诸要素中最为活跃和最富有创造性的要素,是人民群众的主体部分,推动历史进步,创造人类世界的物质财富,并为精神财富的创造提供了条件。

(二)劳动力

马克思在《资本论》第一卷给劳动力下的定义是:人的身体即活的人体中存在的,每当生产某种使用价值时就运用的体力和智力的总和。对于劳动力这个概念应注意:第一,劳动力是人所特有的一种能力,自然界的任何能力都不能叫作劳动力;第二,劳动力是人在劳动中所运用的能力,也即生产使用价值时的能力;第三,劳动力存在于活的人体中;第四,劳动力是人在劳动中运用的体力和智力的总和。

在我国,劳动力人口主要是指有劳动能力和就业要求的劳动适龄人口,包括从事社会劳动并取得劳动报酬或经营收入的在业人口,以及要求工作而尚未获得工作职位的失业人口。

(三)劳动适龄人口

劳动适龄人口,指的是人口中处于劳动年龄的那部分人口。一个人从出生以后,经过发育、成长到开始具备劳动能力的年龄,是劳动年龄的下限。而当一个人继续成长发展,逐步衰老,最终丧失劳动能力的年龄,是劳动年龄的上限。国际上劳动人口年龄分组是以满15岁为下限,15岁及以下为青少年,15~64岁为劳动适龄人口,65岁为老年人口。我国目前规定,16~60岁男子和16~55岁女子为劳动年龄人口,16岁以下参加劳动者即为童工。劳动年龄的上限和下限不是永远不变的,随着生产的发展、文化教育水平的提高和对劳动力质量要求的提高,劳动年龄的下限会向后推移。随着人的体力劳动的减轻和寿命的延长,劳动年龄的上限也会做出相应调整。

(四)我国劳动力市场现状

劳动力市场的完善和发展是中国经济持续稳定增长的重要基础。近年来,中国劳动力市场已经进入一个新的关键阶段。

首先,劳动力市场的供给发生变化。由于人口转变的快速完成,中国人口已经进入低生育、低死亡、低增长阶段。

其次,农村劳动力转移进入一个新时代。由于农村人口发展态势的变化、一系列惠农政策的实施和新农村建设的开展,农民工劳动力市场开始从需求主导型向供给主导型转变;同时,新生代农民工成为农村劳动力转移的主体,这个群体具有与老一代农民工不同的经济社会特征和行为。

再次，就业形势更复杂。当前和未来中国就业形势不仅面临劳动力规模问题，而且面临劳动力结构的挑战，结构性失业问题将更突出；就业与经济增长的关系也日趋复杂；此外，国际经济将加深对中国就业形势的影响。

最后，人力资本提升和效能发挥更显重要。世界发达国家经济发展历程表明，人力资本是经济持续增长的关键因素，对正处于经济结构调整和经济发展模式转变中的中国而言，这个关键因素无疑是未来经济增长的"推进器"。

延伸阅读

当前的就业形势及劳动力市场表现

就业是民生之本、财富之源。一直以来，党和政府高度重视就业工作。十九大报告中提出就业是最大的民生，同时提出要实现更高质量和更充分就业。2019年的政府工作报告首次将就业优先政策置于宏观政策层面，不仅与财政政策、货币政策并列，还进一步明确提出稳增长首要是为保就业，把就业工作置于经济社会发展全局的高度来审视和推动。我国人口基数大，就业人员总量大的国情没有改变。当前，我国发展面临多年少有的国内外复杂严峻形势，经济出现新的下行压力。我们努力保持经济运行在合理区间，就是要保证不出现大规模群体性失业。这意味着，缓解就业总量压力始终是我们经济工作中面临的重大挑战之一。

根据预测，我国总人口将在2030年前后达到峰值的14亿，然后缓慢下降。随着人口形势的转变，在需求总量不减的条件下，我国就业的主要矛盾逐步从以就业岗位不足为特征的总量矛盾转变为以就业质量不高为特征的结构性矛盾，这一转变意味着就业工作要从重视就业数量逐步转变为更加重视就业质量。因此，提高就业质量已经成为新时期经济发展的内在要求。

就业质量主要包括就业者的工作收入、工作环境、个人发展前景和对工作的满意程度，还包括用人单位的满意度、家庭的满意度、社会的满意度等。近年来，在稳定和扩大就业的同时，经济发展的公平性、普惠性不断提高，同时就业质量不断提高。主要表现在以下几点：一是雇员化就业明显增加；二是企业用工更加规范，就业保障显著提高；三是劳动关系更趋稳定。

对此，应该降低企业负担，增强市场活力，借助新兴产业优化就业结构，让高质量经济孵化出更多高质量岗位，并做好重点群体就业工作。

二、劳动者应具备的素质和品质

劳动者的素质对一个国家、一个民族的发展至关重要。劳动者的知识和才能积累越多，创造能力就越强。

（一）劳动者素质的构成

劳动者素质是指从事劳动或者能够从事劳动的人的体力因素、智力因素和品德因素的有

劳动简论

机结合，主要由三方面的内容构成。

（1）劳动者的体力。体力是人体活动时所能付出的力量，表现为人的筋骨肌肉力量、灵敏度和感官能力。

（2）劳动者的智力。智力是人认识客观事物并运用知识解决实际问题的能力，通常表现为人的生产经验、思维能力、文化知识、专业知识、劳动技能等。一定时期劳动者的智力，既是生产力发展的结果，又是生产力进一步发展强大的推动力量。

（3）劳动者的思想品德。人是活的有意识的物，劳动者的思想品德直接关系到劳动者的劳动热情和劳动积极性。

上述三方面内容互相联系，有机结合，构成劳动者素质。其中，体力是劳动者从事劳动的物质基础，丧失了体力的人也就丧失了作为劳动者的基础条件，其智力也就无从发挥。任何体力的发挥，总包含着一定的智力内容，历史上的劳动者都是具有一定智力的劳动者。劳动者的思想品德则是决定其体力和智力增进和运用状况的主观因素。

（二）劳动者的主要素质和品质

1. 勤劳

"民生在勤，勤则不匮。""民有三患，饥者不得食，寒者不得衣，劳者不得息，三者民之巨患也。""农夫不勤则无食；桑妇不勤则无衣；士大夫不勤则无以保家。"这些都充分阐述了，勤劳是生活来源的重要途径，是致富的首要品质。勤劳的中华儿女，用自己的双手与智慧在科技、文学、艺术等领域创造了很多奇迹，在当今全面建设小康社会的时代，勤劳更应融进我们的血液里，来创造美好生活。

2. 善良

作为一名劳动者一定要具备善良的品质，做个善良的人，才能在工作中踏踏实实工作。例如，一个经商之人，只有善良，才不会去制造假冒伪劣产品，才能赢得事业的成功。

案例 2-1

续写新时代的雷锋故事

鞍钢集团矿业公司齐大山铁矿生产技术室采场公路管理业务主管郭明义，把雷锋作为人生榜样，将走雷锋路作为人生选择，甘当路石，默默奉献；时时处处发挥共产党员先锋模范作用，矢志不渝传承雷锋精神，被党中央、国务院授予"改革先锋"称号，被中央文明委授予"当代雷锋"称号。

郭明义坚持学习，追求科学，先后考取了大专、本科的文凭。他研制的采场公路建设、维修等一系列新技术、新工艺、新标准，填补了鞍钢采场公路建设的多项技术空白，研制的路料配比新方案，大幅度降低了修路成本，使采场公路维护质量和道路建设效率逐年提高，创效 1.5 亿多元。

郭明义心系群众，为民解难。无论是谁遇到困难，只要他知道了，都会毫不犹豫地伸手相助。他从报纸上看到山东一个生育了五胞胎的家庭生活困难，马上捐款，持续至今。他得知一个大学生患了尿毒症需要换肾，不仅到医院去捐款，还提出捐献自己的肾。一位农民患严重脑瘤到他家中求助，他当即捐出身上所有的钱，并筹款资助这位农民顺利完成手术，挽救了一个年轻的生命。这样的好事，他做了一件又一件，累计捐款 50 多万元。

郭明义学习雷锋，热心公益，把参加公益活动作为学雷锋的平台。2009年，他在鞍钢发起成立郭明义爱心团队，如今已经遍布全国，团队总数1 300余支，志愿者总数超过230万人，掀起了"跟着郭明义学雷锋"的热潮。郭明义常说："帮助别人，快乐自己；有一分热，发一分光。"他让群众看到了雷锋精神强大的生命力，成为新时代的"活雷锋"。

（摘编自：《人民日报》，2019年11月27日）

3. 诚实

作为劳动者，要做到诚实守信，方能使人信服，进而树立良好的形象。诚实是社会生活中与人交往的前提，也是实现个人梦想的基础。

4. 勇敢

人类勇敢的品质有些是天然形成的，但多数是后天培养锻炼出来的，勇敢最重要的内涵是果断向前，敢作敢为，毫不畏惧。劳动者要面对各种环境和工作，需要学会勇敢。

5. 实干

我国要全面建成小康社会，进而实现中华民族伟大复兴的中国梦，必须依靠知识，必须依靠劳动。幸福不会从天而降，梦想不会自动成真，社会主义是干出来的，新时代也是干出来的，世界上没有坐享其成的好事。

6. 创新

创新是劳动的基本形式，是劳动实践的阶段性发展。创新是人类特有的认识能力和实践能力，是人类主观能动性的高级表现，是推动民族进步和社会发展的不竭动力。从本质上说，创新是创新思维蓝图的外化、物化、形式化。

7. 传承

每一个劳动者都要做到，在实现中国梦的道路上将一代代人的精神与技能进行传承，使中华民族永葆青春与活力，这也是当代大学生作为未来劳动者需要担负的职责之一。

8. 无私奉献

奉献是对事业不求回报的爱和全身心的付出。对于每个人而言，就是要在这份爱的召唤之下，把本职工作当成一项事业来热爱和完成。

奉献是不计报酬的给予，是"我为人人"。奉献者付出的是青春、是汗水、是热情，是一种无私的爱心，甚至是无价的生命；奉献者收获的是一种幸福，一种崇高的情感，是他人的尊敬与爱戴，是个人生命的延长。

奉献是人类高尚职业道德的一种表现，它包括一切以人民利益为重，大公无私，克己奉公，鄙弃一切个人主义、利己主义、拜金主义和争名逐利的不良意识。

三、劳动者社会化

（一）劳动者社会化的含义

一个社会的存在和发展离不开各种各样的合格劳动者所从事的劳动活动，当上一代劳动者退出劳动舞台时，需要新一代的劳动者来继承；同时，随着科学技术的进步与发展，劳动者所从事的劳动活动又会不断地面临新的挑战。一个社会怎样才能不断找到它所需要的劳动者来从事相应劳动岗位的劳动活动呢？这涉及劳动者的社会化问题。所谓劳动者社会化，指的是社会将一个普通社会人转变成一个能够适应一定的社会和时代文化，掌握社会所需要的

劳动简论

劳动技能和必要的劳动规范，适应工作环境的文化，从而履行合格劳动的过程。劳动者社会化包含三个方面的内容。

第一，掌握一个职业角色所必需的知识和技能。要成为合格的劳动者，要掌握一定的劳动技能，必须经过一段时间的训练，把职业知识转化为实用的职业技能。

第二，了解工作环境的文化。劳动者在一定的社会分工体系下进行劳动，会受到一整套习俗、惯例、公约、制度等的制约，这便是工作环境的文化。对于许多老职工来说，遵守劳动规范，顺应工作环境早已成了自觉的行动。但对于新到的劳动者来说，则有一个从了解、抵触、遵守到同化的过程。只有顺利地完成这个过程，才能成为一名合格的劳动者。

第三，尝试身份的转变，使职业角色内化为个人的价值。劳动者对工作环境文化的适应与调节不仅包括社会性的内容，也包括心理性的内容。

（二）劳动者社会化的特点

劳动者社会化是以初级社会化，即个人未进入劳动岗位、成为劳动者以前的社会化为基础的。劳动者的社会化与其即将进入的行业、职业、劳动岗位、劳动关系、劳动环境等紧密相关。为便于更好地把握劳动者社会化的特点，现将其与一般社会化的比较列表，如表 2-1 所示。

表 2-1　劳动者社会化与一般社会化的比较

比较项目	劳动者社会化	一般社会化
起点	进入某一职业或某一劳动岗位时开始	从一生下来就开始
目标	使人成为合格的劳动者	使人成为合格的社会成员
社会化施体	主要受其所在劳动岗位、班组、车间、企业、行业及与之相关的劳动价值、劳动规范的影响	主要受家庭、学校、邻里社会的影响
社会化受体	劳动者	一般的人
过程模式	可能是连续的，可能是间断的	不间断的、贯穿一生的过程
引导方式	个体对个体与集体接受都有	个体对个体（婴儿与幼年期）；集体对个体（进入学校以后）
引导者	师傅、同事、培训者、劳动组织	父母、长辈、教师及朋友等

从表 2-1 的比较中可以发现，劳动者社会化主要是面向工作、面向具体劳动岗位的社会过程，所以也只有在工作中、在具体的劳动岗位上，劳动者的社会化才能最终完成。

四、人力资源和人力资本

资源，从字面上讲，是指资财的来源。经济学家通常把为了创造物质财富而投入生产过程的一切要素称为资源。人力资源是被开发、待开发的对象，人力资源得到合理开发和有效配置后就形成了人力资本。人力资本的形成和积累主要靠教育。

（一）人力资源

人力资源（Human Resources）是指在一定社会区域内能够推动经济和社会发展的具有智力劳动和体力劳动能力的人口的总和，其内涵应包括数量和质量两个方面。这个定义中的一定社会区域可以指一个国家、一个地区，也可以指一家企业、一所学校、一家医院或其他社会组织；数量是指一定年龄范围的人口总量，包括适龄劳动人口和超龄劳动人口。人力资源的质量则包括体质（身体素质、营养状况、抗病能力等）、劳动技能（智力素质、受教育程度、劳动能力等）、职业道德（劳动态度、劳动积极性、创造性、主动性等）三方面内容。

人力资源并不等同人口资源，人口资源是指一个国家或地区的人口总量，即总人口。人力资源也不完全等同于劳动力，劳动力通常是指参与社会生产活动（包括物质生产和精神文化生产）的适龄劳动人口和超龄劳动人口，对一个企业或特定的社会组织来说，就是雇员。从狭义上讲，人力资源就是劳动力资源。但从广义上讲，不仅有现实的人力资源，还有潜在的人力资源，即具有劳动能力但由于种种原因尚未直接投入社会生产活动的适龄劳动人口，如就学人口、家务劳动人口、军人、失业人员、部分伤残人员等。因此，人力资源的绝对量应该是指考察范围内（如一个国家、一个地区或一个社会组织）可以动员投入社会生产活动的总的人力资源数量，即包括现实的人力资源和潜在的人力资源，如图2-1所示。

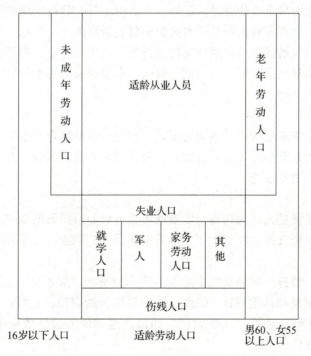

图2-1 人力资源的绝对量

在当今时代，以知识为基础的生产正取代传统的生产方式成为主要的经济形态，人力资源已经取代自然资源和资本成为最重要的生产要素，是一个企业、一个地区、一个国家最宝贵的资源，是竞争力的核心。

劳动简论

（二）人力资本

人力资本（Human Capital）即通常所说的人的素质和能力，是指体现在人身上的具有经济价值的知识、技能、经验、资历和健康等质量因素之和。人力资本是对人或人力资源进行开发性投资所形成的，以一定人力存量存在于人体之中的，可以带来财富增值的资本形式，是人们以一定代价获得并能在劳动力市场上交换的具有一定价格（或价值）的素质、能力或技能。人力资本投资主要是指人们在教育、医疗、保健、迁移、劳动技能提高等方面的资源投入或费用支出。将人的素质和能力视为资本，并把它看作推动经济和社会发展最主要的力量，是20世纪出现的最重要经济理论之一。

最早提出人力资本理论的是美国经济学家舒尔茨。1960年，舒尔茨在《人力资本的投资》的演说中指出，传统的古典经济学单纯从自然资源、土地和资金的角度出发，不能解释生产力提高的全部原因。舒尔茨认为，第二次世界大战以来，一些战败国（如德国、日本）以及一些自然资源贫乏的国家（如瑞士、丹麦）的经济都高速增长，而一些资源丰裕的发展中国家，经济发展却不尽人意，其根本原因在于被人们乃至众多经济学家所忽视的重要因素——人力资本的不同。舒尔茨进而得出结论：人力资本是社会进步的决定性原因；一国人力资本存量越大，质量越高，其劳动生产率就越高。同时，人力的取得并不是免费的，它的形成是投资的结果。并非人口多，人力资源就多，只有那些掌握了知识与技能的人力资源才是一切生产资源中最重要的资源。另外，人力资本具有收益递增的特性，能改善物质资本的生产效率，对人力资本的投资是所有投资中收益最高的。

凡是有利于形成与增强劳动力素质结构的行为、费用与时间，都是人力资本投资，凡是有利于提高人力资本利用率的行为、费用与时间，也属于人力资本投资的范畴。人力资本投资的主要形式有如下几种。

1. 各级正规教育

教育投资是人力资本投资中最重要的形式，它包括学前教育和小学、中学、大学等正规教育的费用支出。无论是政府还是社会团体、劳动者个人及其家庭，其投资主体用于普通教育的费用均属于人力资本投资。

2. 职业技术培训

职业技术培训投资是人们为获得与发展从事某种职业所需要的知识、技能与技巧而发生的投资支出。这类投资方式主要侧重于人力资本构成中的职业、专业知识与技能存量。

3. 健康保健

用于健康保健、增进体质的费用也是人力资本投资的主要形式，主要包括劳动者营养、服装、住房、医疗保健和自我照管、锻炼、娱乐等所需的费用，它可以由"健康时间"，或者由工作、消费和闲暇活动的"无病时间"组成。这方面的投资效果主要表现为人口预期寿命提高、死亡率降低。

4. 劳动力流动

劳动力流动本身并不能直接形成或增加人的资本存量，但是，通过劳动力的合理流动，宏观上，可以实现人力资本的优化配置，调整人力资本分布的稀缺程度；微观上，可以使个人的人力资本实现最有效率和最获利的使用。所以，它是实现人力资本价值和增值的必要条件。

目前，劳动力在国家间的流动越来越频繁。由于跨国流动者大多受过较高教育，他们身上凝聚着较高的资本存量,对移出国来说,是人力资本的损失,对移入国来说,则是人力资本的增加。因此,怎样减少人才外流并吸收境外人才,是发展中国家面临的一个现实问题。

总结案例

全球人力资本开发利用趋势

2017年时,世界经济论坛曾发布《2017年全球人力资本报告》。报告指出,全球人力资本平均开发利用率仅为62%,无论是发达国家还是发展中国家,处于不同发展阶段的经济体都尚未充分实现人力资本对经济的贡献潜力。报告对全球130个经济体的人力资本利用水平进行详细分析并排名。挪威、芬兰、瑞士分列前三,中国2017年的排名为第43位。2018年有所前进,中国在世界经济论坛《2018年度全球人力资本指数》中排名第34位。

《2017年全球人力资本报告》认为,无法人尽其才、缺乏新技能培训和终身受教育机会是阻碍各国充分发挥人力资本的重要原因。如果在教育和工作这两条促进社会包容性发展的道路上都存在缺口,全球收入不平等的状况则进一步加剧。

代际间不平等常被认为是造成人力资本开发不足的重要因素,但这份报告发现:在实现个人潜能方面,处于各年龄层的新老劳动力都面临巨大挑战。相较而言,年轻人虽然拥有更好的正式教育,但在择业中缺乏充分施展空间,很多处于工作晚期的人也会面临就业不足的问题。同时,各年龄层的在职劳动者很少有机会接触继续教育以提升专业技能,雇主通常更愿意直接招聘成熟人才。

《2017年全球人力资本报告》还提出,劳动人口的生产力与技能是影响一国经济长期发展的决定性因素,远胜于其他任何资源。

连续发布十年的《德勤全球人力资本趋势报告》调研涵盖了全球119个国家的近9 000名调查对象,是同类研究中规模较大大的纵向调研。该报告指出:虽然过去十年中各组织在技术投资上翻了一番,但许多组织在人类如何适应和接受新的工作方式方面投资明显不足:只有17%的受访者在员工技能更新方面进行了重大投资,以支持他们的人工智能战略,其中只有12%的受访者主要使用人工智能取代员工;在劳动力转换以超常速度发生时,只有1/10的受访者正在关注实时的劳动力洞察;虽然85%的受访者认为未来工作会带来道德挑战,但只有27%的受访者具备明确的原则和举措来应对未来工作带来的道德挑战;3/4的领导者希望通过员工技能再培训获得新技能和能力,但只有45%的领导者通过奖酬激励员工发展新技能。

分析: 我国经济已进入"新常态",再加上2020年新冠肺炎疫情席卷全球,我国的劳动力市场格局必将发生很大变化,但这些变化中蕴藏着不变的趋势之一就是高技能型和复合型人才需求大。因此,大学生的个人成长不应止步于学校教育阶段,要学会在工作中持续积累和提升技能。

课堂活动

各国劳动年龄人口规定的调研

一、活动目标

了解各国劳动年龄的规定,树立终身劳动的观念。

二、活动时间

建议 30 分钟。

三、活动流程

(1) 每名学生选取世界主要国家,上网查找资料了解各国劳动年龄的规定,并列表。

(2) 每名学生通过网络调研获取有代表性的国内外专家对延长劳动年龄上限的有关观点。

(3) 教师将学生按照 4~6 人划分小组,组内讨论:如何扩大潜在劳动力资源?为什么各国劳动年龄上限都普遍延长?超过劳动年龄以后,我们还能为社会提供哪些劳动?为什么有这种需要?

(4) 组内头脑风暴后,将有关观点整理归纳,组内分工合作,写一篇 2 000 字左右的论文提交给教师。

(5) 教师课后对各小组提交的论文进行审阅,并按照论文质量进行赋分。

课后思考:

(1) 你是如何理解劳动者的素质和品质的?结合专业思考,如何才能成为一名合格劳动者。

(2) 你认为该如何理解劳动者社会化?

项目二 社会劳动分工

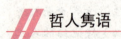

> 搬运夫和哲学家的原始差别要比家犬和猎犬之间的差别小得多,他们之间的鸿沟是由分工造成的。
>
> ——马克思

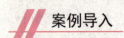

劳动社会化的发展进程

劳动社会化的发展进程可划分为以手工劳动为基础的简单协作阶段、以手工劳动为基础的工场手工业阶段、机器和大工业阶段,以及以微电子为主角的新技术革命阶段。

在第一个阶段，劳动资料比较简单，分工不很明确，劳动社会化的水平很低；在第二个阶段，资本主义生产方式占统治地位，劳动分工有了很大的发展，生产某一产品的全套劳动操作不再由一个人按照时间顺序单独完成，而是把一种操作专门分配给一个人，每个人只作为生产机体的一个器官，完成一项操作，执行一项专门的职能。在第三个阶段，劳动社会化程度逐渐加强，主要呈现出如下特点：第一，高效率的工具、机器取代了手工工具，从而突破了人在使用手工工具时所受到的生理限制，机器延伸了人四肢的功能，扩展了人类改造自然的能力；第二，以蒸汽机和电力为代表的高能动力取代了受动物生理和人体生理限制的畜力和人力，从而极大地增强了人类改造自然的能力；第三，机械化和电气化的传动机构取代了传统的传动过程，从而大大加强了劳动者在生产过程中相互制约的协作关系，提高了劳动效率。第四，自20世纪70年代，人类进入了以微电子为主角的新技术革命阶段，计算机、通信技术迅速发展，计算机网络普及，无线互联网技术成熟，使以电子计算机网络为中心的信息系统在社会化劳动过程中起着越来越重要的作用。

分析： 在新的技术革命阶段，与人类的劳动密切相关的科学、技术、生产和管理等已综合成一个统一的体系，从而对劳动者的劳动条件、劳动内容、劳动分工、劳动的组织管理形式和劳动态度产生了巨大的影响，劳动社会化会持续加强。

一、劳动社会化和产业分工

（一）劳动社会化的概念

劳动社会化是一个与生产力发展相联系的概念，主要是指孤立、狭小的劳动转变为由紧密的、大规模的分工和协作联系起来的共同劳动的过程。

劳动社会化的内容主要包括以下四个方面：一是生产资料使用的社会化，生产资料由单个人分散使用变为许多人共同使用，从而节约了生产资料；二是劳动操作过程的社会化；三是劳动操作过程日益分解，每个人只完成总操作过程的极小部分，从而使最终产品成为许多人共同完成的、名副其实的社会产品；四是劳动成果的社会化，劳动目的已不是直接满足劳动者个人的需要，而是满足他人的、市场的、社会的需要。

（二）劳动的产业分工

1. 产业

（1）产业划分。目前国际普遍流行的是三次产业划分思路，即按照人类生产发展的历史顺序进行分工。

第一产业，是指靠人类自身的体力劳动直接从自然界取得初级产品的生产部门，如农业、畜牧业和林业等，其产品用于满足人们的基本生活需要。

第二产业，是指把第一产业获得的原料加工成各种物品的活动，即对工农业产品进行再加工的生产部门，如制造业、建筑业等。产品通过加工，其形态发生了显著的变化，一般不再保留原来的自然物质形态。

第三产业，是指人们为生产、生活和社会发展提供产品交换和服务的部门。第三产业包含的门类比较多，如商业、邮电通信业、交通运输业、房地产业、文教卫生事业等。

（2）产业结构。产业结构是指各产业的构成及各产业之间的联系和比例关系。在经济

劳动简论

发展过程中,由于分工越来越细,因而产生了越来越多的生产部门。这些不同的生产部门,受到各种因素的影响和制约,在增长速度、就业人数、在经济总量中的比重、对经济增长的推动作用等方面表现出很大的差异。

2. 行业

行业是指其按生产同类产品或具有相同工艺过程或提供同类劳动服务划分的企业或组织群体的集合,如饮食行业、服装行业、机械行业等。行业分类主要是以经济活动的同质性为原则,对从事国民经济生产和经营的单位或者个体的组织结构体系的详细划分,如林业、汽车业、银行业等。

我国的《国民经济行业分类》国家标准于1984年首次发布,分别于1994年和2002年进行修订,2011年第三次修订,2017年第四次修订后于2017年10月1日实施。当前我国新行业分类共有20个门类、97个大类、473个中类、1 381个小类,如表2-2所示。

表2-2 产业行业对照简表

三次产业分类	《国民经济行业分类》（GB/T 4754—2017）	
第一产业	A	农、林、牧、渔业
第二产业	B	采矿业
	C	制造业
	D	电力、热力、燃气及水生产和供应业
	E	建筑业
第三产业（服务业）	F	批发和零售业
	G	交通运输、仓储和邮政业
	H	住宿和餐饮业
	I	信息传输、软件和信息技术服务业
	J	金融业
	K	房地产业
	L	租赁和商务服务业
	M	科学研究和技术服务业
	N	水利、环境和公共设施管理业
	O	居民服务、修理和其他服务业
	P	教育
	Q	卫生和社会工作
	R	文化、体育和娱乐业
	S	公共管理、社会保障和社会组织
	T	国际组织

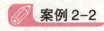 案例2-2

生活服务业 创造美好生活

生活服务业领域宽、范围广、市场化程度高,直接与广大人民群众的基本生活密切相关。随着我国经济社会的快速发展,人民群众对生活消费的需求更加多样,生活服务业越来越呈现出便利化、精细化、品质化和网络化的发展趋势。在数字化转型的背景下,创新成为生活服务业变革，从传统到现代化的核心驱动力。近年来，管理创新、技术创新、业态创新、服务创新均加速了生活服务业的迭代，从而催生新兴从业群体。

1. 管理创新

我国经济发展进入新常态，在经济下行压力加大的新形势下，生活服务业企业加强创新管理、提质增效，已成为企业有效控制成本，提高效率，提升技术、质量和服务水平，创新发展空间，提升竞争能力的迫切要求，如品类管理（category management）。目前品类管理技术已被我国的零售企业广泛应用。随着生活服务业的竞争激烈，许多酒店、餐饮门店也开始研究和借鉴其他行业成功和成熟的管理新技术，谋求精细化管理。很多餐饮企业效仿在零售行业早已存在品类管理职位，设置品类管理部门。如，美团外卖把医药健康、生鲜果蔬、美食划分为不同品类，并在一级品类下，建设快餐小吃、火锅、海鲜烧烤、特色菜、地方菜、西餐、日韩料理等二级品类，甚至三级品类。根据不同时段、不同消费场景之下用户差异化的需求，在平台上优先展示能满足其需求的品类。

2. 技术创新

通过互联网、云计算、大数据、人工智能等多项技术的演进迭代，技术创新能够围绕消费者的需求和应用场景进行融合应用，进而重新定义生活服务业的商业模式。互联网技术催生了在线直播销售，在线直播人员成为该领域的新兴从业群体。

3. 业态创新

（1）外卖配送。数字化渗透到生活服务业，催生了外卖新业态。"懒人经济"成为一种现象，对生活服务业发展和消费者消费习惯都带来了不可逆转的影响。2020年3月，人力资源和社会保障部等三部门正式公告，确认"网约配送员"纳入国家职业分类。

（2）O2O（线上线下融合）。在互联网经济下，出现了线下门店和现场门店并存互补的格局，因传统的线下门店运营的经验不能完全照搬应用到线上门店的管理。因此，生活服务业企业开始纷纷招聘和培养适应O2O业态的门店管理人才，有的是侧重于线上门店运营管理，有的则可以兼顾线上线下组合的门店运营管理，从而催生了互联网美业门店管理师、O2O餐饮门店管理师等新兴从业群体。

4. 服务创新

新冠肺炎疫情期间，"宅经济"应运而生，各电商平台成为保障消费者正常生活的主力阵营。无接触服务作为当前疫情背景下一种特殊服务方式，已成为各电商平台和即时配送行业企业的标配，在很大程度上重塑了商业形态，重新定义了服务场景。无接触服务的兴起，以及被消费者的广泛认可，也对相关从业群体提出了新的知识与能力要求。

随着新兴服务的出现，生活服务业也会催生出目前无法预知的新兴从业群体。

二、职业变迁

职业就是以生计维持、社会角色分担、个性发挥和自我实现为目的，持续进行的劳动或工作。职业随着时代的发展在不断变化，职业的变迁与人类社会的发展紧密相连，从一个侧面折射出时代的进步，反映了人类社会的发展与进步。

我国第一部《中华人民共和国职业分类大典》颁布于1999年。2015年，国家人力资源和社会保障部完成《中华人民共和国职业分类大典（2015年版）》，新版《大典》职业分

劳动简论

类结构为 8 个大类、75 个中类、434 个小类、1 481 个职业。表 2-3 是《中华人民共和国职业分类大典（2015 年版）》类目表。

表 2-3 《中华人民共和国职业分类大典（2015 年版）》类目表

大类	名称	中类	小类	细类（职业）
第一大类	国家机关、党群组织、企事业单位负责人	6	15	23
第二大类	专业技术人员	11	120	451
第三大类	办事人员和有关人员	3	9	25
第四大类	社会生产服务和生活服务人员	15	93	278
第五大类	农、林、牧、渔业生产及辅助人员	6	24	52
第六大类	生产制造及有关人员	32	171	650
第七大类	军人	1	1	1
第八大类	不便分类的其他从业人员	1	1	1

（一）我国职业发展的态势

影响职业变化发展的因素包括社会及管理的变革、技术变革、经济发展、产业及行业的演变等。我国职业发展的态势主要有以下六种表现。

1. 由单一、基础型向跨专业、复合型转化

职业岗位的要求和劳动方式逐步由简单向复杂转化，职业内涵不断丰富，单一技能难以胜任工作要求，更需要跨专业和复合型人才。

2. 由封闭型向信息化、开放型转化

职业岗位工作的范围和面向的服务对象越来越广泛，人与人之间联络、沟通、信息咨询、协作大大加强。

3. 由传统工艺型向智能型转化

职业岗位科技含量增加，技术更新速度加快，劳动组织和生产手段不断改善，工作内容不断更新。

4. 由继承型向创新创造型转化

知识经济的到来，要求社会成员不断树立创新意识，在自己的岗位上进行创造性劳动。

5. 服务型职业由普通低端向个性化、知识型转化

社会生产力的提高解放了劳动力，人们越来越多地需要社会服务行业提供个性化服务。服务业对从业人员素质的要求也在不断提高，产生了知识服务型职业。

6. 职业活动趋向绿色、可持续、低碳

当前，全球经济正在向绿色、可持续、低碳发展升级，职业活动也相应发生了变化。

（二）新经济背景下的职业发展新变化

互联网等新经济行业的快速发展，既对就业市场中传统职业造成一定冲击，同时也为新兴职业的产生提供了良好的市场环境。未来职业发展的新趋势，主要表现在以下几个方面。

1. 高新技术行业优势领先，知识型劳动者比例直线攀升

在信息科技时代，企业将朝着通信技术、人工智能、新材料领域等高技术产品的产业群发展，这些行业是推动经济增长和繁荣的重要引擎。高技术产业的发展，需要较高的研发投入和庞大的研究人员团队，将凭借智能性、创新性、战略性和环保性等优势，吸引海内外知识型人才不断涌入，这将对社会和经济的发展具有重要的意义。

2. 传统职业逐渐更替，新兴职业技术含量不断提高

技术的不断进步，给传统行业带来了巨大冲击，同时也延伸出许多新的工艺、服务和产品，这些新技术的开发及应用，必然导致部分职业的新旧更替。脑力劳动职业将越来越多，体力劳动职业将越来越少，新兴职业技术含量不断提高。

3. 职业更新速度逐步加快，职业发展边界逐渐趋于模糊

网络设施不断完善、海量数据快速产生及信息处理技术不断提高，带来了社会经济结构质的飞跃，加速了新旧职业的替代和更新。同时，社会对未来人才知识的综合性结构提出了更高的要求，职业发展的边界逐渐模糊，劳动者不仅要成为本专业领域技能人才，而且要顺应环境变化转换职业角色，成为掌握多种知识和技能的高素质复合型人才。

（三）新职业

我国的新职业正以惊人的速度产生着，这些新职业的开发和评定，并不仅仅以职业的冷热程度和从业人数的多少为标准，更重要的是考虑这个职业是否具备了较高的技能性，是否具有向大众推广的可行性，以及这个职业将产生的社会影响和价值。这些新职业主要分为两种情况：一是全新职业，就是随社会经济发展和技术进步而形成的新的社会群体性工作；二是更新职业，是指原有职业内涵因技术更新产生较大变化，从业方式与原有职业相比已发生质的变化，比如说过去只有传统的车工，随着数字技术在制造业中的广泛应用，出现了数控车工。

新涌现出来的大批新职业，主要集中在第一、第二产业的高新技术领域和蓬勃发展的第三产业。从分布情况来看，新职业主要分布于基因和转基因工程、遗传工程、生态农业、生化试验等高新技术领域；环境监测、计算机辅助设计、计算机辅助制造、纳米材料生产等领域也出现了大批新职业；新职业分布最广的是社会服务领域。

早在 2004 年 8 月，我国已经建立新职业发布信息制度，陆续颁布了 12 批 122 个新职业。

2019 年 4 月，人力资源和社会保障部、市场监管总局、统计局正式向社会发布了 13 个新职业信息，包括数字化管理师、人工智能工程技术人员、物联网工程技术人员、大数据工程技术人员、云计算工程技术人员、建筑信息模型技术员、电子竞技运营师、电子竞技员、无人机驾驶员、农业经理人、物联网安装调试员、工业机器人系统操作员、工业机器人系统运维员。

2020 年 3 月，人力资源社会保障部、国家市场监管总局、国家统计局再次联合向社会发布了智能制造工程技术人员、工业互联网工程技术人员、虚拟现实工程技术人员、连锁经营管理师、供应链管理师、网约配送员、人工智能训练师、电气电子产品环保检测员、全媒体运营师、健康照护师、呼吸治疗师、出生缺陷防控咨询师、康复辅助技术咨询师、无人机装调检修工、铁路综合维修工和装配式建筑施工员 16 个新职业。

这些职业吸引了大量的就业人群，是大学生实现自身职业理想的新战场。

劳动简论

> **延伸阅读**
>
> **产业、行业、职业的关系**
>
> 产业、行业、职业三者之间既有相同点,联系密切,又有区别。产业、行业、职业都是社会分工的产物,是社会生产力不断发展的必然结果。这是它们在本质上的共同点。在社会发展中,随着新技术的出现,新产品及相应职业的从业人员产生。随着新产品的生产及相应从业人员数量的不断扩张,新的行业逐渐形成。当新行业发展到一定规模时,就会与其他相关行业进行整合,依据发挥作用的程度形成新的产业。
>
> 产业的着眼点是生产力布局的宏观领域,体现的是以产业为单位的生产力布局上的社会分工,产业由行业组成;行业的着眼点是企业或组织生产产品的微观领域,体现的是以行业为单位的产品生产上的社会分工,行业由企业或组织组成;职业的着眼点是组织内工作人员的具体工种,体现的是以人为单位的劳动技能上的社会分工。产业(行业)的分类依据是经济活动的同质性,而职业分类的依据是工作性质的同一性,前者属于生产活动领域,后者属于人力资源开发领域。

三、劳动组织

(一)劳动组织的概念

劳动组织的含义有两种,一种是广义上使用的劳动组织概念,一种是狭义的劳动组织概念,我们在这里只涉及狭义概念。

狭义的劳动组织基本上是生产力的概念。在生产力各个基本因素中,劳动资料和劳动对象对于劳动者来说是客体,唯有劳动者自己是主体。而劳动组织就是研究如何把劳动的主体力量合理地组织起来,更好地发挥其作用。由于在生产力的结构中,劳动者是能动的因素,其他生产力要素都是由劳动者来运用和推动的,因而劳动者因素如何很好地组织成一个整体,对于生产力的影响无疑是很大的。

(二)现代的劳动组织

现代的劳动组织概念侧重于强调其组织性,认为劳动组织是一种集生产和管理于一体的有机体。我们认为,劳动组织就是在合理的劳动分工的基础上,在保证安全生产和文明生产的条件下,使所有人员能协调地工作,有效地利用人力和物力资源以及工作时间;是一个以劳动者为主体的,包括劳动者、劳动资料和劳动环境三项要素的有机系统。所谓科学劳动组织,即运用科学的方法组织生产活动,达到"人、机、环境"的最佳结合,既要提高企业劳动效率和经济效益,又要为劳动者身心健康和体力智力全面发展创造条件,包括劳动组织形式、轮班形式、劳动组合等方面。

总结案例

展望未来的劳动组织

"互联网平台+海量个人"正在成为这个时代一种全新的组织景观。随着"平台+个人"这一社会和经济结构的持续生长和扩展,全新的经济、法律、社会含义,也将由此深化和扩展。

未来已来,"平台+个人"勃兴。全球最大的出租车公司 Uber 没有一辆出租车;全球最热门的媒体所有者 Facebook 没有一个内容制作人。这些广为流传的商业故事,到底在说什么?

1. 互联网平台与传统平台迥然不同

互联网平台已经给商业世界带来了巨大的冲击。索尼前董事长出井伸之说:"新一代基于互联网 DNA 企业的核心能力,在于利用新模式和新技术更加贴近消费者、深刻理解需求、高效分析信息并预判,所有传统的产品公司都只能沦为这种新型用户平台级公司的附庸,其衰落不是管理能扭转的。"事实上,平台模式由来已久,但直到互联网的出现,它才具有了全新的规模、内涵与影响力。

作为一种经济现象,KPCB 整理的 2015 年 5 月市值前 15 大的互联网公司,市值总和高达 2.4 万亿美元,成为全球经济中重要的经济力量。作为一种组织现象,上述 15 大互联网公司,几乎无一例外,都是平台模式。也不只是互联网公司,很多企业和行业,也走向了平台化的结构。

今天的互联网,以后端坚实的云平台(管理或服务平台+业务平台)去支持前端的灵活创新,并以"多个小前端"去实现与"多种个性化需求"的有效对接。这种"大平台+小前端"的结构,已成为很多企业组织变革的原型结构。如 7 天酒店的放羊式管理、海尔的自主经营体等。不只是单个企业演化出了这样的结构,许多网络零售平台同样也是类似的结构。它们都是"平台+多元应用"这一结构(或大平台+小前端)在不同企业的碎片化呈现,即不同程度的后台标准化、统一化、模块化与不同程度的前台个性化之间的组合。

2. 个人替代公司,成为越来越重要的经济主体

工业时代占据主导地位的是大批量、小品种的规模经济,与之相应,组织也在持续走向极大化。到了数据时代,尽管大型组织仍将是组织领域里的主要图景,但随着多品种、小批量的范围经济正在多个行业里占据越来越主导的地位,与之相应的组织规模,相应地也在逐步走向小微化、个人化。在今天这种一个人就可以面对全球市场的时代,小企业——更确切的是个人,正在迎来自身发展史上的黄金时代。

德鲁克曾预测,知识工作者将很快成为发达国家中最大的族群。今天的 IT 消费化浪潮——平板电脑、智能手机的普及,以及可以预期的云计算对 IT 民主化的极大推进,企业里最后那些工作还没有实现 IT 化的员工,其工作方式也必将发生信息化、知识化的转变。至此,所有部门和员工工作的 IT 化、信息化、知识化将基本完成。而这又意味着全社会知识型工作人群比例的极大提升。

劳动简论

分析：与工业时代以企业为基本经济主体的时代不同，未来将是一个以小微企业和个人为基本主体的经济时代，这将成为新时代里全新的社会和组织景观。弗里德曼在《世界是平的》一书中也提到了类似的观点："如果说全球化1.0版本的主要动力是国家，全球化2.0的主要动力是公司，那么全球化3.0的独特动力就是个人在全球范围内的合作与竞争。"我们作为未来的劳动者现在就需要思考：在当今全球竞争机会中，我究竟处在什么位置？我可以如何与他人进行全球合作？

课堂活动

机器换人，动了你的岗位吗？

一、活动目标

能正确分析新技术对自身参与社会分工和就业形势的影响。

二、活动时间

建议40分钟。

三、活动流程

（1）教师组织学生阅读以下材料。

阅读材料：机器换人

据国际机器人联合会统计，世界经济论坛曾预测，到2020年，全球有500万个工作岗位可以实现自动化。

我国机器人研发起步于20世纪70年代，近年来，随着我国劳动力成本快速上涨，人口红利逐渐消失，生产方式向柔性、智能和精细转变，对工业机器人的需求也呈现大幅增长。

"机器换人"的普及对就业岗位数量和结构都将产生深远影响。目前，创造就业岗位最多的纺织服装、采掘和电子信息等产业出现了"机器换人"的趋势，但从现阶段看，机器人和人类劳动者间的替代关系并不显著。机器人具有竞争优势的行业和领域，与我国劳动力比较优势最显著的行业和领域并非完全重叠，也就是说，机器人只会在个别产业和环节上替代手工操作，短期内主要还是对生产效率和产品质量提高产生积极影响，不会改变我国制造业劳动力密集程度较高的特征，也不会造成严重的失业问题。

有专家指出：机器人的出现，对人类劳动者就业岗位的影响：一是替代劳动者岗位。二是填补人类劳动者无法胜任的岗位。三是开辟人类工作新岗位。

（2）每名学生通过网上收集材料等，分析人工智能和机器人等新技术对自己参与社会分工有哪些影响？对所学专业的就业岗位有什么影响？将创造哪些新的就业岗位？将淘汰哪些原有的岗位？对本专业高职毕业生能力提出了什么新的要求？

（3）教师将学生按照8~10人划分小组，通过小组内部讨论形成小组观点。

（4）每个小组选出一名代表陈述本组观点，其他小组可以对其进行提问，小组内其他成员也可以回答提出的问题；通过问题交流，将每一个需要研讨的问题都弄清楚。

（5）教师进行分析、归纳和总结，并根据各组在研讨过程中的表现，给予点评并赋分。

课后思考：

（1）你认为该如何认识新时代的劳动分工？

（2）结合专业和当前新兴职业，你认为该如何客观看待职业变迁？

项目三　劳动基本制度

哲人隽语

> 法律和制度必须跟上人类思想进步。
>
> ——托马斯·杰弗逊

案例导入

同工同酬：从西沟走进新中国宪法

2020年6月28日，中国唯一的一位从第一届连任十三届的全国人大代表、全国劳模申纪兰因病逝世。她是新中国当之无愧的争取"男女同工同酬"第一人。

1951年，在火热的社会主义建设大潮中，西沟村成立了初级农业生产合作社，李顺达任社长，申纪兰为副社长。当时村里劳动力短缺，李顺达就和申纪兰商量，发动妇女走出家门去劳动。可是，当时的妇女劳动并不被人们所尊重，在当时"记工分"的农业合作社，一个劳动日按照10个工分计算，男人挣10分，两个妇女干的活儿才算一个男人的工作量，妇女因此被称为"老五分"。合作社的"老五分"制度，按性别划分的不公平计分方式，严重挫伤了妇女们的劳动积极性。申纪兰意识到，只有男女同工同酬，才能彻底解决平等问题。只有男女同工同酬，才能让妇女们干活有劲头！可是，实现同工同酬不能靠耍嘴皮子，需要拿出真本领，亮出真本事，让男人们服气。于是，申纪兰和村里的妇女们决定，和男人们到田地里比一比，用劳动成绩说话，争取同工同酬的权益。通过各项劳动比赛，妇女们终于让男人们刮目相看，心服口服。申纪兰和西沟村的妇女用劳动消除了偏见，赢得了尊重，争取到了应得的权益。

在申纪兰和西沟妇女的不懈努力下，太行山深处的这个小山村，在全国率先实现了男女同工同酬。1954年，申纪兰当选为全国第一届人大代表，在第一届全国人民代表大会上，男女同工同酬被正式写入宪法。

分析： 男女同工同酬，不仅激发了西沟村妇女劳动的积极性，也激发了全国妇女参与劳动的积极性。人们的劳动行为和劳动关系受到劳动制度与规范的约束，而劳动制度在人们的劳动生活及社会经济发展中扮演着非常重要的角色。

一、劳动制度

（一）社会制度

制度是由正规的成文规则和那些作为正规规则的基础与补充的典型非成文行为准则组成

劳动简论

的，是社会生存和发展所需要的协调性与合作性赖以建立的基础，它是围绕社会基本需求而建立起来的关系系统。在这个系统内，共同的价值、规范、程序都被明确下来。

社会制度则是为了满足人类的生存需要而形成的社会关系，以及与此相联系的社会活动的规范系统。

劳动制度属于社会制度的一种，是人类在一定社会生活中为满足劳动关系发展的需要而建立的有系统、有组织并为社会所公认的劳动行为规范体系。劳动制度有正式的与非正式的区分，正式的劳动制度是支配劳动关系的规则，有广义和狭义之分。

1. 广义的劳动制度

广义的劳动制度，主要是指国家或有关权力机构制定的、约束人们劳动行为及其劳动关系的法律、法令或其他相应形式的规定，表现为与人们参加社会劳动、建立劳动关系直接有关的一系列办事程序、规章和规定，这一层次的制度也就是政府的行政性制度，主要是劳动就业、劳动工资、劳动保障等制度。

2. 狭义的劳动制度

狭义的劳动制度是指与劳动就业直接有关的办事程序、规章和规定的统称，包括劳动者的招收、录用、培训、调动、考核、奖惩、辞退、工资、劳动保险、劳动保护等制度。这一层次的制度通常表现为工作组织内的劳动制度。

非正式的劳动制度主要是指依靠非正式监控机制而体现的规则。

（二）劳动制度的特征

劳动制度有以下四个特点。

1. 普遍性

劳动制度的普遍性是由劳动的普遍性决定的，因为生产劳动是人类社会生存和发展的基础与动力，任何社会、任何时代都离不开劳动。

2. 组织强制性

劳动制度是一种组织化的社会规范，它作为制约劳动关系和劳动者行为的一种规范体系，对劳动者具有强制作用。如，正式的劳动制度往往是由国家或有关权力机构制定的，以确定的规则或法令等形式表现出来的劳动规范体系，其对从事劳动的所有社会成员都具有强制作用。

3. 相对稳定性

劳动制度一旦形成，就具有相对的稳定性，没有巨大社会变革，一般不会轻易改变。但是劳动制度的稳定性只是相对的，随着社会和时代的变迁，劳动的形式、条件、内容及彼此合作的方式都会发生变化，劳动制度也会有相应的变更。

4. 系统性

劳动制度的运行必须有相应的制度配合，形成一套行之有效的制度体系，才能对人们的劳动关系与劳动行为进行有效的规范与约束。

二、就业制度

（一）就业制度

就业制度也有广义与狭义之分。广义的就业制度是指直接或间接规范劳动者就业行为的制度总称，包括雇佣解雇制度、用工制度、就业培训制度、就业服务制度、辞职退休制度和劳动计划管理制度等；狭义的就业制度仅指雇佣解雇制度及用工制度。雇佣解雇制度是指劳动者进入或退出企业的方式，它反映的是社会劳动者被安置到成千上万个不同职业岗位的方式；用工制度则是对劳动者进入企业之后将与企业保持什么样的关系的规定。

组织中的就业制度是指组织根据国家的劳动就业制度和有关法规，结合本组织的状况而制定的与劳动就业直接有关的办事程序、规章和规定的统称，包括劳动者的招收、录用、用工、培训、晋升、考核等方面的制度。

（二）就业

1. 就业的概念

就业既是重大的经济问题，也是重要的社会和政治问题。扩大就业，减少失业，是经济社会发展的基本目标。对就业概念的理解可以从理论和实际两个角度来把握。从理论上讲，就业是指具有劳动能力的人，运用生产资料从事合法社会活动，并获得相应的劳动报酬或经营收入的经济活动，具体而言，就是指在法定年龄内，具有劳动能力的人在一定的工作岗位上从事有报酬或有经营收入的合法劳动。

根据这一定义，一个人如果同时满足以下三个基本条件，就可以被认为实现了就业：在法定劳动年龄内，并且具有劳动能力；以提供满足社会需要的商品或服务为目的，从事某种合法的经济活动；从事这种社会劳动可以获得相应的收入。而童工、不以获得收入或营利为目的的公益劳动、家务劳动等不属于就业范畴。

2. 就业的意义

就业是民生之本，是经济社会持续发展和生活水平提高的关键。就业不仅是劳动者谋生的手段，也是融入社会、给个人和家庭带来希望的重要途径。

（1）就业是人们获得收入得以谋生的基本手段。当前，虽然各种生产要素的报酬，如股息、利息、租金等，都是居民收入的合法来源，但通过就业得到的劳动报酬仍是人们收入的最主要部分。

（2）就业是个人融入社会、使自身得到全面发展的主要途径。作为具有社会属性的人，一般不仅需要靠就业谋生，还需要靠就业参与社会生活，赢得他人的尊重，满足自己更高层次的需求。

（3）就业是经济发展和社会进步的重要前提。通过就业的方式，实现生产资料和劳动者的结合，形成现实的生产力，推动经济发展。扶持困难群体实现就业，是消除贫困的根本途径。大力促进社会充分就业，也是促进社会公平、维护社会稳定的重要手段。

3. 绿色就业

2007年，国际劳工组织与联合国环境规划署发出《绿色工作全球倡议》。该倡议指出，绿色工作是那些可以减少企业和经济部门对环境的影响，最终实现可持续发展，同时又符合"体面劳动"的工作，包括保护生态系统和生物多样性的工作，通过高效的策略减少能源、材料和水消耗的工作，经济低碳化的工作，最大化减少或者避免生产各种废物和污染的工作。

结合国际标准与我国实践，专家们提出，绿色就业包含三个领域：一是直接性绿色岗位，如造林、环保等，在这些岗位上工作的人，是直接的"绿色就业"从业者，可简称为"纯绿"就业；二是间接性绿色岗位，即通过实现绿色生产方式、生活方式、消费方式等，

劳动简论

间接地创造"绿色就业"机会的岗位，如制造太阳能和节能建筑材料等产品，深化循环经济等，在这些岗位上工作的人，是间接的"绿色就业"从业者，可简称为"泛绿"就业；三是绿色转化性岗位，即将非绿色岗位转化为绿色岗位，如治理生产性污染、生产中改用节能环保技术等，将原来在高污染、高排放岗位的从业人员转化成绿色岗位的从业人员，可简称为"绿化"就业，这种转化涉及生产技术、生产方式、生产过程及终端产品等各个方面。

（三）我国的就业服务

1. 新时期就业方针

社会主义市场经济体制的建立，为深化就业制度改革提出了更进一步的目标。党的十九大提出了要坚持就业优先战略和积极就业政策，实现更高质量和更充分就业。大规模开展职业技能培训，注重解决结构性就业矛盾，鼓励创业带动就业。

2. 我国的公共就业服务

就业服务是指就业中介组织为满足劳动者求职和用人单位招工的需求而提供的各类服务。就业服务按其提供者分为两类，一是由私营机构提供的就业服务，二是由政府提供的公共就业服务。公共就业服务的主要目标是弥补劳动力市场的缺陷，塑造更加公平有效的市场，从而促进劳动力流动、劳动生产率提高、经济增长和社会福利提升。劳动力市场缺陷包括市场信息不透明，技能不匹配，工资刚性，招工歧视，劳动力需求总量不足，长期失业，对劳动力流动的限制等。

与私营机构的就业服务相比，公共就业服务有其独特的优势：可以提高劳动力市场信息透明度，确保劳动力市场各类弱势群体得到帮助，保持就业服务工作的连续性，避免没有求职经验的弱势群体受到私营中介机构的欺诈盘剥，减少失业保险金发放中的道德风险。我国公共就业服务体系的初步建立，在缓解就业压力、帮助失业人员再就业、维护劳动力市场秩序、树立市场服务标杆、促进人力资源合理流动和配置、维护劳动者权益等方面都发挥了重要作用。

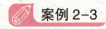

案例2-3

持续开展的就业服务专项活动

近年来，根据就业工作需要，为有针对性地帮助就业困难群体就业，我国陆续开展了多项就业服务专项活动。

（1）就业援助月活动。自2005年开始，每年举行就业援助月活动。例如，人力资源和社会保障部、中国残联共同启动"2019年就业援助月专项活动"，该活动旨在以多种形式开展对贫困残疾人的就业帮扶，加强保障和改善民生，帮助部分困难群众实现就业创业。

（2）"春风行动"。自2005年开始，每年举行"春风行动"。2019年的"春风行动"通过开展主题宣传、组织招聘活动、加强就业服务、引导返乡创业、推进就业扶贫、强化权益维护等措施，支持农村劳动力就业创业。

（3）全国民营企业招聘周活动。自2005年开始，每年举行全国民营企业招聘周活动。2019年人力资源社会保障部门联合当地工会和工商联，开展民营企业招聘周，重点面向民营企业提供招聘用工服务。

（4）高校毕业生就业服务月。自2008年开始，每年举行高校毕业生就业服务月活动。例如，2018年高校毕业生就业服务月活动的服务对象是2018届有就业意愿的离校未就业高校毕业生，往届未就业高校毕业生；活动目标是将有就业意愿的离校未就业高校毕业生全部纳入就业创业促进计划，做到登记一人、服务一人。对有求职意愿的，提供职业指导、岗位信息；对有创业意愿的，提供创业服务、落实创业扶持政策；对有培训意愿的，组织参加职业培训、提供技能鉴定服务；对有见习需求的，组织参加就业见习、帮助积累经验、提升能力；对就业困难的，实施重点帮扶，加强就业权益保护，促进就业创业。

三、劳动工资制度

（一）工资制度

工资问题是现代分配问题的核心，工资作为劳动者个人消费资料的主要来源，作为激励劳动效率的一个重要杠杆和实现人力资源合理配置的基本手段，是任何政府都非常重视的问题。

目前，我国实行的是按劳分配与按要素分配并存，尝试建立集体谈判工资制度。在工资分配上，除了继续强调按劳分配的原则以外，1997年的"十五大"提出实行多种分配方式并存的制度，即按劳分配、按要素分配结合的制度，这为资本、科技等生产要素参加分配提供了政策依据。按劳分配和按要素分配结合使收入分配趋向多元化，同时，不同劳动者之间的收入差距拉大。

（二）工资的组成

根据国家统计局发布《关于工资总额组成的规定》，工资总额指企业在一定时期内直接支付给本企业全部职工的劳动报酬的总额，由计时工资、计件工资、奖金、津贴和补贴、加班加点工资、特殊情况下支付的工资六个部分组成，如图2-2所示。

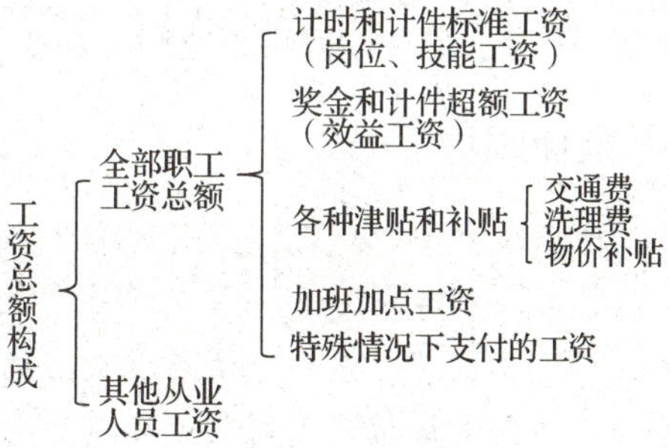

下列各项不纳入工资总额的范围。

（1）根据国务院发布的有关规定颁发的发明创造奖、自然科学奖、科学技术进步奖和支付的合理化建议和技术改进奖，以及支付给运动员、教练员的奖金。

图 2-2 工资组成

（2）有关劳动保险和职工福利方面的各项费用。

（3）有关离休、退休、退职人员待遇的各项支出。

（4）劳动保护的各项支出。

（5）稿费、讲课费及其他专门工作报酬。

（6）出差伙食补助费、误餐补助、调动工作的旅费和安家费。

（7）对自带工具、牲畜来企业工作职工所支付的工具、牲畜等的补偿费用。

（8）实行租赁经营单位的承租人的风险性补偿收入。

（9）对购买本企业股票和债券的职工所支付的股息（包括股金分红）和利息。

劳动简论

（10）劳动合同制职工解除劳动合同时由企业支付的医疗补助费、生活补助费等。

（11）因录用临时工而在工资以外向提供劳动力单位支付的手续费或管理费。

（12）支付给家庭工人的加工费和按加工订货办法支付给承包单位的发包费用。

（13）支付给参加企业劳动的在校学生的补贴。

（14）计划生育独生子女补贴。

（三）工资支付

1. 关于工资支付的法律规定

（1）工资发放时间由用人单位与职工在劳动合同中约定。《中华人民共和国劳动法》（简称《劳动合同法》）规定，全日制用工的，工资应当至少每月支付一次；非全日制用工劳动报酬结算支付周期最长不超过15日。

（2）根据原国家劳动部发布的《工资支付暂行规定》法律条例中的第七条：工资必须在用人单位与劳动者约定的日期支付。如遇节假日或休息日，则应提前在最近的工作日支付。工资至少每月支付一次，实行周、日、小时工资制的可按周、日、小时支付工资。

2. 工资支付的误区

（1）以实物或有价证券的形式代替。

（2）向劳动者支付的工资低于集体合同规定的标准。

（3）用人单位不向劳动者提供工资清单。

（4）向实行年薪制的员工每年支付一次工资。

（5）劳动者离职时，单位扣押、未付清劳动者的工资。

（6）不向实行计件制的劳动者支付工资。

（7）向劳动者每月支付的工资中包括加班工资。

（8）劳动者依法参加社会活动的，用人单位不支付工资。

（9）停工、停产期间可不支付、减少支付劳动者工资。

延伸阅读

工资与薪酬

工资也称薪资，是一个法律意义上的概念，而薪酬的概念则要广泛得多。薪酬是员工从事企业所需要的劳动而得到的以货币形式和非货币形式所表现的补偿，是企业支付给员工的劳动报酬。

根据表现形式不同，薪酬被划分为货币薪酬和非货币薪酬两种。货币薪酬又称核心薪酬（core compensation），是公司以货币形式支付的报酬，如基本工资、奖金、各种补贴、津贴等。非货币薪酬是公司以物质服务或安全保障等形式支付给员工的报酬，大多表现为员工福利（employee benefits）或额外薪酬（fringe compensation），包括保障计划（protection programs，如提供家庭福利、改善健康状况，并为失业、伤残或严重疾病等灾难性原因引起的收入损失做出补偿）、带薪非工作时间（pay for time not worked，如提供带薪休假）和服务（service，为其家庭提供补助，如学费补助和子女入托补助）等。

薪酬制度的划分及其形式如图2-3所示。

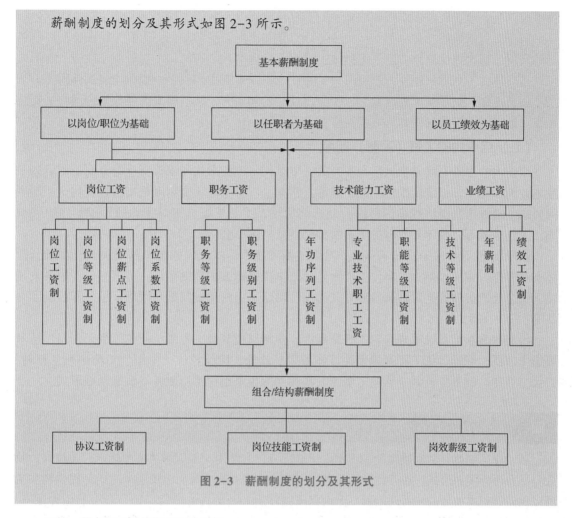

图 2-3 薪酬制度的划分及其形式

(四) 最低工资和指导线工资

1. 最低工资

最低工资是国家为保证维持劳动力再生产的最低需要，以一定立法程序规定的，要求用人单位对在正常劳动时间内履行正常劳动义务后的劳动者，必须支付的最低限度的劳动报酬。它的一个重要特征是国家运用了法律手段对最低的限额进行了规定。最低工资制度作为商品经济和现代工资制度发展到一定阶段的产物，不仅具有限制雇主随意压价、改善雇员生活、缩小收入差距的功能，还具有调节经济、干预分配、稳定社会秩序的功能。

国际劳工组织在1970年对最低工资标准确定的原则是，在决定最低工资水平时，在可能和适当范围内应将各种因素考虑进去，第一，工人和他们家庭的需求，考虑全国工资总的水平、生活费用、社会保障津贴以及其他社会集团的有关生活标准；第二，经济因素，包括经济发展的需要、生产率水平和达到及维持一切高水平的就业思想。最低工资标准的确定和调整与平均工资的关系十分密切，西方工业化国家的最低工资通常为平均工资的40%～60%。

2. 工资指导线制度

工资指导线制度是我国社会主义市场经济体制下国家对企业工资分配进行宏观调控的一

种手段，是企业工资分配宏观调控体系的重要组成部分。

所谓工资指导线，又称工资增长指导线，是在市场经济体制下，政府为保证宏观经济目标的实现，通过提供信息、建议等措施引导企业合理增长工资的一种宏观调控措施。其形式可以是具体的工资增长幅度，也可以只是原则意见。工资指导线一般根据当前预算的经济增长、物价指数、就业状况等因素，以年为单位制定和发布，从范围方面可分为全国的工资指导线、地区的工资指导线和行业的工资指导线。

（五）组织内的工资（薪酬）制度

组织内的工资制度是指该组织在有关工资结构、工资形式和工资支付等方面所制定的一系列政策、原则、规定及操作方法的总称。例如，国有企业工资制度是指符合现代企业制度的要求，遵循市场经济规律，根据劳动合同法规，主要依据员工对企业的贡献、知识和技能、工作经验等，确定并支付员工报酬的制度及实施办法。

薪酬制度（compensation system）是以规则和规章形式表现的组织薪酬决策、薪酬分配标准和管理方式等。例如，岗位工资制是对基本工资标准的制度确认，员工参与薪酬决策和建立民主反馈机制等是对薪酬管理方式的制度确认，保密工资制是对薪酬信息公开的制度确认等。

等级薪酬制度是最重要的基本薪酬制度，包括岗位等级工资制、职务等级工资制、技术等级工资制、职能等级工资制等多种具体形式。此外，岗位技能工资制、年功序列工资制、协议工资制、绩效工资制、结构工资制、年薪制等也是组织常用的基本薪酬制度形式。

四、劳动保障制度

劳动保障制度是劳动制度的一个重要组成部分，它是国家根据有关法律规定，通过国民收入分配和再分配的形式，在劳动者因年老、疾病、伤残和失业等而出现困难时向其提供物质帮助以保障其基本生活的一系列制度。劳动保障制度所涉及的内容非常广泛，职工的生育保障、疾病保障、失业保障、伤残保障、退休保障、死亡保障、工资保障等都是劳动保障制度的内容。

我国宪法规定公民有劳动权，又规定"国家保护公民的合法收入"。为贯彻这一宪法原则，《中华人民共和国劳动法》（简称《劳动法》）、《工资支付暂行规定》及有关政策、法规等对此作了专门规定，已经形成了较完整的工资保障制度。工资保障制度的建立，对于提高企业行政领导人员的管理水平和法制观念，禁止任意扣罚职工工资现象发生，保障职工合法收入权不受侵犯，都具有重要意义。大学生作为即将迈入职场的新生力量，需要了解国家的劳动保障制度，特别是工资保障制度。

经过多年的发展，我国的劳动保障制度已经和社会保障制度接轨。建立健全社会保障体系是推动和发展劳动力市场的必备条件。尤其是在市场经济迅猛发展的今天，企业各自选择自己所需求的劳动者，而劳动者选择能够发挥自己特长的工作岗位，劳动力合理的流动是形成劳动力要素市场、实现劳动力资源有效配置的重要保证。在劳动力流动过程中，劳动者最关心的问题之一就是社会保险关系的接续。如果劳动力的保险关系无法转移和接续，必然会影响劳动力的流动，影响劳动力市场作用的发挥。所以，只有建立统一、完善和规范的社会保障体系，保证劳动力流动到哪里社会保障就到哪里，才能建立市场导向的就业机制，才能搞活劳动力市场，才能更好地推动我国经济建设的快速发展。我国《劳动法》第七十三条规定："劳动者在下列情形下，依法享受社会保险待遇：（一）退休；（二）患病、负伤；（三）因工伤残或者患职业病；（四）失业；（五）生育。"其后相继订立的法规、规章也未超出这些范围。据此，我国社会保险的险种分为养老保险、医疗保险、工伤保险、失业保险和生育保险五种类型。

（一）退休保障与养老保险

1. 世界各国的退休保障

退休保障制度既是劳动保障制度的重要组成部分，也是社会保障制度的基本内容。当今实行退休保障制度的国家，从退休保障基金的筹措方式来看，大致可以分为三种类型，即投保资助型退休保障制度、强制储蓄型退休保障制度和统筹型退休保障制度。

（1）投保资助型退休保障制度。投保资助型退休保障制度要求劳动者和雇主定期交纳老年退休保险金，而政府则扮演税收上帮助、财政上最后兜底的角色。从投保资助型退休保障制度的基本内容来看，主要有以下特点。

①退休保障待遇的享受条件。第一，必须定期交纳老年退休社会保障金，并交够一定的期限，如美国规定，10年是法定的最低投保年限。第二，劳动者必须达到法定退休年龄并退出原来的工作岗位，才有权利享受退休待遇。

②退休保障待遇的制定原则。第一，退休金与投保金额成正相关的原则，即劳动者在业期间投保的金额越多、年限越长，则退休后享受到的退休金也就越多。第二，分享经济成果的原则。第三，照顾被抚养人口的原则。第四，与物价挂钩的原则，根据物价的波动而对退休金的标准进行调整。

③退休保障待遇的给付标准。一般取决于三个要素，即退休者在业期间的基础工资、退休者投保的年限和退休金率（即每投保1年获得的占基础工资一定比例的退休金）。

④退休保障金的形式。一般有政府法定退休金、企业补充退休金和个人储蓄退休金三种形式。

（2）强制储蓄型退休保障制度。目前实行强制储蓄型退休保障制度的国家不多，原因在于其过分强调自我养老保障，投保费率过高，且需要一系列要求很高的前提条件，它要求拥有一个有政府权威的、专业性强的社会保障机构，并拥有一批熟悉社会保障业务的工作人员。至今，只有新加坡在这方面获得了成功。

（3）统筹型退休保障制度。大多数国家的退休保障制度属统筹型的，这种退休保障制度的基本特征是国家（也通过国有企业）利用自己的财政资金发放退休金，劳动者个人只需交纳很少的退休保障费，甚至不交。待劳动者一退休或失去劳动能力后，则一概享有国家法定的保障待遇。中国等国家实行的退休保障制度基本属统筹型。

2. 养老保险

（1）养老保险的含义。养老保险的全称是社会基本养老保险，是国家和社会根据一定的法律和法规，为解决劳动者在达到国家规定的解除劳动义务的劳动年龄界限，或因年老丧失劳动能力退出劳动岗位后的基本生活而建立的一种社会保险制度。

（2）养老保险的特点。首先，它是由国家立法，强制实行。企业单位和个人凡是符合养老条件者都必须参加，可向社会保险部门领取养老金。其次，养老保险费用来源一般由国家、企业或单位、个人三方共同负担，并在较高的层次上和较大的范围内实现养老保险费用

劳动简论

的社会统筹和互济。最后，养老保险是以社会保险为手段来达到保障的目的，是世界各国较普遍实行的一种社会保障制度。

（3）养老保险的层次。我国的养老保险由四个层次（或部分）组成，第一层次是基本养老保险，第二层次是企业补充养老保险，第三层次是个人储蓄性养老保险，第四层次是商业养老保险。在这种多层次养老保险体系中，基本养老保险可称为第一层次，也是最高层次。

①基本养老保险，亦称国家基本养老保险，它是国家和社会根据一定的法律和法规，为解决劳动者在达到国家的解除劳动义务的劳动年龄界限，或因年老丧失劳动能力退出劳动岗位后的基本生活而建立的一种社会保险制度。基本养老保险以保障离退休人员的基本生活为原则。

②企业补充养老保险是由国家宏观调控、企业内部决策执行的企业补充养老保险，又称企业年金，它是指由企业根据自身经济承受能力，在参加基本养老保险基础上，为提高职工的养老保险待遇水平而自愿为本企业职工所建立的一种辅助性的养老保险。企业补充养老保险是一种企业行为，效益好的企业可以多投保，效益差的、亏损企业可以不投保。实行企业年金，可以使年老退出劳动岗位的职工养老金水平再提高一步，有利于稳定职工队伍，发展企业生产。

③个人储蓄性养老保险是我国多层次养老保险体系的一个组成部分，是由职工自愿参加、自愿选择经办机构的一种补充保险形式。实行职工个人储蓄性养老保险的目的，在于扩大养老保险经费来源，多渠道筹集养老保险基金，减轻国家和企业的负担。它有利于消除长期形成的保险费用完全由国家"包下来"的观念，增强职工的自我保障意识和参与社会保险的主动性；同时也能够促进对社会保险工作的广泛的群众监督。

④商业养老保险是以获得养老金为主要目的的长期人身险，它是年金保险的一种特殊形式，又称退休金养老保险，是社会养老保险的补充。商业养老保险的被保险人，在交纳了一定的保险费以后，就可以从一定的年龄开始领取养老金。

 延伸阅读

我国的退休制度及其改革

传统退休制度的主要内容为离退休条件及待遇的规定，这种条件和规定在全国基本上是统一的。离退休的条件是：男性干部和工人年满60周岁且连续工龄满10年者，女性干部满55周岁、女性工人满50周岁且连续工龄满10年者；在特殊劳动条件工作者，男性职工的退休年龄可以提前到55周岁，女性职工可以提前到45周岁；省部级领导干部的离退休年龄可以延长到65周岁；1949年10月1日前参加革命工作的老干部的离休年龄为男性60周岁、女性55周岁。退休养老的待遇是：根据连续工龄的长短按月发给退休费，其数额为本人退休前工资的60%~70%；有特殊荣誉称号的，其退休费可以高于规定标准的5%~15%。离休养老的待遇，除了照发原标准工资外，另外再按参加革命工作的年限发给相当于1~2个月本人标准工资的生活费。我国的退休制度正在进行改革，渐进式的延长退休年龄也成为一种改革趋势。

(二)医疗保险

医疗保险是在人们生病或受到伤害时,国家或社会提供医疗服务或经济补偿的一种社会保障制度。医疗保险通常是由国家建立基金,实施强制执行的制度,我国医疗保险费用由用人单位和个人共同缴纳。用人单位的缴费比例为工资总额的6%左右,个人缴费比例为本人工资的2%。单位缴纳的基本医疗保险费一部分用于建立统筹基金,一部分划入个人账户;个人缴纳的基本医疗保险费计入个人账户。统筹基金主要用于支付住院和部分慢性病门诊治疗的费用,统筹基金设有起付标准、最高支付限额;个人账户主要用于支付一般门诊费用。医疗保险也具有保险的风险转移和补偿转移两大职能,即把个体身上的由疾病风险所致的经济损失分摊给所有受同样风险威胁的成员,用集中起来的医疗保险基金来补偿由疾病所带来的经济损失。

(三)工伤保险

工伤保险是指劳动者在工作中或在规定的特殊情况下,遭受意外伤害或患职业病导致暂时或永久丧失劳动能力以及死亡时,劳动者或其遗属从国家和社会获得物质帮助的一种社会保险制度,包括工伤的范围及其认定、劳动鉴定和工伤评残、工伤保险待遇、工伤保险基金的建立和管理、工伤预防和职业康复等内容。工伤保险基金由用人单位缴纳的工伤保险费、工伤保险基金的利息和依法纳入工伤保险基金的其他资金构成。工伤保险费根据以收定支、收支平衡的原则来确定费率,用人单位缴纳而职工个人不缴纳。

职工因工作遭受事故伤害或者患职业病进行治疗期间,享受《工伤保险条例》第五章"工伤保险待遇"规定的待遇。待遇的类型有医疗康复期待遇、停工留薪期待遇、伤残待遇和工亡待遇。

(四)失业保险

失业是现代经济运行过程中不可避免的一种社会现象,它给每个失业者及其家庭带来灾难,也为社会经济的发展抹上了一层阴影,因而各国都十分重视对失业者进行保障。失业社会保障就是当劳动者一旦失去工作之后仍能获基本物质帮助的一种制度。失业保障制度的建立有助于劳动者维持基本生活,从而保护劳动力资源的生产和再生产;同时,它也可以起到缩小收入差距,保证和维护社会安定的作用。劳动者失业津贴的给付期限与一个国家劳动者失业的情况和生活水平等因素有密切的关系。

延伸阅读

我国的失业保障制度

失业保险是指国家通过立法强制实行的,由社会集中建立基金,对因失业而暂时中断生活来源的劳动者提供物质帮助的制度。它是社会保障体系的重要组成部分,是社会保险的主要项目之一。它具有三个特点,一是普遍性,它主要是为了保障有工资收入的劳动者失业后的基本生活而建立的,其覆盖范围包括劳动力队伍中的大部分成员。二是强制性,它是通过国家制定法律、法规来强制实施的。按照规定,在失业保险制度覆盖范围内的单位及其职工必须参加失业保险并履行缴费义务。根据有关规定,不履行缴费义务的单位和个人都应当承担相应的法律责任。三是互济性,失业保险基金主要源于社会筹集,由单

劳动简论

位、个人和国家三方共同负担,缴费比例、缴费方式相对稳定,筹集的失业保险费,不分来源渠道,不分缴费单位的性质,全部并入失业保险基金,在统筹地区内统一调度使用以发挥互济功能。

领取失业保险的条件:①按照规定参加失业保险,所在单位和本人已按照规定履行缴费义务满1年;②非因本人意愿中断就业,即失业人员不愿意中断就业,但因本人无法控制的原因而被迫中断就业;③已办理失业登记,并有求职要求。

由于我国失业保障制度建立和推行的时间较短,因此,在运行中还存在不少问题。主要表现在:保险统筹的层次低,互济性较差;基金支出结构不合理,管理费支出过高;失业保险的社会功能较弱等。在国有企业深化改革的过程中,面临职工的大量下岗和因劳动力供给远大于需求而造成的大规模失业挑战等,失业保障制度的完善已成为刻不容缓的任务。

(五)生育保险

生育保险是国家通过立法,在怀孕和分娩的妇女劳动者暂时中断劳动时,由国家和社会提供医疗服务、生育津贴和产假,国家或社会对生育的职工给予必要的经济补偿和医疗保健的社会保险制度。其宗旨在于通过向职业妇女提供生育津贴、医疗服务和产假,帮助她们恢复劳动能力,重返工作岗位。

我国生育保险待遇主要包括两项,一是生育津贴,二是生育医疗待遇。用人单位按照国家规定缴纳生育保险费,职工不缴纳生育保险费。

总结案例

失业有保障吗?

蒋某30年前毕业于当地一所专科学校,由于是委托培养,所以毕业后她顺利进入了当地的化工企业。在企业工作期间,她任劳任怨,兢兢业业,一直受到同事和领导的好评,还多次被评为优秀员工。今年企业效益不好,再加上身体出了一些问题导致心情不好,所以蒋某决定和所在单位解除劳动关系。但她想不明白的是,自己今年已经47岁了,工作肯定不好找,况且马上就要达到退休年龄,如果现在解除劳动关系了,那原来在企业工作了几十年的时间,该缴纳的社会保险都缴了,如今都成了失业人员,如果要靠领失业金过日子,那以前的社会保险费不就白缴了吗?

分析:我国的失业保险是国家通过立法强制实行的,由社会集中建立基金,对因失业而暂时中断生活来源的劳动者提供物质帮助的制度,它是社会保障体系的重要组成部分,是社会保险的主要项目之一。所以,蒋某的担心是多余的,因蒋某所在的单位和其个人都依法缴纳了养老保险费,不管她是失业人员还是在岗人员,她到退休年龄后都可以办理养老保险待遇手续。养老保险是劳动者在年老或者因为病残而丧失劳动能力的情况下,退出劳动岗位后获得帮助和补偿的一种社会保险。

活学活用劳动基本制度

一、活动目标
理解我国劳动的基本制度并能够灵活运用于工作中。

二、活动时间
建议 30 分钟。

三、活动流程
（1）教师将学生按照 6~8 人划分小组，小组数量最好为 3 的倍数。
（2）每组选出一名代表进行劳动就业制度、劳动工资制度和劳动保障制度的抽签，每组根据抽到的制度进行准备。
（3）每组成员间分工协作，进行网上搜集材料等，分析抽到的制度对于个人的意义和价值，小组充分讨论后形成本组观点，并能举出 1~2 个案例进行说明。
（4）每个小组选出一名代表陈述本组观点，其他小组可以对其进行提问，小组内其他成员也可以回答提出的问题；通过问题交流，将每一个需要研讨的问题辨析清楚。
（5）教师进行分析、归纳、总结，并根据各组在活动过程中的表现，给予点评并赋分。

课后思考：
（1）你认为步入职场前需要了解的劳动基本制度有哪些？你是如何理解它们对劳动者的保障作用的？
（2）你认为工资的法律意义有哪些？对个人有什么具体意义？可举例说明。

模块三 劳动权益与环境保护

学习指南

劳动可以创造财富，人们通过劳动可以实现自己的价值，但劳动过程中的权益问题、安全问题如果处理不当也会给个体带来伤害，甚至造成环境污染等社会问题。近些年来，随着《劳动合同法》《就业促进法》《社会保险法》等相继实施，我国逐渐形成了以《宪法》为依据、《劳动法》为基础，《就业促进法》《劳动合同法》《社会保险法》《劳动争议调解仲裁法》为主干、相关法律法规为配套的劳动保障法律体系。其中，《劳动合同法》与就业息息相关，它以完善劳动合同制度，明确劳动合同双方当事人的权利和义务，保护劳动者的合法权益，构建和发展和谐稳定的劳动关系为目的，值得每个人学习。

本模块共分为劳动法律法规、劳动合同及权利保障、劳动安全和环境保护三个项目，希望大家通过学习能够熟悉相关的劳动法律、法规，并能运用法律专业知识解决劳动关系中的实际问题，明确在劳动关系中自己的权利与义务，切实维护自身的权益；学习劳动安全知识、树立安全意识；树立劳动安全和环境保护意识，做一个知法、守法、懂法的好公民，也为自己以后走向社会打下坚实基础，逐渐能承担作为一名公民应尽的社会责任，从而更加从容地迎接未来正式的职场劳动。

项目一 劳动法律法规

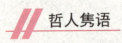

> 法律的制定是为了保证每一个人自由发挥自己的才能，而不是为了束缚他的才能。
>
> ——罗伯斯庇尔

案例导入

李博士被炒"鱿鱼"

上海的某外商独资公司高薪聘用了一位博士毕业生李某担任技术主管。双方在谈到工资待遇时，公司人力资源总监说："董事会给你定的工资为每月2.8万元。不过，我们是一家外资公司，之所以工资定得这么高，是因为除了工资以外，没有其他的福利待遇，譬如，医药费、养老等问题都需要你自己解决，公司是概不负责的。"听了这话，李博士心里盘算了一下，刚开始他觉得公司虽然工资定得高，但将来万一得了什么大病，或者老了怎么办呢？他犹豫起来，后来又一想，他觉得自己刚满30岁，一般情况下不会有什么大病，至于养老问题，现在考虑还为时尚早，倒不如趁现在年轻多挣点钱，所以他就同意了公司的要求。工作以后，李博士为了解除自己的后顾之忧，每月从工资中拿出1 000元，向保险公司买了一份养老保险。几个月后，因与董事长在一些重大业务问题上产生严重分歧，他被公司炒了"鱿鱼"。李博士认为公司这样对他不公平，但他又不清楚该如何维护自己的权益。

分析： 我们在实际生活中碰到劳动权益问题时，往往因为缺乏相应的法律知识和常识、维护自身合法权益的意识，导致最后不了了之。所以，学习一些劳动方面的法律知识，对于在职场中维护自身合法权益是十分必要的。根据我国《劳动法》《劳动合同法》等法律法规的相关规定，我国劳动争议处理实行"一调、一裁、两审"的处理体制，劳动争议发生后，李博士与用人单位可以协商解决；不愿协商，协商不成或者达成和解协议后不履行的，可以向调解组织申请调解；不愿调解、调解不成或者达成调解协议后不履行的，应当向劳动争议仲裁委员会申请仲裁；对仲裁裁决不服的，除另有规定的外，可以向人民法院提起诉讼。

一、我国的社会主义法律体系

法律是社会的基本行为准则，遵守法律也是社会中每个人应尽的义务。我们在劳动和生活中都应该筑牢守法防线，树立正确的法治观念，依法约束自己的言行，让法律成为校准人生轨迹的重要准绳。

（一）法的概念和特征

1. 法的概念

法是由国家制定或认可并以国家强制力保证实施的行为规范体系，它通过规定人们在相互关系中的权利和义务，确认、保护和发展社会关系和社会秩序。法有广义和狭义之分。广义的法律是指法的整体，包括法律、有法律效力的解释，以及其行政机关为执行法律而制定的规范性文件（如规章）。而狭义的法律则专指有立法权力的机关依照立法程序制定的规范性文件，包括宪法、法令、法律、行政法规、地方性法规、行政规章、判例、习惯法等。

2. 法的特征

法具有以下几个特征。

劳动简论

(1) 法是调整行为的规范，具有规范性。
(2) 法是由国家专门机关制定、认可和解释的规范，具有国家性。
(3) 法是有严格的程序规定的规范，具有程序性。
(4) 法是由国家强制力保证其实施的规范体系，具有强制性。

(二) 劳动法律体系和法律制度及法规

1. 劳动法律体系

劳动法律制度是调整劳动关系某一方面的法律规范的总称。各项法律制度及其劳动法律规范构成劳动法律体系。劳动法律体系说明各项劳动法律规范之间的统一、区别、相互联系和协调性，主要有劳动合同法律制度、工作时间和休息时间法律制度、劳动报酬法律制度、劳动安全与卫生法律制度、女工与未成年工保护法律制度、社会保险与劳动保险法律制度、工会法律制度、劳动争议处理法律制度、劳动监督和检查法律制度等。

2. 劳动法律法规

劳动法是调整劳动关系以及与劳动关系联系密切的社会关系的法律规范的总称。劳动法主要调整劳动关系，同时也调整因劳动力管理、社会保险和福利、职工民主管理、劳动争议处理等产生的其他社会关系，进而建立和维护适应社会主义市场经济，促进经济发展与社会进步。

劳动法的基本原则包括社会正义原则、劳动自由原则（即择业自由、辞职自由、反对就业歧视、禁止强迫劳动）、三方合作原则（即劳动者、劳动使用者、政府三方的合作）。

我国主要的劳动法律法规包括《中华人民共和国劳动法》《中华人民共和国劳动合同法》《中华人民共和国劳动争议调解仲裁法》《中华人民共和国社会保险法》《中华人民共和国就业促进法》《中华人民共和国工会法》等。

延伸阅读

法律、法规、规章、规范性文件的区别

1. 概念含义不同

(1) 法律，有广义和狭义两种理解。广义上讲，法律泛指一切规范性文件；狭义上讲，仅指全国人大及其常委会制定的规范性文件，一般均以"法"字配称，如《劳动法》《劳动合同法》《公民出入境管理法》等。

(2) 法规，在法律体系中，主要指行政法规、地方性法规、民族自治法规及经济特区法规等。

(3) 规章，是指有规章制定权的行政机关依照法定程序决定并以法定方式对外公布的具有普遍约束力的规范性文件。

(4) 规范性文件，有广义和狭义之分。广义一般是指属于法律范畴（即宪法、法律、行政法规、地方性法规、自治条例、单行条例、国务院部门规章和地方政府规章）的立法性文件和除此以外的由国家机关和其他团体、组织制定的具有约束力的非立法性文件的总和。狭义一般是指法律范畴以外的其他具有约束力的非立法性文件。

2. 制定主体不同

(1) 法律，一般是指全国人大及其常委会制定的规范性文件。

(2) 法规，指国务院、地方人大及其常委会、民族自治机关和经济特区人大制定的规范性文件。

(3) 规章，主要指国务院组成部门及直属机构，省、自治区、直辖市人民政府及省、自治区政府所在地的市和经国务院批准的较大的市和人民政府制定的规范性文件。

(4) 规范性文件一般指狭义的规范性文件，各级党组织、各级人民政府及其所属工作部门，人民团体、社团组织、企事业单位、法院、检察院等制定的，具有普遍适用效力的非立法性文件。

3. 效力等级不同

(1) 宪法具有最高的法律效力，一切法律、行政法规、地方性法规、自治条例和单行条例、规章都不得同宪法相抵触。

(2) 法律的效力高于行政法规、地方性法规、规章。

(3) 行政法规的效力高于地方性法规、规章。

(4) 地方性法规的效力高于本级和下级地方政府规章。省、自治区人民政府制定的规章的效力高于本行政区域内设区的市、自治州的人民政府制定的规章。

(5) 规章和规范性文件互有交叉，无法比较。

二、《中华人民共和国劳动法》和《中华人民共和国劳动合同法》

(一)《中华人民共和国劳动法》

劳动法的颁布与实施关系到每位劳动者的切身利益，所以需要了解它制定的原则和与劳动者相关的具体内容。

《中华人民共和国劳动法》是一部全面系统调整我国劳动关系的法律。它适用于我国境内的企业、个体经济组织、国家机关、事业单位、社会团体和与之建立劳动关系的劳动者。它是为了保护劳动者的合法权益，调整劳动关系，建立和维护适应社会主义市场经济的劳动制度，促进经济发展和社会进步而制定的。《中华人民共和国劳动法》的内容全面系统，包括了劳动关系和劳动工作的各个方面，分为13章，具体包括总则、促进就业、劳动合同和集体合同、工作时间和休息休假、工资、劳动安全卫生、女职工和未成年工特殊保护、职业培训、社会保险和福利、劳动争议、监督检查、法律责任、附则。

我国劳动法的基本原则如下。

1. 保护劳动者合法权益的原则

《中华人民共和国劳动法》的基本任务是通过各种法律手段和措施有效地保证劳动者的合法权益得以实现。劳动者和用人单位是劳动关系的双方当事人，其法律地位是平等的，权利义务也是对等的，但法律上的平等不等于事实上的平等，根据我国的实际情况，劳动力供大于求，就业相对困难，劳动者在用人单位面前更容易处于劣势，因此对劳动者合法权益的保护要特别强调，所以我国《劳动法》将保护劳动者合法权益作为立法的首要原则。

(1) 偏重保护和优先保护。《劳动法》在对劳动关系双方都给予保护的同时，偏重于保护处于弱者的地位的劳动者，适当体现劳动者的权利本位和用人单位的义务本位，《劳动法》优先保护劳动者利益。

（2）平等保护。全体劳动者的合法权益都平等地受到《劳动法》的保护，各类劳动者平等保护，特殊劳动者群体特殊保护。

（3）全面保护。劳动者的合法权益，无论它存在于劳动关系缔结前、缔结后或是终结后，都应纳入《劳动法》保护范围。

（4）基本保护。对劳动者的最低限度保护，也就是对劳动者基本权益的保护。

2. 按劳分配原则

按劳分配是我国社会财富分配的主要方式，是我国经济制度的主要内容，它主要体现在三个方面：一是劳动者按照劳动的数量和质量获得劳动报酬；二是劳动者不分性别、年龄、种族面对等量劳动取得等量报酬；三是应当在发展生产基础上不断提高劳动报酬，改善劳动者的物质和文化生活。

3. 促进生产力发展原则

《劳动法》的作用在于建立市场经济条件下的劳动力市场，建立和健全保护劳动者合法权益的法律机制，合理配置劳动力资源，使每个劳动者都能在适合自己的岗位上发挥其才能，充分调动个人的积极性和创造性，提高劳动生产率，促进社会生产力的发展。

4. 劳动既是权利又是义务的原则

（1）劳动是公民的权利。每一个有劳动能力的公民都有从事劳动的同等权利，对公民来说意味着有就业权和择业权在内的劳动权；有权依法选择适合自己特点的职业和用工单位；有权利用国家和社会所提供的各种就业保障条件，以提高就业能力和增加就业机会。对企业来说意味着平等地录用符合条件的职工；有加强提供失业保险、就业服务、职业培训等方面的职责。对国家来说意味着应当为公民实现劳动权提供必要的保障。

（2）劳动是公民的义务。劳动者一旦与用人单位发生劳动关系，就必须履行其应尽的义务，其中最主要的义务就是完成劳动生产任务。这是劳动关系范围内的法定义务，同时也是强制性义务。

（二）《中华人民共和国劳动合同法》

《中华人民共和国劳动合同法》是为了完善劳动合同制度，明确劳动合同双方当事人的权利和义务，保护劳动者的合法权益，构建和发展和谐稳定的劳动关系而制定的法律。自2008年1月1日起施行，适用范围为中华人民共和国境内的企业、个体经济组织、民办非企业以及国家机关、事业单位、社会团体等组织。

《劳动法》和《劳动合同法》的区别在于：《劳动法》是大法；《劳动合同法》是专门规范用人单位与劳动者建立劳动关系，订立、履行、变更、解除、终止劳动合同的法律法规。

《劳动法》与《劳动合同法》，是前法与后法、旧法与新法的关系，按照《中华人民共和国立法法》"新法优于旧法"的原则，《劳动法》与《劳动合同法》不一致的地方，以《劳动合同法》为准；《劳动合同法》没有规定而《劳动法》有规定的，则适用《劳动法》的相关规定。

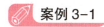

案例 3-1

岗前培训有工资吗？

2018年6月，李冉从河北省某中职学校毕业后经过笔试和面试被现在的公司录用。李冉拿到了正式的录取通知书后按照通知书规定的日期报到，上班第一天就接到了人力资源部的通知，要求所有的新人都必须参加一个月的岗前培训。

考虑到自己已经毕业且家庭负担重，所以李冉壮胆问了一下人力资源部经理，岗前培训这一个月的工资能发放多少。人力资源部经理对她说："因这一个月是培训期，不算正式工作，但公司会给予每个人七百元的生活补贴。"李冉觉得太少了，所以就直接对人力资源部经理说："经理，现在物价这么高，七百元怎么活呀？"经理回答她说："你参加培训没有创造价值，哪来的工资，公司给予补贴已经很好了。"听到经理这么说，李冉既不满意也觉得不合理，但她又不知道如何该捍卫自己的权益。

三、《中华人民共和国就业促进法》和《中华人民共和国社会保险法》

（一）《中华人民共和国就业促进法》

《中华人民共和国就业促进法》（简称《就业促进法》）是自2008年1月1日开始施行的。这部法律将就业工作纳入法制化轨道，从法律层面形成了更有利于学生就业的社会环境。内容涉及转变就业观念，提高就业能力；强化依法管理，加大资金投入；规范就业市场，打击违法行为；鼓励自主创业，加强就业援助；反对就业歧视，营造公平环境等几个方面。因此，当自己在就业中遇到困难时可以向相关政府部门要求援助，当受到歧视时可以向相关政府部门反映甚至诉讼。

《就业促进法》的主要内容归纳为"116510"，即"一个方针，一面旗帜，六大责任，五项制度，十大政策"。

1. 一个方针

一个方针，即坚持"劳动者自主择业、市场调节就业、政府促进就业"的方针。

2. 一面旗帜

一面旗帜，即高举"公平就业"旗帜，创造公平就业的环境。

《就业促进法》第三条明确规定："劳动者就业，不因民族、种族、性别、宗教信仰等不同而受歧视。"同时，专设"公平就业"一章，指出残疾人、传染病携带者和进城就业的农村劳动者等群体享有与其他劳动者平等的劳动权利。

3. 六大责任

六大责任，即法律对政府在促进就业中承担重要职责作出了明确规定，主要包括六个方面。

（1）发展经济和调整产业结构，增加就业岗位。《就业促进法》第四条规定："县级以上人民政府把扩大就业作为经济和社会发展的重要目标，纳入国民经济和社会发展规划，并制订促进就业的中长期规划和年度工作计划。"第十一条规定："县级以上人民政府应当把扩大就业作为重要职责，统筹协调产业政策与就业政策。"

（2）制定实施积极的就业政策。《就业促进法》专设"政策支持"一章，将目前实施的积极就业政策中行之有效的核心措施通过法律形式确定下来，形成长期有效的机制。

（3）规范人力资源市场。《就业促进法》第三十二条规定："县级以上人民政府培育和完善统一开放、竞争有序的人力资源市场，为劳动者就业提供服务。"第三十八条规定："县级以上人民政府和有关部门加强对职业中介机构的管理，鼓励其提高服务质量，发挥其在促进就业中的作用。"

（4）完善就业服务。《就业促进法》专设"就业服务和管理"一章，对完善就业服务，特别是加强公共就业服务作了明确规定。

（5）加强职业教育和培训。《就业促进法》专设"职业教育和培训"一章，明确职业培训作为促进就业的重要支柱和根本措施，应成为各级政府促进就业工作的着力点。

（6）提供就业援助。《就业促进法》专设"就业援助"一章，明确规定各级政府应采取各种有效措施，对就业困难人员实行优先扶持和重点帮助。

4. 五项制度

五项制度，即以法律形式将就业工作制度化，主要包括五个方面：加强对就业工作组织领导的政府责任制度；加强对劳动者工作的公共就业服务和就业援助制度；加强对市场行为规范的人力资源市场管理制度；加强对人力资源素质提升的职业能力开发制度；加强对失业治理的失业保险和预防制度。

5. 十大政策

十大政策分别是有利于促进就业的经济发展政策，有利于促进就业的财政保障政策，有利于促进就业的税费优惠政策，有利于促进就业的金融支持政策，城乡统筹的就业政策，区域统筹的就业政策，群体统筹的就业政策，有利于灵活就业的劳动和社会保险政策，援助困难群体的就业政策，实行失业保险促进就业政策。

（二）《中华人民共和国社会保险法》

《中华人民共和国社会保险法》（简称《社会保险法》）是中国特色社会主义法律体系中起支架作用的重要法律，是一部着力保障和改善民生的法律。《社会保险法》规定，国家建立基本养老保险、基本医疗保险、工伤保险、失业保险、生育保险等社会保险制度，保障公民在年老、疾病、工伤、失业、生育等情况下依法从国家和社会获得物质帮助的权利，于 2011 年 7 月 1 日起施行。2018 年，第十三届全国人民代表大会常务委员会第七次会议决定对《中华人民共和国社会保险法》部分条款进行修改。

《社会保险法》从草案起草，到国务院审议，再到全国人大常委会审议修改，始终坚持了四大原则：一是贯彻落实党中央的重大决策部署；二是使广大人民群众共享改革发展成果；三是公平与效率相结合，权利与义务相适应；四是确立框架，循序渐进。

四、《中华人民共和国安全生产法》

《中华人民共和国安全生产法》（简称《安全生产法》）是加强安全生产工作，防止和减少生产安全事故，保障人民群众生命和财产安全，促进经济社会持续健康发展的法律。它于 2002 年 11 月 1 日起施行，2009 年做了第一次修正，2014 年第十二届全国人民代表大会常务委员会第十次会议决定对《安全生产法》进行修改，自 2014 年 12 月 1 日起施行。它是我国第一部全面规范安全生产的专门法律,在我国安全生产法律体系中具有最高的法律地位和法律效力。

《安全生产法》要求安全生产工作应当以人为本,坚持安全发展,坚持安全第一、预防为主、综合治理的方针,强化和落实生产经营单位的主体责任,建立生产经营单位负责、职工参与、政府监管、行业自律和社会监督的机制;生产经营单位必须遵守《安全生产法》和其他有关安全生产的法律、法规,加强安全生产管理,建立、健全安全生产责任制和安全生产规章制度,改善安全生产条件,推进安全生产标准化建设,提高安全生产水平,确保安全生产;生产经营单位的主要负责人对本单位的安全生产工作全面负责;生产经营单位的从业人员有依法获得安全生产保障的权利,并应当依法履行安全生产方面的义务;工会依法对安全生产工作进行监督等。

总结案例

打赢的官司

郭海滨被浙江省某县邮电局招用为报刊投递临时工,对于工作郭海滨非常珍惜,他并不把自己当作临时工看待,而是像正式职工一样有着"绿衣天使"的职业自豪感。他每天都早出晚归,工作踏踏实实,从没有出现过报刊迟投或误投的情况,因此也深得客户和邮电局领导的好评。2017年的一天,郭海滨在骑车投递报刊时,不慎被一辆拖拉机上的毛竹严重戳伤右眼,右眼视网膜脱离。经过近一个月的医治,眼睛虽然是保住了,但被认定为6级伤残,右眼几近失明,左眼视力已降至0.1。突如其来的事故,让郭海滨欲哭无泪,生存的压力成了他心上无法释然的阴影。邮电局虽然同意报销他的医疗费用,但认为他只是本单位的临时工,因此,只同意发给郭海滨12个月的本人工资作为一次性伤残补助费。2019年3月,郭海滨向法院提起诉讼,要求县邮政局支付医疗费用、伤残补助金等合计4.65万余元,并安排工作、享受职工待遇等相关的工伤保险待遇。最后官司打到浙江省高级人民法院,2019年11月,经省检察院提出抗诉,省高级法院直接对案件进行再审,并作出终审判决:郭海滨依法享有工伤保险待遇,县邮政局应承担郭海滨的医疗费用、工伤津贴等4.5万元,并按照每月3 000元标准发放工资。

分析:郭海滨之所以能打赢官司,是因为工伤保险待遇是宪法和劳动法赋予劳动者的合法权益,是国家为保障职工合法权益、促进安全生产和维护社会稳定而设置的一项强制性的社会保险制度。

课堂活动

劳动法律法规知识懂多少

一、活动目标

了解我国的劳动法律法规,知悉它们中有保护个人劳动权益的内容。

二、活动时间

建议20分钟。

三、活动流程

(1)所有学生运用各种途径整理与保护个人劳动权益相关的法律法规知识。

（2）教师按照 8~10 人划分小组，并要求从组员整理的法律法规知识中挑选出 15~20 个重要的知识点。

（3）每个小组选出一名代表陈述本组整理的重要的法律法规知识，其他小组可以对其进行提问，小组内其他成员也可以回答提出的问题；通过问题交流，将每一个值得探讨的法律法规知识了解清楚。

（4）教师引导学生灵活运用我国的劳动法律法规，并把各组解读的劳动法律法规知识进行分析、归纳、总结。

（5）教师根据各组在研讨过程中的表现，给予点评并赋分。

课后思考：

（1）作为大学生，你认为熟知劳动法律法规对个人发展有哪些积极影响？为什么？

（2）我国劳动法律法规中保护劳动者权益的规定，你了解哪些？你觉得哪些内容对个人最重要？请列举。

项目二　劳动合同及权利保障

哲人隽语

> 热爱劳动吧。没有一种力量能像劳动，即集体、友爱、自由的劳动的力量那样使人成为伟大和聪明的人。
>
> ——高尔基

案例导入

劳动合同该不该签

2017 年，甘肃省某区劳动监察大队受理了多起劳动保障方面的举报投诉案件。经调查，这些案件中的劳动者与用人单位大多未签订劳动合同。令人惊讶的是，有的竟然是劳动者不愿与用人单位签订劳动合同，理由是签订劳动合同会束缚自己的自由，影响自己将来跳槽或者接私活。

分析： 劳动合同是劳动者与用人单位确立劳动关系，明确双方权利和义务的协议，它对劳动者而言，是保障自身权益的有效武器。一旦与用人单位发生劳动争议，无论是举报投诉还是申请仲裁，没有合同会带来很多麻烦。建立劳动关系时应当签订劳动合同。

一、劳动合同

（一）劳动合同概述

劳动合同是劳动者与用人单位确立劳动关系、明确双方权利和义务的协议。劳动合同的形式一般有书面形式和口头形式两种，书面合同是由双方当事人达成协议后，将协议的内容用文字形式固定下来，并经双方签字的劳动合同。劳动合同的条款分为法定条款和协商条款，法定条款是指法律、法规规定必须协商约定的条款，协商条款是指根据工种、岗位的不同特点，以及双方各自的具体情况，由双方选择协商约定的具体条款。劳动合同被誉为劳动者的"保护伞"，它为构建与发展和谐稳定的劳动关系提供了法律保障。

（二）劳动合同的签订原则

1. 合法原则

劳动合同的形式合法和内容合法。按照劳动合同法的规定，除了非全日制用工外，都应当书面订立劳动合同。劳动合同内容必须具备必备条款，且内容不得违反法律规定。

2. 公平原则

劳动合同内容必须公平合理，用人单位不得以强势地位压制劳动者订立显失公平的合同条款。

3. 平等自愿原则

劳动者和用人单位在订立劳动合同时法律地位平等，订立劳动合同完全是出于劳动者和用人单位双方的真实意思的表示，出于自愿而签订。

4. 协商一致原则

合同条款是经双方协商一致达成的，任何一方不得把自己的意志强加给另一方，不得强迫订立劳动合同。

5. 诚实信用原则

诚实守信是一项社会基本道德原则，用人单位和劳动者在签订劳动合同时要诚实，讲信用，不得欺诈对方。根据《劳动合同法》的规定，用人单位有权了解劳动者与劳动合同直接相关的基本情况，劳动者应当如实说明；而用人单位也应如实告知劳动者的工作内容、工作条件、工作地点、职业危害、安全生产状况、劳动报酬，以及劳动者要求了解的其他情况。

（三）劳动合同内容

根据《劳动合同法》的明确规定，用人单位与劳动者签订劳动合同应以书面形式确立。劳动合同内容就是劳动合同中包含的具体条款，这些条款分为必备条款和补充条款。

1. 必备条款

（1）用人单位的名称、住所和法定代表人或者主要负责人。

（2）劳动者的姓名、住址和居民身份证或者其他有效身份证件号码。

（3）劳动合同期限。它指的是劳动合同的有效时间，是双方当事人所订立的劳动合同的起始时间和终止时间，即劳动关系具有法律效力的时间。

（4）工作内容和工作地点。工作内容包含从事劳动的工种、岗位，以及应该完成的生产（工作）任务及工作班次等；工作地点指的是劳动者具体上班的地点，对劳动者来说越详细越好。

（5）劳动报酬。它主要包括工资、奖金、津贴和补贴等内容。

（6）劳动纪律。它是劳动者在生产（工作）过程中必须遵守的工作秩序和劳动规则。

（7）劳动合同终止的条件。劳动合同中约定的合同终止条件是指除法律、法规规定的合同终止以外，当事人双方自己协商确定的终止合同效力的条件。

（8）劳动保护、劳动条件和职业危害防护。这指的是用人单位应当为劳动者提供对劳动保护措施和劳动条件，主要包括劳动安全和卫生规程、工作时间和休息休假等内容。

（9）违反劳动合同的责任。它是指当事人由于自己的过错而造成的劳动合同不履行，或不适当履行所应承担的责任。

（10）法律、法规规定应当纳入劳动合同的其他事项。

2. 补充条款

补充条款即"可备条款"，是双方当事人通过协商订立的条款，补充条款的内容如下。

（1）试用期条款。试用期条款是劳动合同中的常见条款，法律对试用期有较明确的规定。如，试用期应当包含在劳动期内，并应当参加社会保险，以及试用期最长不得超过6个月等。其中，合同期在3个月以上、1年以下的，试用期不得超过1个月；合同期在1年以上、3年以内的，试用期不得超过2个月；3年以上固定期限和无固定期限的劳动合同，试用期不得超过6个月。

（2）保守商业秘密条款。约定这一条款的目的在于保护用人单位的经济利益，目前越来越多的用人单位开始重视商业秘密的保护，在录用一些关键岗位的人员时均要求签订相应的保密条款。这对劳动者而言，不仅加重了义务，还限制了自己今后的择业自由和发展空间，并且劳动者一旦违反，不仅涉及劳动法上的责任，还可能要承担民法及刑法上的责任。因此，劳动者在签署此类劳动合同的过程中，一定要慎重审查保密条款，明确保密主体、保密范围、保密周期和泄密责任等关键内容。

（四）无效劳动合同

无效劳动合同是指当事人违反法律规定订立的劳动合同，该劳动合同不具有法律效力。

根据无效程度，无效劳动合同分为部分无效劳动合同和全部无效劳动合同，具体这两种无效劳动合同的效力如图3-1所示。

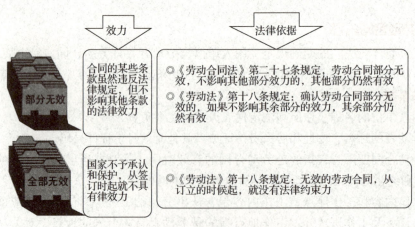

图3-1 部分无效和全部无效劳动合同的效力对比

延伸阅读

应届生三方协议与劳动合同的关系

三方协议是"普通高等学校毕业生、毕业研究生就业协议书"的简称,它是明确毕业生、用人单位、学校三方在毕业生就业工作中权利和义务的书面表现形式,能解决应届毕业生户籍、档案、保险、公积金等一系列相关问题。三方协议是普通高等学校毕业生和用人单位在正式确立劳动人事关系前,经双向选择,在规定期限内就确立就业关系、明确双方权利和义务而达成的书面协议;是用人单位确认毕业生相关信息真实可靠以及接收毕业生的重要凭据;是高校进行毕业生就业管理、编制就业方案以及毕业生办理就业落户手续等有关事项的重要依据。

2009年教育部高校学生司发布了《关于修订〈普通高等学校毕业生就业协议书〉若干意见的通知》,将三方协议的制定权下放至省级教育主管部门,各省修订后的三方协议文本上均采用经过数据加密处理的专用条码防伪方式,每个毕业生有且仅有一份。

三方协议虽然也规定一些关于劳动关系的内容,但其不能代替劳动合同,与劳动合同相比存在以下区别。

第一,签订时间不同。三方协议是学生在校期间签订的,而劳动合同是在毕业生毕业离校后到单位正式报到时签订的。

第二,主体不同。三方协议的主体是三方,即学校、毕业生和用人单位;而劳动合同的主体是两方,即劳动者和用人单位。

第三,内容不同。三方协议的主要内容是毕业生如实介绍自身情况,并表示愿意到用人单位就业,用人单位表示愿意接收毕业生,学校同意推荐毕业生并列入就业方案;而劳动合同是记载劳动者和用人单位权利和义务,是劳动关系确立的法律凭证。

第四,目的不同。三方协议是毕业生和用人单位关于将来就业意向的初步约定,是编制毕业生就业方案和将来双方订立劳动合同的依据。而劳动合同主要是为了劳动关系确立后劳动者和用人单位的合法权益得到应有的保障。

第五,适用的法律不同。三方协议订立后如发生争议,解决主要依据是《国家关于高校毕业生就业的规定》《民法典》《合同法》等;而劳动合同订立后,发生争议解决主要依据是《劳动法》《劳动合同法》及相关法律法规、司法解释。

二、劳动权益

(一)平等就业与选择职业的权利

平等就业和选择职业是每个劳动者都拥有的劳动权利,所谓平等就业就是指在劳动就业中实行男女平等及民族平等的原则。招工时不得歧视妇女,不得歧视少数民族的劳动者,男女之间及不同民族之间应一视同仁。在录用职工时,除国家规定的不适合妇女的工种或者岗位外,不得以性别为由拒绝录用妇女或者提高对妇女的录用标准。

（二）取得劳动报酬的权利

取得劳动报酬是每个劳动者都拥有的权利，它是指劳动者有权根据自己的劳动数量和质量及时得到合理的报酬，任何用人单位不得克扣或无故延期支付。

在我国，劳动者取得劳动报酬的分配方式是按劳分配。按劳分配是根据劳动者提供的劳动量给付报酬，多劳多得，少劳少得。但为给予劳动者必要的社会保护，国家实行最低工资保障制度。最低工资是指保障劳动者及其家庭的最低生活需要的工资，其标准由各省、自治区及直辖市人民政府规定，报国务院备案。

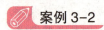

案例 3-2

自动辞职后引起的劳动报酬纠纷

刘强于 2018 年 3 月 13 日到某自动门公司工作，工作岗位为物料计划主管，双方签订了 3 年的劳动合同，刘强的月工资标准为 7 000 元。刘强于 2018 年 6 月 10 日向该自动门公司提交了"辞职申请书"，其中离职原因写明："1. 达不到岗位要求；2. 适应不了公司的流程。"双方劳动合同于 2018 年 6 月 20 日解除，但该公司未支付刘强 2018 年 5 月 1 日至 6 月 20 日的工资，理由是刘强没有按照双方在劳动合同中的约定办理离职交接手续，待刘强依约办理完毕工作交接手续后再支付。

刘强觉得公司不应该这么做，多次协商无效后他向仲裁委员会提出了争议处理申请。仲裁委员会审理后认为，提供劳动获得劳动报酬是劳动者的法定权利，2018 年 5 月 1 日至 6 月 20 日期间刘强为公司提供了劳动，公司就应该及时足额支付工资，公司以刘强没有依约办理工作交接手续为由，拒不支付刘强劳动报酬是没有法律依据的。刘强是因自身原因提出的辞职，故用人单位可不支付经济补偿金。

（三）休息休假的权利

休息日是我国宪法规定的公民权利，这一权利的重要意义在于保证劳动者的身体和精神上的疲劳得以缓解，以恢复劳动能力。

我国实行每日工作 8 小时、平均每周工作 40 小时的工作制度，平时每周工作时间不超过 44 小时。用人单位应当保证劳动者每周至少休息 1 日；元旦、春节、国际劳动节、国庆节以及法律、法规规定的其他休假节日应当依法安排劳动者休假。

一般地，在法定的节假日期间，用人单位应当按照国家规定的休假天数安排劳动者休假，而不能任意组织加班。用人单位由于生产经验需要，经与工会和劳动者协商后可以延长工作时间，一般每日不得超过 1 小时；因特殊原因需要延长工作时间的，在保障劳动者身体健康的条件下延长工作时间每日不得超过 3 小时，但是每月不得超过 36 小时。

用人单位在符合法律规定的条件下延长劳动者的工作时间，必须向劳动者支付报酬，而且要支付高于劳动者正常工作时间的工资报酬。

此外，我国还实行带薪休假制度。劳动者连续工作 1 年以上，享受带薪年休假。

延伸阅读

面向部分劳动者的休息休假权益

（一）探亲假

探亲假规定在国务院 1981 年颁布的《关于职工探亲待遇的规定》中首次明确。

不住在一起，又不能在公休假日团聚的，可以享受本规定探望父母待遇。但是，职工与父亲或与母亲一方能够在公休假日团聚的，不能享受本规定探望父母的待遇。

1. 探亲假的特征

（1）探亲假依法只适用于国家机关、人民团体和全民所有制企业、事业单位。其他性质的单位施行探亲假，应当在内部的规章制度中规定。

（2）探亲假只适用于在单位工作满一年的职工。

（3）探亲假用于职工探望不住在一起，又不能在公休假日团聚的配偶和父母。所谓"不能在公休假日团聚"，是指不能在公休假日在家休息一夜或休息半天。

2. 探亲假的期限

（1）职工探望配偶的，每年给予一方探亲假一次，假期为三十天。

（2）未婚职工探望父母，原则上每年给假一次，假期为二十天。如果因为工作需要，本单位当年不能给予假期，或者职工自愿两年探亲一次，可以两年给假一次，假期为四十五天。

（3）已婚职工探望父母的，每四年给假一次，假期为二十天。

上述探亲假期是指职工与配偶、父母团聚的时间，另外，根据实际需要给予路程假。上述假期均包括公休假日和法定节日在内。

（二）产假、产检假

产假既是一种针对女性职工的劳动保护也是一种劳动权益。按照《劳动法》《女职工劳动保护特别规定》等法律法规，女职工的产假权益如下。

1. 产假的权益

（1）女职工生育享受不少于九十八天的产假，女职工九十八天的产假分为产前假、产后假两部分，产前假十五天，产后假八十三天，产前假十五天是指预产期前十五天的休假，产前假一般不得放到产后使用。

（2）如果孕妇早产，可以将不足的天数和产后假合并使用；若孕妇推迟生产，可将超出的天数按病假处理。女职工休产假是为了保证产妇能恢复身体健康，因此休产假不能提前或者推后。

（3）难产的增加产假十五天，生育多胞胎的，每多生育一个婴儿，增加产假十五天。

（4）女职工怀孕流产的，用人单位应当根据医务部门的证明，给予一定时间的产假。现行的做法是女职工怀孕不满四个月流产的，应当根据医务部门的证明给予十五天产假；怀孕满四个月以上流产的，给予四十二天的产假，产假期间工资照发。

（5）产假期满恢复工作时，应允许有一至两周的时间逐步恢复定额工作量。

2. 哺乳期

关于哺乳期的权益，规定如下。

(1)《劳动法》第六十三条规定："不得安排女职工在哺乳未满一周岁的婴儿期间从事国家规定的第三级体力劳动强度的劳动和哺乳期禁忌从事的其他劳动，不得安排其延长工作时间和夜班劳动。"

(2)《劳动法》第二十九条和《女职工劳动保护特别规定》第五条都规定了，女职工在孕期、产期、哺乳期内，企业不得终止劳动关系，合同期限应顺延至孕期、产期、哺乳期结束。

3. 产检假

产检假就是怀孕的女职工在劳动时间内进行产前检查，算作劳动时间，不能按病假、事假、旷工等处理，也不能扣发工资。

关于产检假的次数和天数，国家并没有统一，在实践中，一般认为只要是遵照医嘱，属于正常必要的产检假，都应计入劳动时间。为规范产检假的审批工作，用人单位应在制度中明确职工请产检假所需持有的证明，如产检预约单、产检记录、诊断证明等。

(三) 陪产假

近年来，男职工的"陪产假"权益逐渐被重视，即依法登记结婚的夫妻，女方在享受产假期间，男方享有的有一定时间看护、照料对方的权利。《劳动法》等相关法律法规并未对陪产假作出明确的规定，具体规定通常出现在各省、自治区、直辖市的《人口与计划生育管理条例》中。陪产假一般是七天。陪产假期间的工资制度各单位不尽相同，奖金福利不变。还有一些地区可将男性的陪产假转到女方的产假中去，由女性代替男性休假。比如，北京市没有专门规定陪产假，而是规定女方的三十天晚育假可以转给男方享受；河北省规定，符合法律法规规定生育子女的夫妻，除享受国家规定的产假外，延长产假六十天，并给予配偶陪产假十五天。这些地方政府规章一般都规定，陪产假期间应发放正常工资。

(四) 经期假

在国外，已有将女性月经期休假写入了法律的先例。比如，《日本劳动标准法》第六十七条明确规定："女性在经期苦痛或工作对女性行经有妨碍要求经期假时，雇主不得继续使其工作。"在国内，一些地方政府也开始加大对职业女性健康权的保护，已将职业女性经期休假制度以法规形式确立。2006年9月7日，江西省《关于推进签订女职工权益保护专项集体合同工作的通知》中第十一条规定：女职工月经期间，企业应予以适当照顾，对其从事低温、冷水、野外、室外流动性作业的女职工，月经期给予休假2~3天，并相应减少劳动定额，不影响各种奖励和评比。2012年开始实施的《成都市妇女权益保障条例》中明确，女性经期请假将补充到女职工专项集体合同中，即便女性因经期不适而请假，用人单位也不能因此减薪。但目前在全国范围内，经期带薪休假还不是普遍情况。遇有经期不适需要请假的情况，可请病假。

(四) 获得劳动安全和卫生保护的权利

获得劳动安全和卫生保护是每个劳动者都拥有的劳动权利。在劳动生产过程中存在各种不安全和不卫生因素，如不采取措施加以保护，就会危害劳动者的身体健康和生命安全，甚至妨碍生产的正常进行。劳动者有权要求改善劳动条件和加强劳动保护，保证在生产过程中能够安全和健康。

劳动者在劳动过程中必须严格遵守安全操作规程，对用人单位管理人员违章指挥及强令冒险作业等有权拒绝执行；对危害生命安全和身体健康的行为有权提出批评、检举和控告。从事特种作业的劳动者必须经过专门培训并取得特种作业资格。

（五）接受职业技能培训的权利

职业技术培训是为了培养和提供人们从事各种职业所需的技术业务知识和实际操作技能而进行的教育和训练。

职业培训是国民教育体系的一个重要组成部分，用人单位应当建立职业培训制度，按照国家规定提取和使用职业培训经费。企业要根据本单位实际，有规划地对劳动者进行培训。从事技术工种的劳动者，上岗前必须经过培训。

（六）享受社会保险福利的权利

享受社会福利保险是每个劳动者都拥有的劳动权利，我国宪法明确规定："中华人民共和国公民在年老、疾病或者丧失劳动能力的情况下，有从国家和社会获得物质资助的权利。"劳动者享受的社会保险和福利权也就是劳动者享受的物质帮助权。

国家发展社会保险事业，建立社会保险制度，设立社会保险基金，使劳动者在年老、患病、工伤、失业、生育等情况下获得帮助和补偿；用人单位和劳动者必须依法参加社会保险，缴纳社会保险费。国家鼓励用人单位根据本单位实际情况为劳动者建立补充保险，提倡劳动者个人进行储蓄性保险。将基本保险、补充保险和储蓄性保险相结合，使劳动者享受的社会保险待遇得到切实保障。

（七）提请劳动争议处理的权利

劳动争议是劳动关系当事人之间因劳动的权利与义务发生分歧而引起的争议，又称劳动纠纷。劳动争议涉及劳动者健康安全、工作和生活的各个方面，关系到劳动者的切身利益，因此一旦劳动争议出现，劳动者就可以依法申请调解、仲裁，提起诉讼。劳动争议调解委员会由用人单位、工会和职工代表组成；劳动仲裁委员会由劳动行政部门的代表、同级工会、用人单位代表组成。解决劳动争议应当根据合法、公正和及时处理的原则，依法维护劳动争议当事人的合法权益。

三、劳动权益的维护

在现实生活中，劳动者和用人单位时常会因为劳资问题、工伤问题等发生劳动争议。那么，面对劳动争议时该如何处理呢？

（一）协商

协商是指劳动者与用人单位就争议的问题直接进行协商，寻找纠纷解决的具体方案。与其他纠纷不同的是，劳动争议的当事人一方为单位，一方为单位职工，因双方已经发生一定的劳动关系而使彼此之间相互有所了解。双方发生纠纷后最好先协商，通过自愿达成协议来消除隔阂。但是，协商程序不是处理劳动争议的必经程序。

劳动简论

(二) 调解

调解是劳动纠纷的一方当事人就已经发生的劳动纠纷向劳动争议调解委员会申请调解。《劳动法》规定:"在用人单位内,可以设立劳动争议调解委员会。劳动争议调解委员会由职工代表、用人单位代表和工会代表组成。"调解委员会成员一般应具有法律知识、文化水平和实际工作能力,又了解本单位具体情况,这样有利于纠纷解决。企业中,除因签订、履行集体劳动合同发生的争议外均可由本企业劳动争议调解委员会调解。但是,与协商程序一样,调解程序也由当事人自愿选择,不具有强制执行力,如果一方反悔,同样可以向仲裁机构申请仲裁。

(三) 仲裁

仲裁是劳动纠纷的一方当事人将纠纷提交劳动争议仲裁委员会进行处理。仲裁程序既具有劳动争议调解灵活、快捷的特点,又具有强制执行的效力,是解决劳动纠纷的重要手段。劳动争议仲裁委员会是国家授权、依法独立处理劳动争议案件的专门机构。申请劳动仲裁是解决劳动争议的选择程序之一,也是提起诉讼的前置程序,即如果想提起诉讼,必须要经过仲裁程序,否则不能直接向人民法院提起诉讼。

(四) 诉讼

《劳动法》规定:"劳动争议当事人对仲裁裁决不服的,可以自收到仲裁裁决书之日起十五日内向人民法院提起诉讼。一方当事人在法定期限内不起诉又不履行仲裁裁决的,另一方当事人可以申请人民法院强制执行。"诉讼即平常所说的"打官司",诉讼程序的启动是由不服劳动争议仲裁委员会裁决的一方当事人向人民法院提起诉讼后启动的程序。诉讼程序具有较强的法律性、程序性,作出的判决也具有强制执行力。

案例 3-3

员工旷工开假假条被辞退　公司起诉无须赔偿获支持

李四(化名)在某公司工作期间多日旷工,并提交虚假病假条,故某公司解除了与李四的劳动关系。后李四提请劳动仲裁要求公司支付病假期间工资和违约解除劳动关系赔偿金,获得了仲裁的支持。某公司不服仲裁结果,故诉至法院,请求判令无须支付病假期间工资和赔偿金。近日,顺义法院审理了此案,最终支持了某公司的诉讼请求。

原告公司诉称:被告自 2016 年 7 月起多日旷工,公司人力资源部门及被告所在部门领导多次与被告联系,被告均未理会。且被告还有开具虚假证明骗取病假的情形,故公司与其解除了劳动合同。后仲裁委作出的仲裁结果中,第二项和第三项裁决原告需支付 2016 年 8 月 8 日至 2016 年 8 月 28 日的工资,并支付违法解除劳动关系赔偿金。原告认为仲裁裁决认定事实不清,证据不足。原告不存在任何违法情形,故诉至法院,请求判令:①原告不支付被告 2016 年 8 月 8 日至 2016 年 8 月 22 日工资;②原告不支付违法解除劳动关系赔偿金;③由被告承担诉讼费。

被告李四辩称:不同意原告的诉讼请求,希望维持仲裁裁决。法院将如何判决?

结论:法院经审理认为,《劳动合同法》第三十九条规定:劳动者有下列情形之一的,用人单位可以解除劳动合同:……(二)严重违反用人单位的规章制度的;……。李四向公司提交虚假病假条,且公司的规章制度已经依法送达给李四,故法院认为公司据此解除与李四的劳动关系合理合法,其公司无须给付李四违法解除劳动合同的赔偿金,亦无须给付李四 2016 年 8 月 8 日至 2016 年 8 月 22 日的工资。最终,法院支持了原告公司的诉讼请求。

四、劳动者的基本义务

在我国,劳动者享有广泛的权利,同时也负有相应的义务。权利和义务总是相对应的,既不允许劳动者只尽义务而不享受权利,同样也不允许劳动者只享受权利而不履行义务。劳动本身就是权利和义务的统一,大学生作为未来的劳动者更需要了解自身的义务。

(一)完成劳动任务

劳动任务是用人单位安排的在一定时间内要实施的劳动行为、要实现的劳动目标和要取得的劳动成果。完成劳动任务是劳动的核心内容和基本要求,是劳动者最基本的义务,也是劳动者取得劳动报酬等权利的前提。作为社会主义劳动者,需要以主人翁的精神出色地完成各项劳动任务。

(二)提高职业技能

职业技能是劳动者从事劳动必须要掌握的专业技术知识和实际的操作技能。劳动者的个人素质关系社会生产力的发展,因此提高劳动技能不仅是劳动者的客观需要,也是劳动者对国家和社会应尽的基本责任。每一位劳动者都应该为适应社会主义现代化建设的需要,努力提高自己的职业技能。

(三)执行劳动安全卫生规程

劳动完全卫生规程是在生产过程中保护劳动者生命安全和身体健康的规章制度。劳动安全卫生问题关系国家、集体的利益和个人的生命财产安全,关系劳动生产和经济建设能否顺利进行,关系社会的安定稳定,执行劳动安全卫生规程不单是单位的责任,也是劳动者的责任。劳动者应当严格履行这一义务,尽量减少甚至杜绝事故的发生。

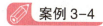
案例 3-4

侥幸心理酿大祸

2018 年大学毕业后,孟德华成为某建筑公司的一名吊车安全检查员。一天,经理告诉他星期日安装吊车,要按规定进行安全检查,但孟德华认为吊车刚从另一工地转来,估计没问题,只进行了一般检查,没有按照规定对吊车钢丝绳进行疲劳检查。第二天吊车安装完毕,按正常负荷开始起吊两块水泥预制板,当吊到离地面 20 米空中时,钢丝绳突然断裂,水泥板坠向地面,恰好砸在一辆轿车顶上,轿车被砸扁,车内人员当场死亡。后经鉴定,由于钢丝绳使用时间过长已经疲劳过度,不能按正常负荷工作。由于孟德华违反劳动安全检查制度,没有正确履行自己的职责,导致两人死亡、一车报废的严重后果,根据法律规定,他要被追究法律责任。

(四)遵守劳动纪律

劳动纪律是用人单位和有关部门制定的劳动者在劳动过程中必须遵守的行为规则。劳动

劳动简论

纪律是确保良好的劳动秩序，顺利实现劳动过程、完成劳动任务的必要保障。严格遵守劳动纪律是现代劳动者的必备素质，每一位劳动者都应养成自觉遵守劳动纪律的习惯。

（五）遵守职业道德

职业道德是社会道德的重要组成部分，它是从事各项职业活动的劳动者应当遵守的行为规范。不同职业都有自己的职业道德，它由人们自觉去遵守，由社会舆论和人民群众进行监督。但我国将遵守职业道德明确规定为一项法律义务，从而使劳动者对职业道德的遵守具有法律强制性。遵守职业道德是社会主义精神文明的重要内容，也是现代劳动者的必备素质，是每一位劳动者都应该自觉遵守职业道德。

总结案例

多次约定试用期

2018年1月，许某被北京一家外商投资企业录用，主要从事产品销售工作。许某上班后，企业就与他签订了1年期的劳动合同，并约定了试用期2个月，每月的劳动报酬是5 000元，另外根据许某的销售业绩提成。双方合同约满后，企业认为许某不适应从事销售工作，调整其工作岗位为仓库发货员，并与其续签了1年的劳动合同，且又约定了2个月的试用期。第二次试用期期间，许某收到了企业解除劳动合同通知书，原因是许某在试用期内几次犯错。许某感到很突然，要求企业给个说法，但企业不予理会。于是，许某申请劳动仲裁，要求企业支付违法解除劳动合同的经济补偿金。仲裁委员会依法予以受理。

分析：劳动合同的续订、劳动者离职后的再次招用，还是劳动者岗位发生变更，均不能成为用人单位与劳动者再次约定试用期的理由。因劳动合同法有规定，同一用人单位与同一劳动者在签订劳动合同时不能两次约定试用期。聘用许某的公司擅自约定两次试用期，并以试用期不符合录用条件为由单方面与许某解除劳动合同属于违法解除，所以按照劳动合同法的有关规定，该企业应该支付许某赔偿金。

课堂活动

劳动合同中的竞业禁止

一、活动目标

引导学生掌握劳动合同的相关知识，为未来进入职场签订劳动合同时规避风险做好准备。

二、活动时间

建议15分钟。

三、活动流程

（1）教师出示以下阅读材料，并提问：你认为该案件应当如何判决？

阅读材料：劳动合同中的竞业禁止

苗某于2016年10月9日与某电脑公司签订劳动合同，被聘为技术员，聘期2年。双方在劳动合同中约定了竞业禁止：合同解除或终止后，苗某3年内不得在本地区从事与该公司相同性质的工作，如违约，苗某须一次性赔偿电脑公司经济损失10万元。

因电脑公司拖欠苗某2017年9月、10月两个月的工资，2017年11月15日，苗某向区劳动争议仲裁委员会申请仲裁，要求解除劳动合同；补发2个月工资，给付经济补偿金；确认劳动合同中的竞业禁止约定条款无效。

（2）教师按照4~6人将学生划分小组，通过小组内部讨论形成小组观点。

（3）每个小组选出一名代表陈述本组观点，其他小组可以对其进行提问，小组内其他成员也可以回答提出的问题；通过问题交流，将每一个需要研讨的问题都辨析清楚。

（4）教师进行分析、归纳、总结。

（5）教师根据各组在研讨过程中的表现，给予点评并赋分。

课后思考：

（1）你是如何理解劳动者权利和义务的？

（2）你觉得毕业后进入职场签订劳动合同时可能会有哪些风险？应该如何规避这些风险？

项目三　劳动安全和环境保护

> 君子不立于危墙之下。
>
> ——《孟子·尽心上》

"8.12" 天津爆炸事件

2015年8月12日22时51分46秒，位于天津市滨海新区天津港的瑞海公司危险品仓库发生火灾爆炸事故，造成165人遇难（其中参与救援处置的公安现役消防人员24人、天津港消防人员75人、公安民警11人，事故企业、周边企业员工和居民55人），8人失踪（其中天津消防人员5人，周边企业员工、天津港消防人员家属3人），798人受伤（伤情重及较重的伤员58人、轻伤员740人），304幢建筑物、12 428辆商品汽车、7 533个集装箱受损。

后经调查组查明，事故直接原因是瑞海公司危险品仓库运抵区南侧集装箱内的硝化棉由于湿润剂散失出现局部干燥，在高温（天气）等因素的作用下加速分解放热，积热自燃，引起相邻集装箱内的硝化棉和其他危险化学品长时间大面积燃烧，导致堆放于运抵区的硝酸铵等危险化学品发生爆炸。

劳动简论

> 调查组认定，瑞海公司严重违反有关法律法规，是造成事故发生的主体责任单位。该公司无视安全生产主体责任，违法建设危险货物堆场、违法经营、违规储存危险货物，安全管理极其混乱，安全隐患长期存在。调查组同时认定，天津交通、港口、海关、安监、规划和国土、市场和质检、海事、公安以及滨海新区环保、行政审批等部门单位，未认真贯彻落实有关法律法规，未认真履行职责，违法违规进行行政许可和项目审查，日常监管严重缺失；有些负责人和工作人员贪赃枉法、滥用职权。
>
> **分析**：这是一起特别重大的生产安全责任事故，这次灾难对于我国每个人的防灾教育也是一个深刻的教训，企业和地方片面追求经济效益，安全发展意识不强，没有坚持安全第一的方针，没有把安全生产工作摆在更加突出的位置。劳动安全是事关劳动者生命、企业稳定、社会和谐的一件大事。我们作为劳动者中的一分子需要用安全生产知识武装自己，尽早树立安全工作的基本意识和理念，为以后步入工作岗位打好基础。

一、安全的基本概念

（一）安全

"安"是指不受威胁、没有危险，即"无危则安"；"全"是指齐全、完整，没有残缺、损坏等，即"无损则全"。安全可以理解为是一种没有没有危险、没有伤害、没有损失的状态。通常我们将安全的含义表述为：免除了不可接受的损害风险的状态。

"不可接受的损害风险"，主要包括三个层面的含义。一是国家层面，以法律法规或国家强制性标准的形式明确或体现不可接受的损害风险，代表的是最广大人民对安全的共同要求，体现的是国家意志，具有最广泛的适应性，如：《中华人民共和国安全生产法》《中华人民共和国刑法》《中华人民共和国消防法》等法律法规就是从国家层面对相应的安全领域提出的要求，各行各业均必须遵守这些规定、满足这些要求。二是行业企业层面，以行业标准、企业标准或企业的安全质量目标等形式明确或体现各行业或各个企业所不可接受的损害风险。三是个体层面，体现的是人们普遍不可接受的损害风险程度。

（二）本质安全

1. 本质安全的含义

自20世纪中叶以来，本质安全逐渐成为许多工业发达国家的主流安全理念。一般意义上的本质安全是相对于传统的、依靠对人的管理实现的安全，工艺过程、机械设备与生产环境等生产条件的安全才是本质上的安全。本质安全的理念主张通过采取工程技术措施消除或控制系统中的危险源，创造安全的生产作业条件，比如不断改进安全防护器具与安全报警装置。

2. 系统的本质安全

系统的本质安全就是将人、物、环境、管理等系统诸多要素的本质安全进行有机融合，实现生产过程中系统诸多要素的最佳集合，使系统达到一个较高的安全可靠运行状态。通常，系统的本质安全主要包括以下内容。

（1）设备和器具的本质安全。选用的设备既要考虑其生产效率，又要考虑其安全可靠性。如果人们使用的设备和机具都属于本质安全型，就可以弥补因人为失误造成的不安全事件，从而大大提高系统的安全性能。

（2）作业环境的本质安全。生产场所应为员工创造安全的环境。

（3）人员的本质安全。这要求操作者具有良好的心理素质、生理素质与相应的技术技能，即具有强烈的安全意识、熟练的安全技术技能和良好的遵章守规习惯等。近年来，随着科技的发展，设备的可靠性不断提高，运行环境也大大改善，因人的失误引起的不安全事件呈上升趋势。因此，系统的本质安全必须要加强劳动者的安全教育，提高劳动者的安全素质。

（4）管理的本质安全。科学的安全管理是减少事故发生的关键因素。现代安全管理运用系统工程的原理和方法，注重全面、系统和超前控制，从危险源辨识入手，通过系统分析、预测、评价，采取相应措施，让每一个过程、每一个环节均留下管理的"痕迹"，注重过程控制，及时消除或控制危险因素，使系统达到最佳安全程度。

（5）安全文化。安全文化以辩证的观点系统地分析安全问题，把安全事故的发生看成是由自然和人为多种因素的综合作用。所以，安全事故的预防和安全问题的解决不仅仅依赖于科学的安全措施、设备、环境和方法，更取决于人们的态度和行为。

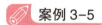
案例 3-5

缺少培训引事故

2019 年 3 月 18 日 16 时 13 分，国电某化工有限公司综合罐区石脑油贮罐发生闪爆引发着火，火灾持续 5 小时 27 分。轻质煤焦油罐区着火，粗酚储罐、中质煤焦油储罐陆续着火，现场进行了紧急救援，紧急灭火。如果甲醇罐区再着火，那么临近储有 360 吨的液氨罐将会发生爆炸，其威力相当于引爆 70 吨 TNT，投资 20 多亿元的厂区、方圆 10 公里范围内的群众、现场 400 多名救援人员将不复存在。

经全力扑救，当日 21 时 40 分明火全部扑灭。火灾扑灭后关闭综合罐区蒸汽闸时又造成 1 人受伤，本次事故造成直接经济损失 251 万元。

经调查，事故的发生有以下几个原因。

（1）直接原因：石脑油贮罐内壁未做防腐，铁及其腐蚀产物与硫化氢反应产生硫化亚铁，硫化亚铁与氧气发生自燃，引起油蒸汽闪爆引发火灾。

（2）间接原因：一是该公司安全生产主体责任落实不到位，隐患排查治理不彻底；二是该公司违反安全技术规程，在未加氮封的情况下，对石脑油贮罐通气孔进行了封堵，在一定程度上影响了空气流通；三是该公司安全培训不到位，从业人员未能严格执行本单位的安全生产规章制度、安全操作规程和劳动保护措施。

二、劳动安全

劳动安全是指劳动者在生产劳动过程中的安全和健康没有受到威胁，不存在危险、危害的隐患，是免除了不可接受的损害风险的状态。要全面完整地了解劳动安全的含义，不仅需要从保障劳动安全的多重主体立场去理解，还要了解劳动安全问题产生的原因。从不同主体来看，劳动安全保护是劳动者依法获得的基本劳动权利之一，在生产劳动过程中劳动者有权

劳动简论

要求用人单位提供安全的劳动条件,以保护自身的生命和健康;加强劳动保护,实现安全生产,保护劳动者生命和身体健康是用人单位应尽的法律义务;国家通过制定一系列劳动保护的法律法规,督促企业用人单位履行法律责任,保障劳动者的劳动安全。

在实际的生产劳动过程中,劳动安全问题的产生往往是多种因素综合作用的结果,需要综合治理。从造成劳动安全问题的原因看,既有人为的因素,由于劳动者个人缺乏安全知识和安全意识,操作失误而造成的安全事故;也有因生产环境和安全条件存在安全漏洞而出现的生产事故;还有人为因素和物的因素共同造成的事故。我们可以将可能发生的劳动安全问题,按生产劳动岗位性质的不同,分为以下几类。

(1) 在矿井中可能发生的瓦斯爆炸、水灾、火灾等。
(2) 在机械加工过程中可能发生的绞碾、电击伤。
(3) 在建筑施工过程中可能发生的高空坠落、物体打击。
(4) 在交通运输过程中可能发生的车辆伤害事故。
(5) 在有毒有害作业过程中可能发生的职业病害等。

除了上述因生产劳动直接因素导致的劳动安全问题,广义的劳动安全问题还包括由间接因素导致的安全问题,如劳动者工作时间太长会造成过度疲劳,积劳成疾;女性劳动者从事过于繁重的或有害妇女生理卫生的劳动,也会对身体造成危害等。由此可见,保障劳动安全不仅指在生产劳动过程中要防止中毒、车祸、触电、塌陷、爆炸、火灾、坠落、机械外伤等危及劳动者人身安全的事故发生,还要防止由于不当的工作时间和工作强度造成的健康问题。因此,为保障劳动者的劳动安全,不仅需要国家制定相关劳动保护的法律法规,对企业用人单位的生产安全进行严格管理,还需要劳动者个人掌握必要的劳动安全知识,自觉遵守生产劳动安全规范,养成劳动安全意识,做好个人安全保护。

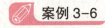

"三违"导致事故频发

2019年,全国接连发生多起煤矿爆炸事故,陕西、山西、四川接连发生3起较大的煤矿事故,就3起煤矿安全事故的根源来看,除去井下地质条件等不可抗拒的自然因素外,很大程度上是煤矿职工和管理人员违章作业、违章指挥、违反劳动纪律等人为的"三违"所致。煤矿生产安全事故的频发,严重危害了社会正常的生产、生活秩序,造成重大损失的同时,也严重侵害、威胁着广大劳动者的生命、健康和利益。

三、劳动安全常识

保证劳动安全是劳动者的权利,政府和企业有义务依法提供符合安全卫生标准的劳动条件。为了养成自我劳动安全意识,大学生要学会识别和掌握必要的劳动安全常识,主要包括安全色与安全标志、个人防护用品的相关知识与使用方法。

(一) 安全色与安全标志的识别

安全色和安全标志是在特定工作环境中,为了提醒劳动者做好防护而设置的。每一种安全色、每一个安全标志都具有特定的含义,需要正确识别。

1. 安全色

安全色是传递禁止、警告、指令、提示等安全信息含义的颜色，包括红、黄、蓝、绿四种颜色。安全色用途广泛，主要用于安全标牌、交通标志牌、防护栏杆及设备机器的部位等。根据我国制定的《安全色》（GB 2893—2008）的有关规定，将红、黄、蓝、绿四种颜色作为全国通用的安全色，安全色及对比色含义和用途举例如表3-1所示。

表3-1 安全色及对比色含义用途举例

安全色	对比色	含义	用途举例
红色	白色	禁止、停止、危险、消防	各种禁止标志，交通禁令标志，消防设备标志，机械的停止按钮、刹车及停车装置的操纵手柄，机械设备转动部件的裸露部位，仪表刻度盘上极限位置的刻度，各种危险信号旗等
黄色	黑色	警告、注意	各种警告标志，道路交通标志和标线中警告标志，警告信号旗等
蓝色	白色	指令、必须遵守	各种指令标志，道路交通标志和标线中指示标志
绿色	白色	安全	各种提示标志，机器启动按钮，安全信号灯，急救站，疏散通道、避险处、应急避难场所等

2. 安全标志

安全标志是用以表达特定安全信息的标志，分为禁止标志、指令标志、警告标志和提示标志四类，由图形符号、安全色、几何形状（边框）或文字构成，如图3-2所示，具体的安全标志可以查阅《安全标志及其使用导则》（GB 2894—2016）。

图3-2 各种安全标志

（二）个人防护用品的相关知识及使用方法

个人防护用品知识对于预防事故伤害和减少职业危害具有重要意义。为了提高劳动安全意识，我们不仅要了解劳动岗位需要什么样的劳动保护用品，还要了解个人防护用品的正确佩戴和使用方法。

我国实行以人体防护部位为依据的分类标准，将个人防护用品分成九类，如表3-2所示。

劳动简论

表 3-2 个人防护用品分类

个人防护用品类型	举例	作用及使用要求
头部防护用品	安全帽、防寒帽等	为了防御头部受外来物体打击，安全帽要有帽子、帽带，戴帽时必须系好帽带；帽内缓冲衬垫的带子要结实，人的头顶与帽内顶部间隔不能小于32毫米；每次使用前应认真检查安全帽，若发现有破损情况，要立即更换；进入施工现场，必须戴好安全帽
呼吸器官防护用品	防尘面罩、防毒面具等	可以防护有害气体从呼吸道进入人体，或直接向使用者供氧及提供新鲜空气。其中，防尘口罩和防尘面罩可有效防止粉尘的吸入，而防毒面具可防止有毒气体、蒸汽、毒烟等的吸入。使用防毒面具要注意正确选择防毒滤料
眼面部防护用品	焊接护目镜及面罩，炉窑（红外线、紫外线）护目镜和防冲击眼护具等	用于预防烟、尘、火花、飞屑、化学品飞溅等伤害眼睛或面部
听觉器官防护用品	耳塞、耳罩和防噪声头盔等	预防噪声对人体的伤害
手部防护用品	一般防护手套、防酸碱手套、防寒手套、绝缘手套等	在不适合以手直接接触机械、机具、液体及可能导致手部受伤的情况下，必须戴合适的手套。手套要与手型符合，防止手套过长而被卷入机器。操作各类机床或在有被压挤危险的地方作业时，严禁戴手套
足部防护用品	防水鞋、防寒鞋、防静电鞋、防酸碱鞋、电绝缘鞋等	用于防止劳动中有害物质或外逸能量损伤劳动者的足部
防护服	一般防护服、防水服、防寒服、阻燃服、防电磁辐射服等	保护劳动者免受生产环境或工作环境中的物理、化学、生物等因素的伤害
护肤用品	防晒霜等	防止皮肤外露部分（面、手）受到化学、物理等因素的危害，主要作用是防晒、防射线、防油、防酸、防碱等
防坠落用品	安全带、安全网等	防止作业人员从高处坠落

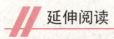
延伸阅读

劳动者需要树立的六种安全意识

一是要牢固树立安全责任意识，责任就是要尽责、负责，使自己所做的每件事或行事都达到安全的标准。二是要牢固树立安全制度意识。要遵章作业，按安全规程作业，不能存有侥幸心理，不能做违反安全管理制度的行为。三是要牢固树立安全岗位意识。保证安全的过程就是坚守好自己的岗位，要同违章违纪、思想麻痹、不负责任的人斗争。四是要牢固树立安全忧患意识。坚决在工作中杜绝"不会有问题""没问题""试试看"等思想意识。五是要牢固树立安全互保意识。六是要牢固树立安全学习意识。

四、提高环境保护意识

人类的生存和发展离不开环境，大学生作为社会主义事业的未来建设者，需要提高在劳动过程中的环境保护意识，避免环境污染。

环境是指围绕着人类的外部世界，是人类赖以生存和发展的社会和物质条件的综合体。人类环境有别于其他物质环境，包括自然环境和社会环境两大部分。在环境问题日益突出的今天，我们应当树立正确的环境保护意识，采取社会的、经济的、技术的综合措施，合理利用自然资源，防止环境污染和生态破坏，以促进经济和社会的可持续发展。环境保护需要公众参与，任何公民都有依据一定的法律程序保护环境的权利和义务。大学生应当成为环境保护和可持续发展的重要推动力量，遵循一定的行为准则，积极参与环境保护活动。

践行环境保护理念的途径有以下几个方面。

（一）崇尚绿色消费

绿色消费又称"可持续消费"，是一种以适度节制消费，避免或减少对环境的破坏，崇尚自然和保护生态等为特征的新型消费行为和过程。随着环保意识的增强，越来越多的个人和家庭以实际行动响应绿色消费模式。绿色消费的内容非常宽泛，不仅包括绿色产品，还包括物资的回收利用、能源的有效利用、对生存环境和物种的保护等，可以说涵盖生产行为、消费行为的方方面面。

崇尚绿色消费，要求在衣食住行的消费时自觉避开六类产品。

（1）危及消费者或他人健康的产品。
（2）在生产、使用或废弃过程中明显对环境有害的产品。
（3）在生产、使用或废弃期间消耗大量资源的产品。
（4）从濒临灭绝的物种中获得材料制成的产品。
（5）乱捕滥杀所得的动物产品。
（6）对其他国家特别是发展中国家造成不利影响的产品。

（二）参与创建绿色学校

绿色学校是指在学校管理、学校课程、学校环境、学校与社区的关系方面，都符合环境保护要求的学校。作为一名大学生，我们应利用自身的专业优势，努力在实践中形成良好的环境观。从自己做起，创建一个理想的环保型教室，为创建绿色学校发挥自己的聪明才智。

（三）协助创建绿色社区

社区是公众参与环境保护最基本的单位。所谓绿色社区，是指具备了一定符合环保要求的硬件设施，建立了较完善的环保管理体系和公众参与机制的社区。绿色社区不仅包括绿色建筑、社区绿化、垃圾分类、污水处理、节水节能等，而且还应该拥有环保志愿者队伍和一定比例的绿色家庭，以及持续性开展的环保活动等。

在日常劳动中，要养成环保意识和良好的生活习惯。比如，以节水为荣，随时关上水龙头，别让水空流；随手关灯，省电减少污染；减少空调使用，降低能源消耗；做"公交族"，以乘坐公共交通工具为荣；自备购物袋，少用塑料袋；拒食野生动物，改变不良的饮食习惯，为环境保护贡献自己的一份力量。

劳动简论

总结案例

加强安全生产教育，防止发生环境事故

2019年1月7日下午，某工厂两名岗位劳务工清理水蒸馏池的残渣，将清理出的碱性水蒸馏残渣投入残渣桶内。没想到刚刚投进去即从桶口溢出烟雾，且现场烟雾越来越大，两名岗位劳务工迅速撤离到上风口，随后工段负责人到场安排其他人用消防水进行冲淡，并用湿麻袋适当覆盖桶口防止桶内物料喷发。半小时后，烟雾慢慢消失，现场恢复平静。后对该事故原因进行了调查和分析，经调查，事故的发生有以下三个原因。

（1）收集残渣使用的空桶内有残余的三氯氧磷等忌水性物料，与碱性物质和水发生剧烈反应。

（2）劳务工在作业时没有进行检查。

（3）工段定置管理不到位，生产性物料收集不规范处理，随处乱放，并且没有标识。

分析：本次事故是因为没有对劳务工进行定期教育，建立作业质量内控体系，安排专业人员在现场指导，对清渣这类可能引起安全事故的工作事项没有清晰的作业程序和注意事项，作业过程中安全隐患多。我们应在日常工作中重视劳动安全，牢固树立劳动安全意识，避免类似事故发生。

课堂活动

关于企业劳动安全的调查

一、活动目标

引导学生通过对大学周边企业员工劳动安全方面的情况进行实地走访或问卷调查，提高个人劳动安全意识。

二、活动时间

建议一周左右。

三、活动准备

（1）确定调研的行业，了解相关行业的劳动安全生产规范。

（2）教师带领学生制作调查问卷。

四、活动流程

（1）学生按照6~8人自由组建调研小组，并进行团队分工。

（2）联系拟走访调研的企业，根据调查问卷制订调研计划。

（3）实地走访开展调查，并组织企业员工填写调查问卷，进行数据录入、数据整理和分析。

（4）将调研情况及问卷数据分析的情况进行归纳，研究总结后形成不少于1 000字的调研报告。

（5）各调研小组选派一名代表进行调研情况汇报，其他小组可以对其进行提问，小组内其他成员也可以回答提出的问题；通过问题交流，将每一个需要研讨的问题弄清楚。

（6）教师进行分析、归纳、总结，并根据各组在研讨过程中的表现，给予点评并赋分。

课后思考：

（1）你认为企业生产活动追求经济效益，发展国民经济是否可以成为劳动不安全和环境污染的理由？作为一名劳动者，你觉得为实现劳动安全需要进行哪些准备？

（2）作为地球公民，你认为自己能为保护和改善生存环境做些什么？

模块四　劳动精神与劳动素养

学习指南

劳动素养是新时代人才必备的素养，大学生劳动教育的核心是修炼与提升大学生的劳动素养。劳动精神是劳动者精神风貌的体现，秉持正确的劳动精神是一个合格的社会主义劳动者的基本要求。没有规矩不成方圆，所以遵守各项劳动纪律也是劳动精神的重要体现，加强劳动纪律教育、树立规则意识，能与他人合作劳动，是大学生劳动精神培养中尤其需要加强的内容。

新时代的工匠精神要求我们不仅要具有高超的技艺和精湛的技能，还要有严谨细致、专注执着、精益求精、淡泊名利、敬业守信、勇于创新的工作态度，以及对职业的认同感、责任感、使命感、自豪感等可贵品质。要想成为一个杰出的、卓越的社会建设者和接班人，需要在劳动中追寻和践行劳模精神。

为了提升劳动素养，我们需要向劳模学习。以劳模为榜样，把劳模精神、劳动精神、工匠精神作为自己勇往直前的精神力量，树立辛勤劳动、诚实劳动、创造性劳动的理念。

本模块主要介绍了劳动精神、工匠精神、劳模精神和劳动素养三个项目。我们主要是通过学习知悉提升个人劳动素养的意义和方法、途径，培养爱岗敬业、精益求精、永不放弃、锐意进取的工匠精神，拒绝懒惰，在学习和实践中做好成才规划，并为之付出努力和实践，在未来平凡的岗位中体现不平凡的人生价值，收获精彩人生。

项目一　劳动精神

> 劳动是财富之父，土地是财富之母。
>
> ——威廉·配第

案例导入

全国劳动模范包起帆

被誉为"抓斗大王"的上海港务局南浦港务公司工程师包起帆，数十年来本着"在岗位尽责、为事业奉献"的精神，与其他同志一起，发明创造了多种高效、安全的装卸工具和装卸工艺，为国家和人民创造了大量财富。包起帆与工友一起研究抓斗如图4-1所示。

18岁那年，包起帆进上海港当了一名装卸工，从此踏上了坎坷的发明创造之路。为了实现用抓斗装卸木材的梦想，包起帆如饥似渴地自学物理、数学等基础知识，刻苦钻研业务，生活被浓缩在起重、力学、机械的理论和计算之中，脑海浮沉着各种数据、原理和构想。经过无数个日夜的努力，尝遍失败、艰辛和磨难，包起帆和他的同事终于创造出木材抓斗。这项革新填补了国际港口装卸工具的一项空白。

之后，包起帆把目光投向更广阔的领域……30多年间，他以主人翁精神，刻苦学习科技知识，先后完成了70多项革新发明，其中8项获国家专利，9项获国际发明金奖。他还把自己和同事发明创造的新型抓斗、工索具技术等推广到全国数百个港口和冶金、矿山、建筑、林场等单位，大大提高了这些单位的经济效益。包起帆抓斗如图4-2所示。

图4-1　包起帆与工友一起研究抓斗　　　　图4-2　包起帆抓斗

艰辛的劳动和突出的贡献，使他获得了"全国五一劳动奖章"，以及"全国劳动模范"等荣誉称号。

分析： 包起帆数十年来本着"在岗位尽责、为事业奉献"的精神，刻苦学习，艰辛劳动，由一名装卸工成长为完成70多项革新发明的工程师，为国家建设作出了突出的贡献，成为劳动楷模。

一、新时代的劳动精神

劳动精神是每一位劳动者在劳动过程秉持的劳动态度、劳动理念及其展现出的劳动精神

劳动简论

风貌，它不仅包含了对劳动价值的认识、对劳动的正向态度，以及对劳动者、劳动过程、劳动成果的尊重，也包含了热爱劳动的态度在劳动主体身上的体现，包括劳动者身上所具有的对于劳动的积极评价、敬业态度、积极性、创造性等。

进入新时代，劳动精神有着更丰富的内涵，不仅在内容上继承并发展了马克思主义劳动价值观和中华民族传统优秀的劳动观念，还彰显了辛勤劳动、诚实劳动、创造性劳动的新理念，倡导劳动创造的实践创新性，形成劳动者至上、劳动者平等、劳动者可敬、劳动最光荣、劳动最崇高、劳动最伟大、劳动最美丽的劳动观。

（一）尊重劳动

尊重劳动是新时代劳动精神蕴含的核心要义。首先，尊重劳动是对每个人的道德要求。劳动不仅创造了世界和人本身，而且为推动社会进步提供了必备的物质基础，因此一切劳动都应当受到尊重。其次，尊重劳动者创造的价值。劳动者付出了劳动，为社会创造了物质和精神财富，应获得必要的回报。再次，维护劳动者的尊严。要合理安排劳动者的劳动时间，维护劳动者合法权益，保障劳动者合法权益不受侵犯，创设更舒适安全的劳动环境，让劳动者心情舒畅，在工作中体会到劳动的快乐和收获的幸福。

（二）劳动平等

劳动平等是维护劳动权利的基本条件和维护劳动尊严的基本保障。首先强调人人享有平等的劳动机会，即所有的劳动者都有机会平等地参与劳动。其次，反对一切劳动歧视与偏见。劳动没有高低贵贱之分，任何一份职业都很光荣。最后，强调人人都可以通过劳动作贡献。每个人的劳动不仅可以创造自身的幸福生活，而且可以为中国特色社会主义事业作出自己的贡献。

（三）劳动神圣

劳动具有光荣和神圣的意义。首先，劳动是宪法赋予的、不可剥夺的权利和义务。我国宪法规定："公民有劳动的权利和义务。"劳动一方面是公民依法行使的权利，另一方面也是公民依法享受的利益。其次，劳动是我们生存于世界的最为神圣的活动。劳动是人类生存和发展的最基本条件，是每一个现代人必备的基本素质或行为习惯。再次，劳动果实是圣洁的。劳动果实是诚实劳动、精诚合作的劳动结晶。

（四）劳动创造

新时代科学技术迅猛发展，弘扬劳动精神需要注重实践性和创新性。首先，培养服务至上的敬业精神。新时代弘扬劳动精神强调劳动的实践体验性，在劳动中有效提升动手能力、沟通合作能力及解决实际问题的能力，培养职业道德，培养专业敬业的工匠精神。其次，培养精益求精的品质。新时代劳动精神的培养注重与技术相结合，以技术应用和技术创新为核心，需要在工作中培养认真严谨、精益求精的工匠精神。再次，培养追求卓越的创造精神。新时代劳动精神的培养与创新驱动的国家发展战略相结合，注重创新意识的提升、创新思维的训练和创新能力的培养，我们应不断追求卓越，进而为在全社会弘扬劳动光荣、技能宝贵、创造伟大的劳动风尚贡献一份力量。

（五）劳动光荣

新时代劳动精神倡导每个人通过自己的劳动，收获满足感、快乐感、尊严感，在创造丰富物质财富的同时,拥有丰盈的精神世界。一方面,我们可以通过劳动充分发挥自身的积极性与创造性,学会与人合作,追求个体幸福,享受劳动尊严;另一方面,通过劳动磨砺意志,培养勤俭节约、勤劳勇敢、艰苦奋斗、坚韧不拔等精神品质。

二、辛勤劳动、诚实劳动和创造性劳动

劳动创造历史,劳动开创未来,劳动改变了我们的生活。用劳动创造美好生活,是历史的逻辑,是时代的诉求,也是未来的召唤。

(一)辛勤劳动

辛勤劳动指勤劳肯干且吃苦,它是推动社会发展的不竭动力。辛勤劳动创造了中华民族的辉煌历史,铸就了新中国成立后的伟大成就。我国广大的劳动者用自己的双手推动中国取得了举世瞩目的伟大成绩,赢得了举足轻重的国际地位,在科技日新月异、国际竞争日趋激烈的今天,广大劳动者的辛勤劳动、奉献与奋斗,更关系国家和民族的未来,关系亿万中国人民的光荣与梦想。无论科技进步、知识更新到何种程度,每个人实现梦想必须依靠辛勤的劳动。展望未来,实现中华民族伟大复兴的中国梦,同样离不开全体中国人民的辛勤劳动。如今,我国正处于新时代中国特色社会主义时期,社会不断发展,经济稳步向前,人民的生活水平也越来越高,但是距离人民对美好生活的需求还有很大差距,要缩短差距必须依靠全国人民的辛勤劳动和共同奋斗。作为新时代的青年,我们更应该牢固树立"以辛勤劳动为荣,以好逸恶劳为耻"的观念,并将之落实到实际行动上,用自己的劳动为中华民族的伟大复兴添砖加瓦。

案例 4-1

铁人王进喜与铁人精神

新中国成立后,广大工人成了国家的主人,劳动热情倍增。振兴中华,改变祖国一穷二白的落后面貌,成了人民群众共同的愿望和行动。被称为"铁人"的王进喜就是胸怀祖国、发愤图强的一代工人的典型。

王进喜是玉门石油矿普通工人,可他一心为国分忧。他看到汽车没油烧,在车顶上放着大大的煤气包,靠烧煤气行驶。他难过得吃不好睡不着,心想:"我是石油工人,现在国家缺油,我有责任啊!"不久后,他被调到大庆,参加开发新油田的会战,他有使不完的劲,恨不得一拳头砸出一口井来。没有住房,他和大家住在刚打垒的简易棚子里,吃冷饭,睡地铺。钻井机到了,可没有吊车下不了火车,他一声呐喊,带着工人用绳子拉,肩膀顶,终于把机器卸下来运到工地。王进喜和同事们卸钻井机如图 4-3 所示。第一座井架竖起来了,没有水灌井,他和工人们用脸盆、水桶,硬是把水一盆一桶地弄来,争分夺秒地开了钻。发生井喷事故时,没有搅拌机,他纵身跳进泥浆池,用身体搅拌,如图 4-4 所示。他为什么要这样做:为的是尽快打出石油,改变祖国石油工业落后的面貌。

劳动简论

图 4-3 王进喜和同事们卸钻井机

图 4-4 王进喜用身体当搅拌机

因为常年劳累，饮食没有规律，王进喜得了严重的胃病，经常疼得不能入睡。可他说："为了拿下大油田，我宁可少活 20 年！"正是这种铁人精神，正是这种为国忘我的劳动，使得大庆油田很快建成，使我国摘掉了石油工业落后的帽子。

（二）诚实劳动

诚实是公民道德的基本规范，主要是指做人做事实事求是、信守承诺。所谓诚实劳动是指在各种法规、各项政策允许的范围内所从事的各种有益于社会发展的体力和脑力劳动，如工农业生产，商业服务，科研和文教卫生工作，以及社会咨询、信息传播等。同时，诚实劳动又是指劳动者以主人翁的态度对待劳动的一种道德规范，它具体表现为：每一个有劳动能力的人都应该把为社会而劳动看作自己应尽的职责和神圣的义务，尽己所能地从事劳动；在劳动中发扬首创精神，不墨守成规，不满足于现状，善于吸收各时代、各民族、各国的好东西，敢于在前人、他人成果的基础上努力学习，掌握最新的科学技术，使用最先进的科技装备。诚实劳动应该是每个劳动者必须具备的优良品质。当今社会，人们的思想和文化都呈现出多元化、多样性的特点，诚实劳动就显得更为重要。只有通过诚实劳动，才能改变自己的命运；也只有具备诚实的品质，才能真正体会生活的意义和获得他人的尊重。一个诚实的劳动者，必定于己无愧，于人无损，于国有益。诚实劳动的本质特征是自觉的工匠精神。

案例 4-2

"减负"的代价

小李 2010 年入职湖北省某车轮制造企业，担任装胎工。他的主要工作是负责轮胎动平衡，即在轮胎经过平衡机器时，根据显示屏或指示灯显示的数值，选择相应的平衡块，并装配至轮圈上。刚开始工作的几年，小李按照企业的规范进行操作。后来他从同事处学会用手套或者布遮挡机器上的红外线设备，使轮胎不经过平衡机器就下线，从而减少工作量。从 2012 年开始，小李就用这种方法为自己"减负"，一次空放几只轮胎，让自己可以早点下班。2018 年，该企业在进行日常设备维护时，发现轮胎平衡数据存在问题。经过技术部门调查，包括小李在内，共有 15 名员工存在不做轮胎动平衡的情况，发现不合格的产品 3 000 余件。由于轮胎平衡关系车辆行车安全，这对企业来说，是严重的质量事故。该企业紧急召开会议，逐一排查生产线和库存产品，对不符合质量标准的产品进行返修。小李等 15 人严重违反公司规定，在工作中不按照操作指导书进行操作，并造成大量不合格产品，给企业带来巨大损失。企业以此为由，对15人予以开除处理。小李等人最终为自己的不诚信劳动行为付出了代价。

（三）创造性劳动

创造性劳动，即通过人的脑力劳动萌发出技术、知识、思维的革新，从而高效提升劳动效率、产生超值社会财富或成果的劳动。创造性劳动是建立在开放性思维和挑战性实践的基础之上的，不仅仅要靠激情、靠运气，更要以扎实的学识和技能为其逻辑支点。创造性劳动就是一种巧干，这种巧干在具体的生产实践中能起到事半功倍，甚至以一当十的经济效益。

当下，我国的制造业很发达，已经成为制造业大国，但较之一些先进国家，如美、德、日，在核心技术、关键零部件及产品质量方面仍有较大差距，一线制造工艺还不够精细，技术还不够严谨，数据还不够充实。要使中国真正成为制造业强国，当代劳动者的创造性劳动是不可或缺的，创造性劳动乃是新时代劳模的使命，这种使命感又是与践行社会主义核心价值观相契合，创造性劳动充分体现了当代劳动者的敬业精神。

延伸阅读

全国五一劳动奖状、全国五一劳动奖章

全国五一劳动奖状和全国五一劳动奖章（如图4-5所示），是中华全国总工会授予在中国特色社会主义建设中做出突出贡献的企事业单位、机关团体和劳动者的奖项，是中国工人阶级最高奖项之一。

全国五一劳动奖状是中华全国总工会设立的授予先进集体的奖项。全国五一劳动奖状授予在中国境内依法注册或登记的非跨地区的企业、事业、机关、社会组织及其他组织，以及驻外机构。除召开全国劳模表彰大会的年份外，全国五一劳动奖状每年评选表彰一次。对在国际国内有重大影响的事件、国家经济建设和国防建设、抢险救灾等危急情况下以及在全国总工会书记处批准的全国示范性劳动竞赛中作出突出贡献的先进集体，可即时授予全国五一劳动奖状。

全国五一劳动奖章是全国总工会为奖励在社会主义各项建设事业中做出突出贡献的职工而颁发的荣誉奖章。颁发范围包括工业交通、基础建设、农林水利、财贸金融、文化、教育、新闻、出版、政法、卫生、科研、体育、机关团体等各行各业。

图4-5 全国五一劳动奖章

三、大学生劳动精神培养的方法

劳动精神的培养有利于大学生综合素质的提升，对培养正确的人生观、世界观、价值观具有重要作用，是大学生健康成长的内在需要，是大学生进入社会的必要准备，是感恩意识

劳动简论

培养的重要方式。

（一）以美好生活愿景激发对劳动的热爱

人之所以为人，在于人可以通过发挥主观能动性来绘制自我发展的蓝图，并用艰苦奋斗去满足自身的需求、实现自己的目标。奋斗的价值、自我的超越，是对美好生活的向往及努力，这是一种理想，也是一份责任。培育劳动精神，应以美好生活的愿景来激发对劳动的热爱，具体可以从以下两个方面入手。

1. 以个人幸福梦激发对劳动的热爱

每一个人都期盼能成长得更好、工作得更好、生活得更好，这些是我们的美好生活需要，也是我们理想的生活愿景。但是，理想不是空想，幸福不是坐享其成，要实现个人的价值，追求幸福的生活，必须发扬艰苦奋斗的新时代劳动精神。

2. 以国家富强梦、民族振兴梦激发对劳动的热爱

立足当代，我们都是国家富强梦、民族振兴梦的追梦者和圆梦人。新时代的发展舞台十分宽阔、前景十分光明，我们要以国家富强、人民幸福为己任，把自己的理想同国家的前途、民族的命运结合在一起，胸怀理想、志存高远，以国家富强梦、民族振兴梦激励自己积极投身中国特色社会主义伟大实践，并为之奋斗终身。

（二）以正向的劳动精神引领正确劳动观念的生成

用正向的劳动精神引领正确劳动观念的生成。一方面，要抵制急功近利的劳动价值观，培育常态化的奋斗精神。另一方面，抵制惰性和不作为，保持奋发有为的精神风貌。当今时代仍然是一个"爱拼才会赢"的时代，是一个属于真正奋斗者的时代。如果不想在这个百舸争流、千帆竞发的时代原地踏步，就必须同自身的惰性思维进行斗争，不能沉迷于"伪奋斗"，而要勇做新时代的弄潮儿。

（三）以汲取劳模精神、工匠精神丰润劳动情感的培养

培育劳动精神需要营造一个学习劳模精神、工匠精神的良好环境，通过正面学习、耳濡目染将劳动精神内化于心，外化于行。劳动模范是优秀劳动者的代表，他们身上都有吃苦耐劳、进取创新、无私奉献精神，是学习的榜样。通过对劳模的先进事迹学习，不断汲取劳模精神、工匠精神的养分，才能更加自觉地接受劳动光荣、技能宝贵、创造伟大的时代风尚的洗礼，在一个人人皆可成才、人人尽展其才的良好环境中，紧紧抓住人生出彩的机会，通过诚实劳动铸就辉煌。

（四）以丰富的实践活动助推劳动行为习惯的养成

新时代劳动精神培育不是一句空洞的理论口号，不能纸上谈兵，止步于思想环节，而是要落实到具体的实践工作中。以丰富的实践活动助推劳动行为的养成，可以从学习和生活两个层面进行。在学习上，注重实践锻炼，做到理论与实践相结合。一方面，可以通过读好"有字之书"，间接学习别人有益经验来磨炼意志、增长见识，以培育劳动精神。另一方面，要身体力行，通过参加各种劳动实践锻炼，来培养吃苦耐劳的精神，通过理论与实践的紧密结合将劳动精神融入个人品格。在生活中，加强实战演练，养成勤劳自持的习惯。在学校学习阶段，需要走出"衣来伸手、饭来张口"的舒适圈，独立解决自己的衣食住行等问题，照顾好自己，养成自己劳动的习惯。

案例4-3

互联网时代的"懒人经济"

伴随科学技术的飞速发展和"互联网+"的兴起，网络订餐、网上购物、网约车等社会服务业日益发达，饿了么、美团、淘宝、天猫、滴滴打车等网络平台进入了大学生的日常生活，给他们的衣食住行带来了巨大影响。然而，科学技术是一把双刃剑，在便利人们生产和生活的同时也助长了人们的惰性。如外卖订餐的出现，在为忙碌的人节省时间的同时，也助长了学生的懒惰，不少大学生不去餐厅吃饭，而是习惯于点外卖，甚至于有的学生外卖到了都懒得下楼去取，催生了代取外卖等业务；打车软件的流行，方便了学生的出行，但也使部分大学生外出不愿意步行，不坐公交车，而是选择网约车服务。

四、劳动纪律

在培育劳动精神的同时，需要对劳动中的制度和规则存敬畏之心。现实中，部分大学生缺乏对劳动纪律的认识，规则意识差、团队合作差，影响了在工作岗位上的进一步发展，甚至走上错误的道路。

（一）劳动纪律的概念

劳动纪律又称职业纪律或职业规则，是指劳动者在劳动过程中应遵守的劳动规则和劳动秩序。根据劳动纪律的要求，劳动者必须按照规定的时间、质量、程序和方法，完成自己承担的生产和工作任务。

人们从事社会劳动，不论在任何生产方式下，只要进行共同劳动，就必须有劳动纪律。否则，集体生产便无法进行。马克思曾说过："一个单独的提琴手是自己指挥自己，一个乐队就需要一个指挥。"在共同劳动中，劳动纪律就是"乐队指挥"，每一位劳动者必须遵守劳动纪律。

案例4-4

滑向犯罪深渊的出纳

22岁的张某，毕业后在某外贸公司财务科当出纳员。一次，他核对账目总差八元钱，于是随手拿起一张已经报销过的发票冲抵，这样不仅平了账面，还多出了几元零花钱。于是张某产生了歹念，这钱来得太容易了，可以用此办法多弄些钱，来贴补自己的生活。于是他采用将旧发票重复报销、直接开支票提取现金等手段，在短短一年里贪污了近3万元。可好景不长，单位对他经手的账目进行清查，这时张某才明白自己走的是一条犯罪的道路。

（二）劳动纪律的主要内容

（1）严格履行劳动合同及违约应承担的责任（履约纪律）。

（2）按规定的时间、地点到达工作岗位，按要求请休事假、病假、年休假、探亲假等（考勤纪律）。

（3）根据生产、工作岗位职责及规则，按质、按量完成工作任务（生产、工作纪律）。

劳动简论

(4) 严格遵守技术操作规程和安全卫生规程（安全卫生纪律）。

(5) 节约原材料、爱护用人单位的财产和物品（日常工作生活纪律）。

(6) 保守用人单位的商业秘密和技术秘密（保密纪律）。

(7) 遵纪奖励与违纪惩罚规则（奖惩制度）。

(8) 与劳动、工作紧密相关的规章制度及其他规则（其他纪律）。

总结案例

心灵的锁

有位老锁匠技艺高超，修锁无数，收费合理，深受人们敬重。更重要的是老锁匠为人正直，每修一把锁都告诉别人他的姓名和地址，说："如果你家发生了盗窃，只要是用钥匙打开你的家门，你就来找我！"听了这话，人们更加尊敬他了。老锁匠老了，为了不让他的手艺失传，人们帮他物色徒弟。最后老锁匠挑中了两个年轻人，将一身技艺传给他们。

一段时间后，两个年轻人都学会了很多东西。但两个人中只能有一个得到真传，老锁匠决定对他们进行一次考试。

老锁匠准备了两个保险柜，并分别放在两个房子里。老锁匠告诉这两个徒弟："你们谁打开保险柜用的时间最短，谁就是胜者。"结果大徒弟只用了不到十分钟就打开了保险柜，而二徒弟则用了二十分钟，众人都以为大徒弟必胜无疑。老锁匠问这两个徒弟："保险柜里有什么？"大徒弟抢先说："师傅，里面放了好多钱，都是百元大票。"师傅看了看二徒弟，二徒弟支吾了半天说："师傅，您只让我打开锁，我就打开了锁。我没注意里面有什么。"

老锁匠十分高兴，郑重宣布二徒弟为他的接班人。大徒弟不服，众人不解，老锁匠微微一笑说："不管干什么行业，都要讲一个'信'字，尤其是我们这一行，要有更高的职业操守。我收徒弟是要把他培养成一个高超的锁匠，他必须做到心中只有锁而无其他，对钱财视而不见。否则，心有杂念，稍有贪心，登门入室或打开保险柜取钱易如反掌，最终只能害人害己。"

老锁匠最后对他的那个大徒弟说："每个人心中都要有一把不能打开的锁。"大徒弟惭愧地低下了头，悄无声息地从人群中走开了。

分析：心灵的锁就是职业道德的底线、职业纪律的要求，也是为人的底线，守住了这份底线，你就不会为名、为利所动，就会心无杂念，一心一意地做好自己的事。

课堂活动

劳动最光荣、劳动最崇高、劳动最伟大、劳动最美丽

一、活动目标

通过本次活动，品味劳动者的喜悦与自豪，并懂得劳动最光荣、劳动最崇高、劳动最伟大、劳动最美丽的道理。

二、活动时间

建议20分钟。

三、活动流程

（1）所有学生运用各种途径整理个人认为劳动最光荣、劳动最崇高、劳动最伟大、劳动最美丽的案例。

（2）教师按照 8~10 人划分小组，每个小组要求从组员整理的案例中讨论挑选出 2 个小组认为最好的案例。

（3）每个小组选出一名代表陈述本组整理的案例，其他小组可以对其进行提问，小组内其他成员也可以回答提出的问题。

（4）教师引导学生灵活运用学习到的知识，对同学们讨论情况进行分析、归纳、总结。

（5）教师根据各组在研讨过程中的表现，给予点评并赋分。

课后思考：

（1）你是如何理解劳动精神的内涵和现实意义的？

（2）结合自己的专业，你认为劳动精神的培育方法还有哪些？

项目二　工匠精神

▌哲人隽语

> 世界再嘈杂，匠人的内心，绝对是安静、安定的。欲求工匠精神，首先要拥有匠心，这是华为不可动摇的执念。所谓成功，就是在平凡中做出不平凡的坚持。
>
> ——任正非

▌案例导入

焊接火箭"心脏"的金牌"大国工匠"

高凤林，如图 4-6 所示，河北人。1980 年他从技校毕业后在中国航天科技集团公司从事火箭发动机焊接工作至今，为我国 130 多枚火箭焊接过"心脏"——氢氧发动机喷管，占我国火箭发射总数近四成。

工作之初，为了提高技艺，高凤林一面虚心向老师傅求教焊接技巧，一面苦练基本功，吃饭时拿筷子练习送丝的动作，喝水时端着盛满水的缸子练稳定性，休息时举着铁块练耐力，甚至冒着高温观察铁液的流动规律，这种不怕吃苦、无惧劳累、善于观察、勇于钻研的精神，使高凤林的技艺突飞猛进、日臻成熟。

图 4-6　高凤林

劳动简论

工作之余，高凤林对知识的渴求也愈加强烈，面对繁重的生产任务和大量的社会工作，他克服种种困难进修了大学学历，不断改进工艺技艺，不断创造新工艺方法，使焊接设备自动化控制和应用技术达到国际先进水平，破解了新型号发动机及重要产品的焊接修复难题。他也成为火箭发动机焊接专业领域的技能大师和"大国工匠"。

高凤林始终坚持以国为重、扎根一线、勇于登攀、甘于奉献的精神，一次次攻克了发动机喷管焊接技术世界级难关，毫无保留地将自己积累的丰富经验和技能传授给同事和他的徒弟们，为北斗导航、嫦娥探月、载人航天等国家重点工程的顺利实施以及"长征五号"新一代运载火箭研制作出了突出贡献。他说："火箭发射成功后的自豪和满足引领我一路前行，成就了我对人生价值的追求，也见证了中国走向航天强国的辉煌历程。"工作30多年来，高凤林先后获得全国劳动模范、全国道德模范、航天技术能手、全国青年岗位能手、全国十大能工巧匠等荣誉，当选2018年度"大国工匠年度人物"，2019年荣获全国"最美职工""最美奋斗者"等称号。

分析： 高凤林是新时代众多技术工人的代表和缩影，他们默默坚守、孜孜以求、坚守初心、执着专注、精益求精、不断创新，在平凡岗位上追求职业技能的完美和极致，最终成为"国宝级"金牌技师和技能工匠。他们用实际行动诠释了新时代的工匠精神，体现了不平凡的人生价值。

一、工匠精神

（一）工匠精神概述

工匠精神是一种职业精神，它是职业道德、职业能力、职业品质的体现，是从业者的一种职业价值取向和行为表现；它是一种在设计上追求独具匠心、质量上追求精益求精、技艺上追求尽善尽美、服务上追求用户至上的精神。

工匠精神不仅要具有高超的技艺和精湛的技能，还蕴涵着严谨细致、专注执着、精益求精、淡泊名利、敬业守信、勇于创新的工作态度，以及对职业的认同感、责任感、使命感、自豪感等可贵品质。工匠精神可以概括为：坚守执着、精益求精、专业专注、追求极致、一丝不苟、自律自省。从工匠精神的角度看，坚守执着是一个人的本分，精益求精是一个人的追求，专业专注是一个人的作风，追求极致是一个人的使命，一丝不苟是一个人的境界，自律自省是一个人的修为。

（二）新时代工匠精神内涵

新时代的中国工匠精神，既是对中国传统工匠精神的继承和发扬，又是对外国工匠精神的学习借鉴；既是为适应我国现代化强国建设需要而产生，又是劳动精神在新时代的一种新的实现形式，它与劳模精神、劳动精神构成一个完整的体系，成为激励广大劳动者实现中华民族伟大复兴中国梦的强大精神力量。

新时代工匠精神具有爱岗敬业的职业精神、精益求精的品质精神、坚定执着的专注精神和团结协作的创新精神、紧跟前沿知识的学习精神、创意至上的原创精神等内涵。

1. 爱岗敬业的职业精神

爱岗敬业是从业者基于对职业的崇敬和热爱而产生的一种全身心投入的认真、尽职的职业精神状态。爱岗是敬业的基础,而敬业是爱岗的升华。爱岗就是干一行爱一行,热爱本职工作,不见异思迁,不被高薪及利益所诱,淡泊名利,坚守初心。敬业就是要钻一行精一行,对待工作勤勤恳恳,兢兢业业,一丝不苟,认真负责。

2. 精益求精的品质精神

精益求精,是指从业者对每件产品、每道工序都凝神聚力、精益求精、追求极致的职业品质。所谓精益求精,是指无论产品大于小,都不满足于现有标准和成就,还要求进一步提升质量,投入时间和精力,反复改进产品,努力把产品的品质从99%,提升到99.999 9%,达到尽善尽美。

新时代中国工匠精神代表人物胡双钱

新时代中国工匠精神代表人物胡双钱,如图4-7所示,是中国商飞上海飞机制造有限公司(简称上飞公司)数控机加工车间钳工组组长。

胡双钱技校毕业后进入上飞公司,他的工作就是对飞机重要的零件进行最后的细微调整:打磨、钻孔、抛光,将精度做到精密机床也无法达到的标准。一架飞机有数百万个零件,当它们组合到一起时,飞机就有了生命。而只要其中的一个零件出了哪怕是一丝丝差错,就有可能付出生命的代价。为此,"我每天睡前都喜欢'放电影',想想今天做了什么,有没有做好,能不能做到更好。"

图4-7 "航空手艺人"胡双钱

这是胡双钱对自己三十多年工作心得的简单总结。但在这个最简单的背后,是他自己构建的一道道确保零件质量万无一失的"防火墙":不管在他看来是多么简单的加工,都要在干活前看透图纸,熟知零件安装到飞机上所起的作用;在接收待加工的零件时,必定对照图纸要求,检查上道工序是否符合技术标准和工艺规范;自己加工时,从划线开始,就采用自创的"对比复查""反向验证"法校验自己的工艺步骤。航空工业,要的就是精细活。大飞机零件加工的精度,要求达到十分之一毫米级别。"航空手艺人"胡双钱达到了这个要求。

3. 坚定执着的专注精神

专注而不浮躁是现代人最缺乏的品质之一。荀子说:"无冥冥之志者,无昭昭之明;无惛惛之事者,无赫赫之功。"这句话的大意是:人要能静下心来保持精神专注,这样才能做到头脑清晰、思虑明澈,从而正确地为人处世,进而建立功勋。凡是出类拔萃的人,人生关键词里都有一个"专"字,内心笃定而着眼于细节的耐心、执着、坚持精神,是所有"大国工匠"都必须具备的精神特质。当别人被蝇头小利或浮光掠影吸引时,具有工匠精神的人心里只有自己的目标。因专注而专精,因专精而专业,因专业而卓越。

4. 团结协作的创新精神

当今时代,任何一项技术、任何一个工艺,都可能只是复杂技术链条上的一个环节,个

劳动简论

体即使本领再大、智商再高也不可能完成所有的技术工序，而需要多部门、多环节团结协作共同完成。现代技术越来越复杂，开发难度越来越大，单凭一个人的力量难以完成，需要发挥团队合作的力量，充分利用各方优势，以集体的力量来攻坚克难，实现技术目的。因此，团结协作的合作态度是当前产业基层和中层从业人员必备的精神素养。

5. 紧跟前沿知识的学习精神

具有工匠精神的人为了追求更高的境界，会终身保持学习心态，见证层出不穷的新事物，吸收不断升级的新知识。优秀的工匠心中都有自己完整的知识体系，同时还不断完善这个知识体系。他们对自己的不完美之处心知肚明，于是把自我增值当成头等大事。

6. 创意至上的原创精神

具有工匠精神的人无论所执行的一道道工序多么刻板，他们的脑子里都经常会蹦出一些新创意。历代工匠都是技术革新的先行者，他们在作业时不只是机械地重复一连串枯燥的工序，而是一种具有创造性的活动。具有工匠精神的人会以不同常人的眼光来观察生活，发现大家没意识到的东西，这往往就是他们创新点。

总而言之，匠心与效率相互冲突的时代正在过去，未来的世界需要更多以工匠精神打造的极致产品。在新技术条件下，经过革新的工匠精神不再是落后生产力的代名词，而会彻底融入现代社会的生活节奏，焕发出耀眼的光芒。

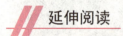
延伸阅读

总理四次提及工匠精神

2016年3月5日，国务院总理李克强在做政府工作报告时，首次正式提出，鼓励企业开展个性化定制、柔性化生产，培育精益求精的工匠精神，增品种、提品质、创品牌。

2016年4月24日，国务院总理李克强在四川芦山考察工作时，对青年学生说"我们国家需要搞普通研究的人，也需要搞专业工作，当高级工匠的人""后者现在国家更需要""上大学和读高等职业学校，不管走哪条路都能可以成为大师"。

2016年7月15日，国务院总理李克强对"世界青年技能日"做出批示，举办"青年技能日"活动，就是要营造尊重劳动、崇尚技能的社会氛围，引导广大青年大力弘扬工匠精神，走上技能成长成才之路。各地区、各部门要多措并举，创造良好环境，培养造就数量充足、结构合理、素质优良、技艺精湛的青年技能人才队伍，促进就业结构优化，推动中国制造实现转型升级、中国经济发展跃上中高端。

2017年3月两会期间，国务院总理李克强再次强调"质量之魂、存于匠心。要大力弘扬工匠精神，厚植工匠文化，恪尽职业操守，崇尚精益求精，培育众多'中国工匠'，打造更多享誉世界的'中国品牌'，推动中国经济发展进入质量时代"。

二、当代工匠的职业价值

当代工匠相对于传统工匠而言，其内涵和外延都发生了很大变化。当代工匠借助现代科技，在各类企业中进行工业化生产活动。

（一）手工技艺依然无法被取代

传统工匠主要依赖手工技艺进行器物的制作，其特点主要有两个方面：一是速度慢、周期长、标准不规范、生产效率低；二是体现制作者的个性特征，能够按照需求进行个性化制作，每件作品都独一无二。正是上述两个方面的特点，决定了手工技艺在当代科技水平已经非常高超的今天，依然无法被取代。所以，当代工匠中的手工艺人，既要得到传统工匠的风骨真传，又要获得当代科技文化的极高素养。他们是相关产业的人才支柱和相关产业发展的技术基石。

（二）现代企业中的"三驾马车"之一

通常，管理人员、科技人员、技能人员被视为现代企业的"三驾马车"。现代企业中的技能人员较之传统工匠发生了很大的变化，虽然他们不能自主地决定产品的生产方式和技术规范，但他们对规范和标准的领会程度以及操控机器设备的能力依然决定着产品的质量。我们现在所熟知的高质量的"德国制造"，就得益于大批高素质的工匠。

（三）当代科技创新的最终实现者

从石器时代、青铜时代、铁器时代到蒸汽时代，催生革命的都是以工匠为主导的科技发现和技艺改良。虽然第一次工业革命后，科学家作为一个群体迅速崛起，将人类社会带向了电气时代、信息时代。这期间工匠虽不再作为科技创新的主力军，但依然是所有科技创新的最后实现者。个中原因非常简单，越是尖端前沿的科技构想，越是需要杰出的工匠将之打造为实物。如果没有大批杰出工匠的创造性劳动，人类的一切奇思妙想恐怕都将是空中楼阁。

案例 4-6

水滴石穿，让时间磨砺出真正的锋芒

作家格拉德威尔曾提出"一万小时天才"的概念，意为任何人经过一万小时的努力，都可以从平凡变为超凡。要成为一个领域的专家往往需要10年以上的时间。美的集团对此深有体会，美的专注白色家电领域36载，拥有过万名科研人员，这个人员数量甚至比清华大学现有教职工还多，专利申请总量24 235件，其中发明专利申请8 634件，相当于爱迪生一生发明专利数量的7倍。如此巨大的创作动力，是靠庞大的工匠群体支撑的。许多美的科技明星、工程师，都是从青涩的大学毕业生成长为行业顶级专家。常有人说，日本、瑞士的工匠一辈子一个工作，只干一个事业。而在美的，为中国家电制造业热情奉献、坚守本职岗位的工匠非常多，这不是个例，而是一个群体、一种现象。例如，疯狂"煮饭哥"黄兵入职美的已经12年，夺得国家科技进步奖的变频空调"一晚一度电"项目带头人李金波干了15年。

"煮饭哥"黄兵认为，时间是一个工匠潜心研究最重要的积累，他为了开发鼎釜IH智能电饭煲，两年内煮完了两吨米，就是为了不断地煮饭测试、验证，发现其中的规律——单是为了试验内锅的涂层，就在实验室中煮上千锅米饭。多年的煮饭经验，练就了他的"闻香奇技"：一锅饭好不好，需要优化哪个参数，他用鼻子一闻就知道。这些源于他十多年来的"内功修为"。

三、工匠成长之路

我们学习、弘扬工匠精神，走工匠成长之路，就应该在理论上认知工匠精神，情感上认同并树立工匠精神，意志中坚定培育工匠精神，行动中努力践行工匠精神。

（一）提高对工匠精神的认知

一是认真学习，提高认识。通过调查、观看、读书的方法，走近工匠，增强对工匠、工匠精神的感性认识，学习他们的职业道德规范、安全生产操作规范，树立责任意识、纪律意识、安全意识。二是积极参加讨论。针对学习生活中存在的与工匠精神相悖的恶习，进行分析、讨论，认识培育工匠精神对个体成长、国家发展的深远意义，从而增强培育工匠精神的主动性与自觉性。

（二）升华新时代工匠的情感体验

培养好学乐业的情感，积极参加各种丰富体验的活动，通过活动获得成就感；学会发现、鉴赏、创造生活、学业、职业之美，分享、领略其中的愉快情绪，并逐步升华为敬业、乐业、勤业的情感；积极参加有关"向工匠学习"的主题教育活动，在情感上认同并树立工匠精神。

（三）磨炼坚强的意志

因此，青年学生要不断发现自身与社会需求、与他人的差距与不足，增强危机与忧患意识，激发培育工匠精神的内在动力；要明确职业目标，规划学业和职业生涯，并对照目标坚持自我评价、自我反思、自我教育，形成自省、自克的良好习惯；要学会以正确的世界观、人生观和科学的方法论应对困难与挫折，勇于、敢于、善于直面各种挑战和考验；要善于利用学习生活的多个环节培养坚强的意志，坚持做一件有意义的事，坚决改正一个坏习惯，提高自制力，培养持之以恒、坚持不懈的品质。

（四）践行工匠精神

工匠精神渗透在学习生活的全过程中，要在教育教学中，特别是在实训、工作中努力践行工匠精神。在真实情境中培养追求卓越、认真刻苦、爱岗敬业的精神，形成稳定的职业价值观，习得工匠精神。

首先，在检查仪器、计算数据、使用工具、制作产品、提供服务等方面严格执行标准，摒弃差不多就行了的想法，在身临其境、在耳濡目染中努力培养吃苦耐劳、注重细节、敢于创新、独立自主的工匠精神。

其次，积极参加各种竞赛，参与竞争、善于竞争，在竞争中获得成就感，增强岗位责任感、敬业精神。

最后，积极参加校企合作、重视实习，认真向企业导师学习，加深对企业文化的了解，感悟企业技术工匠的内在品质。培养团结协作、吃苦耐劳精神，在实习中与小组成员相互合作，共同提高。

表4-1列举了某高校学生工匠精神培养指标。

表 4-1 某高校学生工匠精神培养指标

分类	素质层级		指标提取
显性素质	知识技能		所学专业或学科的技能知识
	行为习惯		自觉遵守操作规范；踏实肯练，不浮不躁，不投机取巧；精益求精，不打折扣，不急功近利；坚持写好学习和实训日志，及时总结和反思；思维活跃，主动创新；在团队中主动沟通合作
隐形素质	价值观		对职业的敬畏与热爱，有责任担当意识和使命感，个人价值与社会价值一致
	自我认知		自尊、自爱、自信、乐观
	特质	个性品质	遵守规则；守时守约；诚实守信；责任心强；严谨、一丝不苟；求真务实；有毅力、有恒心，坚忍执着；谦恭自省；开放包容；彰显个性；善于沟通合作，具有团队精神
		艺术修养	艺术感受力强、细腻，艺术表达欲望强烈，趣味高雅，有一定的人文底蕴，注重文化传承
		工艺追求	符合技术标准规范，精益求精，追求卓越，善于发现问题、解决问题，有原创意识，富于挑战与创新
		动机	对所学专业领域和技艺表现出兴趣和热情，享受作品、产品不断完善的过程，追求"尽善尽美"的境界，培养对未来相关领域职业成功和成就的渴求

总结案例

德国工匠精神是怎样炼成的

与英法等国于 18 世纪 60 年代开启工业革命不同，德国作为欧洲内陆国家，开启工业革命时间较晚。由于缺乏先天技术积累与人才积累，德国最初在制造业上乏善可陈，只能采取偷师、模仿英法制造业的方式。更严重的是，德国工业界出现了严重违背工业道德与商业道德的现象，通过剽窃、伪造商标等方式，将德国制造的产品贴上"英国制造"的标签，被曝光后引起其他各国消费者的抵制。

为了改变世界各国对"德国制造"的固有印象，塑造本国的工业品牌，德国从 1887 年开始全面改革。多数企业开始将"用质量竞争"作为企业发展的首要目标，提出了"占领全球市场靠的是质量而不是廉价"的口号，严把产品的质量关。德国政府也明确表明了姿态，要齐心协力改变德国制造的现状。随后，德国人潜心于提高质量，制造业产品的质量有了明显改观。在某些领域，德国制造甚至超越了英国制造的产品的竞争力，制造业品牌（如西门子、蒂森、拜耳等）有了一定的国际知名度。在一雪前耻之后，德国并未停滞不前，而是继续沿着既定的质量之路与工匠之路前行，不仅集世界各国之所长，而

劳动简论

且更加潜心于制定一系列制度、政策，为企业增强产品质量大开方便之门。德国作为当时的"世界科学家中心"，有着强大的科学研究能力，一大批顶尖科学家汇聚于此。但是，当时德国科学研究与生产实践的结合并不紧密，使得科学研究成果难以转化为生产力。从19世纪90年代初开始，德国开始学习美国，提出了"理实结合"思想，促进应用科学研究，充分注重科学成果向生产产品的转化。由于德国强大的科研能力，在将理论与实践的通道打开之后的半个世纪内，德国实现了一流的科学家队伍、工程师队伍和技术工人队伍三体合一，不仅引领了世界内燃机和电气化革命的第三次工业革命，而且将科学与技术充分结合，创造了享誉世界的系列品牌，提升了德国产品的世界竞争力，打开了世界市场。

(摘编自《解放日报》，2019年10月14日)

分析： 说到最具有工匠精神的国家，很多人会想到以制造业闻名的德国。但德国工匠精神并非天然自生、一蹴而就的。随着我国进入新时代，时代发展呼唤工匠，社会进步需要工匠，工匠精神应逐渐成为我国民族文化的重要组成部分，成为渗入民众制造业所要遵循、内化、践行的基因，因此，德国工匠精神的炼成之路值得我们学习和借鉴。

课堂活动

钢轨探伤"女神探"关改玉

一、活动目标

理解工匠精神是如何培养的，了解工匠养成的意义。

二、活动时间

建议15分钟。

三、活动流程

（1）教师出示以下阅读材料，并提问：你从关改玉身上学到了什么？

阅读材料：钢轨探伤"女神探"关改玉

高铁建设中，500米长的钢轨要用自动焊接机一根根焊接在一起。

关改玉的工作就是用专用的超声探测仪，检查每一处钢轨焊接口是否合格。关改玉说，这个工作的第一步是除锈，就是用专门的钢丝刷，将铁轨接缝处及周围的锈迹刷掉，再用毛刷将上面的细屑、灰土及旁边的沙粒、碎石清理干净；第二步是涂抹机油，就是铁轨探伤用的耦合剂；第三步就是用探头检测钢轨的轨底、轨腰、轨头等部位，确认每个焊接口没有伤损，不会给行车安全留下隐患。

能够探到伤损，是探伤工的价值所在。但现在钢轨无缝焊接技术已经非常成熟，常常是一条线路几百公里走下来，没有一个伤损出现。关改玉说，现在碰到的伤损越来越少，但压力反而越来越大，因为枯燥的工作很容易让人疲劳、分心，万一有一个伤损没有被探出，那留下的隐患可能是致命的。所以，尽管检测出伤损的概率很小，但必须对每个焊接口的检测，都按照规程严格执行，杜绝侥幸心理，保证每个焊接口的检测过程都符合技术要求，所以得出的最后结果都科学可靠。

（2）教师将学生按照4~6人划分小组，通过小组内部讨论形成小组观点。

（3）每个小组选出一个代表陈述本组观点，其他小组可以对其进行提问，小组内其他成员也可以回答提出的问题；通过问题交流，将每一个需要研讨的问题弄清楚。

(4) 教师进行分析、归纳、总结。

(5) 教师根据各组在研讨过程中的表现，予以点评并赋分。

课后思考：

(1) 你是如何理解新时代的工匠精神的？

(2) 作为当代大学生，你认为该如何培养自己的工匠精神？

项目三　劳模精神和劳动素养

哲人隽语

> 美德在劳动中产生。
>
> ——欧里庇得斯

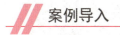案例导入

"知识工人"邓建军：从一名普通工人到技术总监

邓建军，男，江苏常州人，毕业于常州轻工职业技术学院，现为江苏黑牡丹（集团）股份有限公司技术总监，党的十七大、十八大、十九大代表，中国工会十六届执委，中共江苏省第十三届委员会候补委员，江苏省总工会副主席（兼职）。从一名中专毕业的普通工人到高级工程师，邓建军在学习与创新中接续奋斗三十年，被誉为"知识型产业工人领跑者"。

1988年，邓建军初入职就立志要在岗位实践中自学成才，不断提升学习力，需要什么就学什么。现已取得工程硕士学位，正从容统筹企业技术研发、工艺创新等重要环节。1992年，企业从国外引进了一批剑杆织机，他每天蹲在机器边14个小时以上，从最基本的制图做起，最终研究透了这些机器。1999年，公司从比利时进口了一批喷气织机。这些机器的一个关键部位是张力传感器，安装时外国厂商拒绝提供相关技术资料，出现故障后难以维修。结果，邓建军从市场上找到了只要1分钱的替代配件。之后，邓建军解决问题的领域不局限在电气和机械，开始涉及工艺流程。染整行业一直是我国的薄弱环节，主要被色差、缩水率等问题所困扰。邓建军熬过上百个不眠之夜，将预缩率精度稳定控制在了2.5%以内，优于3%的国际标准。黑牡丹产品从此畅销国外市场。2005年，邓建军带领团队，用了100天的时间，成功改进染浆联合机，降低了因停机造成的纱线损失，解决了世界性难题。接着，他们一口气开发出在线染料组分自动控制系统、在线染液控制系统、在线流量控制系统、自动浆液控制系统和染料组分分析计算控制系统五项成套技术，每一项都是业内首创，黑牡丹染色质量从此达到世界领先水平。

劳动简论

  他更以"专、精、创"的新时代工匠精神带动人、引领人，为建设知识型、技能型、创新型劳动者大军不懈奋斗，形成了劳模的扩散、集聚和品牌效应，一大批邓建军式的知识型员工迅速成长起来。

  邓建军先后荣获"全国劳动模范""全国五一劳动奖章""全国职工职业道德建设十佳标兵""全国道德模范提名奖""全国技术能手""中华技能大奖""中国纺织大工匠""江苏省敬业奉献模范""江苏省优秀共产党员标兵""江苏大工匠"等称号；2009年入选"100位为新中国成立作出突出贡献的英雄模范人物和100位新中国成立以来感动中国人物"。

  分析：通过不断学习，邓建军从一名普通中专生毕业，成长为集团公司技术总监，成为道德高尚、技术过硬、人人敬佩的全国劳模，说明劳模不是与生俱来的，只要坚持不懈地学文化、学技术，一个普通的人就能发挥出巨大的潜能，就能最终获得成功。

一、劳模精神

  劳动模范简称"劳模"，是在我国社会主义建设事业中成绩卓著的劳动者，经职工民主评选，有关部门审核和政府审批后授予的荣誉称号。劳动模范分为全国劳动模范与省、部委级劳动模范，有些市、县和大企业也评选劳动模范。中共中央、国务院授予的劳动模范为"全国劳动模范"，与此同级的还有"全国先进生产者""全国先进工作者"称号。

（一）劳模精神含义

  劳模精神，是指爱岗敬业、争创一流、艰苦奋斗、勇于创新、淡泊名利、甘于奉献的劳动模范的精神，是伟大时代精神的生动体现。劳模精神是劳模之所以成为劳模，在平凡岗位上做出不平凡业绩，所坚持坚守坚定的基本信念、价值追求、人生境界及其展现出的整体精神风貌。其中，爱岗敬业是本分，争创一流是追求，艰苦奋斗是作风，勇于创新是使命，淡泊名利是境界，甘于奉献是修为。做一个守本分、有追求、讲作风、担使命、有境界、有修为的人，是每一位劳模的精神风范，更是每一位劳动者应该追求的目标。

  长期以来，广大劳模以高度的主人翁责任感、卓越的劳动创造、忘我的拼搏奉献，谱写出一曲曲可歌可泣的动人赞歌，为全国各族人民树立了光辉的学习榜样。每个时期的劳模，都是时代的精神符号和力量化身。随着时代的发展，劳模被赋予了越来越多的时代内涵，但无论是生产者还是创业者，无论是比表现还是比贡献，无论是讲精神作用还是讲经济效益，劳模的核心价值都是始终不变的。

（二）新时代劳模精神内涵

  尽管每一时代的劳模群体都呈现出多元的组合，以体现对不同劳动价值的肯定，但总的趋势，社会对劳动价值的评判，正在从"出大力，流大汗""苦干加巧干"，向知识型，创造社会效益、经济效益方向转变。

  新时代劳模精神的内涵：劳模精神是工人阶级先进性的集中体现，是工人阶级主人翁意识的集中凸显，是社会主义核心价值观的生动诠释，是时代精神的生动体现，是民族精神的重要组成部分，是劳动精神的积极呈现，是培育时代新人的重要手段，是文化自信的重要支撑，是实现伟大复兴中国梦的重要力量。劳模精神当代品格的核心要素是工匠精神。

案例 4-7

从普通工人到全国技能大师

1990年，张积贵（如图4-8所示）从职业中学毕业后，到浙江省温州市永兴模具厂当学徒，在师傅的带领下，负责模具车工、铣工、钳工等工作。在两年学艺期间，他从不挑肥拣瘦，再苦再累也要完成任务，经常都是晚上八九点以后才下班回家吃饭。其间他熟练地掌握了车工、铣工、钳工、钻工等技术，成为模具制造的好手。2003年3月他加入浙江温兄机械阀业有限公司，组建了四川成都温兄分公司，在市场销售中，他深入了解客户对制药、乳制品设备的技术需求，深知产品科技创新的紧迫感，因此他经常向技术部门反馈客户意见，提出技术改造、技术创新等建议。后来他回到总部，他积极参加公司技术创新活动，在中药提取浓缩智能装备新产品开发中，敢于结合自己的专长，提出合理化建议，特别是有关机械加工方面，更是提出了许多独创性

图4-8 从普通工人到全国技能大师的张积贵

的思路，带动了全体职工对技术攻关和工艺创新的积极性，并攻克了多项国家、省、市科技项目的机械制造技术难点，如提取罐的气动旋转自锁排渣门作为实用新型专利，解决了长期困扰中药提取罐排渣门堵塞的老大难问题，有效提高了排渣速度，减轻了工人的劳动强度。

随着时间的积累和自身的努力，张积贵从一线工人中成长为高技能人才，成为工作上的技能大师。

延伸阅读

劳模精神、劳动精神、工匠精神的关系

马克思主义的基本观点是，劳动创造了人本身。劳动精神是成为人的精神，工匠精神是成为更加优秀的人的精神，劳模精神则是成为影响别人的人的精神。成为更加优秀的人、成为影响别人的人，是一种递进关系。

二、劳动素养概述

（一）劳动素养的概念

劳动素养是指劳动者在劳动过程中与之相匹配的劳动心态和劳动技能的综合概括，是处于社会实践活动中的实践主体在掌握一定知识储备和劳动技能基础上开展实践活动，特别是劳动实践中所展现的优良品质的集合，包括劳动意识、劳动精神、劳动能力及知识储备和创新精神等状况。

劳动素养中的劳动心态包括对待工作的态度、帮助客户的心态、对客户心智的解读、对客户需求的认知等。劳动素养中的劳动技能是在解决工作问题及矛盾的过程中，运用到的劳动工具及方法，以及达到预定劳动结果的专业技能。因此，劳动素养是衡量劳动者能否胜任某项工作的最根本、最直接的工作能力指标。

一个有良好劳动素养的人，不仅要有对劳动价值的正确认识及积极态度，还要有对劳动知识和技能的娴熟了解和掌握，并具有良好的劳动习惯。

案例 4-8

石油大王——约翰·D. 洛克菲勒

有一名年轻人，在美国一家石油公司工作，他的学历并不高，也没什么特别的技术，因此，他在公司就是巡视并确认石油罐盖有没有自动焊接好。石油罐在输送带上移动至旋转台上，焊接剂便自动滴下，沿着盖子回转一圈，作业就算结束了。每天他就如此反复，好几百次注视着这种作业。没过几天，他便开始对这项工作厌烦了，他很想换个工种，却又找不到其他工作。他想，要使这项工作有所突破的话，就得自己找点事做。此后，他便细心观察焊接工作。经过长期的观察他发现，罐子旋转一次，焊接剂滴落 39 滴，焊接工作就此结束。他经常思考：在这一连串的工作中，有没有什么应该改善的地方呢？如果能将焊接剂减少一两滴，是不是能够节省一些成本呢？

经过深入钻研，他终于研制出"37 滴型"焊接机。但是，利用这种机器焊接出来的石油罐，偶尔会漏油，并不实用。他并不灰心，又研制出"38 滴型"焊接机，这次的发明非常完美，公司对他的评价很高，不久便生产出这种机器，改用新的焊接方式。虽然节省的只是一滴焊接剂，但那"一滴"却给公司带来了每年 5 亿美元的纯利润。这名青年，就是后来掌握全美制油业界 95% 实权的石油大王——约翰·D. 洛克菲勒（如图 4-9 所示）。

图 4-9　约翰·D. 洛克菲勒

（二）劳动素养的构成

劳动素养与劳动有关，可经过生活或教育活动形成，其内涵与指向包括劳动态度（劳动意识、劳动尊重、劳动责任）、劳动能力（劳动知识、劳动技能、劳动创造）、劳动习惯（自觉劳动、安全劳动、诚实劳动）和劳动精神（劳动奉献、劳动美好、劳动幸福）等。

1. 劳动态度

劳动态度指向以劳树德，重点是人的劳动意识、劳动责任感。劳动教育的目的是塑造人的精神世界，让人在劳动中树立并践行社会主义核心价值观，培养人"自己的事情自己做"的意识与责任心，培养人崇尚劳动、尊重劳动、敬畏劳动、勤俭节约、踏实肯干的劳动态度。

2. 劳动能力

劳动能力指向以劳增智、以劳健体、以劳创新，重点让人掌握相关劳动领域的知识、技能，让人会劳动。即通过真实劳动过程，让人亲身经历、体验、感受真实的劳动活动，掌握日常生活劳动、服务性劳动和生产劳动技能，在实践中激发创新精神，培养团结协作能力、创新创造能力，以及与人、与社会和谐相处的能力。

3. 劳动习惯

劳动习惯重点培养人自愿劳动、自觉劳动、安全规范劳动的习惯，促进人认识和体验脑力劳动和体力劳动、简单劳动和复杂劳动、线上劳动和线下劳动等多种形式的劳动关系，感受其过程，让人想劳动、会劳动。

4. 劳动精神

劳动精神指向以劳育美，以劳树德，以劳动创造幸福生活，让人爱劳动。即通过劳动教育，促进人脑力劳动（学科学习）和体力劳动（应用实践）的贯通，提高人发现劳动美、欣赏劳动美、创造劳动美的能力，引导人形成坚韧不拔的劳动精神和劳动品质。

三、提升劳动素养的途径

（一）重视劳动价值引导

加强劳动思想教育，让劳动最光荣、劳动最崇高、劳动最伟大、劳动最美丽的观念内化于心、外化于行。我们要加强马克思主义劳动理论的学习，深刻理解和领会马克思主义关于劳动创造人、劳动促进人的全面发展等观点，通过加强思想政治学习、专业学习提高参加劳动实践、接受劳动锻炼的自觉性和主动性。

劳动教育并不是简单的学习理论课程，也不是完成了多少劳动任务。接受劳动教育，不仅要获取劳动的知识与技能，而且涉及价值观的培养问题，要在日常行为习惯的养成中形成劳动意识，以及基本生存能力、责任担当意识。因此，劳动教育的核心目标是劳动价值观的培育，要通过劳动教育，加强对劳动的认识，改变对劳动的态度，培养对劳动的情感，最终树立尊崇劳动、热爱劳动的价值观。

（二）加强劳动品德修养

劳动品德体现了劳动的伦理要求，是指人们在劳动过程中所表现出来的对他人和社会的稳定心理特征或倾向。我们要深刻理解，新时代的劳动者不仅需要有力量，还要有智慧、有技术，能发明、会创新，以科学家、大国工匠和劳动模范为榜样，胸怀理想、脚踏实地、勤奋学习、锐意进取、敢为人先、勇于创造。

（三）加强劳动技能学习

劳动知识技能是个体从事一定劳动必须具备的知识、技术、技巧及综合运用这些知识、技术、技巧的能力，是劳动素养全面提升的必备基础。加强劳动技能学习，用系统的科学知识为劳动素养的提升奠定坚实基础。我们应通过专业课学习、实习实训、创新创业教育等加强劳动技能学习，用系统的科学知识为提升劳动素养奠定坚实基础。

（四）加强劳动实践锻炼

劳动习惯是个体在长期劳动实践训练中形成的稳定行为模式。加强劳动实践锻炼，养成良好的劳动习惯，要让真抓实干、埋头苦干成为基本的生活方式。我们要在实践中体会劳动素养提升与自身健康成长和全面发展的内在联系，积极参加家庭劳动、学校组织的劳动教育和劳动锻炼,并积极寻找社会实践、公益劳动、勤工助学、校外实习、假期打工等劳动机会,在劳动过程中训练劳动技能,形成热爱劳动的良好品德,锻炼吃苦耐劳的意志品质,全面提高劳动素养。

(五)营造劳动校园文化

校园文化对大学生的思想观念、价值取向和行为方式具有潜移默化的影响。我们要积极参与营造劳动光荣的校园文化氛围,让自己从思想和行动上热爱劳动、崇尚劳动,愿意积极提高劳动素养,成为劳动情怀浓厚、劳动技能突出的高素质大学生。

1. 要重视向榜样学习

通过参加学校开展的"劳模大讲堂",以及在校园官网、微信、橱窗、走廊等宣传阵地推送的劳模和工匠先进事迹,接触劳动模范,聆听劳模故事,感受榜样力量,从而激发崇敬劳模、学习劳模,崇尚劳动、热爱劳动的情感。

2. 重视朋辈效应的作用,多向身边的人学习

一是要积极参加与劳动有关的兴趣小组、学生社团,在班会、团课、社团活动中,广泛开展劳模精神相关的主题演讲、知识竞赛、征文比赛,以及辩论赛、情景剧大赛,在活动中主动探索和反思劳动的意义与价值;二是要广泛参加以劳动教育为主题的手工劳技展演,如手工制作、电器维修、班务整理、室内装饰、宿舍内务技能大赛等实践活动,提高自身的劳动意识,加强自身劳动习惯的养成。

(六)在校园生活和日常自我管理中培养劳动素养

1. 在班级和宿舍管理中设立劳动岗位

劳动是一项身心相结合的活动,对社交能力、协作能力、团队精神的培养有促进作用。我们大部分的时间是在教学场所和宿舍中活动的,在教学场所,可以定期安排值日生进行教室的日常管理、卫生清洁,在公寓宿舍里、宿舍内也进行轮流值班,负责宿舍的卫生及美化,打造和谐的校园环境,培养劳动意识。

2. 定期参加校内外劳动实践活动

在校内设立的劳动教育基地参加劳动(如无条件,可就近联系工厂或者农场),同时,利用寒暑假进行一定时间的实习锻炼。

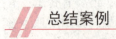

总结案例

有一种工作境界,叫作全国劳模

在中国,有一群从工作精神到工作本领都非常厉害的人——全国劳动模范。

一、干什么工作,能成为全国劳模?

新中国成立之初,我们国家就开始表彰先进劳模了。新中国第一代劳模,知名度很高,你绝对听过他们的名字,大庆铁人王进喜,掏粪工人时传祥,杂交水稻之父袁隆平,纺织工人赵梦桃,农业劳模申纪兰……

改革开放以来,更多行业的能人走上劳模奖台。科教文卫体都可以有个当劳模的梦想。你要是个搞科研的知识分子,能看到自己最仰慕的同行当上劳模,比如陈景润、蒋筑英。

2005年起，如果你是私营企业家或者农民工，都有机会当劳模。那年，全国劳模评选名单上第一次出现了30多名私营企业家和23位农民工。

到了2015年，"码农"也有机会评全国劳模。比如，网络语音架构师贾磊，在商场销售化妆品的龚定玲。

几十年来，全国劳模的结构越来越多元，有基层劳动者，也有高学历技术人才；有理科生、工科生，也有文科生。劳模结构变化，是因为中国在变。中国靠着劳动发展起来，劳动又在发展中有越来越丰富的内涵。

二、看劳模的故事，你会觉得非常神奇

明明都是些普通的人，干着普通的工作，却能干到极致，让人叹为观止。但，同样一个工作，有两种段位，一种是普通人的段位，一种是劳模的段位。

2015年的全国劳模冯冰，是一名大同市公共交通总公司的驾驶员。你说开个公交车，怎么才能开成全国劳模段位的？

每天，冯冰都坚持早来晚走，对车辆进行认真细致的检查保养和擦拭，交车从不交有毛病的故障车和卫生不合格的脏乱车。在车辆拐弯时，他提醒乘客们站稳、扶好；在遇到复杂情况时，他总是提前减速、慢慢行进，避免急刹车；在车辆进站时平稳进站、规范停靠；在雨雪天气，总要把车停在没有积水和冰冻的地方，为的是不让乘客涉水履冰。冬天，自费做了"暖心坐垫"；夏天，给车厢内挂上了窗帘；他还在车厢右前方的车壁上悬挂"百宝袋"，内有针线包、旅游图、创可贴和日常药品。对一些高龄老人和肢体残疾人，主动搀扶，背他们上下车，帮忙找座位。2014年度完成运营公里31 586千米，车辆完好率100%。

这就是全国劳模的本事。你觉着人家干的工作特普通，一点也不华丽，一点也不喧嚣，但人家能把每个细节都干得精致完美，每个环节都干出故事，让你惊叹一声："这活儿居然还能这么干啊，牛！"对人家来说，工作追求的是一种境界。

劳模告诉我们什么？一是别浮躁，要静下心来，不要嫌自己的工作没劲，你还没把它做到最好呢。二是不要嫌付出没得到回报，等你做得够好，鲜花自来，掌声自来。三是劳动真的可以帮你逆袭，例如，包起帆曾是个机修工。四是要当全国劳模，拼的是谁干得好，大家有目共睹。

(资料来源：中央纪委国家监委网站，2020-5-3，有修改)

分析：在社会主义建设者大军中，全国劳动模范在各自岗位上创造出的业绩，他们身上体现出的精神，是全社会的宝贵财富。随着时代的变化，劳模的组成在不断变化，但不管身份怎么变，不管学识有多高、职务有多高，他们身上体现出的无私奉献、顽强拼搏的精神是不变的，全国劳动模范中有相当数量的人是从普通岗位成长为技术人才、行家里手的，他们在为企业创造效益的同时，更为自己的人生创造了灿烂的未来。

课堂活动

劳模人物访谈

一、活动目标

通过访谈，了解他们的事迹和劳模精神，帮助自己提升劳动素养。

劳 动 简 论

二、活动时间

建议 90 分钟。

三、活动准备

资料准备：联系三位不同行业的（全国、省、市、县）劳模，就他们的劳动事迹、工作岗位和工作感悟进行访谈。

教具准备：白纸、笔、录音笔。

四、活动流程

（1）教师将学生按照 8~10 人划分小组，并进行小组分工。

（2）确定三个不同行业的访谈对象（可以从小组成员的周围人能联系到的群体中确定），并准备好相应的访谈提纲。

（3）小组成员分工合作，对劳模进行访谈。

（4）组内运用头脑风暴法进行访谈感悟，并总结该如何进一步提升个人劳动素养。

（5）每个小组选派一名代表进行分享，以便其他组同学能了解更多的劳模事迹，感悟劳模精神。

（6）教师进行分析、归纳、总结，并根据每组代表在分享过程中的表现，给予点评并赋分。

课后思考：

（1）你是如何理解劳模和劳模精神的？

（2）作为大学生，你认为提高个人劳动素养的具体措施有哪些？请举例。

第二部分

培养劳动能力

模块五

家庭劳动实践

学习指南

"一屋不扫，何以扫天下？"只有从一根线、一粒米的小事做起，由近及远、由小及大，我们成长的基石才能一层层夯实，人生的扣子才能一粒粒扣紧。家庭是每个人的避风港和栖息地，家庭的温暖，不仅体现在亲密的言谈举止中，更体现在琐碎的家务劳动中，一个人对待家务的态度，就是对待家庭的温度。

在未来的社会中，身体素质的好坏和劳动意识的强弱，将是一个人能否取得成功的关键所在。而一个人的劳动观念、劳动态度、劳动习惯、独立能力、劳动技能技巧，理解的劳动中自己所扮演的角色与人际关系，以及在学习中是否勤奋、是否肯动脑动手等，在很大程度上是在从小开始的自我服务和参与家务劳动过程中逐渐形成与获得的。做家务不仅可以增长生活技能，还能切身体验家务的琐碎和不易，懂得感恩和尊重。

本模块主要介绍了自我服务劳动、日常生活劳动和日常家务劳动三个项目，希望通过学习，每个人能明白一个家庭其实就是一个小团队，家庭的幸福需要彼此分工、共同努力；能提升自己最基本的生活能力，学会做家务劳动；增强个人独立性和责任感，塑造正确的人生观、价值观和世界观。

项目一 自我服务劳动

哲人隽语

> 我希望诸君至少要做一个人，至多也只做一个人，一个整个的人。做一个整个的人，有三种要素：（一）要有健康的身体——身体好，我们可以在物质的环境里站个稳固。诸君，要做一个80岁的青年，可以担负很重的责任，别做一个18岁的老翁。（二）要有独立的思想——要能虚心，要思想透彻，有判断是非的能力。（三）要有独立的职业——要有独立的职业，为的是要创造利益。会创造利益的人，自然可以得到社会的报酬。
>
> ——陶行知

案例导入

需要保姆照顾的大学生

2020年1月，湖北省襄阳市的刘女士在朋友圈招聘能照顾大一女儿生活起居的保姆，引发网友热议。刘女士称自己平时很忙，没有时间照顾女儿，而女儿虽然上大学了，但是从小没有做过家务，所以想找一个保姆照顾她，并说周围像女儿这样从小没有做过家务的大学生挺多的。她的招聘要求不高，希望保姆会做家常菜，主要工作内容是洗衣做饭，收拾房间卫生，照顾日常生活。

分析： 家庭劳动和各种学校课程一样，都应当属于从小就要学习的必修课。人生活在社会中需要一定的生活自理能力，这些能力的缺失对个人未来的发展极为不利。现在不少父母过度溺爱孩子，导致孩子在成长过程中缺乏基础的劳动能力，无法料理自己的生活，丧失了劳动能力。

一、劳动能力和自我服务劳动

（一）劳动能力

劳动能力是指从事劳动所必需的体力和脑力等基本生理和心理条件与知识。广义的劳动能力，既包括生产、生活和服务中的一般性知识、技能和素养，也包括职业领域与专业领域中与具体工作相关的特殊知识、技能和素养。

劳动能力需要在认识和使用劳动工具、熟悉劳动过程中形成。与记忆数学公式、物理公式和化学反应方程式这类学科学习能力不同，劳动能力不仅强调知识记忆，更强调按照预期劳动要求高效地完成任务，得到满意的产品或服务。劳动能力在具体劳动中才能形成。比如，在家庭劳动中，需要恰当地使用清洁工具，了解高压锅和电饭煲等厨房用具，包括熟悉它们的操作过程、操作规范和注意事项等。

（二）自我服务劳动

自我生活劳动是青年学生们料理自己生活的各种劳动，是自己的事情自己做，涉及与自己切身相关的必备技能，如打理个人仪容仪表、做好个人卫生、整理宿舍内务、清洗餐具、整理学习用品、洗涤晾晒叠放缝补衣物等。这些日常劳动，日后不管我们从事何种职业，自我生活劳动都是我们必备的技能。

爱劳动首先要从生活自理开始，任何一个人要培养热爱劳动的态度，需要从小做起，从自己做起，从小事做起，逐渐培养自己的责任感和社会适应能力。作为新时代的大学生，我们应在"自己的事情自己做，家里的事情抢着做，邻里的事情帮着做"的理念下进行家庭劳动。自我服务劳动技能可促进充分的自我服务，更加独立、自主地规划大学生活，解决学习生活中遇到的各种困难。

劳动简论

> **延伸阅读**
>
> **如何清理鞋子上的污渍**
>
> 你知道鞋子脏了应该如何清洗吗？以下是清理鞋子上的污渍的小窍门。
>
> 1. 真皮皮革可用头发调理剂
>
> 皮靴相对于其他鞋子更容易磨损，想要修复它不用去购买鞋油，而是用头发调理剂和一个干净的抹布，少量轻轻摩擦。
>
> 2. 运动鞋可用海绵
>
> 运动鞋也容易脏，我们可以把一块小小的海绵蘸湿，然后用它擦掉运动鞋上的污迹。
>
> 3. 鹿皮长筒靴可用橡皮擦
>
> 长筒靴有一些划痕或污渍的时候，可以找一个干净的橡皮擦来擦拭污垢，然后就能崭新如初了。
>
> 4. 雨靴可用橄榄油
>
> 雨靴是最容易弄脏的鞋子，当雨靴产生一些白色印痕时，可把一些橄榄油倒在干净的布上，然后以圆周运动摩擦。
>
> 5. 皮革鞋可用凡士林
>
> 皮革鞋脏了后，可将少量凡士林抹在干净的布上，擦拭污垢。

二、自我服务劳动能力提升的途径和方法

自我服务劳动能力的提升需要循序渐进，而不是一蹴而就的，所以需要从一件件小事上来要求自己。

（一）自我服务意识要提升

热爱劳动是中华民族传统美德之一。在新时代，要加强自我劳动意识的培养，强化协作意识和责任意识。一是通过成长历程的教育和成人礼活动培养责任担当。二是要从情感上尊重任何劳动者。提升自我热爱劳动、尊重劳动、崇尚劳动、诚实劳动的意识。

（二）自理生活行动要勤快

主动学习正确的生活自理方法。一方面，在学校认真学习老师设计好的生活讲座或播放的劳动视频的内容；另一方面，在家里主动跟家长学习一些关于自我服务劳动的方法，要求家长多给予指导。遇到自我服务劳动方面的问题，要学会三步走：第一步，自己想办法解决，锻炼自己处理事务和应对突发情况的能力；第二步，与同学交流，锻炼人际交往能力；第三步，向师长求助。

（三）自我技能提升要训练

在老师和家长的帮助下制订科学的自我服务劳动培养计划，计划要根据自己实际情况提出不同的自我劳动要求，逐渐提高能够独立完成的自我服务劳动事项。在自我生活劳动中，要多学多做，摒弃"学习就已经够累了，只要学习好就行了"的错误观点。要改变自己对劳动的错误态度，要求家长或老师放手，让我们自己的事自己干，做一些力所能及的事。

要想培养自我服务劳动的技能就需要有一份劳动任务，如做饭、熨烫衣物、缝补衣物等，让自己反复训练，循序渐进。多参与社会实践，以此锻炼自我劳动服务能力。

三、自我服务劳动能力提升指南

（一）餐具清洗

自己的生活用品，特别是每天用的餐具要做好清洗消毒，一般程序是一刮、二洗、三冲、四消毒、五保洁。要做到使用一次，清洗消毒一次，同时做到个人用餐具专用，不共用餐具。在家庭中，洗碗要快，不要长时间浸泡。洗碗的时候先用温水把洗洁精稀释后再洗，若用热水冲洗碗筷清洗更彻底。洗完碗筷后要将其控水晾干，橱柜台面也要擦洗干净。

（二）衣物洗涤

衣物水洗有准备、洗涤、过水、干燥四个步骤。

1. 准备步骤

衣物洗涤前的准备工作是洗衣首先要做好的一项重要工作，是洗好衣物的前提。衣物洗涤前要根据各类服装不同的洗涤要求进行分类。

（1）根据面料区分水洗与干洗、手洗与机洗。

（2）按衣物颜色分类。衣物一般可分为白色、浅色、深色三类。

（3）区分褪色衣物。对于容易褪色的衣物要单独洗，以免串染其他衣物。

（4）按衣物的干净程度分类。要先洗不太脏的衣物，后洗较脏的衣物，最后洗很脏的衣物。

（5）区分内衣与外衣。内衣与外衣不能放在一起洗涤。

（6）区分服装面料。丝绸、毛料衣物不耐碱，要用酸性或中性洗涤液洗涤；其他面料的衣物也要根据面料性能选用相应的洗衣粉、洗衣皂、洗涤液洗涤。

（7）区分有特殊脏污的服装。服装穿着过程中沾染上油渍、圆珠笔污渍等脏污是常见的现象，对于油污较多的衣服要先针对污渍采用专门方法处理，再进行常规洗涤。

2. 洗涤阶段

洗涤阶段主要是用洗涤剂溶液对衣物进行清洗，目的是把衣物上的污垢与织物分离。洗涤前一般应分类将衣服浸入清水湿润，然后浸入洗涤液内洗涤。

浸泡是洗涤前的一个短暂过程。洗涤剂溶液浸泡效果好，但容易使深色和易褪色的衣物掉色。丝绸、毛料以及不太脏、易褪色的衣物不能浸泡，要直接洗涤；深色衣物只能用清水浸泡，不能放入洗涤剂溶液中浸泡；使用时间较长、脏污与织物结合比较牢固的衣物，比如床单、工作服等在洗涤之前可浸泡，但浸泡时间不要太长，15~20分钟即可；脏污过分严重的衣物可适当延长浸泡时间，使污垢软化、溶解，提高洗涤质量。

家庭中洗涤分为手工洗涤和机器水洗两种。正确选择洗涤方法和洗涤剂是提高洗涤质量的重要因素，否则会导致衣物面料、色彩受损。手工洗涤方法有以下几种。

（1）拎。用手将浸在洗涤液中的衣服拎起放下，使衣服与洗涤液发生摩擦，衣服上的污垢被溶解除去。拎的摩擦力非常小，洗涤娇嫩的、仅有浮尘和不太脏的衣物。在过水时，大多采用拎的手法。

（2）擦。用双手轻轻地来回擦搓衣物，以加强洗涤液与衣物的摩擦，使衣物上的污垢易于除去，一般适用于不宜重搓的衣物。

（3）搓。用双手将带有洗涤液的衣物在洗衣擦板上搓擦，便于衣物上的污垢分离溶解，适用于洗涤较脏的衣服。

（4）刷。利用板刷的刷丝全面接触衣物，进行单向刷洗的方法，一般用于刷洗大面积沾有污垢的部分。衣物的局部去渍，也常用刷的方法，只是所用的是小刷子。根据衣物的脏污程度，刷洗时摩擦力可自由掌握。

（5）揩。揩是用毛巾或干净白布蘸洗涤液或去渍药水，在衣物的局部污渍处进行揩洗的方法。

（三）衣物熨烫

1. 熨烫步骤

（1）熨烫机内注水。现在一般家庭用的是电熨斗，电熨斗注水时应注意灌注冷开水，以减少水垢产生，避免喷气孔堵塞。

（2）选择温度。熨烫机上一般会有调节温度的旋钮，使用时可根据衣物的材质选用不同的温度，也可根据衣物上的熨烫标识选用合适的温度。常见的熨烫标识及其代表的含义如图5-1所示。

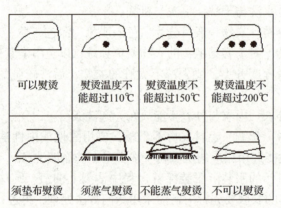

图5-1 常见的熨烫标识及其代表的含义

（3）熨烫。熨烫过程中应保持衣物平整，避免熨烫留下褶皱。同时，应在水温达到所调温度后再开始熨烫，因为在温度条件不够时，无法形成水蒸气。

（4）放置。熨烫完的衣物不要马上挂入衣柜，而应先挂在通风处，待衣服干透之后再挂进衣柜，以免衣物发霉。

2. 几类特殊衣物的熨烫方法

（1）棉麻衣物的熨烫方法。熨烫温度：160℃～200℃。熨烫手法：动作敏捷，但不能过快；往返不宜过多；用力不宜过猛；熨烫淡色棉麻织品时应保持匀速。

（2）丝质衣物的熨烫方法。熨烫温度：110℃～120℃。丝质衣物需要低温熨烫，过高的温度容易导致衣物褪色、收缩、软化、变形，严重时还会损坏衣物。熨烫手法：垫布熨烫，或熨烫衣物反面；熨烫时熨烫机要不断移动位置，不能在一个地方停留时间过久，以免产生烙印水渍，影响衣物的美观。

（3）皮衣的熨烫方法。熨烫温度：80℃以下。熨烫手法：垫干燥的薄棉布进行熨烫；熨烫时用力要轻，以防烫损皮革。

（4）毛织衣物的熨烫方法。熨烫温度：薄款150℃以下，厚款200℃以下。熨烫手法：先将湿布盖在布料上，再熨烫；熨烫时，熨烫机应平稳地在衣服上移动，不宜移动过快。

（5）合成纤维衣物的熨烫方法。熨烫温度：合成纤维种类繁多，不同合成纤维衣物的耐热程度不同。熨烫手法：初次熨烫前可先找衣物里面不明显的部位试熨，在掌握了适合的熨烫温度后再进行大面积熨烫。

（四）收纳整理

衣服随意堆放在衣柜里，既不美观也不便于拿取。因此，需要合理使用衣柜空间收纳衣物。

首先，应将衣物按照样式进行分类，如分为裤子、裙子、衬衫、短袖、毛衣、外套、内衣、内裤、袜子等类别。

其次，将分类好的衣服一一折叠，然后放入衣柜或抽屉柜中。如图5-2所示。

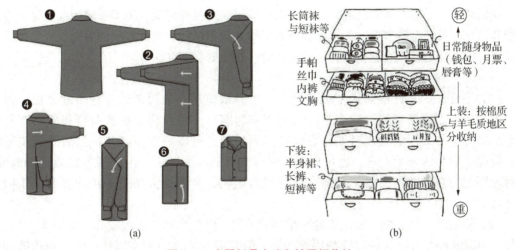

图5-2 衣服折叠方法和抽屉柜收纳
(a) 衬衣折叠方法；(b) 抽屉柜收纳衣物方法

最后，将折叠好的衣服按季节进行分类。当季衣服可放于衣柜中容易拿取的位置；其他季节的衣服可放于衣柜顶层或收纳盒、收纳袋中。另外，内衣裤、袜子等小衣物可放于抽屉中。

案例 5-1

个人整理收纳之断舍离

日本杂物管理咨询师山下英子于2013年出版了《断舍离》一书，书中所提及的"断舍离"的意思是：断，断绝不需要的东西，不买、不收取不需要的东西；舍，舍弃多余的废物，处理掉堆放在家里没用的东西；离，舍弃对物品的迷恋，让自己处于宽敞舒适、自由自主的空间。

劳动简论

断舍离近几年逐渐成为一种生活理念：断掉，舍掉，离掉；物尽其用，认识自己，活在当下。那大学生该如何断舍离呢？

（1）从时间轴看物品，从当下看物品。现在这个东西适合自己吗？买了一堆打折的东西没有用处，只是自找麻烦。

（2）舍物原则：扔、赠、毁、卖。当你不想扔掉某样东西，但是用不着，可选择送给需要的人。对于一些有纪念意义的，决定扔，说声"对不起"，然后舍弃。

（3）相称原则。物品是自我的投射，相信自己配得上所选择的物品，不一定越贵越好，也不是便宜就买。不要自我贬低，进行自我提升。

（4）七五一法则。看不见的收纳空间放满七成，看得见的收纳空间限量五成，装饰性的给人看的空间放一成。

（5）替换原则。当购置新物时，如果有旧的东西跟新物同类，相应替换掉旧的东西，这样会呈现一直都是最好的状态。

（五）衣服织补

我们在日常生活中常常会遇到喜欢的衣服破洞或脱线的情况，为了衣服能继续穿，避免浪费和尴尬，我们需要掌握一些快速缝补衣服的方法和技巧。缝好衣服的前提是要学会常用的针法，如平针法、锁边缝、藏针法、包边缝、扣眼缝、缩针法等。

1. 常用针法

（1）平针法。平针法是最基础的针法，也是最常用、最简单的一种手缝方法，通常用来做一些不需要很牢固的缝合，以及做褶裥、缩口，主要用于拼接布料和缝制布料的轮廓，如图 5-3 所示。缝制时要注意针脚间隔均匀，可以一次多挑几针然后一起拉紧线头，间隔一般为 3 毫米左右，也可根据实际情况调整。平针法也可以用来做疏缝和假缝，但针距要大，它通常用来做正式缝合前的粗略固定，为的是方便下一步的缝合，作用类似于珠针。

（2）锁边缝。锁边缝一般用于缝制织物的毛边，以防织物的毛边散开，如图 5-4 所示。此外，包边缝和扣眼缝与锁边缝的用途相同，但它们的装饰性和实用性更强。包边缝如图 5-5 所示；扣眼缝如图 5-6 所示。

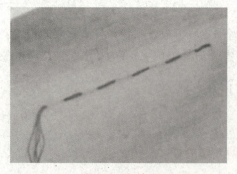

图 5-3 平针法

图 5-4 锁边缝

图 5-5 包边缝

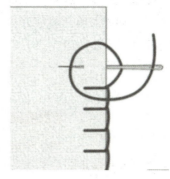
图 5-6 扣眼缝

（3）藏针法。藏针法也叫贴布缝，一般用于将一块布缝在另一块布上或滚边条的缝合，如图 5-7 所示。这是一种很实用的方法，能够有效隐匿线的痕迹，常用于衣服上不易在反面缝合的区域。

（4）回针。回针又称倒针，是一种针尖后退式的缝法，是类似于机缝而且最牢固的一种手缝方法，为了防止面料开线，在起始或者希望缝得结实时所使用的方法，如图 5-8 所示。它有返回到一个针眼的全回缝，还有返回到前一个针距一半的半回缝。常用来缝合拉链、裤裆、肩肘部等牢固度要求较高的地方。

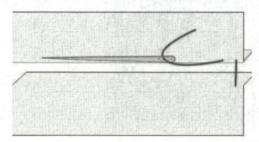
图 5-7 藏针法

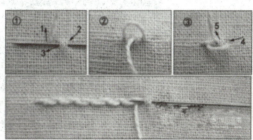
图 5-8 回针

2. 缝补衣服妙招

衣服破洞后，可以采用以下几种处理方法。

（1）布贴法。如衣服破了小洞，可以根据破洞的大小选择与衣服颜色风格相近的布贴，将布贴覆盖在破洞处，再用电熨斗加热熨平整。如果怕不牢固，可以用和布贴同色系的线，再稍微给布贴缝两针，以加固布贴。例如，牛仔服若有破洞，可以用最原始的修补法或在里面缝上一块花布或同色系的布，结果会有意想不到的收获。

（2）刺绣法。如果您是个手巧的人，完全可以发挥自己的想象，在破洞处做一个刺绣，使刺绣风格和衣服浑然一体，不仅挽救了破洞，同时也给衣服增色不少。如果自己没有这手艺，也可请专业人士帮忙。

（3）巧用小装饰物。在衣服的小破洞处缝上个小装饰物，这个方法特别适合追求时尚的大学生。比如，用于手机的漂亮小挂件，可以在掩盖破洞的同时也显得服装更加有特色，体现了服装中蕴含的浓浓的青春气息。雪纺衣服若有破洞可以用同色面料贴补在背面或者在破了的小洞周围绣个符合服装风格的图案，这个图案要大于有洞的地方；也可以适当地在其余地方绣几个，以便忽略补洞的那个图案；也可根据衣服破洞的位置选择补救方法。如果衣服破洞的位置正好在上衣的正前方或者胸前，女生可以用一枚漂亮的胸针来遮挡住小破洞。

（4）专业织补。如果衣服面料很好，而且价格昂贵，比如西装之类的，那么就应选择到专业的服装织补店去织补。

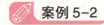

毛衣脱线和破洞的处理方法

毛衣作为常穿的服装之一，脱线和破洞的情况经常出现。毛衣脱线和破洞的处理方法较简单，每个人都可以自己解决。如果毛衣的破洞比较大，可先用细线拉一下经线，然后用同色毛衣线来织补，如图5-9所示。补完后可以把拉的经线拆掉，不影响补的效果，因为所有的线圈已经都钩在一起了，不会脱线。如果只是断了一行，只要用常用的无缝缝合的方法即可。在织补毛衣时要注意以下两点：一是这都是基于平针的毛衣，如果是上针的毛衣可以在反面织补，效果一样；二是拉线时力道要均匀，这样织补的才会平整。

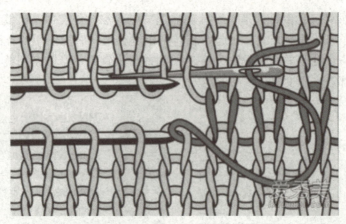

图5-9　用经线拉毛衣

毛衣勾线后的处理方法如下。

1. 如果没有挂断，仅仅是挂丝了，勾线旁边就会出现紧丝现象，可以用针顺着针目的走向挑回到原来状态，挑回去就会看不出来了。

2. 如果只是勾出一条毛线的话，就从毛衣的里面用针把毛线勾进毛衣里面。毛衣是粗线的话，也可以用手把它拉进去。

3. 如果不是主线勾线，可以试着按照经纬线拉回去，如果拉不回去就把勾线剪去，然后打个结，用火熏一下，再用手捏或者用杯子压下，最后把多余的线头藏起来。

4. 如果会一点织法的话，可以尝试把毛线勾回去，但是勾回去的时候外面会有一条紧线，应用钩针顺着出来的那条线的方向，一点一点地往里勾。或者把勾线的线头拉到针套的原地方里面，看下是不是有点紧了，然后用针轻轻挑紧针套，把所有抽紧的针套都调正常。这个需要耐心和细心。

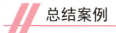 **总结案例**

疫情期间提升自我服务能力，在劳动中成长

2020年3月，北京某大学为了帮助学生提升服务自己和服务他人的能力，通过倡导居家劳动一小时，从自我服务做起，注重发挥家庭德育和家庭劳育的基础作用，让学生在劳动中出力流汗，引导树立崇尚劳动的良好家风，树立正确劳动观念。

在整个新冠肺炎疫情期间，很多学生首先从自身做起，自己的事情自己做，同时尽己所能为父母分担家务，诸如打扫卫生、整理房间、手工制作、营养烹饪、农业劳动，有的还进行社区志愿服务、防疫知识宣传等。

每个同学都从劳动中汲取了营养，获得了成长。小张同学在家做家务的架势有模有样，他在做完一桌饭菜后在朋友圈写下了一段感悟："我之前常想，父母为何将生活过得这样索然无味，现在觉得，当我独自面对生活中的这些'命题'时，也许解得并不比他们好。"小董同学以前很少做家务，这次从自我服务做起，碰到不明白的问题就向父母请教，经过一段时间的锻炼后变得家务样样行了，她最大的感悟就是：自己真的突然长大了。在现在的她看来，在照顾好自己的同时有能力为家人分担家务就是一件非常幸福的事情。另外，通过居家劳动还锻炼了小董的耐心和细心。

分析： 当前劳动教育已经纳入大学本科教育的必修课，自我服务劳动是应该学会的必备技能，在劳动中向上向善、孝老爱幼，在劳动中积累知识、习得技能，能够培育正确的道德观念和家庭责任，提升生活自理能力。作为新时代的大学生，在劳动中不仅要勤学自律，更要学会生活、热爱生活、懂得生活。

 **课堂活动**

自我服务劳动成果展示

一、活动目标

用短视频的方式展示自我劳动的结果，养成爱劳动的好习惯。

二、活动时间

建议20分钟。

三、活动流程

（1）每名学生把自己认为做得最好的自我服务劳动的过程录制成2分钟以内的视频。

（2）教师将学生按照4~6人划分小组，小组成员观看组内成员的视频，并选出最佳劳动成果。

（3）每个小组将选出的最成功劳动成果对全班同学进行播放，并邀请这几名同学分享个人劳动的经验和体会。

（4）教师对分享者的经验和体会进行归纳、分析和总结。

（5）教师对展示的这几项自我服务劳动成果进行点评并赋分。

课后思考：

（1）请认真回想，当你全身心投入劳动时，你有哪些收获？

（2）你认为提升自我服务劳动的具体方法还有哪些？请列举。

劳动简论

项目二　日常生活劳动

哲人隽语

> 如果儿童让自己任意去做什么而不去劳动，他们就既学不会文学，也学不会音乐，也学不会体育，也学不会那保证道德达到最高峰的礼仪。
>
> ——德谟克利特

案例导入

带着父母上大学，边读书边照顾母亲

家境贫寒、身体瘦弱的小潘被徐州工程学院机械设计专业录取后，他就带着24小时需要人照顾的母亲和体弱的父亲来到了徐州这座城市，边上学边照顾母亲。

小潘每天需要喂母亲5顿饭，每隔两小时就要帮她翻身、按摩，因此他每天的时间就要切割成一个个"两小时"。每天的早、中、晚，他要分三次给母亲买菜做饭。而到了夜里，他要陪母亲到凌晨2点才能睡觉。为避免时间太久把人累垮，父子俩就定好了时间，轮流照顾。在悉心照料下，虽然母亲长期卧床，可是身上却没有褥疮，家里也没有异味。

为了更好地照顾母亲，小潘的大学生活充满了忙碌，甚至还有一些苦涩，但他硬是用一副瘦弱的身板抗下了种种苦难和煎熬，在撑起一个家的同时，也没有荒废过学业。

分析：家人生病或年老体弱，我们作为家庭中不可或缺的一分子，也应该尽可能抽出时间参与照顾，这就需要掌握一定的知识，懂得照顾老人和病人。

一、家庭日常清洁和整理

（一）扫地拖地

1. 扫地小技巧

（1）清扫室内地面宜用按扫的方式，即扫地时扫帚尽量不离地面；挥动扫把时，可稍微用力向下压，这样既能把灰尘、垃圾扫净，又能防止灰尘扬起；清扫时一般按照从狭窄处扫向宽广处、从边角处扫向中央处、从屋里扫向门口的顺序。

（2）地上头发多时，可将废弃的旧丝袜套在扫把上扫地。丝袜会和地面产生静电，很容易就能吸附起地上的毛发和灰尘。

（3）清扫楼梯时，可以站在下一阶，将垃圾从左右两端扫至中央再往下扫，这样能有效防止垃圾、灰尘从楼梯旁掉下去。

（4）清扫室外区域时，应顺着风向扫，以免扫好的区域被再次刮脏。

2. 拖地小技巧

（1）巧用食盐。用温水加上食盐拖地，不仅能加快地面水分的蒸发速度，还不留水渍。另外，用盐水拖地还能杀菌、抑菌。

（2）巧用洗洁精、醋和小苏打。在擦洗地板的水中加入少量洗洁精、醋或小苏打，擦洗地板时不仅能轻松除尘，还能有效去除油污。

（3）巧用柠檬汁。柠檬汁中的烟酸和有机酸具有杀菌作用。拖地的时候，在水里加少量柠檬汁，既能有效杀菌，还能保持空气清新。

（二）门窗除垢

清洁门窗边框。清洁时，应先用废旧牙刷或专用的小刷子清理缝隙里的污渍，再整体擦拭门窗边框。然后，清洁玻璃。清洁玻璃时，第一遍用湿布擦拭，第二遍用干报纸擦拭。用干报纸擦拭不仅可以擦干玻璃上的水分，还能避免在玻璃上留下痕迹，让玻璃更加干净明亮。

对于有纱窗的窗户，可不定时用湿布擦拭纱窗，避免纱窗上堆积灰尘。

（三）床上用品清洁

床上用品会与皮肤直接接触，应及时清洁。一般来说，床上用品的清洗间隔应根据季节来判断。夏季建议一周清洗一次，冬季建议两周清洗一次。清洗时，最好挑天气晴朗的时候，以便清洗完的床上用品能够接受紫外线的照射，从而有效清除细菌和螨虫。

（四）家具清洁

家具上有了灰尘，不要用鸡毛掸之类拂扫，因为飞扬的灰尘会最终还是会落到家具上，应该用半湿的抹布抹除家具上的灰尘。对家具进行清洁保养时的注意事项如下。

1. 一定先要确定所用的抹布是否干净

当清洁或拭去灰尘之后，一定要翻面或者换一块干净的抹布。不要偷懒而重复使用已经弄脏的那一面，这样只会使污物反复在家具表面摩擦，反而会损坏家具的表层。此外，抹布使用完后要洗净晾干。

2. 要选对护理剂

想要维持家具原有的亮度，目前有家具护理喷蜡和清洁保养剂两种家具保养品。前者主要针对各种木质、聚酯、油漆、防火胶板等材质的家具；后者适用于各种玻璃、合成木或美耐板等材质的家具，特别适用混合材质的家具。因此，若能使用兼具清洁、护理效果的保养品，便能节省时间。

3. 喷蜡和清洁保养剂的使用

护理喷蜡和清洁保养剂在使用前，最好先摇匀，然后直握喷雾罐，让罐内的液体成分能在不失压力的状态下被完全释放出来。之后，对着干抹布在距离约 15 厘米的地方轻轻喷一下，如此再来擦拭家具，便能起到很好的清洁保养效果。至于带有布料材质的家具，如布艺沙发、休闲靠垫，则可以使用清洁地毯的清洁保养剂。使用时，先用吸尘器将灰尘吸除，再将地毯清洁剂少量喷在湿布上擦拭。

案例 5-3

回家不劳动的大学生

一位家长跟大学的老师抱怨：她念大学的女儿在家里连自己的被子也要别人叠，至于日常的家务劳动，如洗碗、洗衣、家具清洁、打扫卧室卫生等，那就更少干了，要求她做时她非常不愿意。像这位家长所述的情况，在大学生群体中有一定的比例。某所大学对多位学生家长调查表明，现在有60%的大学生在家里没有参加家务劳动。男学生更为突出，他们只懂得放学了回家吃饭，衣服脏了往洗衣机里扔，基本不会做日常的家务劳动。

二、家庭绿植养护

植株不太高太大的盆栽、小绿植等，会给家居环境带来绿色与活力如图5-10所示。选择与室内环境搭配的绿植来装饰家居环境，已经成为一种时尚。下文简单介绍绿植养护管理的基本技巧。

图 5-10　家庭绿植

（一）家庭绿植的功能分类

1. 抗辐射的观赏植物

有的绿植具有吸收电磁辐射的作用，在家庭或办公室中摆放这些植物，可有效减少各种电器、电子产品产生的电磁辐射污染。这些植物主要有仙人掌、宝石花、景天等植物。

2. 驱虫杀菌的观赏植物

有的植物具有特殊的香气或气味，对人无害，而蚊子、蟑螂、苍蝇等闻到就会避而远之。这些特殊的香气或气味，有的还可以抑制或杀灭细菌和病毒。这些植物包括夜来香、除虫菊、野菊花、紫茉莉、柠檬、紫薇、茉莉、兰花、丁香、苍术、蒲公英、薄荷等。

3. 能吸收有毒化学物质的观赏植物

在居室内摆放一些能吸收有毒化学物质的花草，常常能起到空气净化器的作用。研究发现，虎尾兰与吊兰可吸收室内80%以上的有害气体，特别适宜在装修后的房间内摆放。目前常见的能吸收有毒化学物质的植物有芦荟、吊兰、虎尾兰、一叶兰、龟背竹、常春藤、万年青、米兰等。

（二）家庭绿植养护常识

1. 光和温度

在室内养护盆栽植物，最关键的是要保持适宜的温度和一定的光照，避免养在过度遮阴的地方，当然也要避免养在过度暴晒的环境。有一些比较耐阴的植物，在光线明亮的地方能生长良好，而一些能够开花的植物则需要适当的光照才能促进花朵孕育。这些植物要摆在通风透光的地方，避免放在空调或暖气的出风口，更不要摆放在大型电器旁边，而且在夏天和冬天不能贴着窗户的玻璃，否则容易被晒伤。

（1）对光照的敏感性。绿植花卉根据对光照的要求分为三大类：一是阳性花卉，喜阳光，如玉兰、月季、石榴、梅花、三色堇、半枝莲等；二是中性花卉，对光要求不严，如茉莉、桂花、地锦等；三是阴性花卉，如文竹、龟背竹、绿萝、橡皮树、竹芋、龙白树等。

（2）对光照时间的要求。根据对光照的要求时间，分为三大类：一是长日照花卉，每天日照12小时以上，如鸢尾、翠菊、凤仙花等；二是中日照花卉，如香石竹、月季等；三是短日照花卉，每天日照必须少于12小时，如一品红、菊花等。

（3）对温度的要求。一是耐寒花卉，能忍耐-20℃左右的低温，如迎春、海棠、榆叶梅、玉簪、丁香、萱草、紫藤等；二是半耐寒花卉，能忍耐-5℃左右的低温，如郁金香、月季、菊花、石榴、芍药等；三是不耐寒花卉，如文竹、一叶兰、鹤望兰、变叶木、一品红、扶桑、马蹄莲、白兰及多肉植物等。

2. 浇水注意事项

养在室内的植物有80%是因为浇水过度才会枯萎，如果土壤长期积水，土壤里面不透气，最终导致植物根系腐烂，严重的整棵植株都会腐烂。我们可以在栽种植物的时候，选择一些排水特别好的花盆，排水孔的位置可以摆放一些颗粒石或碎瓦片再栽种植物。在植物的生长旺季可以适当保持土壤湿润，但是秋冬季节温度降低，就要控制浇水，等土壤干透再浇透水。

（1）如何判断绿植是否需要浇水。判断绿植是否需要浇水，我们可以用以下方法。一是观察法，如土壤变浅或发白、叶片萎蔫则应浇水，若颜色为深褐色则不需要浇水；二是触感法，若土壤为粉末状则土壤太干，若土壤为团粒状则无须浇水；三是工具法，购买土壤湿度计或者土壤测试仪，准确判断土壤相关参数。

（2）浇水的原则。绿植浇水原则如下：一是浇水时间，夏天宜在傍晚及清晨，冬天则在中午时分；二是浇水的量，遵循"见干则浇，不干不浇，浇则浇透"的原则；三是水的要求，自来水应晾晒1~2天再使用，将氯气挥发掉，并且能提高水温。

（3）浇水方法和禁忌。以根部的土壤浇水为主，适当叶部喷水，尤其是阔叶植物。

夏日居家绿植浇水禁忌：一是切忌在正午浇水，冷水会损伤根部，致叶部供水不足；二是暴雨过后要看下花盆是否排水正常，若底部有积水要及时清理，若底部不湿则不要随意减少浇水量，夏季蒸腾作用较强，避免绿植缺水枯萎；三是观叶植物不要频繁浇水，若土壤不透气则会出现烂根现象，建议一周检查1~2次，表面土壤微干再补充水分为佳。

（4）浇水的注意事项。一是注意水质。按照镁盐、钙的多少分为硬水和软水，浇花以软水为好。雨水最理想，其次是河水和池塘水，切记：自来水要晾一天再用，使水中氯气充分挥发。二是注意水温，不要骤冷骤热。三是注意水量。春宜午浇；夏宜早、晚浇；秋天少浇；冬天根据盆的干湿，几天浇一次。

3. 肥料

植物养护久了就会缺肥，盆架养护的植物尤甚，特别是生长一两年没有换盆的植物，可以在植物的生长旺季定期施肥，一般是3~4周施一次稀薄的有机液肥。在植物的花期之前可以定期补充磷酸二氢钾，有利于促进孕育花朵，如果是喜欢微酸性土壤的植物，则要定期补充一次硫酸亚铁溶液。在秋冬季节温度降低之后要避免施肥，否则会影响植物生长。施肥之后要浇透水，避免叶子或枝条上有肥料残留。

4. 换盆注意事项

盆栽养护的植物，肥力一般只能维持一年左右，如果是生长缓慢的植物，则可以维持两三年，时间久了就需要定期换盆，一般是在植物的生长季节进行换盆。两三年就要将旧土去掉，重新换入新的土壤，如果根系枯萎或根系生长过度旺盛，还需要修剪根系之后再换盆，小心不要弄伤根茎。

为了防止土壤板结变硬，要注意以下事项：一是要增施有机肥；二是适当掺沙；三是排水、松土。

5. 病虫害防治

如果植物的叶片上有灰尘，会影响植物进行光合作用，需要定期用海绵或湿润的软布擦拭叶片，定期给植物喷雾状水。如果发现植物的叶片上长出一些黑色、褐色或红色的斑点，很有可能是感染真菌，需要及时剪掉病叶、病枝，之后将花盆里面的残叶清除，每5~7天喷一次百菌清或甲基托布津溶液。另外，植物发现虫害也要及时处理，及时喷杀虫剂。

防治病虫害，应掌握"以防为主"的原则，加强管理，注意通风、透光、浇水、施肥等养护工作，使花木茁壮生长，增强抵御病虫害的能力。一旦发现病虫危害，要及早采取措施，做到"治早、治小、治了"，以防蔓延。

（三）室内常见绿植的实用养护方法

1. 绿萝

喜水，三四天浇一次水，浇透，少直晒太阳，放在有光线的地方也可。

2. 君子兰

半个月浇一次水，不要完全浇透，刚浇完水后放在太阳光不强的地方上晾几天，否则会因太湿致根部腐烂。不宜太阳暴晒。

3. 月季

对环境适应性很强，性喜温暖，在平均气温22℃~25℃时生长最适宜，生长期阳光必须充足，月季花必须剪枝，冬季最好放入窖里，来年三月中旬左右取出剪枝即可。

4. 发财树

不喜欢水，20天喷洒少量水，或给底盘倒点水，不能晒太阳。

三、家庭照护

家庭照护指对患有严重疾病、身体功能失调、慢性精神功能障碍等患者提供的照护。家庭照护是老年人照护的首要形式，它的服务内容包括基本的医疗护理服务、个人照料、情感和社会支持等。

（一）生命体征测量

生命体征包括体温、脉搏、呼吸、血压，它是标志生命活动存在与质量的重要征象，是评估身体的重要项目之一。我们应掌握基础的生命体征测量方法。

1. 测量体温

协助被测家人解开衣物，若有汗应擦干腋下，将体温计水银端放置于其腋窝深处，贴紧皮肤，屈臂过胸夹紧，十分钟以后取出。

2. 测量脉搏

协助被测家人手臂放松，要求其手臂向上，然后将食指、中指、无名指的指端放在其桡动脉表面，计数 30 秒。正常成人为 60~100 次/分，老年人可慢至 55~75 次/分。

3. 测量呼吸

测量脉搏后可仍然把手按在被测家人的手腕上，观察其腹部或胸部的起伏，一呼一吸为一次，计数 30 秒。

（二）老年照料

孝与感恩是中华民族传统美德的基本元素。它强调幼敬长、下尊上，要求晚辈尊敬老人，子女孝敬父母，爱护、照顾、赡养老人，使老人们颐养天年，享受天伦之乐，这种精神无论过去现在还是将来，都具有普遍的社会意义。

1. 老年人的需要

为了更好地照料家中老人，我们需要从以下几方面来协助满足老年人的基本需要。

（1）食物：注意老人的膳食营养，为不能自理的家中老人喂食和喂水。

（2）排泄：帮助不能自理的老人进行排便、排尿，及时清除排泄物。

（3）舒适：营造安静、清洁、温度适宜的休养环境。

（4）活动和休息：帮助老人适当活动，并尽可能促进老人的正常睡眠。

（5）安全：防止老年人跌倒、噎食、误吸、损伤，保持皮肤的完整性。

（6）爱和归属：营造良好的休养环境和人际环境，促进老人的人际交往，帮助老人及时与家人联系与沟通，并给予精神上的关心。

（7）尊重：运用沟通技巧，维护老年人的自尊，保护老年人的隐私。

（8）审美：协助老年人的容貌、衣着修饰，使其保持良好的精神状态。

2. 老年人的生活照料

老年人生活照料内容有个人清洁卫生、衣着照料、修饰照料、饮食照料、如厕协助、口腔清洁、皮肤清洁、褥疮预防、便溺护理等。

（1）个人清洁卫生：包括洗脸、洗手、洗头（包括床上洗头）、洗脚，协助整理个人物品，清洁平整床铺，更换床单等。

（2）衣着照料：包括协助穿脱衣裤、帮忙扣扣子、更换衣裤、整理衣物等。

（3）修饰照料：包括梳头、剪指甲和协助理发等。

（5）饮食照料：包括协助用膳、饮水，或喂饭、喂水、管饲等。

（6）如厕协助：包括协助如厕，使用便盆、尿壶等。

（7）口腔清洁：包括协助清洁口腔，假牙的清洁保养等。

（8）皮肤清洁：包括擦浴、沐浴等。

劳 动 简 论

（9）压疮预防：包括保持床单干燥、清洁、平整；定时翻身更换卧位，防止局部受压过久，按摩受压部位促进血液循环；保持皮肤干燥、清洁，预防皮肤受伤等。

（10）便溺护理：包括清洗、更换尿布等。

（三）家人住院陪护

家人生病需要住院，大学生可以提供一些力所能及的服务为家人分忧解难，如承担部分陪护工作。

延伸阅读

照料病人时的日常起居内容

1. 协助起床、洗脸、洗手、刷牙、漱口、梳头等。
2. 协助进餐、饮水、加餐等。
3. 清洗使用过的餐具。
4. 协助排泄大小便。
5. 晚上睡觉前为其洗脚，并协助其入睡。
6. 协助医护人员观察病情。
7. 协助按时、按量服药。
8. 协助下床活动或散步。
9. 陪其做各种检查。
10. 进行必要的心理疏导。
11. 保持病床、床头桌的卫生。
12. 清洁其个人用品和衣物，并妥善保管。

若想成为一名合格的陪护者，需要了解一些陪护常识和日常起居照料内容。同时，每家医院都有自己的一套"入院须知"，应浏览。重点提示如下。

（1）现在医院一般会提供住宿的常用物品，如床单、被褥、热水瓶等，病人和陪伴家属只需准备个人用品即可。建议携带以下用品：衣物、水杯、洗漱用品（肥皂、牙刷、牙膏、脸盆、毛巾）、日常餐具、纸巾、拖鞋。

（2）病人需先到门诊或病房开住院证，然后交纳一定的费用。凭住院证，到所住科室的护理站办理住院病历，测量体温、脉搏、呼吸、血压等，听取护士介绍病区情况及住院注意事项，并领取住院所用物品。

（3）要事先了解所住科室和医院的基本情况。要熟悉住院药房、交费处、查账处、洗澡间、消防通道等位置的布局；同时，要知悉家人的管床医生、护士，并同他们建立联系。

（4）医院属于公共场所，人员很杂，一定要妥善保管贵重物品。

（5）住院期间为明确诊断会做一些检查，多在住院当天或第二天完成。

（6）一般住院3天后，医院会给出一个诊断和治疗的初步意见，并对治疗效果进行初步判断。病人或陪护者在此时可明确提出心中疑问：为什么要用这种药，有没有作用类似而价格低廉的？需要住多长时间院？病人伙食如何安排？住院时病情突然变化，该找谁？住院期间每一位病人都有固定的管床医生和责任护士为其提供诊治服务，当病情有变化时，可向他们反映，晚间可向值班的医生、护士反映。

（7）为保证正常的治疗秩序，医院大都规定上午谢绝探视，探视时间大多定在下午和夜间。

（8）年龄大的老人行走不便、情绪不稳，要防止病人跌倒或出现意外。

（9）入院时须交纳预付款，治疗期间可在医院设立的查询柜台查询。发现疑问时，可积极向病区护士反映。

（10）如果对医院的治疗、护理等工作不满意，可向医院医务处、科主任、科护士长投诉。

（11）病人术后可协助医护人员观察体温、脉搏、面色、呼吸、血压和小便等。如病人感觉不适，发热和心跳快等，应向医生、护士报告。要知道术后反应热，即术后3~5天，体温常在38℃左右，对此不必紧张。

（12）一般的手术，术后6小时才可进食。腹部手术的病人，要腹部通气后方可进食流质食物。

（13）术后要早点活动。根据手术的大小和术后的病情，在医生准许后，争取早点下床活动。如腹部手术，麻醉清醒后即可下床活动或做床上活动，以防止腹胀和肠粘连。肥胖病人应多活动四肢，防止静脉血栓形成。

（14）出院前应请主管医生写好出院小结，小结里一般详细记载了本次住院的重要检查结果和治疗手段，对病人的康复和进一步治疗至关重要。需要出院带药，也要向医生了解清楚。

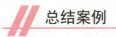 总结案例

美国和德国不同年龄段孩子的劳动清单

美国孩子平均每天在家里劳动的时间为1.2个小时，不同年龄段的劳动清单如下。

2~5岁：扔垃圾；拿取东西；挂衣服；使用马桶；洗手，刷牙；浇花；整理玩具；喂宠物；睡前铺床；饭后把盘碗放到厨房水池里；把叠好的干净衣服放回衣柜，把脏衣服放到脏衣篮。

5~6岁：不仅要熟练掌握前一个阶段要求的家务，并能独立到信箱里取回信件；铺床；准备餐桌，饭后把脏的餐具放回厨房；把洗好烘干的衣服叠好放回衣柜；自己准备第二天要穿的衣服；收拾房间。

6~12岁：不仅要熟练掌握前几个阶段要求的家务，并能打扫房间，做简单的饭；帮忙洗车，吸地擦地；清理洗手间、厕所；扫树叶，扫雪；会用洗衣机和烘干机；把垃圾箱搬到门口街上（有垃圾车来收）。

13岁以上：不仅要熟练掌握前几个阶段要求的家务，并能换灯泡，换吸尘器里的垃圾袋；擦玻璃（里外两面）；清理冰箱，清理炉台和烤箱；做饭；列出要买的东西的清单；洗衣服（全过程，包括洗衣、烘干衣物、叠衣及放回衣柜）；修理草坪。

劳 动 简 论

德国法律条文中有一项规定：孩子在6岁之前可以玩耍，不必做家务；6~10岁，偶尔要帮助父母洗碗、扫地、买东西；10~14岁，要剪草坪、洗碗、扫地及给全家人擦鞋；14~16岁，要洗汽车、整理花园；16~18岁，如果父母上班，要每周给家里大扫除一次。对于不愿意做家务的孩子，父母有权向法院申诉，以求法院督促孩子履行义务。

分析： 从美国和德国不同年龄孩子的劳动清单可以看出，这两个国家非常重视孩子的家庭劳动，培养孩子独立自主精神。通过学习，我们已经认识到我们是家庭当中的一分子，有责任和义务做一些力所能及的家务活，从日常生活劳动中培养责任心和自豪感。

课堂活动

争做家庭生活劳动好帮手

一、活动目标

通过争做家庭生活劳动好帮手活动，提高个人参与家庭劳动的积极性，培养吃苦耐劳的精神，增强热爱劳动意识和劳动能力。

二、活动时间

建议30分钟。

三、活动准备

（1）教师要求每名学生与家人一起做一项复杂或难度较大的日常生活劳动，由学生负责本次日常生活劳动的角色分工、制定步骤、准备使用的工具和物品等，并记录下来。

（2）家人共同劳动，学生把整个劳动过程用手机录制下来并剪辑成3分钟以内的短视频。

四、活动流程

（1）教师将学生按照4~6人进行分组，组内进行视频和记录分享，并对它们进行分析、总结，寻找可能存在的问题。

（2）对于可能存在的问题，每组通过讨论或网上搜索的方式，寻找解决问题的方法并形成小组观点。

（3）每个小组选出一名代表陈述本组组员在本次活动中的亮点和问题的解决方案，其他小组可以对其进行提问，小组内其他成员也可以回答问题；通过问题交流，将每一个需要研讨的问题弄清楚。

（4）教师进行分析、归纳、总结，引导学生树立承担日常生活劳动的意识，积极参与提高劳动技能的行动。

（5）教师根据各组在活动过程中的表现赋分。

课后思考：

（1）你认为如何运用家庭照护和家庭护理知识指导自己的家庭日常生活？

（2）你还知道哪些家庭日常清洁的窍门？请跟大家分享一下。

项目三　日常家务劳动

哲人隽语

> 劳动是产生一切力量、一切道德和一切幸福的威力无比的源泉。
> ——拉·乔乃尼奥里

案例导入

差的不仅是未来

哈佛大学学者曾经做过一项调查研究，得出一个惊人的结论：爱干家务的孩子和不爱干家务的孩子，成年之后的就业率为15∶1，犯罪率是1∶10。爱干家务的孩子，离婚率低，心理疾病患病率也低。另有专家指出，在孩子的成长过程中，家务劳动与孩子的动作技能、认知能力的发展及责任感的培养有着密不可分的关系。

分析：家庭作为个人成长的根基，家务劳动方式对于个人的健康成长有着重要的影响。每个人不论年龄大小都是重要的家庭成员，这就要求每个人在家庭中负起该负的责任，而承担家务则是最好的方式。通过家务劳动，我们能体会父母的不易，体验劳动的价值，感知生活的意义，从而拓展我们的生存空间。

一、认识和使用家庭常用工具

很多人在日常生活中会遇到水管漏水、墙面破损及插座失效等问题，这些小问题不注意就容易导致大问题。面对这些问题，很多人感到束手无策，叫人来修理，不仅要收费，而且不能及时解决问题；自己动手，看似挺简单，做起来又觉得费劲。其实，大多数家居维修工作不难，主要在于你对其是否了解，是否知道正确的维修方法。不同类型的劳动需要不同的工具，在居家生活中，我们通常会使用到五金工具、针线工具和厨房用具。家庭常用工具如表5-1所示。

表5-1　家庭常用工具

工具图片与名称	工具特点	工具功能	使用技巧/注意事项
 电动螺丝刀	1. 相对于手动螺丝刀，使用起来不费力 2. 体积不大，但伸能缩，在狭小的空间里也能运用自如	1. 组装玩具 2. 维修家电 3. 安装家具	1. 使用正确握姿，垂直对准操作对象 2. 按压力度适中

续表

工具图片与名称	工具特点	工具功能	使用技巧/注意事项
多功能刀钳	1. 集合了老虎钳、螺丝刀、小手锯、小刀和起瓶器等功能 2. 符合人体工程学设计要求	1. 剪电缆线或者其他金属线 2. 装卸螺丝或者其他物品 3. 开啤酒或罐头等	1. 避免夹伤虎口皮肤 2. 使用时要给予一定的握力,防止操作对象打滑
羊角拔钉锤	1. 锤子的一种,一头是圆的,一头扁平向下弯曲并且开V字口 2. 应用杠杆原理,省力 3. 把手添加塑胶,起到防滑作用	1. 钉钉子 2. 撬开其他工具和设备等 3. 开瓶盖	1. 若使用腕挥方法,仅用手腕的动作进行锤击运动 2. 将钉子垂直钉入木材
扳手	1. 扳手是一种常用的安装与拆卸工具,家庭可购买多功能性扳手 2. 轻便耐用	1. 拆卸面盆下水器和水龙头 2. 安装淋雨花洒龙头 3. 安装厨房龙头、阀芯压盖、分接口软管等	1. 所选用的扭矩扳手必须与螺栓或螺母的尺寸符合,避免损坏螺件六角 2. 按照操作螺件的松紧要求选择正确转向
曲线锯	1. 轻便小巧 2. 使用方便	1. 切割木块 2. 切割箱体 3. 切割小型金属	1. 根据切割的材质选择不同的锯片 2. 一般沿着直线切割物体,当曲线切割物体时,要避免刀片碎裂造成伤害
搅蒜器	1. 采用手拉绳的方式搅碎 2. 刀片锋利,拉绳耐磨,省时省力,方便使用和清洗,卫生安全	1. 打碎蒜泥 2. 打碎辣椒 3. 打碎蔬菜	1. 将蒜放入容器后盖好盖子,轻轻拉几下完成搅拌 2. 不要使用太大的力气,避免绳子断开

续表

工具图片与名称	工具特点	工具功能	使用技巧/注意事项
家用包饺子器	1. 人性化设计，操作快捷简单 2. 厚实耐用，表面光滑，易清洗	包饺子	1. 将饺子皮和馅放在上面，一压即可成型 2. 馅料不可放太多，避免饺子无法封口
手动榨汁机	1. 类型多，可根据个人爱好购买 2. 人性化设计，操作简单 3. 出汁率高，清洗方便	榨果汁	1. 将果蔬放好，一压即可出汁 2. 使用完后要及时清洗，以免产生异味

除了以上常用工具外，家庭中的木工和园艺工作也需要恰当、有效使用系列工具。木工和园艺的工具一般储存在工具袋、工具箱或者工具屋中，包括测量工具、切碎工具、紧固工具、敲打工具、挖掘工具、造型工具和装饰工具。有兴趣的同学可以网上查找相关资料。

案例 5-4

简单板式家具安装

因工作和生活需要，经常会购买一些简易的板式家具。对于这些商家不包上门安装的家具，只要掌握一些快速安装方法和技巧，就可以自己动手安装。商家一般会给一个安装图纸，根据图纸就可以进行安装。不过有的没有图纸，就需要我们凭借"常识"去安装了。

下面用一个办公桌的安装来说明，如图5-11所示。大部分的家具安装可以按照这一套方案去进行，大同小异。

安装之前要准备必要的安装工具。常见的家具安装需要用到十字刀、一字螺丝刀各一个，开口扳手、卷尺、铁钳、胶锤等。然后，按照认真查看图纸—板件分类清点—做好防护措施—有序拆包取板—组装柜体—调试柜体—清洁卫生的顺序进行。

（1）当家具送过来的时候，桌面是一个整体，另有四个桌腿和两个横的连接杆，总共七个

图5-11 办公桌

部件。可以先将四条腿用螺丝拧在桌面上，注意桌腿给连接杆预留的螺丝孔位，然后将两个连接杆连接在上边。

（2）接下来，就是桌面下的办公柜的安装。因是散装的板式家具，所以第一步应是将具体部位的部件放在一起，防止安装时混用导致安装错误。最常用的五金连接件是三合一连接件，包括偏心轮、螺杆和预埋螺母，如图5-12所示。

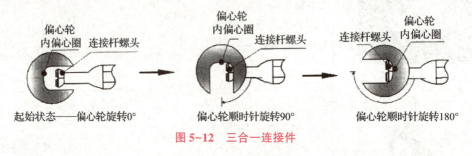

图 5-12　三合一连接件

（3）将滑轨的外端部分，用螺丝固定到两张侧板上。

（4）用办公柜的背板连接顶板和底板，然后将两个侧板固定在上边。这样，柜子的整体就安装好了。

（5）安装抽屉。其主要过程和柜子的整体安装一样，底板、侧板、背板、面板分别连接固定，然后将滑轨里边的部分安装在抽屉的两侧，注意按照商家预留的孔位安装，以免装反。

（6）安装完抽屉，接下来将四个滑轮装到对应的位置，再将抽屉的滑轨与柜子内的滑轨连接好，这样整个办公柜就完成了。抽屉的常见连接形式有三合一连接件+木榫和三合一连接件+木榫+自攻螺丝，如图5-13所示。

图 5-13　三合一连接件+木榫+自攻螺丝

（7）接着对家具安装效果进行效验与调整，主要检查家具各部件拼凑是否牢固、紧密、是否留有缝隙。柜类抽屉滑轮滑动是否流畅，板面是否发生倾斜、变形等。

二、厨房劳动

在厨房里，洗、切、炒、煮、烤，自己动手，能充分体验各种美食制作的乐趣。同时，还可以培养自身的动手能力、对材料的支配能力、解决问题的能力，增强成就感和自信心，更培养了一种乐观的生活态度。厨房劳动让我们在亲身体验的同时可体会和感受父母劳动的艰辛，学会珍惜和感恩。

（一）厨房清洁

厨房是居家保洁中的难点和重点，厨房清洁卫生包括食品卫生、餐具卫生、存储卫生、个人卫生、环境卫生和厨具卫生，厨房的卫生和人的健康有很大关系。俗话说"病从口入"，这里的"病"就是指被污染的食物和环境。保持厨房卫生应从以下几个方面着手。

（1）保持厨房内外的环境卫生，注意通风，及时清扫污物、垃圾。

（2）厨房的家具、炊具、餐具要经常清洗、消毒，摆放整齐。

（3）各种调料、蔬菜、肉类要妥善存放，防止串味变质。

一般厨房清洁工作可分成六大部分，油烟机、灶台、储物柜、炊具餐具、地板和垃圾，可以各个击破，掌握清洁要领后，厨房就能焕然一新。厨房的清洁主要工作是与油污的对抗，只要把油污处理干净，厨房大部分就干净了。厨房清洁项目、操作要求和质量标准，如表 5-2 所示。

表 5-2　厨房清洁项目、操作要求和质量标准

序号	清洁项目	操作要求	质量标准
1	清洗油烟机	取出厨房清洁剂，喷在油烟机上有油污的地方。把一块抹布浸湿，擦油烟机上的污渍，实在清除不掉的，用钢丝球或者毛刷刷干净。最后，用清洗干净的抹布擦去清洁剂残留物	油烟机上无油污
2	清洗灶台	在灶台上喷上厨房专用清洁剂，然后用毛刷或是钢丝球将油渍清除，新污渍应及时处理	灶台无污渍，整个台面光洁
3	储物柜清洁与整理	存放碗筷的地方要清洁干燥，以免滋生细菌，并尽量与存放其他物品的储物柜分开	储物柜无水渍，干净、整洁
4	炊具和碗筷清洗	在加入洗洁精的水里洗完一遍后，用流水冲洗炊具和碗筷，清除残留的洗洁精。炊具清洗后晾干，碗筷放入消毒柜消毒	炊具、碗筷无洗洁精残留，干净
5	打扫地板	先用扫帚将地上的垃圾清扫干净，装入垃圾桶中，然后用湿拖把将地板拖洗一遍，最后用干毛巾或者干拖把清理一下地板上的水分和残余垃圾	地板干净，没有污渍
6	倒垃圾	将清扫出的厨房垃圾分类倒入室外的垃圾桶	厨房里面无垃圾

（二）处理常见食材

不同的食材有不同的处理方法，我们把一些日常食材的初步处理方法进行了整理，如表 5-3 所示。

劳动简论

表 5-3 日常食材初步处理方法

食材名称	初步处理方法
青椒	（1）将青椒洗净后掰开；（2）去除蒂和内部的籽
芹菜	（1）芹菜洗净，择下芹菜叶子；（2）撕去芹菜梗表面的粗丝
黄瓜	（1）黄瓜洗净，加少许盐用清水浸泡；（2）带刺黄瓜要用刷子刷洗
冬瓜	（1）用刷子刷洗干净表皮；（2）用削皮刀削去硬皮；（3）去皮冬瓜一切两半；（4）挖去冬瓜瓤
苦瓜	（1）用刷子刷洗净；（2）顺长剖开；（3）挖去苦瓜瓤
南瓜	（1）南瓜表面刷干净；（2）对半剖开；（3）用汤匙将瓤挖出；（4）用菜刀将南瓜皮削去，削时注意菜刀要贴着皮，不要削太厚
甘蓝	（1）甘蓝洗净，根部朝上放在案板上，左手按住，用长水果刀顺根切入 2 厘米，刀尖朝菜心；（2）将水果刀顺着菜根旋转一圈；（3）将刀尖向上一手撬，菜根撬下来；（4）从根部将菜叶完整地剥下来；（5）菜叶放入加少许盐的清水中浸泡，再洗净
洋葱	（1）剥去洋葱外层干皮；（2）切去洋葱两头；（3）切圈：洋葱横放在案板上，直刀出洋葱圈；（4）切丝：洋葱对半切开，切丝
花椰菜	（1）花椰菜冲洗一下；（2）掰开成小块；（3）放入加了少许盐的清水中浸泡
芸豆	（1）芸豆择去两侧筋；（2）清洗干净。可用手将芸豆掰成段
豆芽	（1）豆芽择去豆皮；（2）掐去根须；（3）洗净
西红柿	（1）西红柿冲洗一下；（2）放入烧开的水中烫一下；（3）将皮剥去
干木耳	（1）干木耳用水冲洗一下；（2）用淘米水泡发；（3）泡发好的木耳清洗干净；（4）剪去硬蒂，撕成小朵
干香菇	（1）干香菇冲洗一下，用沸水泡至回软（泡发香菇的水营养丰富，过滤后可用于烹调）；（2）捞出泡发好的香菇，用剪刀剪去根部，漂洗去泥沙杂质
干蘑菇	（1）干蘑菇冲洗一下；（2）用温水泡发；（3）泡发好后洗净、擦干
笋	（1）用刀从笋尖至笋根划一刀；（2）从开口处把笋壳整个剥掉；（3）靠近笋尖的部分斜切成块；（4）靠近根部的部分横切成片
莲藕	（1）将莲藕从藕结处切开，切去两头；（2）用削皮刀削去莲藕的表皮；（3）将去皮莲藕用清水清洗干净，如果不马上使用，要用清水浸泡，以防变黑
猪肉	（1）用清水洗净；（2）剔去猪肉上的筋膜；（3）斜刀切片

续表

食材名称	初步处理方法
牛肉	（1）用清水洗净；（2）横刀切片
羊肉	（1）用清水洗净；（2）剔去羊肉上的筋膜；（3）斜刀切片
鸡翅	（1）鸡翅冲洗干净，擦干，放在火上稍微烤一下；（2）用手搓一搓，鸡翅上大部分的毛就去掉了
鸡腿	（1）用刀在鸡腿侧面剖一刀，露出鸡腿骨；（2）剥离鸡腿肉，用刀背拍在腿骨靠近末端处，敲断腿骨；（3）将腿骨周围的肉剥开，将腿骨取出；（4）将整个鸡腿肉平摊开，去掉筋膜，肉厚的地方划花刀，再用刀背将肉敲松
鲤鱼	（1）鲤鱼放在案板上，用刀从鱼尾向鱼头方向刮鱼鳞，冲洗干净；（2）用刀切去鱼鳍；（3）用手挖去鱼鳃（也可以用剪刀）；（4）将筷子伸入鱼腹中，转动筷子将鱼内脏弄出来；（5）用清水将鱼身内外的黏液和血污洗净
带鱼	（1）轻刮带鱼身上的鱼鳞，不要刮破鱼皮，如果是新鲜带鱼，可不必去鳞；（2）用剪刀沿着鱼背剪去背鳍；（3）切去鱼的尖嘴和细尾，再用剪刀沿着鱼的口部至脐部剖开，剔去内脏和鱼鳃，最后用清水把鱼身冲洗干净
墨鱼	（1）从市场买回来的墨鱼，通常已经去掉外皮、内脏，可直接用水冲洗干净；（2）将墨鱼褶皱裙边撕开，剥除皮膜；（3）去除头足部位的脏污；（4）用手剥除头足部位中心最硬的部位；（5）切下头足部位，将眼睛、口等用刀剪掉
虾	（1）用剪刀剪去虾须；（2）剪去虾足；（3）将牙签从虾背第二节上的壳间穿过；（4）挑出黑色的虾线，洗净虾
蛤蜊	（1）蛤蜊用水冲洗一下，放入盆中；（2）盆中加入清水，放少许食盐、香油；（3）泡3~5小时后，再次洗净
和面	（1）面粉放入面盆中，分次加清水（2）边加水边搅，直到成雪花状的小面片；（3）用手揉成均匀的面团，揉面过程中如感觉太干，可酌量加入清水

（三）烹制家常菜肴

1. 醋熘土豆丝（如图5-14所示）

材料：土豆、青椒、红椒。

调料：白醋、花椒、蒜、盐。

做法：

①把土豆去皮切丝，越细越好，再把青椒、红椒切丝、蒜瓣切粒。

②土豆丝切好，过冷水去淀粉，这样炒出的土豆丝口感更脆。

③准备好盐和白醋，用白醋会使菜品看起来色彩干净。

④开火，热炒锅，添油。

⑤油温热时，把花椒粒放进去，炸出香味，捞出花椒。

⑥放入辣椒丝和蒜粒爆出香味，倒入准备好的土豆丝，掂锅翻炒几下。
⑦放白醋，放盐，动作要快，再翻炒几下，使盐味更均匀。
⑧菜熟装盘、整形。

2. 炒青菜（如图 5-15 所示）

材料：青菜。

调料：鸡精、盐、大蒜。

做法：

①将大蒜、青菜分别洗净，切好备用。

②热锅中倒一点油，把切好的大蒜倒入油中，闻到蒜香后，将切好的青菜倒入。

③加一点水，盖上锅盖焖一会儿，大火持续3分钟后，放盐、鸡精进去，翻炒均匀。

④大火收汁后，立即出锅。

3. 椒油炝藕片（如图 5-16 所示）

材料：莲藕。

调料：盐、酱油、醋、味精、姜、花椒油。

做法：

①姜洗干净去皮切成末。

②鲜藕洗净，削去黑皮，切成薄片，放入凉水内稍洗。

③锅中放适量清水，烧开后倒进莲藕焯熟，捞进凉开水里，晾凉后沥干。

④藕片加盐、酱油、醋、味精拌匀盛入盘内，放上姜末，最后用花椒油炝在藕片上。

图 5-14　醋熘土豆丝　　　　图 5-15　炒青菜　　　　图 5-16　椒油炝藕片

4. 宫保鸡丁（如图 5-17 所示）

材料：鸡脯肉、炸花生米、鸡蛋、淀粉。

调料：食用油、香油、酱油、料酒、醋、盐、白糖、味精、大蒜、干辣椒。

做法：

①鸡肉洗净切丁，用蛋清、盐、淀粉腌拌均匀；大蒜洗净切末；

②食用油入锅烧热，鸡丁下锅炸熟，捞起沥油；

③锅中留油少许，爆香干辣椒、蒜末，再下入鸡丁翻炒；

④最后放酱油、料酒、味精、白糖、醋、水、淀粉、香油炒匀并勾芡，最后加入炸花生米炒匀。

5. 糖醋排骨（如图 5-18 所示）

材料：肋排、淀粉。

调料：食用油、香葱、生姜、大蒜、酱油、醋、精盐、白糖、味精。

做法：
①排骨洗净剁成小段；姜、蒜洗净切片；香葱洗净切末；
②锅内放油，烧至五成热时，将排骨炸至表面呈焦黄色时捞起沥油；
③锅内留底油，加入盐、酱油、味精、姜片、蒜片，与排骨同炒，倒入没过排骨面的温水，大火烧开，改小火炖煮30分钟；
④排骨入味香软时，加白糖、醋、香葱末，用水淀粉勾芡，大火收浓汁即可。

图 5-17　宫保鸡丁

图 5-18　糖醋排骨

延伸阅读

如何正确地煮饺子

煮饺子时，可以在烧开的水中放进适量的盐，搅拌待盐溶解后，将饺子轻轻地下到锅里，注意防止热水飞溅出来，然后盖上锅盖，稍煮片刻，过程当中不要搅拌。等饺子一个一个慢慢上浮的时候，可以加入适量的冷水。用锅铲的背面沿着一个方向在锅内推动，使锅内的温度保持均衡。一般情况下，开锅后肉馅饺子煮七八分钟就差不多，具体可以看锅里的饺子是否都浮上水面了，并且"肚子"是否都鼓起来。若已鼓起，再煮两三分钟即可出锅。这样煮出的饺子，不粘皮，不露馅，熟透且形状饱满。

（四）制作家常主食

说到主食我们总会想到米饭和馒头，但其实主食的种类有很多种，在这里谈一下蒸米饭和馒头的基本做法和注意事项。

1. 蒸米饭

蒸米饭的基本做法很简单，分为两步：第一步，将米洗干净，放入要用来蒸米饭的容器中，加入清水；第二步，盖上盖后，放在火上或插上电。

蒸米饭的注意事项有以下四点。

①洗米。洗米不要超过3次，超过3次米里的营养就会大量流失，这样蒸出来的米饭香味也会减少。

②泡米。先把米在冷水里浸泡半个小时，可以让米粒充分地吸收水分，这样蒸出来米饭会粒粒饱满。

③米和水的比例。蒸米饭时，米和水的比例应该是1∶1.2。有一个特别简单的方法来测量水的量，用食指放入米水里，水不可超过食指的第一个关节。

④增香。如果家里的米已经是陈米，可以在锅里加入少量的精盐或花生油。花生油是必

须烧熟的,而且是晾凉的,只要在锅里加入少许就可以。

2. 蒸馒头

食材:面粉或麦芯小麦粉。

辅料:酵母粉、温水。

做法:

①揉面前的准备。揉面前需要先添加酵母粉,酵母粉与面粉的比例是1:100,也就是说500克面粉,加5克酵母粉。将酵母粉放到30℃的温水中化开,融化酵母粉的水量也量取好,一般制作500克面粉会用50毫升的水来化酵母。酵母化开后加到面粉中,再加450毫升的水到面粉里。

②揉面。用筷子将面粉搅拌成雪花状再开始揉面,这样揉面一点也不粘手,揉好面后盖上纱布开始发面。

③发面。很多人做馒头不成功,是因为发面发不够久或者面发得太过。判断面是否发好的方法非常简单,只要用手指粘一些面粉插入到面团里,面团不会缩,就说明面已经发好。

④二次发酵。将发酵好面团揉成光滑的面团,然后将面团揉成条状,分成相同大小,揉成圆形后盖上纱布进行二次发酵。想要简单一些,就做刀切馒头,将面团揉成长条形,然后切成均等大小。二次发酵的时间,夏天为20分钟,冬天为30~40分钟。

⑤冷水下锅蒸。等馒头二次发酵完成就可以开始蒸馒头了。冷水下锅,先大火烧水,等水烧开后,转中火再蒸15分钟就可以了。

⑥开锅。馒头蒸好几分钟后开锅。

注意事项:

①面粉选择。蒸馒头非常关键的一步就是选择面粉,建议选择多用途麦芯粉,即中筋面粉。麦芯粉做出的馒头,面香味浓。

②揉面程度。面要揉到面光、盆光、手光,即"三光"。

③二次发酵。要想馒头松软绵密,一定不能少了二次发酵。

④防止收缩。馒头蒸熟后先不着急打开锅盖,要过几分钟再打开锅盖,这样馒头不就会马上收缩了。

⑤增加甜度。爱吃甜馒头可以适当调入糖,在加水的时候可以加入适量白砂糖。

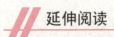

现代人不是营养过剩,而是营养不均衡!

现代人的饮食看上去虽然丰富,却多是甜品、零食、油炸食品等,而这些食物营养极其有限,多数情况下,只能提供脂肪、蛋白质和碳水化合物等三大营养素,人体必需的微量元素和维生素则极度缺乏。脂肪、蛋白质、碳水化合物这三大营养素尽管能为身体提供必要的能量,但是摄入过多的话,就会变成肉长到身上,所以喜欢吃以上食品的人很容易变成一个大胖子,而过度肥胖又是万病之源。所以,现代人遇到的问题,不是营养过剩,而是营养不均衡。

（五）家庭营养膳食原则

人体要维持生命并保持健康就必须恰当平衡地不断补充消耗掉的物质。营养是生命的源泉、健康的根本。对于 6 岁以上的正常人群，国家卫健委曾给予膳食指南，我们可按照以下十条原则安排我们自己和家人的膳食。

1. 食物多样，粗细搭配

每种食物都有不同的营养素，只有最大限度地增加食物的种类，才能避免营养不良。粗细搭配不单单是建议经常吃粗杂粮，而且涉及主食的加工方式。例如，稻米、小麦不可碾磨得太精，否则谷粒表层所含的 B 族维生素、矿物质等营养素和膳食纤维等将会大部分流失。建议每天最好能吃 50 克以上的粗粮。

2. 多吃蔬果，不忘薯类

蔬菜水分含量丰富、能量低，富含植物化学物质，是给人体提供微量营养素、膳食纤维和天然抗氧化物的重要来源。成人每天应该摄入 300～500 克，也就是说，每顿饭至少要有 1～3 份蔬菜，而蔬菜尽量选择深色的。

除了蔬菜和水果，薯类食品也应该成为餐桌上的常客，应每周吃五次左右，比如红薯，一次可以食用一块，但注意避免油炸。

3. 每天要吃奶类、大豆

奶类营养成分齐全、组成比例适宜、容易消化吸收，奶类除含丰富的优质蛋白质和维生素外，含钙量较高，且利用率也很高，是膳食钙质的极好来源。建议每人每天饮奶 300g 或相当量的奶制品。

相比其他杂豆，大豆的营养构成有很大的区别。大豆的蛋白质可以达到 50%，氨基酸组成是比较平衡合理的，建议每人每天摄入 30～50 克大豆或相当量的大豆制品。

4. 适量进食鱼、禽、蛋、瘦肉

鱼、禽、蛋、瘦肉等动物性食物是优质蛋白质、脂溶性维生素和矿物质的良好来源，如与谷类或豆类食物搭配食用，可以明显发挥蛋白质互补作用。建议每人每天吃一个鸡蛋，鱼肉或鸡肉 50～100 克，猪肉吃瘦的。

5. 饮食清淡少油盐

不合理的烹调油摄入量及高盐饮食会导致肥胖人群和高血压人群的增长。因此，做菜时尽量清淡。建议烹调油每人每天不超过 30 克，食盐不超过 6 克。

6. 食不过量，天天运动

吃得过饱、缺乏运动是当前慢性病高发的主要危害因素，因此控制食量、增加运动必不可少。建议每顿吃七八分饱，每天做不少于 30 分钟的有氧运动。

7. 三餐合理，零食适当

按适合个人的健康体重计算出每天所需的总热量，然后按早、中、晚三餐各 1/3 的比例摄入热量，也可按早餐 1/5、中餐 2/5、晚餐 2/5 安排一天三餐的进食量。

零食可在两餐之间食用，要选择富有营养的食品，如牛奶、酸奶、水果和干果等。

8. 足量饮水，少喝饮料

在温和气候条件下生活的轻体力活动成年人每日至少饮水 1 200 毫升（约 6 杯），在高温或强体力劳动条件下应适当增加。在水的选择上，首选白开水，碳酸类饮料尽量少喝，因为它会给人体增加多余的热量。

9. 饮酒限量，忌空腹喝

成年男性一天饮用酒的酒精量不超过 25 克，相当于白酒 1 两、啤酒 250 毫升、葡萄酒 100 毫升；成年女性一天不超过 15 克。最好不要空腹喝酒，切忌一醉方休或借酒浇愁。

10. 新鲜卫生，少吃剩饭

食物选择首先要新鲜、卫生。据有关调查显示，刚摘下来的蔬菜每过一天，营养素就会减半。做饭菜适量，避免吃剩菜剩饭，少吃熏制、腌制、酱制食品。

总结案例

帮助家人养成 5 个健康饮食习惯

如何健康饮食，是人们关注的焦点。随着日常食物的极大丰富，我们不仅要吃得好，更要吃得对！下面五个健康饮食习惯，值得每个人养成。

（1）晚餐早比晚好。因人体排钙高峰期是餐后 4~5 小时，晚餐吃得太晚，不仅影响睡眠、囤积热量，而且容易引起尿路结石。老年人晚餐的最佳时间在下午六七点，而且应不吃或少吃夜宵。

（2）冷水洗肉热水菜。用温水或热水洗肉，不但容易变质、腐败，做出来的肉口感也会受影响。最重要的是，会加速肉中蛋白质、氨基酸和 B 族维生素的流失。与之相反，洗各类果蔬时用温水更好，因温水比凉水更容易去除果蔬表面的农药残留。

（3）凉菜汁蘸着吃。很多人去饭店喜欢点盘拌菜或蔬果沙拉，觉得这样能补充维生素。其实，这些菜中的酱汁反而会给原本健康的菜带来不少热量。最好把调好的酱汁放在一个小碗里，用切好的菜蘸着吃，这样，你需要的酱汁只是原来的 1/6。

（4）生吃洋葱。洋葱含有大量保护心脏的类黄酮，每天生吃半个可增加 30% 的"好胆固醇"。

（5）餐前喝两杯水。饭前喝两小杯水能减少饥饿感和食物摄入量，比节食减肥的效果更明显，餐前饮水的人一天能少摄入近 300 卡热量。

课堂活动

为家人做一顿美味营养餐

一、活动目标

帮助学生重视日常家务劳动，提高个人动手能力和家庭责任感，培养感恩之心。

二、活动时间

建议 45 分钟。

三、活动准备

（1）每名学生根据家人的口味精心准备一道热菜并把制作过程录制后编辑为 90~120 秒的短视频，短视频中要说明（文字/语音）选择这道热菜的原因，菜品制作难点及解决方案，家人品尝后与自己的谈话。

（2）每名学生写一份 1 000 字左右的心得体会。

四、活动流程

（1）教师将学生按照 6~8 人划分小组，组内成员一起观看小组内每个人制作的视频，并对心得体会展开讨论，然后汇总形成本组的心得体会。

（2）每组推选一名代表上台演示自己的视频，并分享心得体会，其他小组可以对其进行提问，小组内其他成员也可以回答提出的问题；通过问题交流，将每一个需要研讨的问题弄清楚。

（3）教师对各组分享进行分析、归纳、总结，引导学生重视日常家务劳动，懂得感恩。

（4）教师根据各组在研讨过程中的表现赋分。

课后思考：

（1）关于家庭常用工具你还了解哪些？一般用途是什么？有哪些使用技巧和注意事项？请举例。

（2）你认为参与家庭厨房劳动对个人成长有哪些价值？请联系具体的劳动场景进行说明。

模块六

学校劳动实践

学习指南

劳动是每个人人生的一门必修课,宋庆龄曾说过:"知识是从劳动中得来的,任何成就都是刻苦劳动的结晶。"只有在一步步劳动中,人们才能找到生命存在的最基本意义。美好的校园靠劳动来创造,劳动与校园活动密不可分,劳育与德育、智育、体育、美育互相交织、有机联系,形成促进人的全面发展的现代人才培养体系。

俗话说"技多不压人",在科技飞速发展的当代社会,新知识、新技术、新工艺、新方法层出不穷,只有过硬的劳动技能方能成就自己"干一行爱一行"的担当。我们的成长成才不仅需要依靠知识和智慧,还需要具有深厚的劳动情怀和正确的劳动价值观。

本模块包括校园清洁和环保行动、义务劳动和勤工助学、专业服务和创新劳动三个项目,主要围绕学校这个场景,构建我们可参与的劳动实践。通过校园劳动实践,增强学生劳动技能,培养热爱劳动、珍惜劳动成果的优良品质和良好的卫生习惯,提高集体荣誉感和高度的责任感,积极地适应未来社会,增强生活的实际本领。

项目一 校园清洁和环保行动

哲人隽语

> 劳动是一种极为复杂的现象,可以揭示人的思想、情感、智力、美感、心理状态、创造精神,揭示教育和自我教育的意义。
>
> ——苏霍姆林斯基

案例导入

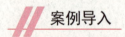

一起动手扮靓校园

2020年年初,一场突如其来的新冠肺炎疫情打乱了全国各地学校的开学节奏,经过全国人民的努力,疫情逐渐被控制,各地开学在即。某大学的大学生小明按规定返校,却发现昔日整洁的校园好像蒙上了一层灰，原来保洁人员还未返校，这让他分外着急，因为接下来的两周，他要和同学们一起备战"全国创新创业大赛"。这样的环境怎么能安心备赛？于是，小明就跟辅导员商量，能不能号召班内已返校同学一起动手美化校园。在辅导员和小明的动员下，同学们都动起来了，通过劳动大扫除，往日干净整洁的校园又回来了！

分析：

"一屋不扫，何以扫天下。"学校是全体师生的家园，保持校园清洁卫生，是校园的重要环节。作为一个求知的场所，必须环境美化，卫生清洁。因为一个干净的校园，会给求知的学生们营造出舒心惬意的学习氛围，也能起到净化心灵的作用。看来，大学生应掌握必要的保洁技能，开展爱校卫生行动，采取积极行动，用双手改变环境。

一、校园清洁

校园由物质环境和精神环境组成，不仅为我们提供了舒适的学习环境，还是校园文化的重要表现形式，需要每个人合力维护。在一个优美、整洁、干净、卫生的生活环境中学习，可以让我们养成良好的卫生习惯，培养劳动观念，增强我们的公德意识，提高文明水准，只有师生共同努力，才能使大学校园达到"清洁、整齐、文明、有序"的标准。

校园清洁的范围一般包括教室、楼道、走廊、图书馆、宿舍、会议室等，这些地方的清洁需要师生共同的付出，保持校园清洁需要从细节做起。

（一）做公共区域环境的维护者

1. 物质环境和精神环境

校园的物质环境主要是指经过人们组织、改造而形成的校容校貌和校园学习环境，具体包括校容、校貌、自然物、建筑物及各种设施等。保持校园物质环境的干净、整洁，不仅能为全校师生营造一个舒适的学习环境，还有利于形成良好的卫生习惯。校园的精神环境是校园的灵魂，是学校师生认同的价值观和个性的反映，具体体现在师生的精神面貌、校风、学风、校园精神、学校形象等方面。积极参与校园精神环境建设，有助于改善校园学习风气，并形成一种积极向上的精神，影响身处其中的每个人。

校园的公共场所卫生一般由学校的专职卫生保洁员负责，除此之外，还需要每个人的努力。校园公共场所的卫生可以按照以下规范执行。

（1）楼道、楼梯：做到地面清洁，无痰迹、无垃圾、无污水。

（2）洗手间、厕所：做到地面清洁，无积污水、墙面干净、上下水畅通、无跑冒滴漏，水池内外干净无污物，大小便池干净无便迹、无异味，水房厕所门干净。

（3）公共门窗玻璃、窗台窗框：做到干净、完好、无积尘。

（4）楼内墙壁顶棚：做到无积尘、无蛛网。

（5）爱护公物，节约水电，所用卫生工具等要妥善保管、谨慎使用，尽可能修旧利废。

（6）垃圾要倒入垃圾桶（箱）内，不能随处乱倒，杜绝焚烧垃圾、树叶等污染环境的现象。

（7）爱护环卫设施，养成良好的卫生习惯，不乱刻画、张贴。

劳动简论

2. 共建无烟校园

大量的科学研究表明，吸烟对人体健康的危害十分严重。世界排名前八位的致死疾病中，便有六种疾病与吸烟有关。据世界卫生组织调查显示，烟草每年使 820 多万人失去生命，其中有 700 多万人直接使用烟草，有大约 120 万人属于接触二手烟雾的非吸烟者。为了预防香烟的危害，我们可采取以下措施达到共建无烟校园目的。

（1）为了自己和他人的生命健康，也为了保护环境，我们应该约束自己，做到不抽烟。

（2）多了解有关吸烟危害的知识，增强自制力，自觉抵制诱惑。

（3）养成良好的习惯，早睡早起不熬夜，保持身体的健康状态。

（4）谨慎交友，远离那些有不良嗜好的朋友，选择一个良好的交友圈。

（5）积极参加控烟健康宣传活动，增强控烟意识，约束吸烟行为。

3. 维护校园环境秩序

为维护良好的校园秩序，营造一个文明、整洁、健康、高雅的校园环境，建设平安校园、和谐校园，根据《高等学校校园秩序管理若干规定》，应遵循以下的校园文明行为规范。

（1）着装整洁得体，仪容端庄。

（2）行为举止高雅，谈吐文明。

（3）爱护学校花草树木，节约用水。

（4）乘坐电梯遵守秩序，先下后上，相互礼让。

（5）遵守学校环境卫生的有关规定，保持学校环境卫生，不随地吐痰，不乱扔杂物。

（6）文明如厕，保持卫生间清洁，爱护其设施。

（7）上课时遵守课堂纪律，候课时不在楼道内大声喧哗。

（8）爱护教室设施，合理使用教学设备，保持干净整洁的教学环境。

（9）汽车、电动车、自行车停车入位，摆放有序。

（10）不在教学楼内的教室、办公室、楼道、楼梯、卫生间等公共场所吸烟。

（11）观看教学展演展示、视听公共课讲座、参加会议等活动时，主动服从现场管理，遵守秩序，爱护礼堂、会议室等设施。

（12）进行教学和汇报演出活动时，合理使用场地及设施设备，降低噪声分贝，防止影响学校周围和居民正常工作和生活。

（13）自觉遵守学校等各项规章制度，尊师爱友、团结和睦，共同营造绿色健康的学习氛围和积极向上的工作环境。

（14）外出参加教学汇报演出、比赛或研学活动时，保障安全、遵守纪律；尊重当地风俗习惯、文化传统；爱护文物古迹、风景名胜、旅游设施。

（15）如遇突发事件，服从学校统一指挥，配合应急处置。

（16）遵守网络信息管理的法律法规和有关规定，维护微信群秩序，自觉抵制不良信息，不传播网络谣言。

（二）做寝室美化的时尚者

寝室是我们学习、生活、休息的重要场所，寝室文明环境直接体现我们的精神面貌和个人素质，直接关系每个人的身心健康。我们应将维护整洁文明的寝室环境内化为自觉追求，外化为自觉行动，达到以下要求。

1. 达到"六净""六无""六整齐"的目标

(1)"六净":地面干净,墙面干净,门窗干净,玻璃干净,桌椅橱干净,其他物品整洁干净。

(2)"六无":无杂物,无烟蒂,无乱挂现象,无蛛网,无酒瓶,无异味。

(3)"六整齐":桌椅摆放整齐,被褥折叠整齐,毛巾挂放整齐,书籍叠放整齐,鞋子摆放整齐,用具置放整齐。

2. 每天应自觉做到"六个一"、自觉遵守"六个不"

(1)"六个一":叠一叠被子、扫一扫地面、擦一擦台面、整一整柜子、理一理书架、倒一倒垃圾。

(2)"六个不":异性寝室不进出,外人来访不留宿,危险物品不能留,违规电器不使用,公共设施不损坏,果皮、纸屑不乱扔。

3. 杜绝不文明行为

在寝室杜绝不文明行为,不养宠物,不在寝室楼内抽烟,不在门口丢放垃圾,不乱用公用洗衣机等。

(三)争做文明的就餐者

我们一日三餐离不开食堂,营造清洁舒适的就餐环境,不仅关系着我们的生活,而且直接体现了我们的整体形象。文明用餐是个人素质的体现,我们要从自身做起,从点滴做起,从身边做起,共同营造良好的就餐环境。文明就餐要做到以下几点。

(1)爱惜粮食,杜绝浪费。节约粮食是尊重他人劳动的表现,也是个人高尚人格的体现。

(2)保持良好的就餐秩序,排队就餐,讲文明、讲礼貌、守公德,言语文明、举止得体。

(3)自觉回收餐具。吃完饭后就把餐具和杂物带到餐具回收处,既减轻了餐厅人员的工作任务,又方便了其他同学。

(4)不要随地吐痰、乱扔餐巾纸和食物残渣,注意自己的仪表、穿着和行为。

(5)爱护餐厅的设施,不蹬踏桌凳,不乱涂,不乱刻,不损坏电器照明等设备,维护公共卫生安全。

(6)尊重餐厅工作人员,不侮辱、谩骂工作人员,发现问题,不吵不闹,逐级反映,妥善解决。

(四)校园清洁的基本操作流程

1. 室内保洁的基本操作流程

(1)进行检查处理。进入室内,先查看是否有异常现象、有无损坏的物品。如发现异常,应先向学校有关部门或老师报告后再开始清洁工作。

(2)进行推尘处理。推尘要按照先里后外、先上后下、先窗后门、先桌面后地面的顺序,先清扫天花板、墙角上的蜘蛛网和灰尘,接着抹窗户玻璃门面的灰尘。实验器材等设备挪动后要原位摆好。

(3)进行擦抹处理。擦抹应从门口开始,由左至右或由右至左,依次擦抹室内桌椅、柜子、讲台和墙壁等。抹布应拧干,擦拭每一件物品时,应由高到低、先里后外。擦墙壁时，重点擦拭门窗、窗台等。

（4）进行整理归置。讲台、桌面、实验台上的主要用品，如粉笔盒、粉笔擦、实验器具等抹净后按照原位摆放整齐。

（5）垃圾清倒处理。按照垃圾分类方法，收集垃圾，并清倒室内的纸篓、垃圾桶，及时更换垃圾袋。

（6）清洁结束后的处理，参与保洁的人员应先确认清扫质量，然后关窗、关电、锁门。

2. 休闲空间和走廊保洁的基本操作流程

（1）检查。进入各种休闲空间后，先查看是否有异常现象、有无已损坏的物品。如发现异常，应先向有关部门或老师报告后再进行清洁工作。

（2）清扫。先用扫把对地面进行清洁，扫去烟头、纸屑、灰尘等。

（3）擦抹。从门口开始，由左至右或由右至左，依次擦抹室内桌椅、柜子、讲台和墙壁等。抹布应拧干，擦抹每一件物品时，应由高到低，先里后外。擦墙壁时，重点擦拭门窗、窗台等。

（4）推尘。用拖把清洁地面，按照先里后外，先边角、桌下后地面的顺序进行推尘作业。

（5）垃圾清倒。按照垃圾分类方法，收集垃圾，及时更换垃圾袋。

（6）整理归置。桌椅、柜子等抹净后，按照原位摆放整齐。

3. 公共卫生间保洁的基本操作流程

（1）天花板的清理。用长柄扫把清扫天花板、墙面、墙角等的蜘蛛网和灰尘。

（2）门窗玻璃门面及墙面的清理。用湿抹布配合刷子清洁玻璃、镜面和墙面上的污迹。

（3）蹲便池和小便池的清理。先用夹子夹出大、小便器里的烟头、纸屑等杂物，然后冲水，再倒入洁厕剂，泡一会儿再用便池刷刷洗。蹲便池、小便池内四周表面及外部表面均要清洗，检查冲水是否正常，有没有堵塞。

（4）洗手盆的清理。用清洁剂和百洁布擦洗洗手盆。从左到右抹干净台面，用不掉毛的毛巾从上到下擦拭镜子；水龙头也要清洗干净，保持光亮。

（5）更换垃圾袋。按照垃圾分类方法收集垃圾并及时更换垃圾袋。

案例 6-1

维护校园环境卫生，我们一直在行动

为给师生营造一个干净、舒适的学习和生活环境，山东省某大学组织全体师生进行了卫生大扫除活动。

淅沥沥的雨点不断从空中落下，但丝毫没有影响同学们高涨的热情。在老师的带领下，同学们全面打扫了教室及包干的卫生区域，清理地面上的污渍，扫除小纸片和杂物，清除图书角、讲台上的粉尘杂物，擦洗黑板、玻璃窗台。

我劳动，我快乐，人人参与，人人动手，挥洒汗水，体会劳动的快乐。那些可亲可敬的辅导员亦在教室内外忙碌着，不怕苦，不怕累，仔细地清理每一个角落。老师们的言传身教，同学们看在眼里、记在心里，教育无处不在、无时不在。校园的每个角落都能看到师生们劳动的身影，到处都是热火朝天的劳动景象。在大家的努力下，整个校园焕然一新。

效率这么高？有秘诀？无他，唯平时坚持耳！

　　校园环境是学校的窗口，是师生精神风貌的集中体现。该大学在不断提高教育教学水平的过程中，充分认识到校园环境建设的重要性，运用多种形式，大力宣传卫生整治的重要性和养成良好卫生习惯的相关知识，并启动卫生互相监督机制，相互监督、相互提醒，发现问题及时纠正，力争不断激励学生养成良好的卫生习惯，增强学生保洁意识，努力营造干净、整洁、文明的育人环境，为美化环境贡献自己的一份力量。

二、环境美化

（一）绿色校园的卫生维护和能源节约

　　1996年颁布的《全国环境宣传教育行动纲要》首次提出了"绿色校园"概念，它将环保意识和行动贯穿于学校管理、教育、教学和建设的整体性活动中，引导教师、学生关注环境问题，让青少年在受教育、学知识、长身体的同时，树立热爱大自然、保护地球家园的高尚情操和对环境负责的精神；掌握基本的环境科学知识，懂得人与自然要和谐相处的基本理念；学会如何从自己开始，从身边的小事做起，积极参与保护环境的行动，在头脑中孕育可持续发展的思想萌芽；让学校里所有的师生从关心学校环境到关心社区、关心社会、关心国家、关心世界，并在教育和学习中学会创新和积极实践。它不仅成为我国学校实施素质教育的重要载体，而且也逐渐成为新形势下环境教育的一种有效方式。

　　"空气清新，环境整洁，楼房林立，绿树环抱"，这种良好的校园环境是实现环境育人的关键，为了给学习创造一个优美整洁的学习生活环境，需要通过多方面的共同努力。不仅要每个人能够养成讲究卫生的好习惯，还要不断增强对校园的环境保护意识，树立"校园是我家，卫生靠大家"的思想意识，养成良好的卫生习惯；并且加强各项卫生制度的落实，做好卫生保持工作，并不断激发自己和同学的爱校荣誉感，使大家能自觉维护校园环境卫生，爱护校园公共设施，自觉做到不乱扔、乱倒、乱吐、乱画、乱张贴。营造人人爱绿化、人人爱校园的良好氛围，创造宜人环境。绿色的校园需要每个人从身边的小事做起，懂得勤俭节约，不浪费水、电和食物，不过度浪费能源，不追求过冷的空调、过高的供暖等。

（二）精神美化

　　环境美化既包括物质的美化，例如校园建筑的设计、绿植的栽培等，也包括精神的美化，即通过文化的建设来美化校园环境。下文主要介绍班级文化建设。

　　班级文化是"班级群体文化"的简称，是作为社会群体的班级所有或部分成员共有的信念、价值观、态度的复合体。班级成员的言行倾向、班级人际环境、班级风气等为其主体标识，班级的墙报、黑板报、活动角及教室内外环境布置等则为其物化反映。班级文化可分为硬文化和软文化。所谓硬文化，是一种显性文化，是摸得着、看得见的环境文化，也就是物质文化，比如教室墙壁上的名言警句、英雄人物或世界名人的画像，摆成马蹄形、矩形、椭圆形的桌椅，展示书画艺术的书画长廊，激发探索未知世界的求知欲的科普长廊，悬挂在教室前面的班训、班风等图案和标语等。而软文化，则是一种隐性文化，包括制度文化、观念文化和行为文化。制度文化包括各种班级规约，构成一个制度化的法制文化环境；观念文化则是关于班级、学生、社会、人生、世界、价值的种种观念，这些观念弥漫在班级的各个

劳动简论

角落，潜移默化地影响着学生；因制度和观念等引发，从学生身上表现出来的言谈举止和精神面貌，则是行为文化。

1. 硬文化的建设

苏霍姆林斯基曾经说过，要使教室的每一面墙壁都具有教育的作用。可见，对于教育而言，一切都可以成为有利的素材，有效的运用空间资源，创设具有教育性、开放性、生动性且安全性的硬文化环境，对于陶冶情操、激活思维、融合师生的情感有着巨大的积极作用。对班级硬文化环境建设的法则是：力求朴素、大方，适合学生，突出班级特点。

（1）要注重教室的卫生。干净的教室不是打扫出来的，而是保持出来的。当我们看到地上有纸屑时就主动捡起来，课桌椅摆放整齐，小黑板、扫帚、水桶理整齐等，每个人都需要树立主人翁的责任感——"教室就是我的家"。

（2）要重视教室的布置。两侧的墙壁可以贴一些字画、标语等；教室的四角，可以把它安排成自然角、科技角、书法角等；后面的黑板报应经常更换，由学生自己排版、策划；教室前面黑板的上方可以挑选一句整个班级的座右铭。教室的布置不能乱，应使各个部分和谐统一。

2. 软文化建设

建设好班级硬文化环境，只是给这个班级做了一件好看的外衣，班级真正的精神体现还要看班级软文化环境的建设。班级软文化环境是班级文化环境的核心，最能体现班级个性，班级整体形象的优劣最终将取决于班级软文化环境是否健康。在班级软文化的建设中，首先可以考虑设计班歌、班徽、班旗等，作为班级的特色标志，增强大家对班级产生认同感和自豪感。其次是班风的建设，这是班级软文化环境建设的重头戏，也是整个文化环境建设的核心部分。良好的班风是无声的命令，是不成规章的准则，它能使大家自觉地约束自己的言行，抵制和排除不符合班级利益的各种行为。班风的激励作用，还能使班级中的每个人精神振作、身心愉悦，人与人之间紧密团结，高度信任，人际关系和谐，班集体由此焕发出无穷的力量和生机。

三、垃圾分类

垃圾分类，是指按一定规定或标准将垃圾分类储存、分类投放和分类搬运，从而转变成公共资源的一系列活动。垃圾分类的目的是提高垃圾的资源价值和经济价值，力争物尽其用。

（一）垃圾分类的背景

党的十九大报告中指出："建设生态文明是中华民族永续发展的千年大计，必须树立和践行绿水青山就是金山银山的理念。""要坚定走生产发展、生活富裕、生态良好的文明发展道路，建设美丽中国，为人民创造良好生产生活环境，为全球生态安全作出贡献。"

随着社会经济发展和物质消费水平的大幅度提高，我国每年垃圾产生量迅速增长，2018年仅生活垃圾总量就增至4亿多吨，这些垃圾不仅形成了环境安全隐患，也造成了资源浪费，成为人民群众反映强烈的突出问题，成为社会经济持续健康发展的制约因素。实行垃圾分类，关系广大人民群众生活环境，关系节约使用资源，也是社会文明水平的一个重要体现。

延伸阅读

垃圾分类的意义

在我国城市和广大农村实行垃圾分类，对于改善人们的生活环境，推动绿色生态发展、建设美丽中国有重要意义，而高校推行垃圾分类，对于培养高素质的社会人才，创建文明、和谐、生态、美丽校园等具有十分重要的意义。

1. 思想革命

实行垃圾分类实际上是一场思想革命与观念转变。由于改革开放和科学技术的进步，工农业生产的高速发展，大面积堆放的"垃圾山""垃圾海"产生。它们难以处理，会影响人们的生产生活，甚至危及人们的健康与安全。所以，实行垃圾分类是一种新事物。但是，因为民众对垃圾分类认识还不到位，要真正实行好垃圾分类，难度很大。

2. 减少占地

丢弃的垃圾越多，侵占的土地也越多。垃圾堆放和填埋都会占用大量的土地，每1万吨的垃圾约占地1亩。目前，我国生活垃圾堆放地侵占土地面积高达5亿多平方米，相当于5万公顷耕地，而我国的耕地面积仅为1.3亿公顷，相当于全国万分之四的耕地用来堆放垃圾。

3. 减少污染

随手丢弃的垃圾露天堆放时，垃圾中的有机物被微生物分解，释放出大量的氨、硫化物、甲烷等气体，产生恶臭和刺鼻气味，垃圾中的塑料膜、纸屑、粉尘和细小颗粒物会随风飘扬，污染大气。目前，我国的垃圾处理多采用卫生填埋甚至简易填埋的方式，占用耕地，并且严重污染环境。土壤中的废塑料会导致农作物减产，而且废塑料被动物误食导致动物死亡的事故时有发生。因此，垃圾分类回收利用可以减少污染危害。

4. 变废为宝

中国每年使用塑料快餐盒达40亿个，方便面碗5亿~7亿个，一次性筷子数十亿双，这些占生活垃圾的8%~15%。1吨废塑料可回炼600千克的柴油；回收1 500吨废纸，可免于砍伐用于生产1 200吨纸的林木；1吨易拉罐熔化后能结成1吨品质很好的铝块，可少采20吨铝矿。生活垃圾中有30%~40%可以回收利用，应珍惜这个小本大利的资源。各种固体废弃物混合在一起是垃圾，分选开就是资源。

（二）垃圾种类

从国内外各城市对生活垃圾分类的方法来看，大致是根据垃圾的成分构成、产生量，结合本地垃圾的资源利用和处理方式来进行分类的。根据《城市生活垃圾分类标志》（GB/T 19095—2019），城市生活垃圾分为可回收物、厨余垃圾、有害垃圾、其他垃圾四类，如图6-1和图6-2所示。除上述四大类外，家具、家用电器

图6-1 四大类生活垃圾

等大件垃圾和装修垃圾应单独分类。

1. 可回收物

主要包括纸类、塑料、金属、玻璃和织物五大类。

（1）纸类：主要包括报纸、期刊、图书、各种包装纸等。但是，纸巾和厕所用纸由于水溶性太强，不可回收。

（2）塑料：各种塑料袋、塑料泡沫、塑料包装、一次性塑料餐盒餐具、硬塑料、塑料牙刷、塑料杯子、矿泉水瓶等。

（3）金属：主要包括易拉罐、罐头盒等。

（4）玻璃：主要包括各种玻璃瓶、碎玻璃片、镜子、暖瓶等。

（5）织物：主要包括废弃衣服、桌布、洗脸巾、书包、鞋等。

这些垃圾通过综合处理回收利用，可以减少污染、节省资源。如每回收 1 吨废纸可造好纸 850 千克，节省木材 300 千克，比等量生产减少污染 74%；每回收 1 吨塑料饮料瓶可获得 0.7 吨二级原料；每回收 1 吨废钢铁可炼好钢 0.9 吨，比用矿石冶炼节约成本 47%，减少空气污染 75%，减少 97% 的水污染和固体废物。

图 6-2　垃圾分类标志

2. 厨余垃圾

厨余垃圾（也称"湿垃圾"），是有机垃圾的一种，包括家庭厨余垃圾、餐厨垃圾、其他厨余垃圾三个小类，具体包括剩菜、剩饭、菜叶、果皮、蛋壳、茶渣、骨头、贝壳等，泛指家庭生活饮食中所需用的来源生料及成品（熟食）或残留物。厨余垃圾经生物技术就地处理堆肥，每吨可生产 0.6~0.7 吨有机肥料。

3. 有害垃圾

有害垃圾指含有对人体健康有害的重金属、有毒的物质或者对环境造成现实危害或者潜在危害的废弃物、灯管、家用化学品、电池等小类，具体品种有荧光灯管、灯泡、电池、水银温度计、油漆桶、部分家电、过期药品、过期化妆品等。这些垃圾一般会单独回收或填埋处理。

4. 其他垃圾

其他垃圾（也称"干垃圾"），指可回收物、有害垃圾、厨余垃圾以外的其他生活垃圾。其他垃圾主要包括砖瓦陶瓷、渣土、卫生间废纸、瓷器碎片等难以回收的废弃物，其他垃圾危害较小，但无再次利用价值，是可回收垃圾、厨余垃圾、有害垃圾剩余下来的一种垃圾。一般采取填埋、焚烧、卫生分解等方法，部分还可以使用生物降解。

另外，生活中还会产生大件垃圾（如沙发、床垫、桌椅等）和装修垃圾（如碎马桶、碎石块、碎砖块、废砂浆及弃料等），应和生活垃圾分开收集，投放至指定场所或预约专门的收集运输单位上门回收。

（三）学校的垃圾分类

作为学校，垃圾分类既是培养高素质人才的需要，也是创建文明、生态校园的需要，是利在当代、功在千秋的事业。

1. 分类模式

根据学校实际情况，按照当地所在省市规定的可回收物、厨余垃圾、有害垃圾、其他垃圾四种类别进行生活垃圾分类。校园施工产生的建筑垃圾、绿化垃圾及实验室危险废弃物垃圾等按照相关规定进行处置，严禁混入生活垃圾投放。

2. 分类与收集流程

学校和个人应当按照规定的时间、地点，用符合要求的垃圾袋或者容器分类投放生活垃圾，不得随意抛弃、倾倒、堆放生活垃圾。

（1）学生公寓宿舍分类收集流程。将宿舍的厨余垃圾滤出水分后装袋投放至室外厨余垃圾桶，不得混入贝壳类、木竹类、废餐具等不利于后期处理的杂质；其他类别垃圾分类装入相应垃圾袋中，并就近投放到室外相对应的分类桶内。

后勤部门负责将厨余垃圾桶内的垃圾在规定时间运至固定的垃圾集中装运点，对接市政厨余垃圾收运车清运，其他种类的垃圾由后勤安排车辆分类收集清运。

（2）教学楼分类收集流程。所属各学院自备符合当地市标准的垃圾分类桶。所属学院劳动周安排学生清扫，按类分别投放到固定的垃圾桶中。

3. 校园公共区域及学院垃圾分类收集流程

公共区域按片区划分，由负责日常打扫的学生将垃圾收集并让保洁员将果皮箱中的其他垃圾、可回收物及有害垃圾通过分类收集车进行分类统一收集、运送到固定垃圾堆放点进行分类投放，后勤安排车辆分类清运。保洁员分类收集，车辆上需张贴相应分类标识。各单位楼栋内垃圾需由保洁人员运送到就近的固定垃圾堆放点进行分类投放，后勤安排车辆分类清运。

劳动简论

▎总结案例

"加减乘除""百十千万"……解码上海垃圾分类一年间

2019年7月1日,《上海市生活垃圾管理条例》正式实施。实施一年间,上海作为首个"吃螃蟹"的城市,在垃圾分类这件"小事"上全民参与、全程发力。上海市绿化市容局局长谈起上海垃圾分类一年间的新特点和新挑战,说了两个词——"加减乘除"和"百十千万"。"加减乘除"改变一座城。垃圾分类能否成功,考验的是市民素质,从"他律"实现"自律"的转变。有法律法规支撑,有市民全员参与,有志愿者全程引导,上海生活垃圾分类的社会氛围越发浓厚。

"加"体现在:资源化利用实现增量,因为分类细致、纯度高、质量有保障,分出的垃圾得到更高效的资源化利用,回收利用率达到35%。

"减"落实在:干垃圾处置量减量和垃圾填埋处置比例降低。

"乘"立足在:垃圾分类社会效益倍增,市民垃圾基本养成分类习惯,居住区垃圾分类达标率从2018年的15%倍增到90%。

"除"着力在:环境污染点大幅减少,撤桶并点、定时投放后,住宅小区环境改善;废物箱减少后,道路公共场所环境卫生保持良好,处置设施污染物排放明显下降。

"十百千万",2 000多万上海市民一条心,破解"垃圾围城",打造绿色生活,只要用心,人人都可以做到。市民从不习惯到习惯,上海推进垃圾分类带来的新变化让人欣慰。"垃圾分类,从我做起",把它从贴在墙上的标语变为全社会的新时尚,需要城市治理精细化,拿出绣花功夫;需要政策执行张弛有道、刚柔并济;也需要市民积极响应、主动配合,才能让我们的城市越来越美好。

上海市民到底多给力?即便在大雨倾盆的早上,撑伞赶来倒垃圾的居民络绎不绝。从一个人的努力扩展到2 000多万人的合力,从一户人家的行动到千家万户的践行,"十百千万"的格局悄然演进。

(摘编自:文汇网,2020年6月29日)

分析: 上海的这场垃圾分类绿色转型不仅引领了"新时尚",提升了城市品质,更释放出环保产业升级的"新动能"。从"新时尚"到"好习惯",百姓是参与者更是受益者。生活中废弃物品的数量和种类越来越多,准确分类投放确实不易。但为了保护地球母亲,造福子孙后代,我们每个人都必须学会并践行生活垃圾分类投放。

▎课堂活动

校园垃圾分类我先行

一、活动目标

践行垃圾分类,为校园垃圾箱制作醒目的垃圾分类小标识,引导校园内师生投放垃圾时主动将垃圾进行分类;培养垃圾分类好习惯,提高团队合作意识。

二、活动时间

建议4~6个小时。

三、活动流程

（1）教师先给学生集中展示垃圾分类方法，让学生熟悉日常生活垃圾的分类方法，动员学生参与校园垃圾分类实践行动。

（2）教师将学生按照6~8人进行分组，每组选出1名组长，教师引导学生确定垃圾分类要达到的目标及垃圾分类行动的区域。

（3）以组为单位确定校园垃圾分类行动计划，制作垃圾分类小标识。

（4）学生分组行动，分配到校园内各个垃圾投放点，组长带领组员将制作的垃圾分类标识张贴到各垃圾投放点的垃圾桶上，引导校园内的师生在投放垃圾分类时主动进行分类。

（5）各组汇报展示活动成果，总结分享劳动收获。

（6）每组选派一名代表与教师一起对劳动成果进行评比，教师根据评审结果进行点评。

课后思考：

（1）通过学习，你认为在校园保洁方面同学们还有哪些地方需要加强？

（2）有人认为，垃圾分类有什么难的，不就是从一个桶分成了四个桶？你认同这种观点吗？请结合你的体会谈谈垃圾分类最重要的是什么？

项目二　义务劳动和勤工助学

哲人隽语

> 人的生命是有限的，可是，为人民服务是无限的，我要把有限的生命，投入到无限的为人民服务之中。
>
> ——雷锋

案例导入

最美快递员汪勇，平凡人中的英雄

汪勇是湖北顺丰在武汉的一名普通快递小哥。新冠肺炎疫情暴发后，汪勇牵头建起了医护服务群，从调配医疗物品、保障医护人员日常出行、协调1.5万份盒饭，再到给医护人员修眼镜、买拖鞋……一个多月来，汪勇成了医护人员的"大管家"。汪勇和他的志愿者团队将温暖聚拢，守护着冬日里逆行的医务英雄。"我做了力所能及的事，我不后悔。"汪勇说。

汪勇的事迹让许多人为之泪目，也让更多人感受到一名普通80后快递小哥的无私与无畏、担当与奉献。汪勇和他的志愿者团队就像一团火，在这个寒冷的冬季给人们带来温暖和希望，鼓舞人们奋勇战胜疫情。

汪勇的优秀表现也激励和带动着更多顺丰员工积极投身抗疫工作。湖北顺丰相关负责人介绍说，战"疫"期间，湖北顺丰有超过4 000名快递小哥勇冲一线，为保障物资运送

劳动简论

作出贡献。近日，湖北顺丰对 25 名在疫情期间奋勇拼搏、彰显担当的优秀员工予以火线提拔，其中汪勇更是被跨等级提拔为硚口分公司经理。

（摘编自：新华网，2020 年 3 月 2 日）

分析： 汪勇在疫情期间选择义务劳动，主动投身没有硝烟的战场，把个人安危置之度外，共战疫情、共克时艰、守望相助的行为值得每个人学习。正如湖北顺丰的负责人所说："关键战役是优秀员工试金石，表现出色员工，如同大火淬炼出的真金，是企业的财富。"

义务劳动是一种赠人玫瑰手有余香的行为，我们只有从身边的小事做起，从自己做起，能为他人着想，心存社会公德，真正起到先锋模范作用，未来才经得起艰难困苦的考验，肩负起时代重任。

一、义务劳动概述

（一）义务劳动的概念

义务劳动，也称志愿劳动，是指不计定额、不要报酬、自觉自愿地为社会劳动。义务劳动，虽然只比劳动多了义务二字，但蕴涵了更大的能量与意义。《劳动法》第六条是国家对劳动者提倡、鼓励行为的规定，其中提道："国家提倡劳动者参加社会义务劳动。"《现代汉语词典》对"义务劳动"一词的解释是："自愿参加的无报酬的劳动。"而"社会义务劳动"是指社会公益活动，具体一点，就是有关卫生环境、抢险救灾、帮贫扶弱等群众性福利事业的义务劳动，这种劳动是完全建立在劳动者主动性、自觉性的基础上，体现的是劳动者崇高的社会责任感和高尚的品德。它与劳动者在劳动关系范围内的法定劳动义务不同。对于社会义务劳动，《劳动法》在其规定中也只是提倡，并没有强制性要求，作为劳动者，可以参加也可以不参加，这取决于劳动者本人的思想境界，是属于道德范畴的问题。

（二）义务劳动的意义

义务劳动涉及方方面面，大至国家，小至家庭。中华民族的伟大复兴以及中国梦的实现需要义务奉献牺牲精神，新时代目标任务的实现需要义务奉献牺牲精神，社会和经济发展需要全体人民发扬牺牲奉献精神，做一个品德高尚的人需要奉献牺牲精神。义务劳动，是这种精神的行为表现，它不可能像物质财富那样通过简单的购买和继承方式来获得，具有不可转让性。

1. 提升劳动素质

面对日趋激烈的国际竞争，一个国家发展能否抢占先机、赢得主动，越来越取决于国民素质特别是广大劳动者的素质高低。素质是立身之基，技能是立业之本。大学生参加义务劳动，可以提高文明素质和道德水平，培育"民生在勤，勤则不匮"精神和责任意识，树立正确的人生观、价值观和世界观，从而促进自身的全面发展，是一个知行合一的过程。

2. 强化德育实践

学校是培养社会主义建设者和接班人的殿堂，劳动是财富、幸福的源泉。勤于劳动、善于创造是中华民族最为鲜明的伟大品格。作为当代大学生，我们应积极参加义务劳动并在实践中提升自己；学校也应配合大力宣传义务劳动事迹，营造良好的氛围。学校开展义务劳动是贯彻党的教育方针和对学生进行德育教育的重要内容之一，它有利于增强学生的劳动观念、集体主义观念，有利于培养学生爱护公共财产的意识，有利于促进班风、校园文明建设。

3. 促进个人全面发展

义务劳动能使肌体充满活力，促进身体发育；义务劳动，不论是体力劳动还是脑力劳动，要做出努力、耗费精力，要取得劳动成果，需要有顽强的意志和坚韧不拔的毅力，因而可以培养自信心、责任心、情感和意志等思想品质；每个人从义务劳动中培养起尊重劳动、热爱劳动、尊重劳动人民的品质，认识到劳动没有贵贱之分，只要是劳动，就能为社会增加财富，就是为社会服务，从而养成劳动光荣、不劳可耻的思想品德；义务劳动有利于培养创造意识和创新精神，义务劳动中既要动手，又要动脑，是一种创造性活动。

总之，义务劳动不仅能培养生活技能，而且能促进体力发展和智力发展，培养创新精神和实践能力，养成尊重劳动的思想品德。

（三）让义务劳动教育成为一种价值召唤

在观念层面，大力提倡义务劳动精神要凸显综合性与统领性，让义务劳动教育成为一种价值召唤。义务劳动教育并不狭义地指体力劳动、志愿服务或直接的生产劳动，而是基于志愿服务、体力劳动与物质生产劳动的实践活动。在家庭生活之中体现为自理、自立的独立生活活动，在职业生活中体现为通过自己力所能及的各种劳动获取物质生活资料的活动，在社会生活中体现为丰富多样的为社会作出应有贡献的公益性活动，在学校学习之中体现为与具体的学科知识相联系的实践和能够化知识为能力与智慧的活动。义务劳动教育不是社会、学校或家庭单方面的事情，而是这三个教育渠道相互配合、密切联系、各司其职的整体性教育。

（四）让义务劳动成为一种积极的生存方式

在实践层面，要强化激励性与基础性，让义务劳动成为一种积极的生存方式。义务劳动教育不是刻意、强制的观念和行为，而是依存于自觉意识、自觉追求和自觉行为过程中的。但是，义务劳动教育又无时不在、无处不在，它必须渗透教育的各个环节、各个方面，成为整个教育的基础和归宿。因此，我们应该把义务劳动的理念和行为渗透到生活、学习、工作的各个环节中，使之成为一种生存方式。

在社会中，凡事以利益活动为主，以经济发展为先。但社会义务劳动，其主要目的并不是创造物质财富，而是营造精神氛围，这对于社会发展而言有重要的意义。一个国家，需要人民自主自发的奉献，需要人民自愿地为国家劳动。社会义务劳动既然是一种劳动，就必然存在着各种生产要素的合理组织与利用的问题，投入与产出的比较仍然是衡量它有效与否的根本标准。一直以来，各界群众都以不同形式或多或少地参加义务劳动，为社会作出了应有的贡献。

案例 6-2

新时代"036"事迹

在北京各火车站里活跃着一群助人为乐的铁路员工，他们是北京铁路分局先进集体的成员。长年来，他们学雷锋做好事，把温暖送给南来北往的旅客。"036"最早是北京北站一

劳动简论

个普通服务员的胸牌号,由于她的热情服务,旅客们记住了 036 这个号码,其荣誉榜如图 6-3 所示。现在,它已是一个响亮的优质服务品牌,成为"诚心待客,真心助人"的代名词。目前,036 文明服务群体成员已经达到 1 250 名,多年来共帮助困难旅客 100 多万人,收到群众表扬信 23 000 多封。

图 6-3 "036"荣誉榜

二、勤工助学的内涵和意义

勤工助学是指学生在学校的组织下利用课余时间,通过劳动取得合法报酬,用于改善学习和生活条件的社会实践活动。在我国,勤工助学是贯彻教育与生产劳动相结合的一种教育经济活动,勤工助学对于推动学生素质教育,构建新的人才培养模式,促进学生成长成才有着重要意义。

(一)勤工助学的内涵

勤工助学源于"济困",通过"俭学"来达到完成学业的目的,随着社会进步和对人才需求标准的提升,我国中高职学校和大学的勤工助学工作已由以"济困"为主的阶段过渡到"济困与成才相结合"的社会实践阶段,越来越多的学生把勤工助学作为主动适应社会、参与社会实践、提升自身综合素质和能力的有效手段,勤工助学的内涵也越来越丰富、充实,完成了从纯粹"经济功能"到"人的全面发展教育功能"的转化。

1. 功能上由单纯解困向助困育人发展

如今,随着市场经济的发展和高等教育体制的改革,社会对复合型人才的需求不断扩大,学生价值观念和社会取向也在发生变化,成才意识日渐增强,勤工助学活动作为一项特殊的社会实践活动,其功能、内涵和作用不断得到拓展和延伸,育人功能更加突出。

2. 对象上由家庭贫困学生向全体学生发展

随着勤工助学活动的深入发展,学生们对勤工助学活动的多重功能有了更深入的理解,一些非贫困学生从实践锻炼的角度出发,主动加入勤工助学活动,参加勤工助学的学生群体由贫困学生和非贫困学生共同组成。

3. 类型上由普通型向专业型发展

学校在开展勤工助学活动的过程中，更加注重开发学生智力，发挥专业特色和优势，提高人才培养质量，学生参加勤工助学活动由主要从事劳务型、服务型、事务型工作岗位逐渐向从事专业型、技术型、管理型工作岗位转变，实现了专业学习、能力培养和经济资助三者的有机统一。

4. 形式上由个体自发向集体组织发展

过去学生参加勤工助学往往呈现自发性、分散性的特点，存在一定的安全隐患，合法权益容易受到侵害。目前，学校普遍建立了统一的管理和服务机构，制定了详细的管理规定和运行机制，同时注重勤工助学基地建设，积极拓展勤工助学市场，使勤工助学有了更加广阔的发展空间，为学生创造了良好的勤工助学环境。

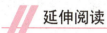
延伸阅读

勤工助学的相关政策要求及权益保护

1. 活动管理

学生在学有余力的前提下，向学校提出勤工助学的申请，接受必要的勤工助学岗前培训和安全教育，再由学校统一安排到校内或校外的岗位上进行勤工助学活动。学校不得安排学生参加有毒、有害和危险的生产作业，以及超过身体承受能力、有碍健康的劳动。任何单位和个人未经学校同意，不得聘用在校学生打工。

2. 时间安排

学生参加勤工助学不应当影响学业，原则上每周不超过8小时，每月不超过40小时。

3. 劳动报酬

学生参加校内固定岗位的勤工助学，其劳动报酬由学校按月计算。每月40个工时的酬金原则上不低于当地政府或有关部门制定的最低工资标准或居民最低生活保障标准，可以适当上下浮动。学生参加校内临时岗位的勤工助学，其劳动报酬由学校按小时计算。每小时酬金原则上不低于8元人民币。学生参加校外勤工助学的酬金标准不低于学校所在地政府或有关部门规定的最低工资标准，具体数额由用人单位、学校与学生协商确定，并写进聘用协议。

4. 权益保护

我们在开始勤工助学活动前应当与有关单位签订协议，保护自身的合法权益。我们在进行校内勤工助学前，应当与学校的学生勤工助学管理服务组织签订具有法律效力的协议书。我们在进行校外勤工助学前，应当与代表学校的学生勤工助学管理服务组织、用人单位签订具有法律效力的三方协议书。协议书应当明确学校、用人单位和学生三方的权利和义务，意外伤害事故的处理办法以及争议解决方法等。

（二）勤工助学的意义

1. 勤工助学实现了"济困"的功能

目前大学中很大一部分时间是由学生自由支配的，勤工助学能够让贫困学生在业余时间展示其价值，通过自己的劳动来获取报酬，缓解经济压力。同时，勤工助学能帮助贫困学生

劳动简论

缓解经济压力，是实现"济困"的重要手段。

2. 勤工助学锻炼了当代大学生的思想品格

当下，90后、00后大学生普遍害怕吃苦，缺乏服务精神和团队意识，责任意识不强。勤工助学实践活动能够让大学生感受到生活的艰辛，懂得什么是责任和担当，明白什么是感恩和奉献，有利于树立自信心，形成劳动光荣的观念，有利于树立正确的人生观、世界观和价值观。在团队中学会面对激烈的竞争，提高大学生的心理承受能力，培养危机意识。同时，在长期的勤工助学实践中，能够培养大学生的自我约束力、劳动意识和职业道德，这些都将成为大学生以后人生路上的宝贵财富。

3. 勤工助学提高了大学生综合能力和素质

通过勤工助学实践活动，大学生的学习能力、社会能力及内省能力都能进一步提高。从校内岗位到校外岗位，从懵懂跟从到独立选择，从忐忑上岗到独当一面，大学生的实践能力、创新意识和独立分析问题解决问题能力等明显提升。大学生可提前接触社会，了解社会规则，调整自己的预期，改进自身不足，契合社会需求，团队意识、自律能力、心理素质得以提升，社会适应能力显著提高。另外，通过勤工助学，大学生的学习能力和专业素质也得到了增强，可以把学到的专业知识很好地运用到实践中去，边学习边实践，不仅可以让自己的专业知识更扎实与稳健，同时还可以从专业出发去扩展专业相应的特长，增加个人能力。

4. 勤工助学增强了大学生创新创业能力

勤工助学能引导带动大学生从课堂到课外，从学校到企业，从学生到职员，从兼职到就业创业，开阔视野。大学生在自己熟悉的领域经过长期实践已趋于理性，从创新的角度重新审视身边的各种资源，寻求资源的更佳配置，谋求更大的发展。大学生在勤工助学过程中容易迸发出创新想法和创业激情，结合团队管理、项目运作、人际管理、目标管理等，进入一个融会贯通、将所学所思转化为所想所为的新境界，创新创业能力大大提升。

5. 勤工助学促进了大学生就业

勤工助学能够不断提升大学生的管理组织能力和为人处世能力，使大学生的职业素质和职业能力全方位提升，帮助大学生储备优质就业和自主创业所需要的身心素质和技能。

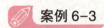

案例6-3

勤工助学助力脱贫攻坚

2019年8月21日是蒋文杰等11名大学生"村官"丰收的日子，因为他们在这一天结束了在富宁县某村委会为期一个多月的勤工助学活动，可谓是收获满满，体验多多，也得到了自己相应的助学金，解决了部分上学费用的问题。与一般大学生"村官"不一样的是，他们都是大学在读学生，利用暑假他们同大家一起积极参与村委会中心工作，组织小队进村入户进行卫生清洁、殡葬、感恩教育、脱贫攻坚等宣传工作，同学们都得到了锻炼，村上各项工作也得到了很好的完成。

(三)勤工助学的岗位及应聘

1. 勤工助学岗位设置及要求

校内岗位包括学校各类机构的办公室助理、技术助理、图书馆工作人员、校内会议临时工作人员及一些学生机构的岗位。校外岗位主要包括展会翻译、员工培训、商场导购，以及家教岗位（学生家教、成人家教、班教）等。《高等学校学生勤工助学管理办法》要求，勤工助学活动必须坚持"立足校园、服务社会"的原则，勤工助学要达到既向学生提供经济资助，又锻炼学生实践能力的目标。

要促进勤工助学岗位做到劳务型和智力型相结合，实现内容的多层次化。首先，结合大学生的年级和专业特点，充分发挥大学生的知识和技能，提供智力型勤工岗位，还可以与有关科研工作相结合，这既有利于老师科研课题的完成，又有利于大学生巩固知识、锻炼能力，特别是实验类型的科研项目，更能增加大学生的兴趣，培养科研态度和科研能力。其次，勤工岗位可以向服务型方向发展，对于不同阶段、不同需求的大学生进行协调安排。因为相对智力型的工作而言，基层的服务型工作不仅可以培养我们待人接物的能力，还有助于我们更好地了解社会、适应社会。再次，勤工助学模式由传统型向创业型转变，是高校资助工作的内在要求和必然趋势。创业型勤工助学模式是指学校提供资金、场地支持，专业教师提供指导，通过校企合作，创建以学生为主体、由学生自主经营管理的勤工助学实体。大学生既能通过创造性的劳动获取一定的报酬，同时还能参加专业实习和创业实践活动，提升专业技能和综合实践能力。创业型勤工助学让大学生潜移默化地接受创新创业教育，形成"学生主导、教师指导、学生参与"的勤工助学与创业实践相结合的运行模式，推动资助形式的多样化发展，形成"资助—自助—助人"的良性循环，实现高校勤工助学的育人功能。

勤工助学的主要目的是帮助学生顺利完成学业，故在完成勤工助学任务的时间安排上，更倾向于利用学生的课外休息时间。这样的安排基本不会耽误大学生在学校的学习生活，不妨碍课堂理论知识学习、实践专业技能掌握等方面的技能形成。同时，还能够培养学生的办公能力、人际交往能力和合理的时间规划能力。勤工助学的最大特点就在于有偿性，主要是大学生依靠双手和辛勤的劳动获得相应的报酬。

2. 勤工助学岗位应聘技巧

勤工助学岗位应聘应该做好充分准备，根据岗位说明书准备应聘材料。递交书面申请后及时询问、确认面试时间。面试中涉及的常见问题如下：大学期间的学习情况，如专业排名、获得奖学金、家教、兼职经历、学习紧张程度、空余时间等。我们要根据这些基本问题做好充分的准备，对这些问题尽量回答，对于自己应聘的岗位谈谈认知。其次，在着装和文明礼貌方面还要精心准备，增加印象分。在语言表达方面，不要使用口头禅。在自我介绍时就实现自己的特点。

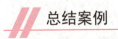

总结案例

交大标兵：勤工助学，自己交学费，成绩第一被保研

专业成绩第一、连续两年获国家奖学金、获全国大学生数学建模一等奖、美国大学生数学建模二等奖。此外，他还是乐于助人的公益之星，是体测成绩"101分"的运动达人。他最骄傲的，是自高考结束通过勤工助学，独立承担了自己所有学费。他就是西安交

劳动简论

通大学（简称交大）优秀学生标兵、能动学院学生吴思远。

（1）学优才赡。他说，主修学科是"智"的基础。他15个单科成绩95+，90+的科目有27个，以能动专业第一的成绩保研至西安交通大学制冷与低温工程系，继续自己的追梦之旅。

（2）英才卓跞。他说，学术竞赛是"智"的提升，科研训练是"智"的实践。在全国大学生数学建模竞赛中，作为队长，他负责从写作、建模到编程的绝大部分工作，寒暑假，他留校培训三个月，共完成7篇建模论文，包括2篇英文论文，最终斩获国家一等奖。同时获得美国大学生数学建模竞赛二等奖，又在本科生项目设计、横向课题、大学生创新创业项目中大放异彩。

（3）厚德弘毅。他说，付出即是"德"，奉献即意义。价值不在"德"本身，在乎有利于人。

吴思远热爱公益，参与各项公益服务活动，大学三年累计志愿工时超400小时。他参与彭康学导团建设工作两年，完成了高级数学、线性代数、概率论的资料编写，累计发放量超2 000份，他也是学导团高数答疑志愿者，两年来帮助同学提高学业成绩。他说，做公益这件事情，并不是每个人都会认可你，但是你还是要坚持做下去，因为你是去做一件你感觉很有意义的事情，在未来的某一天，你的付出会得到别人的认可和尊重。

（4）磨炼意志。他说，身"体"力行，磨炼意志。"劳"亦是苦，"劳"亦是甜，虽难达济天下，但能独善其身。他坚持跑步三年，总路程超过1 000千米。大二时，体测超百加分1，千米跑超满分15秒。在各个跑步赛场，也总能看到他的身影。他参与勤工俭学三年，负责校园绿化管理工作，工作总时长超过400小时。他独立自强，每周带三个家教，自高考结束，他就独立承担自己所有的学费。

分析：勤工助学成为大学生实践活动的重要环节，它可帮助大学生顺利完成学业，及时而又满意地就业或更好地创新创业。大学生都可以在学有余力的情况下积极参与勤工助学行动，学习与实践相结合，为自己未来走向社会奠定一定基础。

课堂活动

我劳动 我光荣——义务劳动扮美社区

一、活动目标

通过义务劳动，给学生上一堂精神文明实践课，一方面锻炼学生吃苦耐劳的品质，另一方面让学生体会劳动的乐趣，增强学生维护环境卫生的自觉性。

二、活动时间

建议6~8小时。

三、活动准备

（1）教师及学生代表在学校附近考察一个社区，联系社区负责人，获得社区的同意与支持，并根据实地考察结果整理一份社区卫生清洁需求。

（2）学生代表根据社区需求商讨确定此次活动的策划方案，以整理清扫社区公共设施、公共区域为主要任务。

(3) 同学们与教师一同商讨策划方案，敲定最终方案。

四、活动流程

(1) 按照策划方案，根据不同任务类型及任务量进行人员分组，一般4~6人一组。

(2) 任务执行过程中，根据社区居民建议灵活调整，完善任务内容。

(3) 任务完成后，邀请社区负责人及居民代表进行社区清扫结果的评价。

(4) 活动结束后，每位同学写一篇活动心得体会。

(5) 每组推荐一名同学汇报本次活动收获。

(6) 教师对本次活动进行总结与评价。

课后思考：

(1) 你参加过哪些义务劳动？请列举，并谈一下参加每项义务劳动的收获。

(2) 你会在学习之余适当参加一些勤工助学工作吗？为什么？谈谈自己对勤工助学意义的理解。

项目三　专业服务和创新劳动

创新就是创造性地破坏。

——熊彼特

他们在故宫修文物

当我们游览故宫，在千百年前的文物建筑前驻足叹息时，也许从未想到，有这样一个职业群体——他们每天就在故宫博物院的黛瓦红墙里工作，与古典文物朝夕相处，甚至在这些文物身上"下刀子"。他们，就是故宫的文物修复工作者。

在大机器工业时代，虽然生产技艺不断提高，但是修复技艺仍需要一代一代的师徒传承。故宫博物院的修复部门包括青铜、木器、漆器、书画、镶嵌、织绣、钟表等多个部门。他们运用最先进的科学技术和最扎实的手工修复技艺，让一件件文物尽可能地恢复原貌。因为文物修复过程通常是不可逆的，所以在这个过程中，他们既要胆大心细，选择最恰当的方式进行修复，避免对文物造成"二次损坏"。同时，又要尊重原创，还原文物本来的面貌。文物修复一旦与历史原貌脱节，便失去了它应有的历史价值。

分析： 故宫中的文物修复工作者都是有血有肉的人，他们是平凡生活中的平凡人，运用自己在文物修复方面的专门知识来修复一件件文物，让人们一睹千年文物的原貌。大历史，小工匠；择一事，终一生，在平凡的岗位上做着不平凡的工作。

劳动简论

一、专业服务

（一）专业服务的概念和类型

专业服务，是指某个组织或个人，应用某些方面的专业知识和专门知识，按照客户的需要和要求，为客户在某一领域内提供特殊服务，其知识含量和科技含量都很高，是已经获得和将要继续获得巨大发展的行业。

专业服务一般可以分为生产者专业服务和消费者专业服务，具体包括：法律服务，会计、审计和簿记服务，税收服务，咨询服务，管理服务，与计算机相关的服务，生产技术服务，工程设计服务，集中工程服务，风景建筑服务，城市规划服务，旅游机构服务，公共关系服务，广告设计和媒体代理服务，人才猎头服务，市场调查服务、美容美发服务和其他。

（二）专业服务的特征

一是专业服务由组织或个人应用某些专业知识和专门知识或者大量的实践经验来为客户或消费者提供某一领域的特殊服务。

二是专业服务是知识和科技含量很高的服务，是少数专业人士提供的特殊服务。专业服务来自组织和组织之间、个体和个体之间的直接接触。专业服务所提供的服务是与消费同时进行的，供方和收方同时在供应和消费中得到新的利益。许多专业服务提供者与专业服务消费者需要在同时同地完成服务交易。

三是专业服务具有技术化、知识化的特征，使高素质的人士成为国际竞争的核心。专业服务在服务提供方和服务接受方之间会形成一种委托代理关系，这种委托代理关系以契约或签订服务协议的方式固定下来。因此，专业服务是以契约为纽带提供的服务，对法律的依赖程度相当高。

二、科技活动

科技活动指所有与各科学技术领域（如自然科学、工程和技术、医学、农业科学、社会科学及人文科学）中科技知识的产生、发展、传播和应用密切相关的系统活动。它包含两个方面的含义，第一，这些活动必须集中于或密切关系到科技知识的产生、发展、传播和应用；第二，这些活动是在自然科学、工程与技术、医学、农业科学、社会科学及人文科学领域内进行的。要积极参与科技活动，可以培养自身科技创新精神和创新能力，培养主动学习、不断追求新知识的精神和善于独立思考问题、科学思维的习惯，提高勇于实践、勇于创新的能力。

（一）类型

科技活动可以分为三类：研究与试验发展活动、研究与试验发展成果应用活动和成果应用技术推广与科技服务活动。

1. 研究与试验发展活动

研究与试验发展活动指为增加知识的总量（包括人类、文化和社会方面的知识），以及运用这些知识去创造新的应用而进行的系统、创造性工作。研究与试验发展的基本要素一是具有创造性，二是具有新颖性，三是运用科学方法，四是产生新的知识或创造新的应用。只有同时具备这四个要素，才是研究与试验发展活动。

在上述条件中，创造性和新颖性是研究与试验发展的决定因素，产生新的知识或创造新的应用是创造性的具体体现，运用科学方法则是所有科学技术活动的基本特点。

2. 研究与试验发展成果应用活动

研究与试验发展成果应用活动指为使试验发展阶段产生的新产品、材料和装置，建立的新工艺、系统和服务，以及进行实质性改进后的上述各项能够投入生产或在实际中运用，解决所存在的技术问题而进行的系统活动。它不具有创新成分，研究与试验发展成果应用这一分类只用于自然科学、工程和技术、医学和农业科学领域，其特点是：一是目的是使试验发展的成果用于实际解决有关技术问题；二是运用已有知识和技术，不具有创新成分；三是成果形式是可供生产和实际使用的带有技术、工艺参数规范的图纸、技术标准、操作规范等。

研究与试验发展成果应用不包括建筑、邮电、线路等方面的常规性设计工作，但包括为达到生产目的而进行的定型设计和试制，以及为扩大新产品的生产规模和新工艺、新方法、新技术的应用领域而进行的适应性试验。

3. 成果应用技术推广与科技服务活动

成果应用技术推广与科技服务活动是指与研发活动相关并有助于科学技术知识产生、传播和应用的活动，包括为扩大科技成果的适用范围而进行的示范推广工作；为用户提供信息和文献服务的系统性工作；为用户提供可行性报告、技术方案、建议及进行技术论证等技术咨询工作；自然、生物现象的日常观测、监测，资源的考察和勘探；有关社会、人文、经济现象的通用资料的收集，如统计、市场调查等，以及这些资料的常规分析与整理；对社会和公众的科学普及；为社会和公众提供的测试、标准化、计量、质量控制和专利服务，但不包括企业为进行正常生产而开展的这类活动。

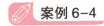

案例 6-4

人工智能在日常生活中应用的典型案例

听到有关人工智能（Artificial Intelligence，AI）的新闻时，多数人的第一反应是：与我无关，可是实际上，人工智能迟早会出现于人们生活的方方面面，只不过是时间的问题。为此，本文整理总结了当下日常生活中应用人工智能的最佳案例，如图 6-4 所示。

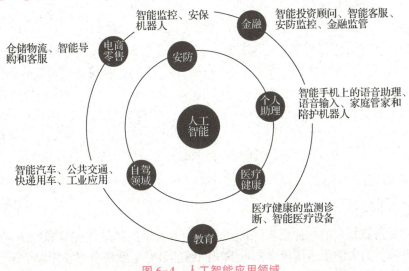

图 6-4　人工智能应用领域

劳 动 简 论

1. 使用面部识别码打开手机

现在人们所使用的手机多为智能手机，采取的解锁方式是生物识别技术，如人脸识别，也就是每天大家都在利用人工智能技术来启用该功能。举例来讲，苹果手机的 Face ID 可以 3D 显示，它照亮你的脸并在脸上放置 30 000 个不可见的红外点，以此捕获脸部图像信息。然后，它使用机器学习算法将脸部扫描与脸部扫描存储的内容进行比较，以确定试图解锁手机的人是否为本人。苹果表示，欺骗 Face ID 的机会是百万分之一。

2. 社交媒体

人工智能不仅在幕后工作，使得你能在订阅源中看到个性化的内容（因为它基于过去的历史了解了哪些类型的帖子最能引起你的共鸣），还可以找出朋友的建议，识别和过滤虚假新闻，利用机器学习的方式正在努力防止网络欺凌。

3. 发送电子邮件或消息

如今这个社会中，人们传递消息的方式有多种，相对比较正式一点的是邮件传送，在邮件撰写的过程中，可能会出现一些错别字，在这个时候可以激活诸如语法检查和拼写检查之类的工具，以帮助检查邮件中的书写错误问题，这些工具使用人工智能和自然语言处理。除此之外，对于垃圾邮件的过滤也应用到了人工智能技术，更重要的是，防病毒软件也是使用机器学习来保护电子邮件账户。

4. 搜索引擎

当人们遇到不懂的知识点时，最常用的就是百度等搜索引擎，来进行相关问题答案的寻找。不过，在这里需要注意的是，若是没有人工智能的帮助，搜索引擎无法扫描整个互联网并提供您想要的东西。同时，对于网页中那些实时出现的广告，同样也是由人工智能来进行启动的，只不过这些广告多数基于你自己的搜索历史记录，从而能进行"个性化"推送，目的是让你认为，算法能将你看重的项目放于眼前。

5. 智能导航

人工智能在日常生活的一大体现是支持旅行辅助工具，不仅包括百度地图和其他旅行应用程序等通过人工智能技术进行交通状况的实时监控，同时还可以为你提供实施的天气情况等，从而更好地规划出行路线。

6. 银行业务

现在银行系统可以采用多种方式部署人工智能，对交易中的安全性和检测欺诈行为有很大的帮助。举例说明，若是你通过手机进行扫描来存入支票，收到余额不足的警报时，就可以登录到网上银行账户进行查询，这里就是 AI 在幕后起作用。如果您在午餐时间去商店购物并购买新裤子，人工智能将验证这次的交易行为，以确定这是一个"正常"的交易，以免有未经授权的人使用你的信用卡。

如此，如果没有 AI 的帮助，很难想象我们的日常生活和工作会变得怎么样。

（摘编自：搜狐网，2019-12-25）

（二）学校的科技活动

科技活动是科技教育的一种重要形式，是每一个大学生都应该体验和经历的学习方式，是打通学科界限，给大学生运用所学知识解决问题的最好实践机会。它面向全体大学生，让所有大学生都能参与到科技活动中，动手动口又动脑，能够更好地激发和培养大学生的科技

168

创新意识。大学的科技活动主要分为三个层面：国家级的竞赛项目；省、市、县一级的竞赛项目；学校的科技活动。大学的科技活动内容丰富、形式多样，具有个性化，可以为学生提供更多展示才能的机会。

大学科技活动的场所主要包括课堂和课外活动场所。由于空间的局限性，教室很难为创新思维的发展提供足够的创造空间和材料，因此要重视学校组织的科技活动，如走进科技馆、走进企业、走进高新技术基地等，帮助大学生独立进行探索或创造活动。

三、创新创业

（一）创造是人类劳动的本质特征

人的劳动是有意识、有创造性的活动，是创造性劳动与机械性（重复）劳动的统一。在人类社会发展过程中涌现出许多创造性劳动，不同时期的创造性劳动有不同的特点。早期的一般创造性劳动仅仅表现为劳动工具和生产方法的一般进步。工业化以来形成重大创新的创造性劳动则产生了重大的技术变革，为工业化的发展提供了动力源泉。当代飞速发展的创造性劳动，促进了科学理论的新突破，推动了一系列新原理、新学说的诞生和网络技术、信息技术、生物工程技术等一系列新技术的飞跃式发展。

1. 创造性劳动的内涵与特征

一般认为，创造性劳动的内涵可以阐述为：在创造性思维的支配下，具有科学知识和科学技术的劳动者，通过创造发明来改变人类与自然的物质交换过程，打破生产要素组合的均衡状态，形成新的劳动要素组合和新的劳动程序，使人类劳动在前所未有的程序上进行，从而创造人类物质财富和精神财富的生产活动。

创造性劳动的特征有以下几点。

（1）新颖性，创造性劳动的产品（包括知识与技术）过去从来没有被公开使用过或者以其他方式为公众所知。

（2）价值性，创造性劳动在创造价值上表现为乘数效应，与一般性劳动相比对产品价值的贡献要大得多。

（3）风险性，创新意味着挑战和风险，创新与风险相伴相生，一切创新都是在战胜风险中实现的。

2. 创造性劳动的价值

（1）创造性劳动是人类进化的决定因素。人的劳动是有意识的、具有创造性的活动；动物的行为则是无意识的、条件反射的活动。这一根本区别，就决定了人有不断发展的前景，而动物则只有变化的可能。在漫长的历史时期，人类在重复性劳动上所取得的创造性进步微乎其微，近代以来，人类劳动向高级形态发展，最主要的标志是创造性劳动的数量和水平增长。正是创造性劳动，构成了社会生产力进步的核心内容，并驱使经济和社会关系不断演变。

（2）创造性劳动是经济社会发展的主要动力。近代以来，创造性劳动的质和量出现大的增长，引发科技革命，导致社会分工迅速发展，又引起了社会经济生活的一系列变化。资本积累开始从货币资本积累向知识资本积累转变，科学技术的贡献率越来越大。在现代社会，有价值的创新发明，往往比货币资本更重要、更难得。我国提出建设创新型国家的战

劳动简论

略,大力发展创造性劳动,推进科学技术发展和自主技术创新,就是要使我国经济竞争力的内涵,从以低成本、低收入的重复性劳动为主,尽快过渡到以高收益的创造性劳动为主。

（3）创造性劳动是个体发展的本质追求。从客观层面来看,劳动始终是人类生存的手段;但从主观层面上看,人们还把劳动当作自己生活中不可缺少的一种活动。人类社会发展必然走向以机器取代全部或大部分重复性劳动的阶段,使人类从繁重的、烦琐的体力劳动中解放出来,到那个时候,劳动不再是简单的谋生手段,而是寻求幸福与自由的第一需要。

（二）创新与创新思维

1. 创新

创新是指以现有的思维模式提出有别于常规或常人思路的见解,利用现有的知识和物质,在特定的环境中,本着理想化需要或为满足社会需求,而改进或创造新的事物、方法、元素、路径、环境,并能获得一定有益效果的行为。

2. 创新思维

创新思维是指以新颖独创的方法解决问题的思维过程。这种思维能突破常规思维的界限,以超常规甚至反常规的方法、视角去思考问题,提出与众不同的解决方案,从而产生新颖的、独到的、有社会意义的思维成果。

延伸阅读

创新思维的方法

1. 横向思维法

横向思维法是将思维对象从横的方向,依照其各相应部分的特点进行思考,从而找出有待进一步完善的部位,确定如何改进的思维方式。

2. 纵向思维法

纵向思维法是将思维对象从纵的发展方向,依照其各个发展阶段进行思考,从而推断出下一步发展趋向,确定研究内容的思维方式。

3. 逆向思维法

逆向思维法是不采用人们通常思考问题的思路,而是反过来,从对立的、完全相反的角度去思考问题的方法。实际上就是"反其道而行之"。这是一种非常奇特而又绝妙的思维方法,常常能出奇制胜。

4. 侧向思维法

侧向思维法是将人们通常思考问题的思路稍加扭转,另辟蹊径,换个角度,采用被人忽视的方法解决问题。它与逆向思维法的区别在于,它不是从问题的反面,而是从侧面的某个角度来进行思考。

5. 分合思维法

分合思维法是将思考对象的有关部分,从思想上将它们分离或合并,试图找到一种新的产物的思维方法。分合思维包括分离思维和合并思维。

6. 颠倒思维法

颠倒思维法是将思考对象的整体、部分或有关性能颠倒过来,以求得新的思维产物的思维方法。颠倒思维包括上下颠倒、左右颠倒、前后颠倒、大小颠倒、动静颠倒、快慢颠倒、有无颠倒、是非颠倒、正负颠倒、内外颠倒、长短颠倒、好坏颠倒、主次颠倒等。

7. 质疑思维法

质疑思维法是不迷信书本和权威，不受传统观念束缚，也不人云亦云，敢于大胆质疑，并在质疑的基础上推翻旧理论，创立新学说或做出新发明的思维方式。

8. 克弱思维法

克弱思维法就是在创造研究过程中遇到障碍时，能够潜心寻找有关事物的弱点，并作为新研究的着眼点。攻克了弱点，就能够解决问题。克弱思维法是古今中外创造发明活动的重要方法，是人们打破思维障碍，进行创新发明、技术革新等的行之有效的方法。

（三）创造和创新创业

创造是指将两个或两个以上概念或事物按一定方式联系起来，主观地制造客观上能被人普遍接受的事物，以达到某种目的的行为。简而言之，创造就是把以前没有的事物给生产或者造出来。因此，创造的最大特点是有意识地对世界进行探索性劳动。

创新创业是指基于技术创新、产品创新、品牌创新、服务创新、商业模式创新、管理创新、组织创新、市场创新、渠道创新等方面的某一点或几点而进行的创业活动。创新是创新创业的特质，创业是创新创业的目标。创新强调的是开拓性与原创性，而创业强调的是通过实际行动获取利益的行为。因此，在创新创业这一概念中，创新是创业的基础和前提，创业是创新的体现和延伸。

常见的创业模式有以下几种类型。

1. **网络创业**

网络创业可以有效利用现成的网络资源，主要有两种形式：网上开店，在网上注册成立网络商店；网上加盟，以某个电子商务网站门店的形式经营，利用母体网站的货源和销售渠道。

2. **加盟创业**

加盟创业可以分享品牌金矿，分享经营诀窍，分享资源支持。可采取直营、委托加盟、特许加盟等形式连锁加盟，投资金额根据商品种类、店铺要求、加盟方式、技术设备的不同而不同。

3. **兼职创业**

兼职创业即在工作之余再创业，可选择的兼职创业有：教师、培训师可选择兼职培训顾问；业务员可兼职代理其他产品销售；设计师可自己开设工作室；编辑、撰稿人可朝媒体、创作方面发展；会计、财务顾问可代理理财；翻译可兼职口译、笔译；律师可兼职法律顾问；策划师可兼职广告、品牌、营销、公关等咨询；当然，还可以选择特许经营加盟，顾客奖励计划等。

4. **内部创业**

内部创业指的是在企业公司的支持下，有创业想法的员工承担公司内部的部分项目或业务，并且和企业共同分享劳动成果的过程。这种创业模式的优势就是创业者无须投资就可以获得很广的资源，具有"树大好乘凉"的优势，成为很多创业者青睐的方式。

5. 团队创业

团队创业是具有互补性或者有共同兴趣的成员组成团队进行创业。如今，创业已非纯粹追求个人英雄主义的行为，团队创业成功的概率要远高于个人独自创业。一个由研发、技术、市场融资等各方面组成，优势互补的创业团队，是创业成功的法宝，对高科技创业企业来说更是如此。

6. 大赛创业

大赛创业即利用各种创新创业大赛，获得资金和发展平台，许多企业是从创新竞赛中脱颖而出的，因此创业大赛也被形象地称为创业孵化器。

7. 概念创业

概念创业即凭借创意、点子、想法创业。当然，这些创业概念必须标新立异，至少在打算进入的行业或领域是个创举，只有这样，才能抢占市场先机，才能吸引风险投资商的眼球。同时，这些超常规的想法还必须具有可操作性，而非天方夜谭。

（四）创新创业劳动的价值

创新创业是培育和催生经济社会发展活动力的必然选择，是扩大就业实现富民之道的根本举措，是激发全社会创新潜能和创业活动的有效途径。此外，创新创业劳动还具有以下突出价值。

1. 创新精神和创新能力深受现代企业推崇，被赋予极高的价值

创新在现代企业未来的发展中起着至关重要的作用。企业的经营离不开创新，管理也需要创新。好的创意不仅可以使企业起死回生，还会使企业兴旺发达。那些具有创新精神和创新能力的企业，都是通过不断创新，获得了更高的投资利润。

当今的世界已经进入知识经济时代，先进的科学知识成为一个国家经济增长的主要支柱，掌握足够多的先进技术、保持较高的技术水平，才能走在世界发展的前列，才能在竞争中立于不败之地。一个人的创新能力不是与生俱来的，而是在后天的不断学习和训练中逐步提高和增强的，因此，应通过积极参与创新创业劳动培养自己的创新意识和能力。

2. 培养创新精神，树立创业意识，激发劳动创造力

创新精神、创业意识是当代学生必须具备的重要个人素质。通过树立实现自我价值的强烈创新创业意识，用劳动实现人生价值，激发劳动创造力。学生要通过创新思维正确认识自己，培养创业意识来激发自我潜能，提升创业能力，从而创造出劳动价值、个人价值和社会价值。

3. 培养创新创业实践能力和分析解决问题的能力

"大众创业、万众创新"是指导国民进行创新创业、引领时代潮流变革的重要方针，是新时代中国特色社会主义对人才培养的基本要求。2014年9月夏季达沃斯论坛上李克强总理提出，要掀起"大众创业""草根创业"的新浪潮，形成"万众创新""人人创新"的新势态。大学生在学校期间可积极参加各种创新创业劳动，立足未来岗位，不断地学习新知识、新技能，充分发挥自己的聪明才智，利用掌握的知识在劳动中多搞技术革新和创新，增强劳动本领，提高劳动效率。

 **总结案例**

大学生卖菜记

小刘的创业之路是从上大一暑假卖衣服开始的，此后近一年的时间他利用每个周末去摆摊，在此期间他学会了基本的经营技巧。他非常爱琢磨，所以沟通能力、观察能力和分析问题、解决问题能力都得到了提高。有一次，他发现自己身边卖菜的虽说生意不错，但因为零星分散，又没有品牌，菜的质量、价格、信誉总不能让一些顾客满意。

小刘就琢磨能否在居民区开一家卖菜店，他的想法遭到了很多人的反对，但他最终说服了四位同学和他一起创业。他们凑了3万多元作为启动资金，2018年7月，该居民区第一家蔬菜自助店开业了。在创业初期，销售状况不理想，理想与现实的落差，影响着大家的情绪。但是，真诚的倾诉和相互安慰、鼓励，让这个创业小团队的心贴得更紧了，最终他们咬着牙走过来了。在迎接挑战的过程中，他们研究制定了一系列管理模式和管理制度，包括采购制度、仓库管理制度、营销制度和招聘培训制度。这些正好是他们在学校所学的知识，这些知识也成为这家蔬菜自助店发展的基础。2020年，因疫情，他们及时调整了策略，采取网上下单集中送货到小区门口的措施，销售额大幅提升，盈利也大大增加。小刘和他的小伙伴们计划着下半年开设他们的第二家店。

分析： 创新创业成功需要以较强的能力为支撑，它需要创业团队有较强的专业技术能力、经营管理能力、创新能力、交往协调能力、商业洞察力、应变能力、抗挫折力等。这些能力的培养需要大学生在校期间参加各种创新创业劳动或实践。

 **课堂活动**

专业义务服务进校园

一、活动目标

大学生能正确认识所学专业可提供的专业服务方向，理解辛勤劳动和创造性劳动的重要性，找到个人努力的目标。

二、活动时间

建议利用课余时间，可持续一月或两月。

三、活动流程

（1）教师要求学生根据专业特点，网上搜集相关资料，列出可提供的服务项目，例如电气专业可以义务维修小电器，计算机专业免费修图等。

（2）班内组织讨论，最后根据可操作性、服务人群特点和准备工作的难易程度确定具体的服务项目。

（3）教师将学生按照6~8人划分小组，每组选择合适的服务项目。

（4）组成义务服务小分队，利用课余时间在校园开展义务服务活动。

（5）活动结束后每小组总结经验，找出其中问题并列出问题清单。

（6）教师帮助各组学生答疑和解决问题，并根据各组在整个活动中的表现给予点评并赋分。

劳 动 简 论

课后思考：

（1）结合自己的专业，你认为该如何提升自己的专业服务能力和创新创业能力？

（2）作为大学生，你认为专业服务、科技活动和创新创业劳动与自己的学习有哪些联系？主要体现在哪些方面？

模块七 社会劳动实践

学习指南

　　社会实践是人类发现真理、运用真理、验证真理、发展真理的基础。大学生社会实践是大学劳动教育的关键环节，是提高大学生实践能力和综合素质的重要途径之一，其核心在于通过变革人才培养模式，发展学生创新精神和实践能力。劳动是人类基本的实践活动和存在方式，是人类创造物质财富和精神财富的基本途径，也是人类生存和发展的最基本条件。教育事业培养的是德智体美劳全面发展的社会主义建设者和接班人。苏霍姆林斯基认为"离开劳动，不可能有真正的教育"，所以提倡劳动教育要贯穿、渗透于一切学校教育之中。劳动是培养人、塑造人的关键途径，甚至是最主要、最根本的手段。在教育体系中，学生只有通过劳动，才能充分发挥个人的才干和智力。

　　社会实践活动是学校"综合实践活动"课程的一部分，是学校教育的一种延伸，是大学生走出校门、接触社会、了解国情、学以致用的重要机会，是大学生投身社会建设、向群众学习、锻炼才干的重要渠道，是提升思想觉悟、增强大学生服务社会意识，促进大学生健康成长的有效途径。大学生通过参与、体验与感悟社会劳动实践，增强对社会的认识和理解，发展自身的批判思维，增强社会责任感。

　　本模块包括社会实践和社会调查、志愿服务和社区劳动、农工商生产劳动三个项目，围绕大学学习期间要开展的实践劳动做必要准备，提升自身综合素质。

项目一　社会实践和社会调查

哲人隽语

> 　　只有人们的社会实践，才是人们对于外界认识的真理性的标准。真理的标准只能是社会的实践。
>
> ——毛泽东

劳 动 简 论

案例导入

大学生化身"带货网红" 助农副产品线上"走出去"

2020年4月18日,宁波大学商学院举办了一场特别的线上活动。活动的主题是发动青年学子化身"带货网红",帮助家乡更多的农副产品通过线上直播"走出去"。该活动不仅把山货卖到了全国各地,还吸引了学校的留学生参加直播,把山货、农副产品卖到了海外。

宁波大学疫情期间特别线上活动的成功举办,得益于学校长期以来通过开展助农竞赛、进行助农社会实践,让青年学子长真本领、练真功夫。

"我们贵州的黑木耳质地柔软,泡发后口感比一般的黑木耳更好。"宁波大学商学院学生吴远涵在宁波市江北区主办的扶贫主题市场营销大赛上,凭借出色的营销技巧取得了不俗的成绩,最终获得比赛的冠军。吴远涵觉得参加这场大赛的收获非常大,"不仅实践了课堂所学,还帮助了宁波对口帮扶县——贵州省黔西南布依族苗族自治州册亨县的农民。"

(摘编自:《中国青年报》,2020-4-23)

分析: 宁波大学的大学生充分发挥自身专业优势助农扶农,通过助农扶农活动磨炼了自己的意志并增长了才干,同时这种"带货直播"的社会实践形式也是大学生服务社会、回报社会的一种良好形式,相信未来宁波大学的大学生"带货直播"的路会越走越宽。参加社会实践,有利于我们更好地运用自己所学,发挥自己所长,是一个将理论转化成实践最好的方式,也是检验我们所学知识的标准。大学生参加社会实践,对于走出象牙塔、认识社会、了解国情、了解民生,培养历史使命感和社会责任感,具有不可替代的作用。

一、社会实践认知

(一) 社会实践的内涵

1. 社会实践定义

广义的社会实践,是指人类能动地改造自然和改变社会的全部活动。大学生社会实践活动是指教学计划以外学生参与社会中的各种实践活动,是大学生在高等学校结合其培养目标的引导下,以大学为依托、以社会为舞台,开展的接触社会、了解社会、服务社会,并从中接受教育、培养综合素质的一系列有组织、有计划活动的总称。

大学生社会实践是培养学生创新精神和实践能力、提升学生综合素质的良好载体,是实施素质教育的一种良好形式。大学生参加实践活动,对德智体本身来说是课堂教育的延续,主要以学生个人主动参与及体验为主,是巩固所学知识、吸收新知识、发展智能的重要途径,它不受教学大纲的限制,学生可以在这个课堂里自由驰骋,发挥自己的才能。

立德树人是教育之本,离不开各类社会实践活动。新时代的大学教育,更要践行教育与生产实践相结合的教育方针,开展当代大学生喜闻乐见的社会实践活动,发挥实践育人的功效。自1997年大学生"三下乡"暑期社会实践活动拉开帷幕以来,社会实践作为大学生成长成才的重要载体,越来越被国家和社会高度重视。各学校充分利用寒暑假时间,指导学生开展形式多样、内容丰富的实践活动,带领大学生走出校门,融入社会,体验民情,提升自我。近年来,大学生参加社会实践的育人成效日益突出,尤其在塑造大学生个人品质方面发挥着明显作用。

2. 社会实践活动的特点

社会实践活动具有实践性、开放性、生成性和自主性等特点,为学生综合素质的提升,特别是创新精神和实践能力的培养,提供了广阔的空间。学校学习的最终目的是要学以致用,为以后的社会生活积累必要的知识储备。社会实践活动可以使我们对书本知识在实际生活中的应用有一个练习的机会,同时也使我们对社会有一个初步的了解,在这种双向了解的过程中,学习社会知识和社会化,为所有人以后融入社会生活做好铺垫和准备。在动手的过程中,深入理解课本知识,发展自己的动手能力。充分利用在校期间的以学习为主、学好和掌握科技知识的有利条件,在社会实践中磨炼自己,真正锻炼和提高自己的适应能力。

3. 社会实践原则

大学生社会实践的总体要求是:全面贯彻党的教育方针,遵循大学生成长规律和教育规律,以了解社会、服务社会为主要内容,以形式多样的活动为载体,以稳定的实践基地为依托,以建立长效机制为保障,引导大学生走出校门、深入基层、深入群众、深入实际,开展教学实践、专业实习、军政训练、社会调查、生产劳动、志愿服务、公益活动、科技发明和勤工助学等,在实践中受教育、长才干、作贡献,树立正确的世界观、人生观和价值观,努力成长为中国特色社会主义事业的合格建设者和可靠接班人。开展社会实践工作原则有以下几项。

(1) 坚持育人为本,牢固树立实践育人的思想,把提高大学生思想政治素质作为首要任务。

(2) 坚持理论联系实际,提高社会实践的针对性、实效性、吸引力、感染力。

(3) 坚持课内与课外相结合、集中与分散相结合,确保每一个大学生都能参加社会实践,确保思想政治教育贯穿于社会实践的全过程。

(4) 坚持受教育、长才干、作贡献,保证大学生在社会实践中长期健康发展。

(5) 坚持整合资源,调动校内外各方面积极性,努力形成全社会支持大学生社会实践的良好局面。

4. 社会实践存在问题

(1) 社会实践时间较短,内容缺乏创新。有调查显示,超过80%的大学生在大学阶段每年都会参加社会实践活动;其中54.2%的团队实践时间不到一周,30%的团队实践会持续两周到四周,只有16%的团队实践会持续超过一个月。

(2) 学校和社会缺乏对社会实践的指导及保障机制。

(3) 大学生对社会实践的认识不准确。不少人认为实践活动是旅游,是暑假打工,这些错误的认识使学生在实践过程中得不到锻炼,达不到实践活动真正的育人效果。

(4) 家长及社会支持度不高。

(二) 大学生社会实践的组织形式和活动类型

1. 大学生社会实践的组织形式

(1) 个人分散活动。其内容丰富多彩,涉及社会方方面面。从区域划分,有农村的、有城市的、有内地的、有沿海的;从内容划分,有政策宣讲的、有科技扶贫的、有爱心公益的、有专业实习的、有支教扶贫的等。

(2) 团队集体组织。以团队的形式组成社会实践小分队,分赴各地开展内容丰富的社

劳动简论

会实践活动。

2. 大学生社会实践的活动类型

（1）理论政策普及宣讲。深入农村乡镇、城市社区等，重点围绕习近平新时代中国特色社会主义思想和党的十九大精神，开展宣讲报告、学习座谈、调查研究等形式的社会实践活动。开展社会主义核心价值观宣讲专项行动，通过演讲、座谈、专题咨询会等多种方式向基层干部群众宣传新政策。

（2）历史成就观察。重点围绕新中国成立以来，尤其是党的十八大以来国家的发展开展参观考察、国情调研、学习体验等形式的社会实践活动，使学生在实践寻访活动中走向社会、接触社会、了解社会，感受经济社会发展取得的巨大成就，树立"劳动创造财富，奋斗成就人生"的价值观念，理解"十三五"与中国梦的关系。

（3）校友走访。组织学生深入各地，寻访成功校友，分享校友的成功经验，寻找人生坐标，谋划职业生涯。深入了解学校的办学历程，领悟职业教育思想，通过考察和实践来激发学生学习的积极性和主动性。

（4）文化宣传服务。以弘扬时代精神、倡导文明新风为目标，组织学生暑期文艺演出队，精心编排基层人民群众喜闻乐见、贴近基层生活实际，以反映新时代、新生活、新风尚为内容的文艺节目，到乡村巡回演出，传播科学知识，倡导健康生活方式，丰富基层群众文化生活，促进农村精神文明建设。

（5）创新创业实践。走进各类创业园、软件园、高新开发区，走访创新创业领军人物，通过调查、座谈、访谈等方式，学习创新创业典型的成长故事，了解有关专业毕业生的就业状况，掌握社会就业岗位和行业人才需求信息，培养职业素养和创新素质，提升创新创业能力。

（6）教育关爱帮扶。组织学生深入基础教育薄弱、教育资源匮乏、学前儿童相对集中的山区、乡（镇）村学校等开展学前儿童陪护支教服务活动。为当地学前儿童提供早期文化兴趣引导、心理辅导、亲情陪伴、文体活动、爱心捐赠等志愿服务；开展与当地幼儿教师的交流分享活动，促进基层师资水平的提高；探索高校与落后地区幼儿学校结对帮扶的长效机制，开展山区学前儿童生存状况调查和相关志愿服务活动。

（7）创新理论实践。重点发挥"青年马克思主义者培养工程"学员和学生骨干的作用，深入社区、农村从事挂职助管工作，开展基层群众公共需求调研，依托相关学科面向基层工作人员开展社会管理知识培训，为建立健全基层社会管理机制和服务体系，减少和化解基层社会矛盾作贡献。

（8）美丽中国实践。重点围绕美丽中国建设，开展环境治理、水资源保护、环保知识普及等形式的社会实践活动。组织学校相关学科专业的学生特别是学生环保类社团，到农村基层、县域城镇和城市社区，围绕水资源保护、垃圾处理、环境污染、气候异常、资源开发、自然灾害预防、节能排放等，开展科普知识宣讲、社会调查研究等活动，普及生态环保理念，引导健康生活方式，推动科学发展方式。

（三）社会实践意义

1. 增强的社会责任感和历史使命感，强化家国情怀，激发对社会问题的思考

（1）国家由远而近。国家在大多数学生心目中是神圣而遥远的，他们热爱祖国，但是对国家的认识却很模糊。在目睹企业生产流水线、实地考察城市和农村的建设实况后，学生才明白，原来国家就在自己身边，他们能够真切地感知国家发展的脉动，享受社会发展带来的幸福，也认清国家在前进中的不足，大大增强自己建设国家的使命感。

（2）人民由虚而实。通过社会实践，大学生深入国家各个领域，接触各行各业的群众，"人民"这个原本抽象的概念在他们心目中更加现实、具体、鲜活。

（3）重新认识干部形象。社会实践使大学生近距离接触基层干部，有的干部顶着烈日联系贫困户，有的为了扶贫工作经常1个月才回一次家，有的为了整理扶贫材料忘记吃饭。大学生认识到，更多的基层干部在踏踏实实谋发展，一心一意搞建设。

（4）使命由空而实。炎炎夏日，奔跑在田间地头，行走在大街小巷，汗水和眼泪加深了他们对责任和理想的感悟，双脚的疲惫告诉他们：空谈误国、实干兴邦，依靠双手去创造美好的家园是自己义不容辞的责任和使命。

（5）激发对社会问题的思考。社会实践活动有助于我们接触群众，了解社会。我们在社会实践过程中，很自然地要走出校门，要离开书本，走入社会，通过融入社会、贴近自然、感触生活，增加对社会的认识与理解、体验与感悟，并能够在此基础上反思社会现象，发展批评思考能力，从而增强社会责任意识，这是一个长期积累的过程。同时，在参与实践活动的过程中，会加深对社会问题的思考，并探寻解决的办法，加深对社会的认识。

2. 树立正确的人生观和价值观，塑造优良品质

随着国家的发展，社会经济物质条件越来越丰厚，当代大学生大多含着"金汤匙"出生，从小生活在家庭和学校的象牙塔里，身上难免有娇生惯养、自以为是、抗压能力弱等毛病。参加社会实践，暂时脱离父母和老师的呵护，他们重走红色革命圣地，缅怀先烈，了解烈士们的艰苦奋斗岁月；他们慰问贫困户，为贫困人民乐观坚强的生活态度落泪，他们为了完成社会实践，在希望小学打地铺，自己动手煮饭，社会实践过程中的感动和艰辛使他们明白什么是艰苦、什么叫奋斗。这些实践中学到的锲而不舍、吃苦耐劳、勇往直前的优秀品质、不断指导和激励着他们的学习和生活，这是新时代大学生成长成才道路上不可或缺的教育经历。

3. 提高个人能力，促进个人成长

大学生社会实践是在校大学生利用课余时间，步入社会进行社会接触，提高个人能力，触发创作灵感，完成课题研究，发挥自己的聪明才智以求和社会有更大的接触，对社会作贡献的活动。我们通过参与、动手、思考、解决问题等过程，将所学的书本知识内化为自己的能力，全面提升自身的思想素质、求真精神和务实品质，同时也培养了积极向上、珍爱美好生活的优良品质。

社会实践活动能有效地锻炼能力，提高综合素质，增强社会生活能力。当然在这一过程中，也会存在一些困难，如社会实践活动的时间安排问题、教师的跟进问题，甚至活动的经费问题等。但在活动过程中，只要用心发掘资源，一定能够找到合适的方式与方法，也一定能够对我们的成长起到积极的作用。

4. 培养大学生的创新合作精神，提高实践能力

社会实践以内容丰富、形式多样的活动为平台开展，具有培养大学生团队合作能力和启迪创新思维的作用。学生首先根据自己的人脉圈子组建团队，队友一般来自多个年级和不同专业，然后一起讨论撰写实践方案，最后共同完成实践。

在实践团队里，学生要与不同年级、专业、性格的队友打交道，统筹兼顾、沟通协调能力无形中得到锻炼。他们会意识到与他人合作的必要性和重要性，逐渐养成团结合作精神。实践方案的拟写必须充分考虑实践的主要目的、实践的具体内容、活动的具体日程等问题，不断地思考、讨论比起在课堂学习更能激发学生深层次的主动性和创新思维。最后在实践的过程中，对于突发事件的处理、新问题的解决又不断锻炼学生的应变能力。因此，大学生参加社会实践，可以有效培养合作和创新精神，提升他们的社会竞争力。

综上，大学生社会实践的总体要求是以习近平新时代中国特色社会主义思想为指导，认真贯彻以人为本、全面协调可持续的科学发展观，全面贯彻党的教育方针，遵循大学生成长规律和教育规律，以了解社会、服务社会为主要内容，以形式多样的活动为载体，以稳定的实践基地为依托，以建立长效机制为保障，引导大学生走出校门、深入基层、深入群众、深入实际，开展教学实践、专业实习、军政训练、社会调查、生产劳动、志愿服务、公益活动、科技发明和勤工助学等，在实践中受教育、长才干、作贡献，树立正确的世界观、人生观和价值观，努力成长为中国特色社会主义事业的合格建设者和可靠接班人。

案例 7-1

五味杂陈的支教日子

农村教育是我国国民教育中的重要环节。小张是山西某师范学院教育类专业大学生，她与几名同学相约开展支教活动，意在为农村的孩子们带去新知识，拓展他们的视野，提高他们的学习兴趣。可是上课时却遇到了种种难题，这其中的酸甜苦辣，回味无穷。可能是因为参加支教的学生年龄不大，也不严厉，所以刚开始课堂控制比较困难。孩子们会问奇奇怪怪的问题，上课时学生也总想站起来或是在教室里走动。十多天的日子在不知不觉间就过去了，看着那些孩子的进步，小张第一次有了欣慰的感觉。这些天的实践丰富了大学生活，更是为漫漫人生旅程增添了一抹绚丽的色彩。第一次站上讲台的激动仍记忆犹新，经过这次支教，她深切地体会到当老师的不易，也决心扎实提高教学基本功。

延伸阅读

暑期"三下乡"

"三下乡"是指文化、科技、卫生下乡。大学生在文化下乡中发挥了重大的作用，通过实践活动既促进了先进生产力的发展，又帮助和引导大学生成长成才；既传播了先进文化，又帮助和引导大学生接受先进文化的哺育；既服务了人民群众的根本利益，又服务了大学生的全面发展。了解民情体察农村生活的艰辛可帮助培养大学生对农民的感情，只有对农民和农村有了感情，才能让我们大学生和农民的心贴得更近，才能真切感受到耕耘的艰辛和收获的喜悦，才能真正树立为"三农"服务的意识，才能更好地为社会主义新农村建设，才能真正实现社会的和谐。"三下乡"的标识如图 7-1 所示。

图 7-1 "三下乡"的标识

二、社会实践的主要过程

大学生社会实践活动要经历从筹划、实施到完成的过程。大家知道，对于同一活动，由于方法、时机、对象、目标不同，其效果是截然不同的。社会实践活动的一般过程主要包括调适、抉择、策划和实施、升华四个环节，过程优化的重点就是上述四个环节的整体优化。

（一）调适

大学生应该对社会实践过程中碰到的各种难题，从心理、思想、能力、知识上进行必要的准备。长期生活在"象牙塔"下的大学生，一旦步入社会，面对的是一幅五彩缤纷的社会画面，令人目不暇接，若缺乏必要的思想准备，必然导致青红不分、皂白不辨。

1. 社会实践前的知识整合

参加社会实践的过程，既是接触工农、了解社会、认识国情、提高觉悟的过程，也是运用知识、理论联系实际、服务社会的过程。因此，个人合理的知识结构，直接影响社会实践活动的效果。所谓知识结构，是指一个人知识体系的构成状况与组合方式。就大学生个体而言，无论是在知识容量上，还是在知识构成上都是有限的，因此要求按照社会实践的需要完善知识结构。从实际出发，从社会需要出发，坚持缺什么补什么的方针。

2. 社会实践前的能力调适

知识不等于能力。建立合理的能力结构，是提高实践有效性的关键之一。在社会实践活动中，最关键、最能起作用的能力是社会适应能力、实践动手能力、言语表达能力、组织管理能力和分析观察能力等。

3. 社会实践前的心理调适

一旦走向社会，许多难题就会摆在同学们面前。一是生活，衣、食、住、行都要自理，这对于自理能力较差的一些大学生而言是一大难关。二是活动，在社会上开展的活动与学校不同，时间有限，加上人生地不熟，对此若没有必要的心理准备，过分理想化，一旦碰到难题，就会无所适从，进退两难。

（二）抉择

抉择指从众多方案中挑选最佳方案的过程。在众多方案中如何选出最佳方案，直接影响社会实践活动的实际效果。在选择活动目标时应注意，目标不宜太低，但也不宜太高。比如，工科专业的学生，如果想把攻克某个难关作为活动目标，那么其成功率肯定是不高的。社会实践活动的内容是丰富多彩的。要选好活动的内容，必须选好活动的主题，在鲜明的主题下可以容纳丰富的活动内涵。主题提出后，必须具有可行性，要让人们看得见、摸得着，只有这样才能引起心理共鸣。我们在校时间是有限的，在参加社会实践活动的时间安排上，应根据学习的松紧程度给予合理安排，大规模的、难度大的、任务重的活动，一般应安排在假期，并要坚持就近、就便的原则。

（三）策划和实施

策划和实施是社会实践中的一个重要环节，策划是对社会实践目标、内容和方法的设计，强化社会实践策划活动，可以将对社会实践活动的指导提前，帮助我们更好地完成社会实践活动。

社会实践策划和实施对实现大学生全面发展具有重要作用。策划不同于实践活动计划。计划是为达成具体目标所确定的实施步骤与方法；而策划则是针对所要实现的目标，根据实际情况，确定实施的内容和方法，包括目标、内容和方法，是目标与内容的统一、内容与方法的统一、理论知识与实践实际情况的统一。在策划中，我们所注重的不仅包括步骤和方法，还包括目标与内容本身。即实施社会实践的内容能够帮助大学生树立正确的人生观、世界观和价值观，能够帮助大学生将理论知识运用到具体的实践中，在实践中运用理论知识分析问题解决问题，并提高大学生理论研究的热情和主动性。

做好社会实践策划是高质量完成社会实践的基础，应注意以下两个环节：首先，社会实践策划应当尽量做到全面；其次，社会实践策划还要具有一定的现实意义，即大学生策划社会实践活动要贴近生活、贴近群众，符合群众和社会的需求。我们不仅要在社会实践中学知识、长才干，还要通过社会实践，在农村、社区做出自己应有的贡献。社会实践策划要在现实中执行，还必须具有可行性。可行性是策划书得以执行的基础，也是比较容易忽视的问题。

（四）升华

社会实践的根本宗旨在于人才和社会的双重效益。要使人才效益达到最佳，一个不可缺少的环节就是升华。所谓升华，就是要使思想觉悟、知识能力等诸方面在社会实践中得到提高和精炼。升华过程可有净化阶段、深化阶段和升华阶段三个阶段，我们的思想应发生飞跃，为成为新时代的建设者积极做好准备。

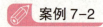

案例 7-2

有内涵的见习生

小李是江西某大学大二学生，2019 年暑假期间，毛遂自荐在一家饭店找到一份社会实践的工作。刚入职的时候，他只是以观察熟悉为主，学会饭店的工作流程和服务程序，经过耐心的观察和经理及同事的细心教导与指引，他决心把顾客服务好，但真正要做好并不是那么容易。他主要负责大厅的顾客，有五个大桌和两个小桌，碗、筷、台都由他负责处理；另外一个重要任务就是送外卖，外卖都是送到周围的生活小区和写字楼。每天重复着相同的工作，尤其是服务员每天都做着相同的工作，打扫卫生、摆台、收台、再摆台，服务顾客。一个月的实践当中，他亲身感受饭店的每一个层面，听员工们的苦与乐，结合自己所学的知识，想到了用问卷调查的方式来反映饭店管理的问题，在回收问卷后他总结了一些问题与建议，提交给了总经理。见习期满后，总经理给了他 3 000 元的工资，他认为自己的收获远不止于此。在当服务员的过程中，他从一个管理者的角度来思考问题，想着把学过的管理方法与经验运用到实际工作中去。他坚定了信心，要继续提高专业能力，在餐饮业有所作为。

延伸阅读

如何成为优秀的实习生

1. 让领导做选择题，而非解答题

如果领导要求我们策划一场宣传活动，我们最好不要让领导做解答题，活动的细节等不要麻烦领导来确定。领导喜欢做选择题，我们应提前做好活动的多个预案，向领导汇报各个预案的优缺点，让领导来选择执行哪一个。

2. 不要找各种借口

刚开始实习时，因为不熟悉业务难免会出问题。但要注意，出现问题时不能找各种借口推脱责任。如果说完成不了工作是能力问题，那么找各种借口来推脱责任就是态度问题了，这样会给人留下一个特别糟糕的印象。

3. 多做事，少说话

我们要时刻提醒自己来实习的主要目的是提升自我，明白公司招聘我们的目的是希望我们为公司作贡献，在工作期间把精力放在做事上。

4. 提高工作的主动性

对于实习生，公司一般不会安排太多事情。我们在完成自己的工作后，要主动观察或开口询问周围的人是否需要帮助，这样才能在实习中真正有所学、有所悟、有所提高。

三、社会调查认知

（一）社会调查的概念

社会调查（如图7-2所示）是人们有目的有意识地通过对社会现象的考察、了解和分析、研究，来了解社会真实情况、认识社会生活本质及其发展规律，探索改造社会、建设社会的道路或方法的一种自觉认识活动。它包含以下四层意思：一是社会调查是一种自觉认识活动；二是社会调查的对象是社会现象；三是社会调查要使用一定方法；四是社会调查有一定的目的。

图7-2　大学生开展社会调查

（二）社会调查的意义和作用

1. 意义

社会调查有助于我们认识社会生活的真实情况和因果联系，揭示社会现象的本质及其规律，寻求新方法。研究问题、制定政策、推进工作，刻舟求剑不行，闭门造车不行，异想天开更不行，必须进行全面深入的调查研究。只有深入调查研究，才能真正做到一切从实际出发、理论联系实际、实事求是，保证在工作中尽可能防止和减少失误，即使发生了失误也能迅速得到纠正而又继续前进。经常开展调查研究，有利于深刻了解群众的需求、愿望和创造精神、实践经验。

2. 作用

社会调查可以反映社会现象与问题，揭示事物发展的规律。社会调查注重发现社会矛盾，解释其原因并提供解决措施，从而为有关部门提供决策依据，并为科学研究提供社会信息。其作用可以归纳为以下三个方面。

（1）反映作用。社会调查可以反映和描述社会现象的一般状况、过程和特点。例如，针对失业率的调查可以准确反映失业率的高低，失业时间长短分布，失业者的地区分布、年龄分布、性别分布、文化程度分布等基本情况。这种客观、精确的反映可以帮助我们加深对社会现象的认识，从现象的表现中寻找现象之间的有机联系，发现规律。

（2）解释作用。在理论的指导下，社会调查可以解释社会现象的产生、发展和变化，揭示社会现象的本质，回答社会现象"为什么是这样"之类的问题。例如，在关于失业率的社会调查中，研究者可以探讨失业与地区经济、失业者文化程度、性别、年龄等方面的关系，从而对失业现象进行较为准确的解释。随着社会统计分析方法的发展，社会调查在解释社会现象方面的能力也越来越强。

（3）预测作用。在对社会现象准确反映和正确解释的基础上，社会调查可以对社会发展趋势加以预测。例如，如果调查表明，文化程度越低越容易导致失业，那么研究者可以预计，对失业者的培训有助于降低失业率。

（三）社会调查的一般过程

1. 选题

（1）选择调查课题的意义。调查课题是指某一社会调查研究所要反映或解释的具体社会现象和社会问题。爱因斯坦曾说道："提出一个问题往往比解决一个问题更重要，因为解决一个问题也许仅是一个数学或实验上的技术而已，而提出新问题、新可能性、从新角度去看旧问题都需要创造性的想象力，而且标志着科学的真正进步。"爱因斯坦的这段话表明了选题的重大意义。调查课题是调查的灵魂，决定了调查研究的方向，体现了调查者研究的水平，限制了调查过程，影响着调查质量。

（2）选择调查课题的要求，主要有以下四点。

①选题的范围应大小适中。调查的主题切忌范围过大，越大的主题越难以入手。很多初学调查研究的人以为主题越大越容易获取材料。但在对大的主题进行研究时看似组织了一堆材料，实际上不成系统、浮于表面、东拼西凑，不是概括的描述，就是自相矛盾的理论。主题的范围适中，则易于收集与整理资料，形成较为集中、鲜明的观点，问题可得到深入论述。所以选题的范围与其宽泛不如适中为好。

例如，对于以下的几个选题：辍学儿童问题调查、山区辍学儿童现状与成因调查、山区农村辍学儿童现状与成因调查、广西贫困山区农村辍学儿童现状与成因调查，最后一个范围最为狭窄，有利于调查者掌握，容易出成果。

②选题应切实，不应笼统。选题通常要比某一社会现象或社会问题更为具体明确。它往往由宽泛的研究主题开始，逐步缩小到具体、集中的研究问题。在实际选题过程中，部分研究者容易选择一个比较宽泛或者比较笼统的课题领域，甚至是某一类社会现象或社会问题，而不是一个明确、具体的调查课题，因而所收集的资料多是无用的、残缺的。例如，"农村外出务工人员问题研究"这一题目实际上并非研究问题，而是问题领域，它包含若干个子问题，如"农村外出务工人员心理状态研究""农村外出务工人员消费水平研究""农村外出务工人员性行为研究"等，甚至在每一个子问题中又包含若干小问题。虽然"农村外出务工人员问题研究"具有重要的现实意义，但其内涵过于空泛，所以在调查研究的可行性上比较欠缺，研究者只能进行探索性分析，难以对问题提供满意的答案；或者进行描述性分析，无法深入分析社会问题。

③选题应独特，且有价值。选题首先应具有意义，对解决社会问题、对科学发展具有促进作用。选题的价值体现在实践价值和理论价值两个方面，应用价值或理论价值越大的课题越是好课题。调查研究主题如果独特新颖，能合乎现实的需要，或者能发现新的科学知识和原理，则可以凸显调查研究的价值。如果选择过旧的问题，在前人的研究足够深入的情况下，本次调查研究则可能简单重复，不能增加新的社会科学发现，也不能提出新的看法和观点，失去了调查研究的价值。研究旧的问题，则要先考察前人研究有什么不足之处、是否仍有缺陷或补充，重新研究能否采用新的方法、获得新的知识、取得新的突破。

④选题宜适合调查者兴趣与能力。俗话说："兴趣是最好的老师。"兴趣不仅是研究工作的动力，也是创造力的源泉。选择符合自己兴趣的课题，就容易克服调查中的困难，更可能取得高质量的成果。同样，调查应选择自己能够把握的，最好是自己熟悉领域的课题。在相关领域的知识准备越多、研究能力越强，调查取得成功的可能性就越大。反之，在一个毫不熟悉的领域进行研究，则可能陷入盲人摸象的境地。

2. 设计调查方案

调查方案是社会调查实施前所制订的计划，是整个调查过程的指导性文件，是调查工作有计划、有组织、系统进行的保证。调查方案的主要内容包括以下六项。

（1）明确调查的目的和意义。具体明确地说明调查的目的和意义，包括要解决的问题、要达成的成果及成果的预期价值。

（2）明确调查的范围和分析单位。

（3）确定调查的方式、方法。

（4）确定调查内容。

（5）确定工作计划；包括调查场所、时间和进度及人员安排，可以用流程图来表述。

（6）物质保障和经费预算编列，包括需要的设备和资源、经费规划等。

3. 实施调查方案

调查方案实施阶段也叫资料收集阶段。这个阶段的主要任务是，根据调查方案所确定的调查方式和方法，以及调查设计的具体要求，进行资料的收集工作。

常用的调查方式有普遍调查（对调查对象的每个单位毫无遗漏地逐个调查）；典型调查

劳动简论

（选择一个或若干个具代表性的单位进行全面、系统、周密的调查）、个案调查（对社会的某个个人、某个人群或某个事件、某个单位进行的调查）；常用的调查方法有问卷法（合理设计问卷，采用开放式、封闭式或混合式问卷收集信息）、文献法（通过书面材料、统计数据等文献对研究对象进行间接调查）、访谈法（通过交谈获得资料）、观察法（现场观察，凭借感觉的印象搜集数据资料）。

这一阶段的主要工作是：进入调查地区或单位、实施调查工作、收集调查资料。

对于大学生而言，在实施调查方案之前，要请专家进行必要的培训。

4. 整理与分析资料

资料收集完毕以后，首先应对资料进行审核、整理与分析，甄别真伪，消除资料中的虚假、错误、缺漏等现象，保证资料真实、准确和完整。

对审核整理后的材料和统计分析后的数据进行逻辑分析与加工，揭示社会问题的本质，说明社会现象的因果关系，预测其发展趋势，进行相应的理论阐述。这一过程是社会调查的深化阶段，是调查者从感性认识向理性认识发展的阶段。社会调查成果的质量与该阶段的工作紧密相关。

5. 撰写调查报告

报告应着重说明调查结果或研究结论，并对研究过程、方法以及研究中的一些重要问题等进行系统的叙述和说明。

四、社会调查报告的撰写

（一）社会调查报告的作用

社会调查报告是社会调查成果总的体现，它的主要作用是为决策提供依据、为理论创新提供素材。

（二）社会调查报告的特点

1. 真实准确性

社会调查报告应该真实反映调查情况，不能虚构事实和隐瞒真相，不能对客观事实随意发挥渲染。调研数据和资料应经过认真核对和鉴别，力求准确无误后才能写入调查报告。

2. 逻辑性

调查报告不应是简单的数据和材料陈述，而应是对数据和材料进行深入的逻辑分析和论证，从而探明社会问题产生的原因，寻找事物发展的规律，找到问题的本质和解决办法。

3. 应用性

调查报告应能反映和解决实际问题，观点鲜明，不可模棱两可；应对社会行为有客观深刻的评价，将矛头直接指向社会问题，分析原因、寻找对策。

4. 新颖性

社会调查报告的选题、材料、论点、论证方法应注重新颖性，用收集到的新材料反映新问题，提出论点时力求新的立意，论证方法、工具力求创新。

5. 时效性

调查报告应注重时效，及时反馈，便于相关部门及时掌握情况和进行相应决策，最大程度地发挥调查报告的作用。

（三）社会调查报告的结构

社会调查报告写法很多，一般可分为标题、概要、正文、结尾、附件五个部分。

1. 标题

标题可以起到画龙点睛的作用，"题好一半文"，撰写调查报告时应高度注重标题的斟酌，力求给读者深刻的第一印象。标题的写法通常有以下几种方式。

（1）陈述式。直接反映调查对象或调查范围的标题，如《××县××乡留守儿童心理健康状况调查》《××省××县贫困山区初中生辍学情况调查》《"珠三角"地区"民工荒"现象调查》。这类标题比较简明、客观，但显得比较呆板，缺乏吸引力，多用于专业性较强的调查。

（2）提问式。用提问的方式作标题，如《××公司为何半年内9名员工跳楼自杀?》《××市色情产业屡禁不止的原因何在?》《顺丰速运为何进军电商?》，这种标题提出了问题，设置了悬念，给读者追问和想象的空间，具有较强的吸引力，但一般看不出调查的结论。

（3）判断式。用结论式的语言作为标题，如《"保护伞"的存在是黑恶势力屡打不绝的主要原因》《创新能力差导致制造业发展缺乏后劲》。这类标题揭示了研究主题，表明了作者观点，但调查对象一般在标题中不容易看出，多用于总结经验、政策研究。

（4）双行标题式。即主标题与副标题相结合的复式标题。这类标题，主标题多用判断式或提问式表达，副标题多用陈述式。如《被误读的城管——以××地区城管和小贩的关系为例》《明晰产权起风波——对××市一集体企业被强行接管的调查》。这类标题既做出了判断，又揭示了调查的主题，是使用得比较多的一种表达形式。

2. 概要

概要即调查报告的内容摘要，主要包括以下三方面内容：第一，简要说明调查目的；第二，简要介绍调查的对象和调查内容，包括调查时间、地点、对象、范围、调查要点及所要解答的问题；第三，简要介绍调查研究的方法，介绍调查研究的方法可以使读者增强对调查结果可靠性的信任，并可以对此研究方法提出建议。

3. 正文

（1）前言。前言又称导言或绪论，是调查报告的开头部分。前言的主要内容有：进行本次调查的目的和意义、怎样进行调查、调查的结论如何。前言有以下几种主要写作方法。

①开门见山。首先阐明调查的目的或动机，直奔主题。

②结论先行。先阐明调查结论，再进行逐步论证。这种形式观点明确，读者能直接得到结论等有用信息。

③逐层分析。先介绍背景，然后逐层分析，得出结论。也可先介绍调查时间、地点、对象、范围，然后进行分析。

④用问题引入正题。提出人们所关注的问题，引导读者进入正题。

开头部分的写法很多，但开头部分应围绕这样几个问题进行说明：为什么要进行调查、怎样进行调查、调查结论。

（2）论述。论述部分的主要内容大致可分为基本情况和分析两部分内容。基本情况部分要真实地反映客观事实，对调查资料有关背景资料进行客观的介绍说明；或者是提出问题，其目的是要分析问题。分析部分是调查报告的主要部分，在这一阶段要对资料进行质和量的分析，通过分析了解情况、说明问题和解决问题。分析一般有三类情况：第一类是成因分析；第二类是利弊分析；第三类是发展规律或趋势分析。

由于论述涉及的内容很多，篇幅长，论述部分的写法经常用概括性或提示性的小标题来突出文章各部分内容和中心思想。

4. 结尾

结尾部分是调查报告的结束语。结束语一般有以下三种形式。

（1）概括全文。综合说明调查报告的主要观点，深化文章的主题。

（2）形成结论。在对真实资料进行深入细致的科学分析的基础上得出报告结论。

（3）提出看法和建议。通过分析，形成对事物的看法，在此基础上提出建议或可行性方案。

5. 附件

附件是对调查报告正文的补充和详细说明，包括各种问卷、数据图表、背景材料和必要的技术报告。

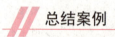

总结案例

大学生社会调研报告（节选）

一、调研时间

2019 年 12 月 21、22 日。

二、调研地点

南京新街口莱迪商场、中央商场、大洋商场、新百商场、东方商城等。

三、调研目的

通过几天的参观实习和调研，对各种类型的专卖店加以观察，并对具体的案例进行分析，了解关于商业空间设计的案例，进一步了解并认识到应该注意的问题，为今后的室内设计打下良好的基础。

四、调研内容

考察商场各专卖店（服装店、鞋店、包店、珠宝店等）的空间设计。

五、结论

原先简单的室内设计已经不能满足人们的需求，现在设计师们要做的不仅是从色彩、材料、总体预算上为人们考虑，更要在室内空间使用上下功夫，只有这样才能制作出更符合人们要求的设计。店面的布置最好留有依季节变化而进行调整的余地，使顾客不断产生新鲜和新奇的感觉，激发他们不断来消费的欲望。一般来说，专卖店的格局只能延续 3 个月时间，每月变化已成为专卖店经营者的促销手段之一。(后文略)

分析：调研不仅是一项劳动技能，而且是社会实践活动的重要参考资料。大学生可以根据专业、兴趣和特长，进行简便易行的调研。这种调研活动一方面开阔了眼界，另一方面也具备行业参考价值，不仅是大学生提升个人价值的重要途径，还是以技能回报社会的初创成果。

课堂活动

策划暑期社会实践

一、活动目标

引导学生形成社会实践策划书。

二、活动时间

建议 20 分钟。

三、活动流程

（1）教师提出问题：我们专业若暑假组织社会实践，你认为最可行的行业岗位有哪些？我们该如何策划实施暑假社会实践？

（2）教师将学生按照 8~10 人划分小组，要求每组通过搜集资料并经小组内部讨论后形成策划书。

（3）每个小组选出 2 名代表陈述本组策划书，通过大幅白板展示策划书要点，小组内其他成员也可以补充资料。

（4）教师对各组的策划书进行分析、归纳、总结。

（5）教师根据各组在活动过程中的表现，给予点评并赋分。

课后思考：

（1）结合自己所学专业，你认为该如何参与社会实践？请举例说明。

（2）你了解哪些社会调查方法？每种调查方法顺利实施的关键要素是什么？为什么？

项目二　志愿服务和社区劳动

哲人隽语

> 活着就要做个对社会有益的人。
>
> ——张海迪

案例导入

志愿服务进社区的困境

随着人口老龄化问题的逐渐加剧，我国面对养老服务人才短缺的困境，引导培育大学生参与养老志愿服务具有重要意义。大学生志愿者是青年志愿者的主力军，志愿者参与社区服务是当代中国高校顺应社会经济体制转型发展的迫切需要。小许就是顺应大潮的一名共青团员，在某大学健康管理专业学习两年后，按照学校安排进入了一家社区养老院做志愿服务。但是，小许面临一系列的问题。首先是养老院里的老人脾气特别大，总是埋怨小许干活不利落；其次是老人们嗓门大，说话基本在吼，搞得小许异常疲惫；第三是小许的专业技能始终没有顺畅发挥出来。另外，养老院用人的高峰时间恰巧与学业时间冲突。心灰意冷的小许，已经没有了当初报名志愿服务的那股热情了。他希望通过社区服务提升"奉献、友爱、互助、进步"精神，但是现实状况并不尽如人意。

分析： 目前，很多大学生自愿走进社区进行服务活动，一方面是实习锻炼的机会，另一方面对社区服务起到完善作用，一举两得。志愿服务对提高社区服务能力、推进高校人才培养等工作具有重要的意义和价值，大学生志愿服务进社区具有必要性，但也存在问题。应加强和社区的沟通联系，增加志愿服务的途径和方式；立足社团，加强大学生志愿服务能力的培养；进一步完善大学生志愿服务的管理和激励机制，进一步完善大学生志愿服务的保障和支持机制；实施大学生社区志愿服务品牌化发展道路。

一、志愿服务

（一）志愿服务的概念

志愿服务是指任何人志愿贡献个人的时间及精力，在不为任何物质报酬的情况下，为改善社会、促进社会进步而提供的服务，是志愿者组织、志愿者服务社会公众生产生活和促进社会发展进步的行为。或者说，志愿服务泛指利用自己的时间、技能、资源、善心为邻居、社区、社会提供非营利、无偿、非职业化援助的行为。志愿服务的范围主要包括扶贫开发、社区建设、环境保护、大型赛会、应急救助、海外服务等。志愿服务的功能包括社会动员、社会保障、社会整合、社会教化、促进社会和谐、促进社会进步。

延伸阅读

志愿者标识与志愿者日

志愿者标识（通称"心手标"，见图7-3）的整体构图为心的造型（红色），又是英文"Volunteer"的第一个字母"V"，图案中央是手的造型（白色），也是鸽子的造型。标识寓意为中国志愿者向社会所有需要帮助的人奉献一片爱心，伸出友爱之手，表达"爱心奉献社会，真情暖人心"和"团结互助、共创和谐"的主题。

图7-3 志愿者标识

1971年，联合国志愿人员组织正式成立，它的宗旨是动员具有献身精神并有一技之长的志愿人员，帮助发展中国家尽快实现其发展目标。1985年，第40届联合国代表大会确定，从1986年起把每年的12月5日规定为国际志愿者日（IVD）。它是联合国法定的国际志愿者日（国际志愿人员日）。2000年，共青团中央确定每年的3月5日为中国青年志愿者服务日，各地团委、中国青年志愿者协会组织青年集中开展内容丰富、形式多样的志愿服务活动。

（二）志愿服务的内涵

2017年12月1日，国务院颁布的《志愿服务条例》（以下简称《条例》）正式实施，这是我国第一部关于志愿服务的专门性法规。《条例》明确指出，志愿服务是指志愿者、志愿服务组织和其他组织自愿、无偿向社会或者他人提供的公益服务。

志愿服务主要包含以下三个方面的含义。

1. 志愿服务是一种由内在的精神动力所支持的活动

志愿服务是志愿者在志愿精神的感召下，主动、自觉自发开展的社会服务工作。按照联合国志愿人员组织对志愿者精神的理解，可以对志愿精神进行如下解读：志愿精神是一种在自愿的、不计报酬或收入的条件下参与推动人类发展、促进社会进步和完善社区工作的精神，是公众参与社会生活的一种重要方式，是个人对生命价值、社会、人类和人生观一种积极态度。

无私奉献的志愿精神是志愿服务的精神内核。正是在这种强大的内在精神动力的支撑下，志愿者们志愿奉献个人的时间、精力等，在不谋求任何物质报酬的情况下，从事社会公益与社会服务事业，把关怀带给社会，传递爱心，传播文明，给社会以温暖。

> **案例 7-3**
>
> **坚守讲台 20 年　激励边疆少年走向广阔世界**
>
> 2000年8月，侯朝茹与十几个同学响应党中央西部大开发教育对口支援的号召，怀着为祖国边疆教育事业献身的决心，辗转五天四夜来到新疆且末县，站到了且末县中学的讲台上。这一站就是20年。
>
> 20年来，每到初春，侯朝茹都会和学生一起扛起铁锹、坎土曼（一种铁制农具）走进沙漠，把一棵棵被风刮倒的小红柳、梭梭苗扶好，重新培土，栽埋防风沙的芦苇丛并种下新的红柳和梭梭。劳作间隙，师生会爬上高高的沙丘，围坐在一起。"老师，您是从河北来的，河北什么样啊？""老师，您去过北京吗？看到天安门了吗？爬上长城了吗？"……孩子们总是叽叽喳喳问她许多问题。她知道，这串小小的问号，就是孩子们对大漠之外世界的好奇与向往。"我们的祖国很大很美，等你们长大了，一定要去走一走、看一看！"她回答。
>
> 20年光阴荏苒，侯朝茹已经当了15年班主任。学生阿斯古丽曾发信息给她，说特别怀念高中生活，尤其怀念侯老师带她做的心理辅导活动，给她留下受用至今的财富：那次"花开应有时"心理辅导课让她学会处理情感、避免陷入早恋漩涡；"人生长宽高"活动让她直观地感受到生命的短暂、不敢再有懈怠……最令侯朝茹欣慰的是，她用自己的付出陪伴了五届近六百名高三学生从塔克拉玛干沙漠上的边陲小城走向更广阔的世界。
>
> 侯朝茹认为，她和她的同事就是大漠中的"育林者"，用自己的辛勤耕耘和劳动，把如红柳和胡杨种子一般的知识，播撒在每个孩子心灵深处。她们用自己的劳动，激励更多孩子走出沙漠，创造别样精彩的人生。
>
> （摘编自：《光明日报》，2020-4-30）

2. 志愿服务是一种非营利性活动

志愿服务不是一种用以谋生或营利的职业,而是个体出于奉献社会的意愿开展的社会服务,是一种非营利性的活动。

虽然志愿服务不追求经济报酬,但并不意味着组织的运转不需要资金方面的支持。事实上,现代志愿服务组织和机构要实现发展和维持运转,离不开充足的经费支持。但志愿服务组织和机构不能违背志愿精神的本质,不能以营利为目的,更不能从自己的服务对象中收取经济方面的回报。

3. 志愿服务是一种有组织的社会公益服务

志愿服务不仅仅是一种做好事和助人为乐的简单活动,而是一种系统、有组织、自愿开展的社会公益服务。它作为社会建设和社会管理的重要组成部分,弥补了政府、市场和个人力量的短板,起到了加强国家和个人相互联系的桥梁作用。

总的来说,志愿服务就是由内在志愿精神所支撑的,由自愿自觉的内部动机所指引,利用个体知识、技能、体能或财富服务社会,不计报酬、奖励的一种非营利、公益性活动。

(三)志愿服务的特征

志愿服务有志愿性、无偿性、公益性和组织性四个基本特征,其特征的精髓是奉献精神。奉献精神意味着无偿、不计报酬地为他人、为社会服务,具有奉献精神的人通常自发自愿地参加志愿服务。志愿服务为实现中华民族伟大复兴的中国梦提供了强大精神动力和道德支撑。党的十八大报告指出,全面提高公民道德素质的举措之一,就是要深化群众性精神文明创建活动,广泛开展志愿服务,要深入开展城乡社会志愿服务活动,大力发展与政府服务、市场服务衔接的社会志愿服务体系。

1. 志愿性

志愿服务必须是个人自愿参加。这个自愿是主动的而不是被动的,是自觉的而不是被迫的。相关组织可以通过各种方式动员志愿者,但应该让每个志愿者都在没有任何压力的情况下自愿投入志愿服务。强制参与、强制"奉献"、募集摊派或变相摊派、对志愿者进行单位化管理等,都不符合志愿服务活动的志愿性原则。可以想象,如果志愿服务不是自愿参加的,而是在某些组织或个人的强迫和压力下参加的,其社会意义就会大打折扣。被迫参与到志愿服务之中的人员不是真正意义上的志愿者,他们即使参加了志愿服务活动,也很难持续发挥作用。

2. 无偿性

无偿性是指志愿服务属于无偿行为。志愿服务的提供者从事志愿服务行为,不得向志愿服务对象收取或者变相收取报酬,包括金钱、物质交换或礼物馈赠等形式。但是,志愿服务组织为志愿者提供交通补贴和午餐补贴等,并不影响志愿服务的无偿性。

3. 公益性

公益性是指志愿服务必须指向公共利益。根据志愿服务的公益性,营利行为不属于志愿服务,偶发的帮助行为、基于家庭或友谊的帮助行为、仅仅针对特定个人的帮助行为和互益互助行为也不属于志愿服务。

对服务活动的组织者来说,志愿服务不应该被用来达到公益服务以外的目标,如经济目标,否则就会损害志愿服务者的动机。对志愿服务者而言,在提供志愿服务时应该始终坚持以利他和公益为基本目标,不能私自进行工作计划以外的服务内容。例如,志愿者不得向服务对象进行宗教传道，不得在活动时间内宣传与公益活动无关的事物。

4. 组织性

仅凭个人的热情、爱心、体力，我们往往无法回应复杂的社会需求。志愿服务具有组织性，可以采取社会团体、社会服务机构、基金会等组织形式开展志愿服务，反映行业诉求，推动行业交流，促进志愿服务事业发展。

志愿服务组织的不断涌现对促进志愿服务活动广泛开展、推进精神文明建设、推动社会治理创新、维护社会和谐稳定发挥了重要作用。志愿服务组织已成为现代社会从事志愿服务最重要的主体。

（四）志愿服务的原则

《条例》明确指出，开展志愿服务，应当遵循自愿、无偿、平等、诚信、合法的原则，不得违背社会公德、损害社会公共利益和他人合法权益，不得危害国家安全。而开展青年志愿者行动，一定要坚持自愿参加、量力而行、讲求实效、持之以恒的原则。

1. 自愿参加

自愿参加主要是强调参加青年志愿服务的自觉性。自愿参加是青年志愿者行动的主要特征之一，也是开展青年志愿服务活动的前提。只有自愿才能成为志愿者，只有自愿才能持久。对于参加者而言，青年志愿者行动的魅力就在于它变"要我参加"为"我要参加"，充分尊重青年的主体地位，注重调动青年自身的积极性、主动性。

2. 量力而行

量力而行就是要根据自己人力、物力、财力条件允许的程度来开展工作。要研究服务客体，也就是要研究服务对象，搞清楚服务需求。现实生活中服务需求是多方面和多层次的，志愿服务一定要从共青团和青年的实际出发，从各地、各条战线、各个行业的实际出发，从社会需求的实际出发，把主观愿望和客观实际结合起来，把社会需求和服务能力结合起来，实事求是，量力而行，不搞一刀切。要分清什么是现在能做到的，什么是下一步才能做到的，什么是将来才能做到的，还有什么是做不到的。我们既不能无所作为，也不可包打天下。要循序渐进，逐步发展，切不可操之过急，否则欲速则不达。

3. 讲求实效

青年志愿者行动的出发点和立足点，就是要上为政府分忧，下为群众解难，为社会、为群众办实事。面上的示范性的活动要搞，但工作重点是狠抓在基层的落实。青年志愿服务只有落实到基层，落实到具体人、具体事，真正成为基层广大青年的经常行为，才有生命力和发展前途。同时要求实效。求实效的集中表现就是在实践中使社会和群众体验和享受到志愿服务的成效。办实事、抓落实、求实效三者缺一不可。

4. 持之以恒

青年志愿服务要做到经常化、长期化。青年志愿者行动是一项跨世纪事业，必须以办事业的精神和方法来推进。开展志愿服务活动必须与建立多层次社会保障体系结合起来，必须着眼于建立有中国特色的青年志愿服务体系，必须建立必要的机制以保障青年志愿者行动的经常化、长期化、规范化、制度化。要健全组织，稳定队伍，建立基金，制定规章，形成机制，坚持长久。要保持工作和人员的相对稳定性和连续性。

劳动简论

二、参与志愿服务

（一）志愿者的基本条件

2013年11月，共青团中央、中国青年志愿者协会颁布新修订的《中国注册志愿者管理办法》。其中，规定注册志愿者的基本条件：①年满十八周岁或十六至十八周岁以自己劳动收入为主要生活来源者；十四至十八周岁者，须经其法定代理人同意；未满十八周岁的在籍学生申请注册的，按所在学校有关规定办理；②具备参加志愿服务相应的基本能力和身体素质；③遵守国家法律法规和注册机构的相关规定。

（二）志愿者的权利与义务

1. 志愿者的权利

（1）参加志愿服务活动。

（2）接受相关志愿服务培训，获得志愿服务活动真实、必要的信息。

（3）获得从事志愿服务的必需条件和必要保障。

（4）优先获得志愿服务组织和其他志愿者提供的帮助。

（5）对志愿服务工作提出意见和建议。

（6）相关法律、法规、政策所赋予的权利。

（7）可申请取消注册的志愿者身份。

2. 志愿者的义务

（1）遵守国家法律法规及团体组织、志愿者组织的相关规定。

（2）每名注册志愿者根据个人意愿至少选择参加一个志愿服务项目或活动，每年参加志愿服务时间累计不少于20小时。

（3）履行志愿服务承诺，完成志愿服务任务，传播志愿服务理念。

（4）自觉维护志愿者组织和志愿者的形象。

（5）在志愿者职责范围内，自觉维护服务对象的合法权益。

（6）自觉抵制任何以志愿者身份从事的营利活动或其他违背社会公德的活动（行为）。

（7）依法应当承担的其他义务。

（三）志愿服务的技能与技巧

1. 具备多种服务技能

随着社会的进步，人们对志愿服务的形式、内容、质量都提出了更高的要求。在针对志愿者的调查中，有超过半数的志愿者认为"自身知识水平及社会实践能力的欠缺"制约了志愿服务的进一步开展，越来越多的志愿者已经开始注意从事志愿服务所需技能的问题。深入农村的志愿者必须参加组织培训与学习，了解农村的有关法律、法规、习俗和农业知识；到边远地区支教的志愿者必须学习教学方法、沟通技巧，掌握除专业之外的广泛的知识和技能；走入社区提供社区服务的志愿者，不能将自己的服务定格在具体的形式和具体的内容上，必须创造出丰富多彩的服务以满足社区不同人员的需求；向社会弱势群体伸出援手的志愿者，必须了解并熟悉当地的孤儿院、敬老院的情况；到伤残人士、军烈属、生活有困难的人家去，必须想其所想，运用自己所掌握的服务技能提供最贴心的服务。可见，无论从事哪一种志愿服务，都必须掌握起码的专业技能。只有认识到这一点，志愿服务工作做起来才能得心应手。

2. 提升志愿服务专业化水平

在高校青年志愿者组织下设立专门的专业项目队，除了开展日常志愿服务活动外，还应让专业团队的活动实施项目化管理，提高专项志愿服务的针对性和实效性，打造品牌性专业志愿者服务项目。高校需要在健全学校志愿者组织的同时，大力加强对志愿者基层组织与专业服务队的扶助和指导。高校成立志愿者专业服务队，配备高年级骨干志愿者，这种项目团队式组织模式运作起来既可以细化职能分工，强化服务功能，又能提升专业服务水平和组织效能。同时，作为专业化青年志愿服务组织，在服务的过程中需要更加积极、更加专业的志愿服务精神。对于庞大的志愿者群体，要想紧紧地将志愿者凝聚在一起，需要的是志愿者精神的内驱力，应激发志愿者的认同感及作为志愿者的自豪感、归属感、使命感。

3. 掌握突发事件应对技能

当代大学生志愿服务已由刚开始的公益劳动、敬老爱幼、帮残助残等志愿活动，扩展到依托重大活动赛事开展志愿服务活动，新一代的大学生越来越多地参与到志愿服务中，成为青年志愿者的中坚力量。大学生志愿服务工作越来越多地面向社会，对志愿服务工作的要求也越来越高，通过对志愿者进行系统的和专业的培训，使其掌握志愿服务的方式方法和应对突发事件的技能。

三、社区服务

（一）社区与社区服务

1. 社区定义

社区是若干社会群体或社会组织聚集在某一个领域里所形成的一个生活上相互关联的大集体，是社会有机体最基本的内容，是宏观社会的缩影。社区是具有某种互动关系的、共同文化维系力的、在一定领域内相互关联的人群形成的共同体及其活动区域。

社区的特点：有一定的地理区域；有一定数量的人口；居民之间有共同的意识和利益；有较密切的社会交往。

2. 社区志愿者

社区志愿者是以社区为范围无偿主动承担社会责任的人。社区志愿者是指以社区为范围，在不为任何物质报酬的情况下，能够主动承担社会责任而不关心报酬，奉献个人的时间及精力的人。

3. 社区志愿服务

志愿者"一助一"长期结对服务工作从1994年年初开始实施，通过青年志愿者组织牵线搭桥，由一名青年志愿者或一支青年志愿者服务队为一个困难家庭提供经常性服务，目前全国"一助一"结对已达250多万对。二是开展设点服务，即以街道设施和家庭，楼院设立网点为居民提供多种技能性或劳务性服务，如理发、修脚、修理电器等。

4. 社工精神

社工精神与人文精神、志愿精神既有联系又有区别。与人文精神相比，社工精神是一个小概念，人文精神是其上位概念；志愿精神与社工精神则是两个内涵不同的并列概念。社会工作是一门专业的助人学科,是一个高尚的事业。社工精神是社会工作的灵魂,是社会工作者的精神动力,是一种专业价值观。社会工作价值观以人道主义为基础,充分体现了热爱人类、服务人类、促进公平、维护正义和改善人类与社会环境关系的理想追求,指导和激励着社会工作者的具体工作,是促进社会工作者个人成长的强大力量。

(二)社区劳动的技能与技巧

1. 社区劳动范畴

社区劳动主要以校园周边社区为中心开展志愿者服务工作,立足于本辖区开展活动,为广大群众的精神文明建设和生活劳动建设服务。大学生在社区可结合自己的专业开展以下服务项目。

(1) 为社区打扫部分街道卫生的志愿活动。
(2) 开展敬老助残、救助弱势群体的志愿活动。
(3) 开展环保知识及健康知识的宣传和讲座。
(4) 开展爱心家教等有益社区儿童的志愿活动。
(5) 宣传青年志愿者精神及其他综合活动等。

2. 绿色服务

当前社会最为关注的无疑是环境问题,随着社会的发展和人类的进步,在满足了经济需求后,人类开始寻求自身和周围环境的良性发展。因此,开展环保活动刻不容缓。我们可参加青年志愿者协会,在校团委的领导下,主要开展以下几个方面的社区环保劳动。

(1) 开展植树造林的志愿者活动。
(2) 开展垃圾分类的志愿者活动。
(3) 开展清理白色垃圾的志愿者活动。
(4) 开展动物保护的志愿者活动。
(5) 开展对环保方面的宣传活动等。

3. 健康服务

健康服务是宣传健康知识,提高全民对健康的重视。一般由学校青年志愿者协会协助区政府及各机关部门开展各项活动,主要有以下几个方面。

(1) 参与献血、捐献骨髓等服务活动。
(2) 开展关于健康方面的公益演出。
(3) 编制健康知识小手册,并为社区群众发放。

4. 文艺宣传

开展文艺活动,主要有节目主持、声乐、器乐、戏剧、相声、小品,以及本地的风土人情、风俗习惯、传统文化等的宣传。

5. 赛会服务

赛会服务主要负责为各种大赛活动服务,服务内容有以下几个方面。

(1) 外语翻译。
(2) 微机操作。
(3) 礼仪服务。
(4) 安全保卫。

6. 公益服务

公益服务主要针对各类社会福利机构，如福利院、敬老院、慈善机构、红十字会、纪念馆、医院、图书馆、博物馆等。

7. 一对一服务

志愿者可与区及市范围内结成一对一定点服务，以接力的形式将工作延续下去。可根据需要的不同、志愿者能力的特点，针对不同形式的需要，组织不同的小分队开展社区劳动。服务对象如孤寡老人、残疾人、生活困难的人、离退休人员、下岗员工、特困未成年人、教育行业的弱势群体等。可以根据服务对象的不同确定不同的实施方案，并组成一批长期稳定的志愿者服务队来为他们提供帮助，例如，扶贫帮困、文化教育、法律援助、文体娱乐、生活家政、医疗卫生、环境保护等。

总结案例

青年志愿者为战"疫"贡献青春力量

马丽是武昌某大学的大二学生，家住武昌区白沙洲城南社区。新冠肺炎疫情暴发后，她瞒着父母报名加入了社区志愿者队伍。出生于 1998 年的马丽是城南社区最年轻的志愿者，坚守在社区为居民服务。

马丽还主动照看小区里一位年近 90 岁的"留守爷爷"。由于疫情，老爷爷的家人被困在外地，他自己一个人在家不会做饭。马丽经常帮他"代购"，为了让老人营养均衡，还把家里的饺子、肉丸、水果送给他。

马丽的父母经营着一个蔬菜摊位，疫情期间一直坚持营业。为了减少病毒传染风险，马丽的爸爸很少回家。其实，马丽的爸爸也害怕传染，但他更明白附近居民在疫情期间买菜的不容易，大家的基本生活离不开他。正是因为有无数像马丽爸爸这样坚守岗位的平凡人，才最终夺取了武汉保卫战的胜利。

"我也像爸妈一样为城市贡献一份自己的力量……"马丽坚定地说。

(摘编自：新浪新闻，2020-4-17)

分析：面对疫情，马丽选择了勇敢站出来，作为一名志愿者坚守社区为居民服务，为社会贡献一份力量。赠人玫瑰，手有余香。参与志愿服务既是"助人"亦是"自助"，既能"乐人"也能"乐己"。大学生作为社会现代化建设者和接班人，可在自己能力基础之上服务群众、贡献光和热。

课堂活动

策划校内志愿服务活动方案

一、活动目标

提升学生对志愿服务的认同感，愿意积极参与传递正能量。

二、活动时间

建议 30 分钟。

三、活动流程

（1）教师按照6~8人把学生划为一组，并要求每组自定一项校内志愿服务活动。

（2）小组分工搜集相关资料，针对自定的志愿服务形成可实施的方案。

（3）每组选出一名代表分享本组的活动方案，其他小组可以对其进行提问，组内其他成员也可以回答问题。

（4）教师进行分析、归纳和总结，每组可在老师总结的基础上再次修改活动方案并提交给老师。

（5）教师根据各组在活动过程中的表现和最终的活动方案给予点评并赋分。

课后思考：

（1）你认为成为一名志愿者需要提高哪些自我修养？

（2）对于社区服务，你参加过哪些项目或活动？谈谈你对社区服务的认识。

项目三　农工商生产劳动

哲人隽语

> 我们在我们的劳动过程中学习思考，劳动的结果，我们认识了世界的奥妙，于是我们就真正来改变生活了。
>
> ——高尔基

案例导入

能工巧匠去哪了

根据一家经济调研机构统计，在中国大城市人口结构里，高端劳动力和低端劳动力的比重基本上是1∶1。城市越来越大，而且人口仍然在不断地在向大城市聚集。很大一部分大学生毕业之后在找工作时不仅缺乏一定的求职技能，而且缺乏目的性。与此同时，很多工厂招不到年富力强的能工巧匠，商场招不到业务全面的销售员，公共事业单位求贤如渴也很难完成招聘计划。

分析： 能工巧匠是指工艺技术高超的人。经济发展必然呼唤高技能人才，大学生应该充分了解我国的工业、农业和商业的发展趋势，掌握一定的基础技能，发展自己的核心技能，做到人无我有，人有我精，凭借一门过硬的手艺得到一个"金饭碗"。

一、农业生产劳动

（一）农业文明与常见农作物

1. 农业文明

所有文明皆起源于农耕文明，稼穑是社会发展的根基和重要一环，更是人生不可或缺的一环，有稼穑经历和体验的人生更扎实也更丰富。《尚书·无逸篇》说："不知稼穑之艰难，乃逸乃谚。"意思是没有体验过"面朝黄土背朝天"的艰辛滋味，就会变得放纵、荒唐。

现代农业文明带给当代人类的不仅仅是一种新能源，更是继工业革命之后的又一次经济形态转型的新革命。中国农业精神来自中国传统农业，体现和贯彻中国传统的天时地利人和及自然界各种物质与事物之间相生相克关系的阴阳五行思想，精耕细作，轮种套种，是它的典型工作生产模式。随着中国农业的发展越来越需要有文化、懂技术、会经营，有较强市场意识、有较高生产技能、有一定管理能力的新型农民。

2. 认识常见农作物

我国农作物主要分为七大类：粮食作物、经济作物、蔬菜作物、果类、野生果类、饲料作物、药用作物。粮食作物以小麦、水稻、玉米、大豆、薯类为主要作物；经济作物以油籽、蔓青、大芥、花生、胡麻、大麻、向日葵等为主；蔬菜作物主要有萝卜、白菜、芹菜、韭菜、蒜、葱、胡萝卜、菜瓜、花菜、莴笋、辣椒、黄瓜、西红柿、香菜等；果类有梨、青梅、苹果、桃、杏、核桃、李子、樱桃、草莓、沙果、红枣等品种；野生果类有酸梨、野杏、毛桃、山枣、山樱桃、沙棘等；饲料作物如玉米、绿肥、紫云英等；药用作物有人参、当归、金银花、薄荷等。

粮食作物是人类主要的食物来源，同时也是牲畜的精饲料。经济作物一般指为工业，特别是为轻工业提供原料的作物，按其用途分为：纤维作物（棉花、麻类、蚕桑）；油料作物（花生、油菜、芝麻、大豆、向日葵、橄榄）；糖料作物（甜菜、甘蔗）；饮料作物（茶叶、咖啡、可可）；嗜好作物（烟叶）；药用作物（人参、灵芝）；热带作物（橡胶、椰子、油棕、剑麻）。

延伸阅读

二十四节气歌

春雨惊春清谷天，夏满芒夏暑相连。秋处露秋寒霜降，冬雪雪冬小大寒。
每月两节不变更，最多相差一两天。上半年来六廿一，下半年是八廿三。
节气的交节时间，是天体运动的自然结果。它基本概括了一年中四季交替的准确时间及大自然中一些物候等自然现象发生的规律。一年四季由"四立"开始，所谓"立"即开始的意思，立春、立夏、立秋、立冬。四季在一年中交替出现，"四立"标示着四季轮换，反映了物候、气候等多方面变化，如春生、夏长、秋收、冬藏，以及日照、降雨、气温等的变化规律。

（二）种植技能、畜牧技能和采摘技能

1. 农作物种植技能

在种子没有问题的前提下，植物要想生根发芽就必须满足温度、水分、空气和肥料四个条件。例如，大蒜发芽比较适宜的温度是20℃左右，超过这个温度就会抑制发芽速度。农作物在生长发育过程中，需要碳、氢、氧、钙、镁、硫、氮、磷、钾、硼、铝、锌、锰、铁、铜、氯十六种元素，其中，碳、氢、氧可以从水和空气中取得，其他大多数是从土壤取得，当土壤不能满足时，必须通过施肥来解决。影响农作物生产的主要因素有天气、土壤和

劳动简论

人为措施。天气是影响农作物生产的一个因素,有的农作物需要长光照,有的农作物所需的积温少,有的农作物需要的积温多。水是农作物的生命,其需水量很大。土质的好坏直接影响产量,改良土壤、增加土壤的肥活度十分重要。合理施肥是提高农作物产量的一项重要措施,不同的农作物所需的肥量是不同的。我们需要知道同一种农作物在各生育期中需水、施肥的量,以及适应的气候,才能为农作物提供良好的生长条件。

农作物栽培步骤:精细整地,抢墒覆膜。土壤耕作是根据植物对土壤的要求和土壤特性,采用机械或非机械方法改善土壤耕层结构和理化性状,以达到提高肥力、消灭病虫杂草的目的而采取的一系列耕作措施,包括切茬、开沟、喷药、施肥、播种、覆土等多道工序。覆膜栽培关系到土壤的结构。施足底肥,谨防早衰。重施有机肥,增施磷、钾肥,适当施氮肥,以便增强树势,这是提高果实品质、促进着色的基础。改善光照,合理整形修剪,打开光路。出苗时,中耕除草并施人畜粪水。

2. 畜牧技能

畜牧业主要包括牛、马、驴、骡、骆驼、猪、羊、鸡、鸭、鹅、兔等家畜家禽饲养业和鹿、貂、水獭、麝等野生经济动物驯养业。畜牧业与种植业并列为农业生产的两大支柱。发展畜牧业必须根据各地的自然经济条件,因地制宜,发挥优势。畜牧业养殖技术,包括培育和繁殖,其中养殖技术包括生猪养殖技术、家畜养殖技术、水产动植物养殖技术、特种养殖技术几大类。

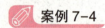

养山鸡走上致富路

毕业于山东济南某所大学的小季,大学主修汽车检测与维修专业。然而,一次在农村偶然实践,让他走上了独特的创业道路。毕业后,他从一家畜禽企业引进了2 000只刚出壳的野鸡苗回到老家,把养鸡场建在一块麦田里,用红砖和石棉瓦搭建了简易房。由于养鸡场的条件相对有限,温度、湿度、通风一直控制不好,鸡苗买回来以后就开始出现感冒、发热的症状,最严重的时候一天死了300多只。为了防止鸡雏聚集在一起取暖引起窒息,他不分白天黑夜地守在小窝棚里,有一次竟然三天三夜没有合眼。野山鸡长到30日龄的时候就可以露天放养了,这时候对精饲料和青饲料的需求比较大,各项投入也与日俱增。为此,一家人做了明确分工:父亲负责家里的几亩庄稼,并提供原粮和青饲料;母亲负责洗衣、做饭等后勤保障;小季则负责捕捉黄鳝和小龙虾卖给鱼贩子,再用这些钱买玉米、豆饼等精饲料。鸡仔每天吃的是农场里天然的虫、草,喝的是深层泉水,满山溜达,快乐成长。他们还每天为鸡补充自己配制的益生菌保健液,增强野鸡免疫力,解决了现代大规模养殖遇到的难题。这批露天养殖的野鸡最终成活四百多只,并且全都都在当年春节前集中上市,卖了一个好价钱。这批野鸡的成活率虽然不足四分之一,却给辛苦半年多的小季带来了丰厚收入。

3. 采摘技能

农作物采摘的关键是参照节气和植物生长规律,做到正确合理、适时采收,能多产优质,实现增产增收。采摘时间要掌握成熟度,太嫩影响产量,太老影响质量。一般采收适期为七八分熟时。这时蔬菜嫩脆,纤维少,品质优,每天具体采收时间以上午9时前、下午6时后为宜。采收时,要用中指顶住花梗,然后用食指和拇指捏住,轻轻掰下来,不要强拉硬扯，不要折断、不要采半截，要有顺序地从上到下、从内到外依次采净粗细、长短、成熟度一致的，不能漏采和强采。另外，随着科技发展，农业机器人也可以担当采摘重任，它以农产品为操作对象、兼有人类部分信息感知和四肢行动功能。

延伸阅读

水果采摘技巧

采摘水果时，为了不伤及果树，不要硬拉硬拽，条件允许的话准备好相关工具，比如剪刀等，这样采摘起来更轻松。剪短指甲并戴好手套，因很多水果的表皮都是非常脆弱的，尖利的指甲很可能会划伤表皮，不仅影响果实美观，还会使水果出现伤口，容易氧化而腐烂，大大缩短其保存时间。要挑成熟的进行采摘，必要时可以先品尝一下，符合口味要求之后再进行采摘。做好防晒及防蚊虫、防过敏工作，尤其是易过敏体质。采摘的顺序是先外后里、先上后下，这样能够避免碰掉果实，还能防止碰伤树枝。采摘水果时切忌爬树采摘，以防跌落摔伤。

二、工业生产劳动

（一）中国工业现状

中国已从一个落后的农业大国转变为一个工业大国，建立了世界上最为完整的工业体系，拥有联合国确定的所有工业门类，但"大而不强"是中国的最基本国情；中国工业化进程已从初期阶段快速发展到工业化后期阶段。在令世人瞩目的经济增速背后，是一个世界性的实体经济大国崛起，或者更为具体地说是工业大国的崛起。

（二）一般工业技能

1. 金工实习

金工实习包括铸造、锻压、焊接、切削加工基础知识、车工、铣工、刨工、磨工、钳工、数控加工、特种加工等内容，是为了培养学生现代化工程素质，启迪学生创新意识。职业学院机电工程专业通常开设金工实习课程，包含钳工实习、车工实习和铣工实习。要掌握铣床的基本结构和操作方法、工件安装的方法及要求、工件对刀的方法、铣削要素及切削用量的换算、铣削方式的区分，具有使用普通铣床按照图纸加工出中等复杂零件的技能，具备按图纸要求控制尺寸的能力。

工人技能的增强是经济进步和经济福利增长的基本源泉。技能标准是按不同工种、不同等级制定的，包括"应知""应会"和"工作实例"三部分。我国的技术等级标准，按照工种的技术复杂程序分成不同的等级系列。例如，钳工包括切削加工、机械装配和修理作业中的手工作业，因常在钳工台上用虎钳夹持工件操作而得名。钳工作业主要包括錾削、锉削、锯切、划线、钻削、铰削、攻丝和套丝、刮削、研磨、矫正、弯曲和铆接等。钳工是机械制造中最古老的金属加工技术。在机械制造过程中，钳工仍是广泛应用的基本技术，至今尚无适当的机械化设备可以全部代替。

表7-1为初级钳工的工作要求（节选）。

劳动简论

表 7-1 初级钳工工作要求（节选）

职业功能	工作内容	技能要求	相关知识
一、作业前准备	（一）作业环境准备和安全检查	1. 能对作业环境进行选择和整理 2. 能对常用设备、工具进行安全检查 3. 能正确使用劳动保护用品	1. 工具钳工主要作业方法和对环境的要求 2. 工具钳工常用设备、工具的使用、维护方法和安全操作规程 3. 劳动保护用品的作用和使用规定
	（二）技术准备（图样、工艺、标准）	1. 能读懂工具钳工常见的零件图及简单工艺装配图 2. 能读懂简单工艺文件及相关技术标准	1. 常见零件及简单装配图的识读知识 2. 典型零件的计算知识 3. 简单零件加工工艺知识
	（三）物质准备（设备、工具、量具）	1. 能正确选用加工设备 2. 能正确选择、合理使用工具、夹具、量具	1. 工具钳工常用设备的使用、维护、保养知识 2. 工具钳工常用工具、夹具、量具的使用和保养知识
二、作业项目实施	（一）零件的划线、加工、精整、测量	1. 能进行一般零件的平面划线及简单铸件的立体划线，并能合理借料 2. 能进行锯、錾、锉、钻、铰、攻螺纹、套螺纹、刮研、铆接、粘接及简单弯形和矫正 3. 能制作燕尾块、半燕尾块及多角样板等，并按图样进行检测及精整 4. 能正确使用和刃磨工具、钳工常用刀具	1. 一般零件的划线知识 2. 铸件划线及合理借料知识 3. 刮削及研磨知识 4. 铆接、粘接、弯形和矫正知识 5. 样板的制作知识 6. 刀具的刃磨及砂轮知识
	（二）工艺装备的组装	能进行简单工具、量具、刀具、模具、夹具等工艺装备的组装、修整及调试	1. 机械装配基本知识 2. 简单工艺装备组装、修整、调试知识 3. 砂轮机、分度头等设备及工具的基本结构、工作原理和使用方法及维护知识 4. 起重设备的使用方法及其安全操作规程
	（三）工艺装备的检查	能按图样、技术标准及工艺文件对所组装的工艺装备进行检查	量具的选用及测量方法
三、作业后验证	工艺装备的验证	能参加一般工艺装备的现场验证和鉴定	工艺装备验证和鉴定的步骤及要求

> 案例 7-5

钳工风采

钳工这个行当，沈卫军（图 7-4）一干就是 23 年。这 23 年里，沈卫军辗转各个车间，对机器也从单纯的兴趣上升为对职业的热爱。靠着一股子钻研劲，一些奇思妙想不断在他脑中涌现，并因此获得了 5 项国家授权专利，以及"全国机械工业劳动模范""上海市十大工人发明家"等荣誉称号。

图 7-4 沈卫军工作场景

1993 年，年仅 19 岁的沈卫军入职振华重工成为一名钳工，跟一名老师傅学本事。三年的学徒时间，沈卫军在车间里从钻、铣、车、刨、磨、划线等基本功学起。有一次划完线后，沈卫军随手把尺放在地上。师傅见状，立马变脸，厉声说道："你不知道量具是标准，标准都被你破坏了，还谈什么质量和精度。"这让沈卫军对所从事的工种有了更加深刻的认识，"量具长久放在地上会有磨损，影响后道工序，师傅这一课教会我，做任何事都要严谨。"在师傅的指点下，他掌握了正确的方法，锉刀、锯弓也成了自己手中的利器，工作起来得心应手。由于工件结构原因，精细到毫厘之间的修理只能用手工来做。

沈卫军以饱满的工作热情、踏实的工作作风，在平凡岗位上抒写着钳工的别样风采，并且在工作中发现了创新发明的机遇。

（摘编自：中新网，2006-12-14）

2. 电子装配

电子装配主要是电子产品部件的元件安装、焊接、拼装、包装。它要求有一定的学习能力，有较强的空间感和计算能力，有准确的分析、推理、判断能力。此外，手指、手臂要灵活。

表 7-2 为初级电子装配工的工作要求（节选）。

表7-2 初级电子装配工工作要求（节选）

职业功能	工作内容	技能要求	相关知识
一、装配前的准备	（一）学习并理解图样及技术资料	1. 能看懂一般的零部件图和简单的电气原理图 2. 能看懂装配流程卡 3. 能识别电气原理图中常用元器件的名称、规格、型号、用途	1. 辨认所应用的零部件（元器件）的知识 2. 三视图知识
	（二）选择和检查工具、设备及必备材料	1. 能分选出合格零件与不合格零件 2. 能判断常用元器件的质量 3. 能清点及正确摆放各种工具 4. 能按工艺要求准备并调整好工具和工艺装备	1. 岗位职责与作业规范 2. 常用工具的名称、规格、用途 3. 元器件的原理及应用知识 4. 工艺装备的类别、用途及维护知识 5. 万用表的使用要求
二、一般部件的装配	（一）零部件的清理和预处理	1. 按工艺要求选择合理的清理、清洗零部件的方法 2. 能按要求完成对零部件的清理和清洗 3. 能按工艺要求对零部件进行预处理	1. 常用紧固件的种类、代号、规格 2. 常用黏合剂的名称、代号与性能 3. 焊剂、焊料及化工试剂的使用方法及防护知识
	（二）装配	1. 能核对装配位置是否合格 2. 能使用相应的工具、材料、辅料，通过焊接、螺纹连接、粘接、铆接、销连接等装配手段完成装配工作 3. 能用卡尺、万用表等计量器具进行检测	1. 计量器具的使用、维护与管理程序 2. 零部件识图知识

三、商业服务劳动

（一）商业文明

中国商业革命是由国内大宗商品的远距离贸易和海外贸易扩张来推动的，国内大宗商品的远距离贸易在不同经济区之间，由具有地方特点的商帮进行，著名的商帮有徽商、晋商、粤商、闽商、江右商、洞庭商、京商等。千百年来，京商文化穿越了历史长河，汇聚了不同文化因子，是我国地域型商业文化的典型代表。它要求前店搞经营，专管应酬买主，招揽顾客；后场搞生产，负责加工订货，"炮制虽繁必不敢省人工，品味虽贵必不敢减物力"。这种商业文明彰显了精益求精和顾客至上理念。

（二）服务业从业精神

服务精神是指为某种事业、集体、他人工作的思想意识和心理状态。具有服务精神的人有帮助或服务客户的愿望以满足客户的要求，即专注于如何发现并满足客户的需求。服务业最重要的传承是动脑、动手和用心三方面的结合，动脑是理论与批判性思维的培养，动手是实操技能的训练，用心是对行业和做人的态度培养。同时，在服务领域要保障艺术性和科学性的平衡。服务业的主要从业精神有如下几个。

1. 换位思考

换位思考应该落到实际行动上，如追踪客户的要求、需求、抱怨；让客户对最新项目进展有所了解；与顾客在彼此的期望方面保持沟通，监督客户满意度的执行；给客户提供有益信息，以及友善和开心的帮助；对更正客户服务问题采取亲自负责的态度，及时、不袒护自己地解决问题，特别在客户碰到关键问题时，主动出面解决。例如，提供给客户自己的家庭电话或其他能容易找到自己的方式，或为解决问题采取措施，能满足客户潜在需要，对待客户问题采取长远观点，为了长远利益关系牺牲暂时利益等。

2. 服务意识

服务意识是指企业全体员工在与一切企业利益相关的人或企业的交往中所体现的为其提供热情、周到、主动服务的欲望和意识，即自觉主动做好服务工作的一种观念和愿望，它是发自服务人员的内心的。具有服务意识的人，能够把自己利益的实现建立在服务别人的基础之上，能够把利己和利他行为有机协调起来，常常表现出"以别人为中心"的倾向。因为他们知道，只有首先以别人为中心，服务别人，才能体现出自己存在的价值，才能得到别人对自己服务的肯定。

3. 顾客至上

服务行业的企业文化是以服务为导向、以顾客为中心的服务文化。服务业在人类现代文明和社会经济发展中的地位正日益显现，现代服务业是社会经济链条中的重要一环，上游可创造产品和效率，下游可创造市场和需求。进入 21 世纪，人类进入了知识经济时代，现代服务业集聚了一大批受过良好教育、拥有现代文化素养、受过专业训练的人员。服务和产品的营销原则基本相同，但也有一些差异，与实际产品相比，服务更难以通过客观指标来描述，因此消费者可能在服务选择和购买方面有更多选择。此外，服务有效性更多地取决于服务员工的质量，而不仅仅是品牌保证。由于与人相关的诸多因素，服务业通常被认为是非标准产品。

延伸阅读

徽州商训

徽商很爱读书，他们有白天经商、晚上读书的习惯。爱读书给徽商带来了三个方面的影响：一是提高了徽商的文化素养、文化品位。这样，较高的文化素质就成为他们与他人交往的"黏合剂"，同时也给徽商的商业经营带来了许多便利；二是由于读书，徽商善于从历史上汲取丰富的商业经验、智慧，促进自身商业的发展；三是增强了经商的理性认识，即他们能够"儒道经商"，形成良好的商业道德。徽商对商业的执着和专注，在中国商业史上可以说是相当罕见的。儒学教育自然就成为他们立身行事、从商业贾奉守不渝的指南。

劳动简论

> 斯商：不以见利为利，以诚为利。
> 斯业：不以富贵为贵，以和为贵。
> 斯买：不以压价为价，以衡为价。
> 斯卖：不以赚赢为赢，以信为赢。
> 斯货：不以奇货为货，以需为货。
> 斯财：不以敛财为财，以均为财。
> 斯诺：不以应答为答，以真为答。

（三）营销策划

营销，指企业发现或发掘消费者需求，让消费者了解该产品进而购买该产品的过程。市场营销是在创造、沟通、传播和交换产品中，为顾客、客户、合作伙伴及整个社会带来经济价值的活动、过程和体系。它主要是指营销同时针对市场开展经营活动、销售行为的过程，即经营销售实现转化的过程。商业最看重的是营销，谋营销就是谋发展。以餐饮业为例，多家店借助直播带货送福利，促进客人到店消费或者预定外卖，实现了盈利。

1. 4P 理论

4P 理论概括了营销四要素：产品（Product）、价格（Price）、渠道（Place）、促销（Promotion），4P 理论是营销策略的基础。产品主要包括产品的实体、服务、品牌、包装，它是指企业提供给目标市场的货物、服务的集合，包括产品的效用、质量、外观、式样、品牌、包装和规格，还包括服务和保证等因素。价格主要包括基本价格、折扣价格、付款时间、借贷条件等，它是指企业出售产品所追求的经济回报。渠道主要包括分销渠道、储存设施、运输设施、存货控制，它代表企业为使其产品进入和达到目标市场所组织、实施的各种活动，包括途径、环节、场所、仓储和运输等。促销是指企业利用各种信息载体与目标市场进行沟通的传播活动，包括广告、人员推销、营业推广与公共关系等。产品、价格、地点、促销是市场营销过程中可以控制的因素，也是企业进行市场营销活动的主要手段，对它们的具体运用，形成了企业的市场营销战略。

2. 销售核心五要素

成功的销售人员，要掌握五个核心要素：产品知识、销售技巧、落实执行、做事态度和借助外力。销售核心五要素与 4P 理论相互支撑，旨在人员层面夯实关键技能。营销要用专业去成交，需要对客户的心理需求准确把握，在销售沟通中要重视语言的引导，对销售漏斗层层铺垫。把客户进行分类，用不同的精力去跟进，认真、勤奋是必备的态度。必要时可借助外力，即制作和使用销售工具，例如产品介绍的单页、报价单、幻灯片等。此外，我们还需要和同事及上级处理好关系，这样团队才会提供销售上的帮助。

3. 精准营销

（1）精准的市场定位。市场营销中有一个著名的二八法则，充分说明不同的客户会给企业带来不同的价值。因此，当我们准备将产品推向市场时，必须先找到准确的市场定位，然后集中公司的优势资源，才有可能获得市场战略和营销活动的成功。产品要得到用户的青睐，必须能够在恰当的时间提供恰当的产品，用恰当的方式送到恰当的顾客手中。而这"恰当"的程度，即为"精准"。

（2）巧妙的推广策略。精准营销正是借助数据库的筛选，寻找到目标客户，实施有效的推广策略，实现精准销售，从而大大降低营销费用的浪费。当前方兴未艾的新媒体营销就是基于大数据和互联网技术开展的精准推广。

（3）更高的客户体验。在以市场为导向、消费者为中心的营销新时代，我们要想获得收益，就必须关注客户价值。客户价值的实现才可能带给企业丰厚的利润和回报。当然，只有当客户的需求转化为公司价值时，我们才能真正满足客户需求，而这必须通过客户体验来表明客户的需求。由此可见，以消费为导向、关注消费个体体验就是精准营销中实现更高客户体验的真谛。

总结案例

智慧餐厅实现突围

海底捞首家智慧餐厅在北京经营业绩增长迅猛。海底捞在解决食品安全问题的同时，用技术手段降低成本，提升了运营效率。该餐厅呈现出6个不同的主题，消费者通过点餐下单后，与前台点餐系统连接的自动出菜机就通过机械臂从菜品仓库中开始配菜，并通过传送带把菜品送至传菜口，再由传菜机器人或服务员将菜品送至相应的餐桌，店内的送餐机器人共有6台。为满足不同客人的需求，海底捞还打造了"千人千味配锅机"，顾客提交定制化锅底的需求后，系统会自动记录下这些需求，将"好吃"标准化。

分析： 海底捞这次改变，是营销的升级，也是商业文明与工业文明的结晶，更考验员工劳动技能的匹配度。看来，我们要想获得餐饮业的高端实践岗位，真得要有与之相适应的劳动技能。只有脑力与体力相结合，提升服务水准，才能最终实现多方共赢。

课堂活动

畅想希望尝试的劳动

一、活动目标
深刻认识自己的优势和不足，愿意积极学习，提升个人劳动技能。

二、活动时间
建议30分钟。

三、活动流程
（1）每个人畅想当前想尝试的劳动，并根据表7-3收集相关资料评估自己是否能胜任，若有欠缺需要在哪些方面继续努力。

（2）教师根据学生希望尝试的具体工作按照农、工、商三大类进行划分，然后在每个大类里面按照4~6人划分小组。

（3）组内每个人按照自己填写的表7-3向组员展示并进行陈述，其他人可以对其提问并给予建议。

（4）每组推选一名代表面向全班同学进行展示和陈述，并对自我选择进行评价。

（5）教师进行分析、归纳和总结，并对每名同学在活动过程中的表现予以赋分。

劳 动 简 论

表 7-3 ××劳动要求

岗位功能	工作内容	技能要求	相关知识	自我评估	继续努力

课后思考：

（1）你是如何理解大学生应重视农工商劳动这一要求的？

（2）结合专业和个人兴趣，你认为应如何提升自身的生产劳动能力？

模块八　职场劳动实践

学习指南

各种劳动共同创造了美好生活，社会上的每个人都在不同的岗位上服务他人。大学生作为"一只脚踏入社会"的特殊群体，要完成从家庭化向社会化的转变。作为一个有独立行为能力的成年人，也要开始独自面对复杂的社会并承担起对自己和家庭、社会的责任。进入社会后，大学生将迅速成为我国工业、农业、服务业各个领域的中坚力量，但职场劳动中充斥着各种安全问题，这些安全问题有的可以直接感受到，有的却是潜在的，这需要我们提高劳动安全意识。

实习是大学生走向职业活动之前较为系统的实践锻炼，在某种意义上也可以视作一种准职场劳动。大学生可通过实习了解社会、在实践中巩固知识，学到很多在课堂上学不到的知识，既开阔了视野，又增长了见识，为以后进一步走向社会打下坚实的基础。实习也是大学生走向工作岗位的前一步，可以让大学生更加从容地迎接正式的职场劳动。

跨出校门，迈向社会，走进职场，开启人生新篇章，是许多大学生憧憬的生活。但校园与职场是截然不同的环境和文化，如何适应这一转变，顺利度过职业适应期，是摆在每一个大学生面前的现实问题。为了提高自己的职业适应性，需要大学生在校期间提前做好相关准备，做好学生角色到职业角色的转换，以便进入职场后能得心应手地开展工作。

本模块包括劳动保护和消防安全、实习兼职和现场管理、角色转换和职场适应三个项目，围绕我们将从事的职场劳动进行必要的准备。在劳动保护和职场安全中重点阐述了劳动禁忌、职业病的防护和职场安全常识；在实习兼职和职场协作中强调了实习中的行为规范和安全事项，以及工作协作必要性；在角色转换和职场适应中重点强调了职场新人该如何尽快转变角色适应职场并融入工作团队。

项目一　劳动保护和消防安全

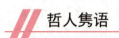

> 患生于所忽，祸起于细微。
>
> ——刘向

劳动简论

案例导入

职场"过劳死"现象

世界卫生组织经过调查显示，截至2014年年底，全球健康人数仅占人群总数的5%，被确诊患有各种疾病的人占人群总数的20%，处于亚健康状态的人约占人群总数的75%。

2005年1月，36岁的清华大学电机系讲师焦连伟由于长期超负荷工作，承受着巨大的心理和生活压力而发生突发性心脏骤停导致心肌梗塞死亡。

2016年6月，34岁的天涯副主编金波因长期熬夜，工作太拼，猝死在北京地铁里。

2017年2月，34岁的著名音乐编曲覃桢因过度用脑及劳累导致心肌梗塞猝死。

2018年1月，38岁的知名游戏从业者冒朝华因长期加班熬夜，突发脑溢血医治无效逝世。

……

近年来，常有"白领通宵加班猝死"的新闻见诸报端，猝死原因有很多说法。神经内科专家提醒，过度"透支"脑功能会导致脑死亡，严重危害身体健康，成为猝死的诱因之一。

分析：如今"过劳死"的威胁对象已从体力劳动者转向脑力劳动者，且呈年轻化趋势，"过劳"似乎已成中国职场的常态，而过度加班又是导致"过劳死"的首要原因。加班常态化、工作压力大，正威胁着许多年轻人的生命，而这已不是哪个行业独有的现象，广告、媒体、医疗及金融等行业都没有幸免。随着社会就业竞争的加剧，过劳问题也将日益严重，要真正维护自身权益，需要对职场劳动保护多一些了解。

一、劳动保护、劳动条件和职业危害防护

劳动保护是指企业为了防止劳动过程中的安全事故，采取各种措施来保障员工的生命安全和健康。在劳动生产过程中，往往存在各种不安全、不卫生的因素，如不采取措施对劳动者加以保护，很可能会导致工伤事故。如，矿井作业可能发生瓦斯爆炸、水火灾害等事故；建筑施工可能发生高空坠落、物体打击和碰撞等。这些事故都会危害员工的安全健康，妨碍工作的正常进行。国家为了保障员工身体安全和生命健康，通过制定相应的法律和行政法规进行劳动保护，要求企业根据自身的具体情况，制定具体的劳动保护制度，以保证员工的健康和安全。

劳动条件主要是指企业为使员工顺利完成劳动合同约定的工作任务，为员工提供必要的物质和技术条件，如必要的劳动工具、机械设备、工作场地、劳动经费、辅助人员、技术资料、工具书，以及其他必不可少的物质、技术条件和工作条件。

职业危害是指企业的员工在职业活动中，因接触职业性有害因素如粉尘、放射性物质和其他有毒、有害物质等而对生命健康引起的危害。根据《中华人民共和国职业病防治法》（简称《职业病防治法》）第三十条的规定，用人单位与劳动者订立劳动合同时，应当将工作过程中可能产生的职业病危害及其后果、职业病防护措施和待遇等如实告知劳动者，并在劳动合同中写明，不得隐瞒或者欺骗。此外，《职业病防治法》中还规定了企业在职业病防护中的义务。

（1）用人单位应当为劳动者创造符合国家职业卫生标准和卫生要求的工作环境和条件，并采取措施保障员工获得职业卫生保护。

（2）应当建立、健全职业病防治责任制，加强对职业病防治的管理，提高职业病防治水准，对本单位产生的职业病危害承担责任。

（3）用人单位必须采用有效的职业病防护措施，并为劳动者提供个人使用的职业病防护用品。

（4）用人单位的主要负责人和职业卫生管理人员应当接受职业卫生培训，遵守职业病防治法律、法规，依法组织本单位的职业病防治工作。用人单位应当对劳动者在上岗前进行职业病防治法律、法规、规章和操作规程的培训，指导劳动者正确使用职业病防护设备和防护用品。

案例 8-1

海因里希事故法则

美国海因里希（W. H. Heinrich）在20世纪30年代研究了事故发生频率与事故后果严重度之间的关系，其统计结果表明：在同一个人发生的330起同种事故中，300起事故没有造成伤害，29起造成了轻微伤害，1起造成了严重伤害。即，事故后果分别为严重伤害、轻微伤害和无伤害的事故次数之比大约为1∶29∶300，如图8-1所示。

比例1∶29∶300被称为海因里希法则，它反映了事故发生频率与事故后果严重度之间的一般规律，即事故发生后带来严重伤害的情况是很少的，造成轻微伤害的情况稍多，而事故后无伤害的情况是大量的。

图 8-1　海因里希事故法则

二、合理规避劳动禁忌

（一）脑力劳动禁忌

1. 生理健康失常

长期过度脑力劳动，使大脑缺血、缺氧，神经衰弱，从而导致注意力不集中、记忆力下降、思维欠敏捷、反应迟钝、睡眠规律不正常。睡眠规律不正常症状为白天瞌睡，大脑昏昏沉沉；夜晚卧床后，大脑却兴奋起来，难以入眠；醒后大脑疲劳不缓解，精神不振。

2. 心理健康失常

生理功能的失衡，造成了心理活动失衡，出现忧虑、紧张、抑郁、烦躁、消极、敏感、多疑、易怒、自卑、自责等不良情绪。其症状表现为表面上强打精神，但内心充满困惑和痛苦、无奈和彷徨，继而对工作丧失兴趣，产生厌倦感，甚至产生轻生念头。

劳动简论

（二）体力劳动禁忌

1. 长期重复一定姿势

长期从事站姿作业或坐姿作业、站立或行走的职业、强迫体位作业等较容易导致腰肌劳损、下肢静脉曲张、神经血管疼痛、视力下降等身体损伤。

2. 不良劳动环境条件

高温、寒冷、潮湿、光线不足、通道狭窄等不良劳动环境条件，增加了劳动负荷、提高了劳动强度，容易产生疲劳和损伤。

3. 企业劳动安排不合理

劳动时间过长，劳动强度过大，休息时间不够，轮班制度不合理等，也容易形成过度疲劳，造成身体损伤。

4. 身体素质不强

劳动者身体状况不适应所安排的劳动强度时，也会导致其身体损伤。

（三）可采取的措施

1. 适当运动增强身体素质

脑力劳动者因工作性质会经常使大脑过度消耗，而且需要久坐，胸部难以得到扩展和活动，而体力劳动者因经常长时间重复一个动作，容易使用力部位劳损，而其他部位得不到锻炼，所以无论是脑力劳动者还是体力劳动者，皆可通过适当的运动提高身体素质，增强免疫力。

2. 生活规律且合理膳食，科学用脑，不熬夜

饮食有规律且营养健康，不饥一顿、饱一顿，进食后1~2小时后再思考问题，设法提高用脑效率；尽量避免熬夜，不破坏人体的"生物钟"，使身体各器官得到恢复。

3. 采取合理的工作姿势

改善作业平台和劳动工具，加强自身作业训练，使自己能够采取正确的工作姿势和方式，尽量避免不良作业姿势，避免和减少负重作业，使身体各部位处于自然状态，减轻身体承受的压力。

4. 改善劳动环境并科学优化劳动组织和劳动制度

劳动者可要求单位科学合理设计劳动环境并控制劳动环境中的各种有害因素，创造良好的劳动环境，如适宜的温度、湿度、光照、空间等。也可根据参与劳动的个体情况合理安排相匹配的工作，并安排适当的工间休息和轮班制度。

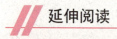

延伸阅读

体力劳动的等级划分

体力劳动强度分级是我国劳动保护工作的一项基础标准，是确定体力劳动强度的根据。应用这一标准，可以明确工人体力劳动强度的工种或工序，以便有重点、有计划地减轻工人的体力劳动强度，提高劳动生产率。体力劳动强度分级表如表8-1所示。

表 8-1　体力劳动强度分级表

强度等级	具体描述
Ⅰ（轻劳动）	坐姿：手工作业或腿的轻度活动（如打字、缝纫、脚踏开关等）； 立姿：操作仪器，控制、查看设备，上臂用力为主的装配工作
Ⅱ（中等劳动）	手和臂持续动作（如锯木头等）；臂和腿的工作（如卡车、拖拉机或建筑设备等运输操作）；臂和躯干的工作（如锻造、风动工具操作、粉刷、间断搬运中等重物、除草、锄田、摘水果和蔬菜等）
Ⅲ（重劳动）	臂和躯干负荷工作（如搬重物、铲、锤锻、锯刨或凿硬木、割草、挖掘等）
Ⅳ（极重劳动）	大强度的挖掘、搬运

（四）女职工劳动禁忌

为保护女职工的合法权益和身体健康，减少和解决女职工在劳动中因生理特点造成的特殊困难，创造积极、健康、和谐的社会经济环境，我国对女职工实行特殊的劳动保护制度。

1. 女职工禁忌从事的劳动范围

用人单位在安排女职工工作时，应当遵守女职工禁忌从事的劳动范围的规定，并应当将本单位属于女职工禁忌从事的劳动范围的岗位书面告知女职工。女职工禁忌从事的劳动范围的规定如表 8-2 所示。

表 8-2　女职工禁忌从事的劳动范围的规定

情况	禁忌从事的劳动范围
女职工	1. 矿山井下作业 2. 体力劳动强度分级标准中规定的第四级体力劳动强度的作业 3. 每小时负重六次以上、每次负重超过二十千克的作业，或者间断负重、每次负重超过二十五千克的作业
女职工在经期	1. 冷水作业分级标准中规定的第二级、第三级、第四级冷水作业 2. 低温作业分级标准中规定的第二级、第三级、第四级低温作业 3. 体力劳动强度分级标准中规定的第三级、第四级体力劳动强度的作业 4. 高处作业分级标准中规定的第三级、第四级高处作业

续表

情况	禁忌从事的劳动范围
女职工在孕期	1. 作业场所空气中铅及其化合物、汞及其化合物、苯、镉、铍、砷、氰化物、氮氧化物、一氧化碳、二硫化碳、氯、己内酰胺、氯丁二烯、氯乙烯、环氧乙烷、苯胺、甲醛等有毒物质浓度超过国家职业卫生标准的作业 2. 从事抗癌药物、己烯雌酚生产接触麻醉剂气体等的作业 3. 非密封源放射性物质的操作,核事故与放射事故的应急处置 4. 高处作业分级标准中规定的高处作业 5. 冷水作业分级标准中规定的冷水作业 6. 低温作业分级标准中规定的低温作业 7. 高温作业分级标准中规定的第三级、第四级的作业 8. 噪声作业分级标准中规定的第三级、第四级的作业 9. 体力劳动强度分级标准中规定的第三级、第四级体力劳动强度的作业 10. 在密闭空间、高压室作业或者潜水作业,伴有强烈振动的作业,或者需要频繁弯腰、攀高、下蹲的作业
女职工在哺乳期	1. 孕期禁忌从事的劳动范围的第一项、第三项、第九项 2. 作业场所空气中锰、氟、甲醇、有机磷化合物、有机氯化合物等有毒物质浓度超过国家职业卫生标准的作业

案例 8-2

她可以调换岗位吗?

小郝是某公司的一名一线职工,其工作中要与各种机器打交道,且需要进行频繁的弯腰、下蹲作业。最近她有了身孕,怕频繁弯腰、下蹲会对胎儿不利,故向公司请求暂换一个岗位。公司以暂时没有合适的岗位,且小郝的工作暂时无人代替为由,拒绝了小郝的请求。请问小郝的请求合理吗?

2. 女职工夜班特别规定

《女职工劳动保护特别规定》第六条规定:"对怀孕7个月以上的女职工,用人单位不得延长劳动时间或者安排夜班劳动,并应当在劳动时间内安排一定的休息时间。"同时该法第九条规定:"对哺乳未满1周岁婴儿的女职工,用人单位不得延长劳动时间或者安排夜班劳动。"此外,一些地方法规对此有进一步规定,例如:《上海市女职工劳动保护办法》第十二条规定:"女职工妊娠七个月以上(按二十八周计算),应给予每天工间休息一小时,不得安排夜班劳动。"

综合上述,生产企业对女职工特殊时期工作调换一般遵循"经期调干不调湿、孕期调白不调夜、哺乳期调近不调远"的原则给予适当照顾。

三、职业病防护

职业病,是指企业、事业单位和个体经济组织等用人单位的劳动者在职业活动中,因接触粉尘、放射性物质和其他有毒有害物质等因素而引起的疾病。职业病的危害因素是指在生产劳动过程中，作业环境中存在的危害劳动者健康，可能导致职业病的各种因素。

（一）常见职业病种类

根据《职业病防治法》的规定，2013年12月23日，国家卫生计生委、人力资源社会保障部、安全监管总局、全国总工会四部门联合印发《职业病分类和目录》，新颁布的《职业病分类和目录》将职业病分为10大类132种，职业病分类如表8-3所示。

表8-3　职业病分类

职业病分类	职业病种类
一、职业性尘肺病及其他呼吸系统疾病	（一）尘肺病 1. 矽肺；2. 煤工尘肺；3. 石墨尘肺；4. 碳黑尘肺；5. 石棉肺；6. 滑石尘肺；7. 水泥尘肺；8. 云母尘肺；9. 陶工尘肺；10. 铝尘肺；11. 电焊工尘肺；12. 铸工尘肺；13. 根据《尘肺病诊断标准》和《尘肺病理诊断标准》可以诊断的其他尘肺 （二）其他呼吸系统疾病 1. 过敏性肺炎；2. 棉尘病；3. 哮喘；4. 金属及其化合物粉尘肺沉着病（锡、铁、锑、钡及其化合物等）；5. 刺激性化学物所致慢性阻塞性肺疾病；6. 硬金属肺病
二、职业性放射性疾病	1. 外照射急性放射病；2. 外照射亚急性放射病；3. 外照射慢性放射病；4. 内照射放射病；5. 放射性皮肤疾病；6. 放射性肿瘤（含矿工高氡暴露所致肺癌）；7. 放射性骨损伤；8. 放射性甲状腺疾病；9. 放射性腺疾病；10. 放射复合伤；11. 根据《职业性放射性疾病诊断标准（总则）》可以诊断的其他放射性损伤
三、职业性化学中毒	1. 铅及其化合物中毒（不包括四乙基铅）；2. 汞及其化合物中毒；3. 锰及其化合物中毒；4. 镉及其化合物中毒；5. 铍病；6. 铊及其化合物中毒；7. 钡及其化合物中毒；8. 钒及其化合物中毒；9. 磷及其化合物中毒；10. 砷及其化合物中毒；11. 铀中毒；12. 砷化氢中毒；13. 氯气中毒；14. 二氧化硫中毒；15. 光气中毒；16. 氨中毒；17. 偏二甲基肼中毒；18. 氮氧化合物中毒；19. 一氧化碳中毒；20. 二硫化碳中毒；21. 硫化氢中毒；22. 磷化氢、磷化锌、磷化铝中毒；23. 氟及其无机化合物中毒；24. 氰及腈类化合物中毒；25. 四乙基铅中毒；26. 有机锡中毒；27. 羰基镍中毒；28. 苯中毒；29. 甲苯中毒；30. 二甲苯中毒；31. 正己烷中毒；32. 汽油中毒；33. 一甲胺中毒；34. 有机氟聚合物单体及其热裂解物中毒；35. 二氯乙烷中毒；36. 四氯化碳中毒；37. 氯乙烯中毒；38. 三氯乙烯中毒；39. 氯丙烯中毒；40. 氯丁二烯中毒；41. 苯的氨基及硝基化合物（不包括三硝基甲苯）中毒；42. 三硝基甲苯中毒；43. 甲醇中毒；44. 酚中毒；45. 五氯酚（钠）中毒；46. 甲醛中毒；47. 硫酸二甲酯中毒；48. 丙烯酰胺中毒；49. 二甲基甲酰胺中毒；50. 有机磷中毒；51. 氨基甲酸酯类中毒；52. 杀虫脒中毒；53. 溴甲烷中毒；54. 拟除虫菊酯类中毒；55. 铟及其化合物中毒；56. 溴丙烷中毒；57. 碘甲烷中毒；58. 氯乙酸中毒；59. 环氧乙烷中毒；60. 上述条目未提及的与职业有害因素接触之间存在直接因果联系的其他化学中毒

续表

职业病分类	职业病种类
四、物理因素所致职业病	1. 中暑；2. 减压病；3. 高原病；4. 航空病；5. 手臂振动病；6. 激光所致眼（角膜、晶状体、视网膜）损伤；7. 冻伤
五、职业性传染病	1. 炭疽；2. 森林脑炎；3. 布鲁氏菌病：4. 艾滋病（限于医疗卫生人员及人民警察）；5. 莱姆病
六、职业性皮肤病	1. 接触性皮炎；2. 光接触性皮炎；3. 电光性皮炎；4. 黑变病；5. 痤疮；6. 溃疡；7. 化学性皮肤灼伤；8. 白斑；9. 根据《职业性皮肤病诊断标准（总则）》可以诊断的其他职业性皮肤病
七、职业性眼病	1. 化学性眼部灼伤；2. 电光性眼炎；3. 白内障（含放射性白内障、三硝基甲苯白内障）
八、职业性耳鼻喉口腔疾病	1. 噪声聋；2. 铬鼻病；3. 牙酸蚀病；4. 爆震聋
九、职业性肿瘤	1. 石棉所致肺癌、间皮瘤；2. 联苯胺所致膀胱癌；3. 苯所致白血病；4. 氯甲醚、双氯甲醚所致肺癌；5. 砷及其化合物所致肺癌、皮肤癌；6. 氯乙烯所致肝血管肉瘤；7. 焦炉逸散物所致肺癌；8. 六价铬化合物所致肺癌；9. 毛沸石所致肺癌、胸膜间皮瘤；10. 煤焦油、煤焦油沥青、石油沥青所致皮肤癌；11. β-萘胺所致膀胱癌
十、其他职业病	1. 金属烟热；2. 滑囊炎（限于井下工人）；3. 股静脉血栓综合征、股动脉闭塞症或淋巴管闭塞症（限于刮研作业人员）

（二）职业病的防护

1. 毒物防护

生产性毒物，是指在生产过程中产生的，存在于工作环境空气中的毒物。生产性毒物的种类繁多，影响面大，职业中毒约占职业病总数的一半。预防生产性毒物必须采取综合性的防治措施，如表8-4所示。

表8-4 生产性毒物防护措施表

防毒措施	具体说明
组织管理措施	重视预防职业中毒工作，在工作中应认真贯彻执行国家有关预防职业中毒的法规和政策，结合企业内部接触毒物的性质，制定预防措施及安全操作规程，并建立相应的组织领导机构
消除毒物	利用科学技术和工艺改革，使用无毒或低毒物质代替有毒或高毒的物质

续表

防毒措施		具体说明
降低毒物浓度	改革工艺	1. 尽量采用先进技术和工艺过程，避免开放式生产，消除毒物逸散的条件 2. 采用远距离程序控制，最大限度减少工人接触毒物的机会
	通风排毒	1. 应用局部抽风式通风装置将产生的毒物尽快收集起来，防止毒物逸散 2. 常用的装置有通风柜、排气罩、槽边吸气罩等，排出的毒物要经过净化装置，或回收利用或净化处理后排空
	合理布局	1. 不同生产工序的布局，不仅要满足生产上的需要，而且要考虑卫生上的要求 2. 有毒的作业应与无毒的作业分开，危害大的毒物要有隔离设施及防范手段
	安全管理	对生产设备要加强维修和管理，防止跑、冒、滴、漏污染环境
降低毒物浓度	个人防护	1. 做好个人防护与个人卫生。除普通工作服外，还需对特殊工种的作业人员提供特殊质地的防护服。如接触强碱、强酸应有耐酸耐碱的工作服，对某些毒物作业要有防毒口罩与防毒面具等 2. 为保持良好的个人卫生状况，减少毒物作用机会，应设置盥洗设备、沐浴室及存衣室，配备个人专用更衣箱等
	增强体质	1. 合理实施有毒作业保健待遇制度，因地制宜开展体育锻炼 2. 注意安排夜班工人休息，组织员工进行有益身心的业余活动，以及做好季节性多发病的预防等
	监测检查	1. 要定期监测作业场所空气中毒物浓度，将其控制在最高容许浓度以下 2. 实施就业前健康检查，排除职业禁忌证者参加接触毒物的作业 3. 坚持定期健康检查，早期发现员工健康问题并及时处理

2. 粉尘防护

生产性粉尘是指在生产中形成的，并能长时间飘浮在空气中的固体微粒，如矽尘、煤尘、石棉尘、电焊烟尘等。生产性粉尘根据其理化特性和作用特点不同，对机体的损害也不同，可引起不同疾病。因此，应采取有效的预防措施控制生产性粉尘的产生，如表8-5所示。

表8-5 生产性粉尘防护措施表

防尘措施	具体说明
组织措施	1. 加强组织领导是做好防尘工作的关键。粉尘作业较多的厂矿领导要有专人分管防尘事宜，建立和健全防尘机构，确定防尘工作计划和必要的规章制度，切实贯彻综合防尘措施，建立粉尘监测制度 2. 大型厂矿应有专职测尘人员，医务人员应对测尘工作提出要求，定期检查并指导，做到定时定点测尘，评价劳动条件改善情况和技术措施的效果 3. 做好防尘宣传工作，从领导到职工，让大家都了解粉尘的危害，根据自己的职责和义务做好防尘工作

续表

防尘措施		具体说明
技术措施	改革工艺过程	1. 革新生产设备是消除粉尘危害的根本途径。应从生产工艺设计、设备选择等环节做起 2. 采用封闭式风力管道运输、负压吸砂等方式消除粉尘飞扬，用无矽物质代替石英，以铁丸喷砂代替石英喷砂等
	湿式作业	湿式作业是一种经济易行的防止粉尘飞扬的有效措施，凡是可以湿式生产的作业均可使用，例如，矿山的湿式凿岩、冲刷巷道、净化进风等，石英、矿石等的湿式粉碎或喷雾洒水，玻璃陶瓷业的湿式拌料，铸造业的湿砂造型、湿式开箱清砂、化学清砂等
	密闭、吸风、除尘	1. 对不能采取湿式作业的产尘岗位，应采用密闭、吸风、除尘方法 2. 凡是能产生粉尘的设备均应尽可能密闭，并用局部机械吸风，使密闭设备内保持一定的负压，防止粉尘外逸 3. 抽出的含尘空气必须经过除尘净化处理才能排出，避免污染大气
卫生保健措施	个人防护和个人卫生	1. 对受到条件限制粉尘浓度达不到允许浓度标准的作业应佩戴合适的防尘口罩 2. 开展体育锻炼，注意营养；此外应注意个人卫生习惯，不吸烟 3. 遵守防尘操作规程，严格执行未佩戴防尘口罩不上岗操作的制度
	就业前及定期体检	1. 对新从事粉尘作业的员工，必须进行健康检查，以提前发现粉尘作业就业禁忌症病 2. 定期体检的目的在于早期发现粉尘对健康的损害，发现有不宜从事粉尘作业的疾病时，及时将员工调离岗位

3. 物理有害因素防护

生产作业场所物理有害因素主要包括高温、高气压、振动、噪声、光照强度、紫外线、红外线、微波、电磁辐射（高频、超高频、微波）等。物理有害因素的防治主要是加强个人防护和采用合理的工艺及设备，具体的防护措施如表 8-6 所示。

表 8-6 物理有害因素的防护措施表

防护内容	具体措施
噪声	1. 如长期在超过 86dB（A）作业环境下作业时，应加强对作业人员听觉器官的防护，正确佩戴防噪声耳塞、耳罩和防噪声帽等听力保护器 2. 采用无噪声或低噪声的工艺或加工方法，选用低噪声的设备，加强对设备的定期维护 3. 降低设备运行负荷，使用消声器、隔振降噪等工艺措施
高温	1. 控制污染，合理设计工艺流程，远离热源，利用热压差自然通风，切断污染途径 2. 隔热、通风降温，使用空调等 3. 合理安排作息时间，加强机体热适应训练，发放清凉饮料，使用高温防护服和防护帽
振动	1. 在厂房设计与机械安装时要采用减振、防振措施 2. 对手持振动工具的重量、频率、振幅等应进行必要的限制，工作中应适当安排工间休息，实行轮换作业，间歇使用振动工具 3. 使用振动工具时应采用防振动手套，或者在振动工具外加防振垫

续表

防护内容	具体措施
紫外线	1. 电光性眼炎是眼部受紫外线照射所致的角膜炎、结膜炎，常见于电焊操作及产生紫外线辐射的场所 2. 电焊作业人员作业时应佩戴好防护面罩。如室内同时有几部焊机工作时，最好中间设立隔离屏障，以免相互影响 3. 车间墙壁上可以涂刷锌白、铬黄等颜色以吸收紫外线。尽量不要在室外进行电焊作业，以免影响他人
电磁辐射	1. 在作业场所强磁场源周围设置栅栏或屏障，用铜丝网隔离（一定要接地），阻止未经许可的人员进入 2. 在屏蔽辐射源有困难时，可采用自动或半自动的远距离操作，在场源周围设立明显标志，禁止人员靠近 3. 工作地点应置于辐射强度小的部位，避免在辐射流的正前方工作 4. 工作中要加强对作业场所电磁场环境的监测，明确电场、磁场的实际水平
不良气象条件	加强管理、改善作业环境，严格按照国家有关作业标准进行作业，合理安排劳动作息时间，让作业人员轮流休息

四、消防安全与疏散逃生

由于工厂、学校都是人员密度高，存在一定的火灾危险性的地方，所以我们一定要增强消防安全意识，掌握火灾逃生常识和消防技能。

（一）火灾事故发生原因的分析

1. 消防安全意识淡薄

有些人存在侥幸心理，认为火灾离自己很远，不会在自己身边发生，因此在学校举行消防安全知识教育和培训时，没有认真参与学习、领会，有的甚至认为这是多此一举。

2. 存在违反学校安全管理制度的行为

学校内违章使用电器现象时有发生，有一些同学为省事，经常违规使用大功率电器，导致线路超载引起火灾；再加上计算机等用电器具逐步普及，增加了线路负荷，极易导致火灾发生。校内胡乱丢弃烟头的现象在男生中时有发生，烟头一旦与可燃物接触就容易燃烧甚至酿成火灾。

3. 消防知识缺乏

有的学生不了解电气基本知识，例如照明灯距离蚊帐太近和充电器长时间充电都会存在火灾隐患。

（二）火灾逃生常识

1. 了解和熟悉环境

进入公共场所时，要观察安全出口和灭火器的位置，并注意查看安全疏散指示标志，了解紧急救生路线。一旦发生火灾，可及时疏散和灭火。

2. 迅速撤离

一旦听到火灾警报或意识到自己被火围困，要立即想法撤离。

3. 保护呼吸系统

逃生时可用湿毛巾或餐巾布、口罩、衣服等将口捂严，否则会有中毒和被热空气灼伤呼吸系统软组织窒息致死的危险。

4. 通道疏散

从疏散楼梯、消防电梯、室外疏散楼梯等疏散，也可利用窗户、阳台、屋顶、避雷线、落水管等脱险。

5. 绳索滑行

用结实的绳子将窗帘、被褥等撕成条、拧成绳，用水沾湿后将其拴在牢固的暖气管道、窗框、床架上，被困人员逐个顺绳索滑到下一楼层或地面。

6. 低层跳离

适用于二层楼，跳前先向地面扔一些棉被、枕头、床垫、大衣等柔软物品，以便"软着陆"。然后用手扒住窗户，身体下垂，自然下滑，以缩短跳落高度。

7. 借助器材

常用的有缓降器、救生袋、气垫软梯滑台、导向绳、救生舷梯等。

8. 暂时避难

在无路逃生的情况下，可利用卫生间等暂时避难。避难时，要用水喷把房间内一切可燃物淋湿，以延长时间。在暂时避难期间，要主动与外界联系，以便尽早获救。

9. 利用标志引导脱险

在公共场所的墙上、顶棚上、门上、转弯处都设置"紧急出口""安全通道""火警电话"和逃生方向箭头等标志，被困人员应按标志指示方向顺序逃离。

10. 利人利己

遇到不顾他人的行为和前拥后挤的现象，要坚决制止。只有有序地迅速疏散，才能最大限度地减少人员伤亡。

特别提示：火灾袭来时要迅速逃生，不要贪恋财物。平时要掌握火灾逃生的基本方法，熟悉逃生路线。火势大时，要当机立断披上浸湿的衣物、被子等，向安全出口方向冲出去。穿过浓烟逃生时，要尽量使身体贴近地面，并用湿毛巾捂住口鼻。身上着火，千万不要奔跑，可就地打滚或用厚重衣物压灭火苗。遇火灾时不可乘坐电梯，要向安全出口方向逃生。室外着火、门已发烫时，千万不要开门，以防大火窜入室内，要用浸湿的被褥、衣物等堵塞门窗，并泼水降温。如果所有逃生线路均被大火封锁，要立即退回室内，用打手电筒挥舞衣物、呼喊等方式向窗外发送求救信号，等待救援。

（三）消防技能

1. 发生火灾时的应对

发生火情时，我们一定要保持镇静，量力而行。火灾初起阶段，燃烧面积不大，产生的热量不多，这时只要用干土、湿毛巾等去覆盖，就能使火熄灭。如果火势十分凶猛，切勿试图扑救，应该立刻撤离火场，拨打119，让消防队来救火。

2. 报警须知

牢记火警电话119，报警时要讲清着火地址，越具体越好，说明什么东西着火，火势情况怎么样，讲清报警人姓名、电话号码和住址。报警后要安排人到街道口等候消防车，指引消防车。

3. 灭火剂的使用

将灭火剂直接喷洒在可燃物上,使可燃物的温度降到燃点以下,从而停止燃烧。还可用水冷却建筑构件、生产装置或容器等,以防止其受热变形或爆炸。

4. 隔离灭火剂

将燃烧物与附近可燃物隔离或者疏散开,从而使燃烧物停止。采取隔离法灭火的具体措施有很多种,如将火源附近的易燃易爆物转移到安全地点。

5. 干粉灭火器的使用

干粉灭火器最常用的开启方法为压把法,如图8-2所示。将灭火器提到距火源适当位置后,先上下颠倒几次,使筒内的干粉松动,然后让喷嘴对准燃烧最猛烈处,拔去保险销,压下压把,灭火剂便会喷出灭火。开启干粉灭火棒时,左手握住其中部,将喷嘴对准火焰根部,右手拔掉保险卡,旋转开启旋钮,打开贮气瓶,滞时1~4秒,干粉便会喷出灭火。

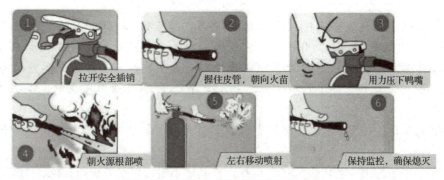

图8-2 干粉灭火器最常用的开启方法

总结案例

徐某的耳聋

徐某长期在噪声环境下工作,导致一只耳朵耳聋。徐某先后向工作所在地的区劳动保障局以及市劳动保障局申请工伤认定,但二者均认定徐某的耳聋属于噪声作业职业禁忌证,不属于职业性噪声聋,因此不能认定为工伤。据了解,在徐某工作的两年期间,用人单位未安排其做过入职身体检查,也未进行定期检查。同时,徐某也已多次向用人单位反映自己的耳朵不舒服,但用人单位未予理会,于是,徐某将用人单位告上法院,要求赔偿。

分析:用人单位在徐某入职时并未对其进行上岗前职业健康检查,并且在其工作的两年期间,未对其进行定期职业健康检查,对于徐某向其反映自己耳朵不舒服的行为,用人单位也置之不理,未及时安排健康检查并且根据检查结果进行岗位调整,最终导致徐某错过了预防和治疗的最佳时间,对徐某造成了无法弥补的身体伤害。因此,可以认定用人单位对徐某对耳聋存在过错,用人单位对此应当承担损害赔偿责任。劳动者在自身的劳动安全受到损害时,应当先向社会保险行政部门申请工伤认定,若对其认定结果不满意,并且通过劳动仲裁程序仍无法保障自身权利时,劳动者可以向法院提起诉讼。

> **课堂活动**

如何预防职业病

一、活动目标

引导学生关注职业病案例，规避特殊行业的职业病。

二、活动时间

建议20分钟。

三、活动流程

（1）教师出示以下阅读材料，并提问：你知道身边有哪些职业病？我们该采取哪些措施预防这种职业病？

阅读材料：尘肺病村

陕西一小镇某村是尘肺病村，至2016年1月，被查出的100多个尘肺病人中，已有30多人去世。起因是20世纪90年代后期，部分村民自发前往矿区务工，长期接触粉尘却没有采取有效防护措施。医疗专家组在普查和义诊中发现，当地农民对于尘肺病的危害及防治知识一无所知，得了病后认为"无法治疗"，很多患者只是苦熬，失去了最佳治疗时机。

（2）教师将学生按照4~6人划分小组，小组通过搜集资料并经内部讨论后形成小组观点。

（3）每个小组选出一名代表陈述本组观点，其他小组可以对其进行提问，小组内其他成员也可以回答提出的问题；通过问题交流，将每一个需要研讨的问题弄清楚。

（4）教师进行分析、归纳、总结。

（5）教师根据各组在活动过程中的表现，给予点评并赋分。

课后思考：

（1）在实际工作中，如果发现工作场所存在某些安全隐患，你会怎么做？

（2）你认为该如何提高个人的消防安全意识？

项目二　实习兼职和现场管理

> 　　一个人，只有在实践中运用能力，才能知道自己的能力。
>
> ——小塞涅卡

案例导入

大学生实习 有人看平台有人注重机会

如今，很多大学生在选择实习时，不再只考虑薪资高低，兴趣、平台和经验等都是他们考虑的因素。

期待提高自我，坚持兴趣至上

在四川一所高校读硕士研究生二年级的潘微微本科专业是电子商务，硕士研究生所学专业是市场营销，她选择了一份与自己所学专业完全不对口的实习——人力资源。"我对人力资源比较感兴趣，希望在工作中接触到不同的人和事，所以在选择实习的时候就留意了有人力资源岗位的公司。"

从一开始的不熟悉到后来的熟能生巧，潘微微发现许多学科是融合贯通的。在她看来，大学生可以根据自己的兴趣爱好选择实习岗位，积累不同领域的经验，确定自己与理想岗位的匹配度。在人力资源岗位实习后，她总结出了自己的一些经验："虽然以后我也不能确定自己是否从事这份职业，但是在这里实习让我对未来应聘有了一些经验，知道用人单位看重应聘人的哪些素质，我觉得这一点很重要。"

看重实习平台，注重资源与机会

在成都一所高校读大三的余婧文，目前已有三次实习经历。从大一开始，她就决定毕业直接找工作，她对实习岗位也有明确的目标。"我主要是根据自己未来的就业方向来选择实习岗位，比较看重公司的平台和行业的前景。大公司的实习比较有含金量，写在简历里比较好看，而且在大公司会拓宽整个人的视野和格局，能够接触更多更好的资源，可以为以后的工作打下良好的根基。"

余婧文在选择实习时首选世界500强企业，并且会根据行业的发展和公司的近况对平台和岗位进行评估，再结合自身的情况最终敲定实习意向。

在多次实习中找寻方向

在上海一所高校读大三的沈月有三次实习经历。大一寒假，她找到了自己的第一份实习工作，实习单位是一家传统媒体；大二暑假，她去了一家互联网初创企业，做亲子类社交平台的内容输出工作；大三期间，她换了一家有名的互联网公司做运营工作。从传统媒体到新媒体，选择的变化，得益于沈月自身在工作中的不断探索。

分析：实习是我们积累社会经验的重要途径，更是探索个人职业定位的好机会。在整个大学实习过程中，很多同学频繁换实习。很多大一同学，找实习的唯一要求就是"兴趣"，只要是新奇、有趣的工作，他们都愿意试一试，但这些同学普遍对实习没有明确的认识。到了大二大三，实习与学分挂钩，更多同学通过实习寻找适合自己的职业。大四对实习的选择则与未来要从事的工作高度吻合，会通过实习积累工作经验或在实习中寻找转正的机会。

劳动简论

一、实践教学与实习实训认知

（一）实践教学

1. 实践教学是高校教学体系的有机组成部分

实践教学是学校根据专业培养目标的要求，有计划地组织学生以获取感性知识、进行基本技能训练、增强实践能力和创新能力、提高综合素质的一系列教学活动的总称。根据《教育大辞典》的解释：实践教学是相对于理论教学的各种教学活动的总称，包括实验、实习、设计、工程测绘、社会调查等。旨在使学生获得感性知识，掌握技能、技巧，养成理论联系实际的作风，培养独立工作能力。各类型高等教育共有的实践教学环节包括实验、实习、工程训练、实训、课程设计等。

实践教学与理论教学尽管在性质与功能上具有较大的差别，但是它们并不是两种对立的教学体系，二者之间存在密切的内在联系。理论教学是实践教学的基础，理论知识能够为实践教学提供必要的指导，也能为实践中的现象提供合理的解释和说明。而实践教学则是理论教学的深化，它可以加深对理论知识的理解，并且能够为理论创新提供经验素材。因此，实践教学与理论教学既相互独立又有机结合，两者相辅相成，不可偏废，共同构成大学完整的教学体系，实践教学成为高校实现人才培养目标必不可少的环节。

2. 实践教学是我国高校教学改革的重要内容

实践教学旨在加深学生对理论知识的理解，锻炼学生的实际操作能力，在应用型人才培养中发挥着特殊的作用，因此受到我国政府及教育部门的高度重视。

2005 年 1 月，教育部发布的《关于进一步加强高等学校本科教学工作的若干意见》指出，要大力加强实践教学，切实提高大学生的实践能力，推动高校实践环节教学改革，并把实践教学作为教学工作评估的关键性指标。

2006 年 11 月，《中共中央关于构建和谐社会若干重大问题的决定》明确要求，要注重增强学生的实践能力、创造能力、就业能力和创业能力，简称"四种能力"。

2010 年，教育部通过的《国家中长期教育改革和发展规划纲要（2010—2020 年）》认为，我国的高等教育要注重对学生的能力培养，不断优化学生的知识结构，加强实践教学，提高学生的综合能力。强调要加强实验室、校内外实习基地、课程教材等教学基本建设。支持学生参与科学研究，强化实践教学环节，推进创业教育。创立高校与科研院所、行业企业联合培养人才的新机制。

2012 年 2 月，教育部、中宣部、财政部、文化部、中国人民解放军总参谋部、中国人民解放军总政治部、团中央七部门联合下发《关于进一步加强高校实践育人工作的若干意见》，明确提出各高校要坚持把社会主义核心价值体系融入实践育人工作全过程，把实践育人工作摆在人才培养的重要位置。号召各高校要结合专业特点和人才培养要求，分类制定实践教学标准，增加实践教学比重，确保人文社会科学类本科专业不少于总学分（学时）的 15%、理工农医类本科专业不少于 25%、高职高专类专业不少于 50%、师范类学生教育实践不少于一个学期、专业学位硕士研究生不少于半年。各高校要把加强实践教学方法改革作为专业建设的重要内容，重点推行基于问题、基于项目、基于案例的教学方法和学习方法，加强综合性实践科目设计和应用。要加强大学生创新创业教育，支持学生开展研究性学习、创新性实验、创业计划和创业模拟活动。

可见，以改革创新、增强学生"四种能力"为主线的教育教学改革正在高等院校深入展开，实践教学成为高校教学改革的重要内容，实践教学环节的加强和完善也越来越成为教育领域重点研讨的课题。

3. 实践教学是培养应用型人才的关键环节

随着经济社会对应用型人才需求的不断增加，实践教学开始受到高校和社会的热切关注。对于应用型本科院校和应用型专业而言，其培养目标应重视面向生产、经营、管理实际，面向经济社会活动实际，培养运用所学知识分析问题、解决问题的能力，同时也要培养学生适应社会的能力和创业发展的能力。相对于理论教学而言，实践教学更具直观性、综合性和创造性，通过实践教学不仅可以培养学生的动手能力，还可以加深学生对基础理论的认识，提高学生的综合素质，培养学生的创新意识和创新能力，是锻炼和提高学生实际应用能力的根本途径。

（二）实习实训

实习实训是高校实践教学的重要一环，包括专业实验、专业实训、专业实习等实践活动，是依托实验室、模拟场景和实习单位等多种教学环境，有计划、有系统地组织学生结合专业所学开展多样的实操性、实践性活动。实习实训本身就是一种劳动实践活动，强调的是以学为主的教育方式，让学生在参与实践中，感受新时代下劳动条件与技术的发展，感悟劳动对于国家、社会和个人的意义与价值，获得劳动带来的喜悦与自豪，进而形成正确的价值观和思想品质。

1. 实习实训的特点

在高等学校的一些课程中一门完整的课程主要包括理论授课、实验课和实训三部分。实训与理论授课和实验课相比，在时间安排、教学形式及教学效果方面有着突出的特点。

（1）实训的安排时间特殊。理论授课和实验课一般是同步进行，实训课通常被安排在课程结束后进行。另外，无论是理论授课还是实验课，都是以 90 分钟为一单元，并且要分散在数周里；而实训则相对集中，一般是一周或者两周。

（2）实训的教学活动特殊。在课程教学中，主要采用以教师为主导、学生为主体的活动形式；而在实训环节中，教师的教授时间比较少或者根本不讲，主要采用自主学习和合作学习形式，并且学生可以通过实训课题开展协作和交流。学生还可以随时就遇到的困难寻求教师的指导，也可以通过网络搜集材料自行解决，学生的主体地位得到加强。

（3）实训的教学效果特殊。在课堂教学中，学习目标一般是该课程的某章节知识和技能；而在实训环节，实训目标是综合的、系统的。课堂教学中，学习目标的完成一般通过学生的平时作业体现出来；而在实训环节，实训目标的实现是通过实训作品和实训报告体现的，并且实训报告能将学生对学习过程的反思记录下来。

2. 实习实训的模式

实训实习的模式种类比较广泛，大致分为校内实习实训、校外实习实训及校内校外实训相结合等方式，具有针对性强、仿真性高、开放性大的特点。具体有以下几种模式。

（1）校内实训培养模式。学校根据课程培养目标、专业大纲计划，确定实训课程。校内实训要求学生在所学专业内，必须掌握多门课程知识，掌握多种技术技能，要求学生能够在特定的时间内进行装调、维修、做出成品等。学生通晓多方面的知识和技能，对将来多种岗位需求能够通过短时间培训就上岗，能力强的学生还能成为企业技术骨干。但校内实训也

劳动简论

有局限性，毕竟校内和企业要求不一样，学校的管理和企业的管理可以相通但不会完全一样。对学生来说，模拟的实训和真实的实习有不同的感受。

（2）订单培养模式。很多企业用工迫切且需求量大，考虑到培训员工的时间和场地，企业会选择和学校进行订单式培养。学校按照企业用工的标准对学生进行理论和实践技能的培训，针对性和专业性强。学生按照标准完成课业后，能够直接上岗。此模式需要学生和企业签订合同，即毕业后必须在企业工作几年，企业也会给在校的优秀学生颁发奖学金甚至学费，以期优秀的学生毕业后成为企业员工。此种实训模式，不但可以向企业输出良好的一线技术人才，也能够为职业院校打响名号。

（3）合作式培养模式。合作式培养满足了企业、学校、学生三方面的需求，企业方面需要新鲜力量的注入，需要研发新产品、新技术、新设计，对技术工人的要求是年轻有活力、肯学习、有冲劲。学校方面也需要企业来为学生进行毕业设计、毕业实习等提供岗位、提供机会，为学生的毕业增加砝码。而学生也需要将所学理论与实践进行结合，提前熟悉适应岗位运作模式。但企业对合作式培养的学生要求比较高，期望学生能够对其生产科研、产品质量方面有所创新和研究，这意味着学校在学生创新、技术研究方面要进行相应的培养。

（4）企业实训模式。企业实训一般安排在学生毕业前半年到一年的时间。学生在企业实习，巩固自己的理论知识，锻炼自己的技能；了解企业的产品、对员工的要求、企业的文化以及在企业的发展，对自己将来的职业规划有初步的想法，并且能够在企业环境里，转变自己的身份。企业也需要吸收新鲜力量，提高自己的技术线水准，吸纳创新力量。企业接纳学生，展示自己的企业内涵，也是一种向社会宣传自己的方式。

（5）工学交替模式。这种模式是学生"在校学习—企业锻炼—回到学校学习"的模式，一般安排在学生毕业前两年。学生在学校所学的知识和技能能否在企业有用武之地，学生的职业能力和职业道德是否达到标准，在企业实训便可得到检验。在企业实训期间，学生是双重身份，既是学生，又是职员。在企业的时候把自己所学的知识和技能应用于实际岗位，还要经历人事的考察、与同事的相处等。在企业实训期间，可以学到很多学校学不到的东西，也可以把一些新的东西带入企业。当他们再次回到学校，思想上会更加有紧迫感，自我提升意识会明显增强。

（6）自主创业模式。自主创业一般是毕业前半年到毕业后一年学生自己进行的创业。目前我国大力扶持大学生创业，在营业执照办理、税收、管理等方面都有很好的政策优惠，让那些有创造精神和有资金支持的学生能够自主创业。政府支持、教师指导、社会力量和资金的参与，让学生的自主创业成为可能。这个模式对学生的要求很高，不但要求学生完成学业，还要求学生学习管理、人事、财政等方面的基本知识。

3. 高校实习教学的三阶段

（1）认知实习。一般地，在高等教育中，实习包括认知实习、生产实习、顶岗实习和毕业实习四个阶段。本文介绍前三个阶段。

认知实习，也称认识实习或认识见习，即学生通过企业参观、交流访问、专业讲座等途径对所学专业进行整体的感性认识的过程，其运作模式是"走出去，请进来，以企业为依托，以学校科研、实验、实训基地为补充"。其中，"走出去"指带学生到学校周边区域内与相关的大型企业参观学习；"请进来"是请校外专家、企业中高层领导到学校开展讲座；"以企业为依托"是与学校周边区域相关企业开展校企合作，建立长期的认知实习基地；

"以学校科研、实验、实训基地为补充"是充分发掘学校自己的科研、实验、实训基地等教学资源。该过程具有以下特点。

①为期较短，一般为 1~2 周。

②学生认知实习过程一般不会为实习企业创造价值，即学生仅仅见习，并不从事生产行为。

③主要目的是为后续课程的教学奠定基础。

④以企业参观与讲座组织形式为主，是认知实习的主要模式。

在高等教育中，认知实习的目的是让学生达到三个认知。

①认知专业：使学生了解有关企业的实际情况、先进的企业理念和有关设备设施与系统，加深学生对专业的感性认识。

②认知社会：结合实习内容消化和理解课堂学习过的理论知识，了解实习单位对人才的需求，增强适应社会的能力。

③认知自我：了解自身的优势和不足，确定自己大学生活后期努力的方向。

总的来说，认知实习能让学生离开课堂、走出校门、开阔视野，了解本专业在实践中所需的知识与技能，明确专业学习的目的和内容，感受职业特点、工作内容，让学生对自己将来所从事职业的现状与未来发展有较清晰的整体认识。

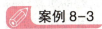

案例 8-3

在实践中历练劳动技能

思想政治学科经济常识板块中有社会生产各个基本要素的地位及其重要作用、三大产业的内容，特别是对工业在国民经济中的主导作用和如何走新型工业化道路、提升现代化工业水平、追求质量型的经济发展方式方面有重点解读。结合这些教学内容，我们以走访上海大众汽车有限公司的生产车间为契机，引导学生了解汽车工业与其发展历史，认识汽车工业生产的内容、现代化生产的程度、生产规模、品种规格等，进一步理解汽车和城市生活的关系。学生实地参观汽车流水线，从整洁现代化的车间，自动化的机械臂，认识劳动者的劳动要素、管理要素、资本要素、技术要素对工业生产的重要影响，特别是先进的科学技术对经济社会发展的推动力量，对社会财富增长的决定性作用。

以大众工业学校和交通职业技术学院的工业技术实践活动为形式，学生通过工业实践了解现代车间作业，学会适用技术完成工业基础作品制作。通过动手操作，学习发动机舱内油液保养、车轮更换、汽车空调的使用与维护等劳动技能，学生体验劳动的艰辛，学会珍惜劳动成果，锻炼自己探究分析问题和设计方案、解决问题的能力，进一步发扬团队合作精神，增强自我教育、自我管理、自我服务的能力。这有助于培养学生学会感恩、珍惜劳动成果、关心他人与集体的意识，激发热爱劳动、尊重和热爱劳动人民的情感。

（资料来源：谈俊：《思想政治学科社会实践中的劳动教育》，《教育参考》，2019 年第 4 期）

（2）生产实习。所谓生产实习，指学生在生产现场以工人、技术员、管理员等身份直接参与生产过程，使专业知识与生产实践相结合的教学形式。那么，在相关专业领域的生产实习，就是学生在企业现场以员工的身份直接参与岗位工作的教学形式。相对于认知实习，

劳动简论

其具有时间更长、直接参加或体验企业工作等特点。

企业生产实习则是对第一阶段的强化加深，学生到企业进行生产实践，通过企业真实的生产环境，了解企业的管理状况、技术水平、操作流程，了解岗位的技术要求和职业素质要求，感受企业文化，在实践中认识到理论、技能学习及职业素质养成的重要性。学生参与生产实习的具体目的有以下几点。

①完成教学内容。校外生产实习是高等教育教学过程中的重要组成部分，是校内教学有效的延伸和必要的扩展。通过生产实习，学生能更好地按学校规定的要求完成教学内容，获取生产实习学分。

②完成角色转换。通过生产实习，学生初步完成从理想到现实的心理转换和从学生到员工的角色转换，为将来尽快适应工作岗位打下良好的基础。

③提高就业能力。通过生产实习，学生能充分了解企业，学习企业的经营管理、工作方式，了解当前就业市场状况等，转变就业观念，提高就业能力。

生产实习作为专业教学过程中的一个重要实践教学环节，其目的是使学生能理论联系实际，增强学生的综合运用能力，使学生获得企业运作全过程的实践知识，巩固与提升应用知识的技巧及提高适应用人单位要求的能力，为后续专业学习、毕业论文选题及日后工作打下坚实的基础。

生产实习是贯彻理论联系实际原则的好办法，是对学生进行思想政治和道德品质教育的有效途径，是检验教学质量的重要手段。通过生产实习，可以对学生专业知识和技能的实际水平、为社会主义建设服务的专业思想、社会主义劳动纪律与职业道德，同时也能对教师的教学效果和思想工作进行综合性的检验。

（3）顶岗实习。顶岗实习是指在基本上完成教学实习和学完大部分基础技术课之后，到专业对口的现场直接参与生产过程，综合运用本专业所学的知识和技能来完成一定的生产任务，并进一步获得感性认识、掌握操作技能、学习企业管理、养成正确的劳动态度的一种实践性教学形式。国内对顶岗实习的研究与实践起源于师范类专业在校学生的顶岗实习、下乡支教。

顶岗实习是培养应用型人才的重要途径。通过顶岗实习，学生可真正做到理论和实践的有机结合，能够把书本上的知识转变为实际操作技能，成为应用型人才。也为企业储备一些业务骨干，降低企业用人成本。顶岗实习从本质上来讲，对企业、对学校、对学生都是有百益而无一害的事情。一般顶岗实习的学生在企业实习，企业会按照实习生的工资标准给予相关报酬，对学生而言获得了学习实际经验的机会，对于学校而言获得了企业反馈的用人意见，可以调整人才培养方案。所以说，顶岗实习不仅仅是一种实践教学模式，更是一种学校与社会、学校与企业之间深度合作的崭新模式。

顶岗实习根据学生分配方式的不同，可以分为集中顶岗实习和分散顶岗实习。

①集中顶岗实习：是指某一个专业所有的学生统一到一家企业或四五家校外实践基地企业实习。这种顶岗实习的特点在于学校统一分配，实习单位均为校方的合作单位，且实习岗位均与专业对口或相关。这种实习也可以称为统一顶岗实习。这种实习方式适用于企业对某一专业人才需求比较大的情况。

②分散顶岗实习：有时候学生对联系的实习岗位并不感兴趣，通过家人或者朋友联系到自己更喜欢的实习单位，这就是分散顶岗实习。这种实习形式虽然不方便学校管理，但是对

于某些专业、某些学生的确更适合。

4. 实习实训与劳动教育融合发展的必然性

《中华人民共和国教育法》对教育方针有明确规定和完整表述："教育必须为社会主义现代化建设服务，必须与生产劳动和社会实践相结合，培养德、智、体、美等方面全面发展的社会主义建设者和接班人。"

马克思在论述教育与生产劳动相结合的重大社会意义时说："生产劳动和教育的早期结合是改造现代社会的最强有力的手段之一。"而实习实训同劳动教育相结合则是"教育同生产劳动相结合"的重要途径。

（1）实习实训是学习劳动知识技能的主课堂。实习实训作为高校专业课堂教学的延伸，是让学生把专业知识技能从"知道"转化为"运用"的第一课堂，是实现学生掌握劳动技能、提升劳动能力的重要平台。

（2）实习实训是培养劳动价值观的主阵地。劳动价值观的形成不是一朝一夕的事，是通过观察模仿他人或亲自参与等方式认识世界，进而构建出个体看待世界的一套价值体系。实习实训作为一种以劳动为主的教育方式，为学生提供了亲身体会劳动、观察他人的劳动态度与劳动行为的机会，这有助于学生在潜移默化中形成崇尚劳动、尊重劳动、热爱劳动的价值观。

（3）实习实训是养成劳动品质的练兵场。苏霍姆林斯基认为，劳动教育能让青少年在劳动中能够最充分、最鲜明地展示他的天赋才能。劳动教育最终是劳动品质的培养，培养学生勇于担当、拼搏奋进、积极乐观地面对生活、创造生活的品质。实习实训为磨炼劳动品质提供了练兵场，让学生能够在实践中自主思考、独立操作，在探索中不断打磨，激励学生练就敬业和精业、自信和执着的劳动品质。

延伸阅读

撰写实习报告

实习报告是每个实习生对自己实习工作的一个总结，通过这个总结进一步加深对专业的认识和对岗位技能的熟悉，是理论知识和实际工作融会贯通的文字总结，也是对实习工作成绩的一个肯定。为此，撰写实习报告是实习工作的一个重要环节。

1. 实习报告的内容

（1）封面。一般而言，实习报告都会有一个单页的封面，这样便于装订也美观大方。很多学校会给学生提供封面模板，按照模板学生自己调整好格式即可。在封面上会显示学校名称、学生姓名、班级、学号、实习报告题目等内容。

（2）实习基本信息表。在封面后有一个单页的信息表，里面体现出实习学生的实习基本信息，如实习单位名称、单位地址、单位联系人、电话、实习岗位、工作时间、实习薪酬等。

（3）正文。正文是实习报告的主体部分，包括实习总结，从思想认识、劳动态度、遵守纪律、注意安全、业务学习方面等进行全面、系统的总结，并应用所学知识与技能对某些工作问题加以分析和论述，提出自己对本次实习的意见和看法，可提出对学校开设课

劳动简论

程的建议，总结实习的收获及存在的问题。主体内容要求思路清晰、合乎逻辑，用语简洁准确、明快流畅；内容务求客观、科学、完备，要尽量用事实和数据说话，有明确的主题。主体部分字数一般在 4 000~5 000 字。

（4）校外实习指导教师评语。这部分内容单独一页，是校外实习指导教师对学生在实习阶段的评价并且给予相应的实习评分。在这部分内容中，企业指导人士也可以对校方的人才培养和课程开设等提出意见。

（5）校内实习指导教师评语。可以单独一页，也可以与上部分内容合并在一页，主要是校内实习指导教师对该学生实习报告内容给予评价和打分。

有些学校在封面后添加了一个目录，这些都可以根据学校的自身实际情况再进行调整。

2. 撰写实习报告的注意事项

（1）切忌泛泛而谈，记流水账。很多学生把自己的工作跟流水账一样记录下来，没有理论总结和问题发现。这样的顶岗实习报告是不合格的。实习报告要求内容翔实，但是也要有一定的理论提升。

（2）切忌照搬乱抄，完全是别人的材料。有一些学生利用网络的便利性，从网上复制一些别人的材料，甚至连实习单位和姓名都弄错。

（3）格式规范整洁，切勿杂乱无章。很多学生急于应付了事，实习报告的格式根本没有按照要求来，字体大小不统一、格式混乱，影响实习报告的整体形象。

（4）合理安排时间，及时上交。很多学生是边工作边写实习报告，由于工作太忙或者加班太多，实习报告不能按期完成，以致影响毕业成绩。

二、假期实习、兼职须知

（一）假期实习指南

这里的实习是教学计划外大学生自行联系的利用假期时间进行的实习工作。

1. 获取实习信息

我们可以从以下渠道获取实习信息。

（1）学校公示栏。学校附近的企业或者公司通常会把招聘信息以纸质文稿的形式张贴在学校公示栏。希望在学校附近单位实习的学生可在学校公示栏中获取实习信息，筛选出合适的实习单位。

（2）各地的人力资源和社会保障局。各地的人力资源和社会保障局每年都会有相应的政策支持大学生假期实习。人力资源和社会保障局提供的用人实习单位不仅类别丰富，而且十分正规。

（3）各大企业官网。一般来说，各大企业会在寒暑假期间，在其官网上发布大学生实习招聘公告。我们若有意向进入这类企业实习可以多留意它们的官网，寻找适合自己的假期实习工作。

2. 寻找实习机会时的特别注意事项

（1）从可靠渠道获取职位信息。

（2）通过多种渠道了解企业背景。

（3）认真确认面试地点。

（4）谨慎签订实习协议。实习协议中应当写明实习薪资、实习期限、终止协议的相关条款。如果用人单位违约或拖欠工资，可以将实习协议作为证据提起劳动仲裁，以维护自身的合法权益。

（5）拒交任何名义的费用。

（6）求职前了解相关法规和劳动政策。

3. 结合自身兴趣或专业选择实习岗位

在选择实习岗位时应尽量选择与自己专业相匹配或者自己感兴趣的岗位，这样不仅可以学以致用，还可以挖掘自身蕴藏的潜力，为将来的就业做好铺垫。

具体选择时，我们要摆正心态，客观分析自己的专业知识、沟通技能、思维能力及自身性格、兴趣等，分析实习机会是否能够提高自身能力和素质，进而选择适合自己的实习岗位。

一般成熟的企业会有完备的管理流程和鲜明的企业文化，可以提升实习者的职业素养。而发展中的中小型公司虽然在管理方面不够成熟，但是实习者可以在职业能力上得到较大的提升。对于实习报酬要具体情况具体分析，如果实习机会难得，可考虑不要报酬或少要报酬。

4. 在实习中提高自身综合能力

在进入企业实习后，要尽快完成从学生到工作者的身份转变和思路转变，不断提高自己的综合能力。

（1）要清楚工作都是结果导向的。单位需要的是成果，工作评估的也是成果，无论做了多少事，只要没有达成目标、交付成果都不算完成工作。如果没有产出成果，必须主动协调资源，推动问题解决。

（2）要分清事情的轻重缓急，对时间进行合理安排。不清楚手里的工作孰轻孰重时，要及时向上级领导请示。

（3）对于工作内容切勿眼高手低，要以积极主动的态度认真对待接到的每一个任务，在规定的时间内保质保量地完成工作。

（4）还要注意有效沟通，与同事和谐相处。

（二）假期实习实务

1. 实习初期

（1）熟悉环境，不做局外人。实习开始后，尽快熟悉环境，除了自己部门的业务内容，还要大致了解其他部门的情况。学习使用打印机、扫描仪等办公设备。

（2）搞清业务关键词。对领导、同事提及的专业名词，做到心中不留疑，第一时间请教他人或者查阅相关资料，明白其所指。

（3）多听、多想、多自学。凡事多留心，多问为什么，同时还要学会自学，特别是通过看报告、旁听会议等各种渠道尽快了解工作内容及业务流程。

2. 实习中期

（1）以正式员工的标准要求自己。要把自己当成一个有工作责任感的职场人，积极尝试承担新工作。

劳动简论

（2）做事靠谱、有章法。搞清工作任务，及时汇报工作进度，遇到问题先想解决办法再寻求帮助，按时保质保量完成工作。

（3）多总结，多反思。要学会回顾工作、总结经验、思考不足。认真思考工作的重点环节，避免出错、改进的方法，更好地应对突发状况的处理方式等。

3. 实习结束

（1）请实习单位提供一份鉴定，写明实习岗位、岗位描述、实习过程中完成的工作或项目、工作评价等，并签字盖章。

（2）总结实习，并更新自己的简历。总结实习中的问题和收获，反思自己在哪些方面仍需要提升。及时更新简历，为毕业求职做好准备。

（3）保持联络，获取有效信息。如果有意毕业后到实习单位求职，可根据自身情况申请适当延长实习时间。离开实习单位后，继续保持与单位同事的联络，及时了解业务发展，第一时间获得相关招聘信息。

延伸阅读

实习期间正确对待"苦差事"和"分外事"

我们在实习期间的实际劳动过程中，难免会存在一些"苦差事"，也会存在一些"分外事"。

1. 做别人不愿意做的"苦差事"

对于一些因难度大或者比较烦琐而大家都不想做的任务，即所谓的"苦差事"，我们要学会不计较、不抱怨、主动接受"苦差事"，并克服困难、高质量地完成任务。"苦差事"的顺利完成不仅可证明自己的能力和专业实力，也是考验和锻炼自己的机会，可提高我们处理复杂事务的能力。

2. 主动承担分外的劳动任务

分外的劳动任务是指不属于自己任务范围的劳动任务，包括一些职责归属不是很明确的劳动任务。我们需要正确理解"分外"二字。在一个集体中，所有的任务都是有关联的，虽然有职责分工，但最终落脚点还是在集体任务是否按计划完成上。如果其他人的劳动任务没有完成，集体任务也不可能完成，同样会影响到自己的工作。因此，我们应该有整体思维和大局意识，在完成分内工作的基础上，只要有助于整体工作的顺利完成，就应该积极去做，并且尽力做好，不要计较任务是分内还是分外。

（三）假期兼职

假期兼职可以在锻炼自己、增加生活体验的同时挣一些生活费，是一种常见的社会实践形式。在假期兼职时，我们应擦亮眼睛，谨防落入各种"陷阱"。

1. 假期兼职陷阱

（1）传销陷阱。目前，不少传销组织打着"连锁销售""特许经营""直销"等幌子，或以"国家搞试点""响应西部大开发号召"等名义诱骗大学生参与传销活动。在形式上，传销组织也由此前的发展"下线"改为"线上营销"方式，打着"电子商务""网络直销"等旗号利用互联网进行传销，其违法活动更加隐蔽，传播范围也更为广泛。

为了避免陷入传销陷阱，我们可以在以下方面多留意或想办法保护自己：①在找实习单位时，我们可留意对方是否有正规执业牌照。②面试时，我们要注意对公司对营业运作模式进行判断，看是否存在虚假状况；如果企业在面试过程中对交友、家庭情况等比对职业技能、实习经历更感兴趣，就要有所警惕。③对方若要求缴纳一笔入门费或者要求发展其他成员加入从而获得报酬，就需要警惕。④因很多传销组织都是通过亲朋好友或同学进行的，所以如果有长期没有联系的亲友、同学突然联系我们，邀请我们去异地找工作，或者有其他异常行为，我们就要提高警惕。⑤若在面试时感觉有异常，可以择机借故先行离开，以保证自身安全。

（2）培训陷阱。一些骗子公司通常会和一些培训机构联手，招聘时以"先培训，拿证后上岗"为由骗取求职者培训费、考试费、证书费等各种费用。实际情况往往是，经过一段时间的培训，参加完考试后，公司便不知去向，或被告知"很遗憾，考试未通过，不能上岗"。为了避免上当受骗，遇到需要培训上岗的公司时，我们可先了解培训机构是否正规，在网上查看之前参加培训人员的评价，评估培训的质量，再决定是否参加培训。

（3）"押金"陷阱。一些用人单位声称为了方便管理，向应聘者收取一定数额的押金或保证金，并承诺工作结束后退还，然而工作结束时应聘者只能领到工资，保证金却不见了踪影。更有甚者，在应聘者交过钱后说职位暂时已满，或者说暂时没有工作可做，要应聘者回去等消息，接下来便再也没有消息了。国家人力资源和社会保障部明文规定，用人单位不得以任何名义向应聘者收取报名费、考试费等，对于员工的培训费用，应当从企业成本中支出。大学生不要因求职心切落入"押金"陷阱。

（4）"黑中介"陷阱。社会上的一些黑中介，抓住大学生缺少社会经验且求职心切的心理，收取高额中介费后却不履行承诺，不及时为大学生找到合适的工作。这些黑中介的套路一般是不停地拖延，最后不了了之。更有一些中介"打一枪换一个地方"，骗取一定的中介费后，就消失得无影无踪。为避免此类情况出现，建议大家在找假期兼职时，最好咨询学校的劳动就业服务中心，或者请学校负责联系用人单位。如果必须自己寻找，也要找正规的企事业单位，或找正规的中介机构。

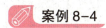

案例 8-4

网上找兼职 落入刷单骗局

海口某高校大学生王某听说做网络兼职一天可以赚一两百元，于是也想试试。他按照一位朋友给的 QQ 号添加后，对方告诉王某想做网络兼职要先把姓名、电话、银行账号给对方，王某没有多想便照做了。随后对方介绍网络刷单"低门槛高收入"的优势，王某便想立即尝试。对方给王某发了一个商品网页链接，让其点击进入进行刷单。王某购买了 1 120 元的商品，没过多久对方就给其退还了 1 120 元，并支付了相应报酬。第二单也同样如此。此后对方就不断给王某发送商品网页链接，且商品越来越贵。然而当王某再次通过网址链接给对方指定账户支付后，没有看到对方退还其购买商品的钱，也未得到应得的报酬。

王某见状便问对方为什么，对方称任务还未完成，要求王某继续进行刷单，否则任务就会失败。王某便又刷了一单，但是依然没有收到退款和报酬。王某又联系对方，而此时对方再也没有回话。王某这才发现自己被骗，共计被骗 9 万余元。

劳动简论

面对网上脱离现实的高回报工作要谨慎看待。虽然网络刷单兼职极具诱惑力,但千万不要落入"低门槛高收入"的兼职圈套,更不可轻易透露个人信息。

2. 兼职劳动关系

《中华人民共和国劳动合同法》《中华人民共和国劳动争议调解仲裁法》施行以后,若兼职者与用人单位签订了合同,则认为该兼职属于劳动关系;若双方当事人未签订合同也未达成口头协议,则认为该兼职属于劳务关系。因此,在从事兼职活动时,应仔细了解自己与兼职单位之间的各项权利与义务,注重保护自己的合法权益。对于双方之间的法律关系及权利义务,最好能通过书面合同的形式予以确认。

三、现场管理

(一)现场管理概念

现场管理是管理人员对生产现场人(包括工人和管理人员)、机(设备、工具、工位器具)、料(原材料)、法(加工、检测方法)、环(环境)、信(信息)等生产要素进行有效管理,并对其所处状态进行不断改善的基础活动。5S是以整理(Seiri)、整顿(Seiton)、清扫(Seiso)、清洁(Seiketsu)这"4S"为手段,实现第五个"S"素养(Shitsuke)的目的,营造一目了然的现场环境,使企业中每个场所的环境、每位员工的行为都能符合"5S"管理的精神,最终提高现场管理水平、提升现场安全水平和产品质量。后来,又扩充了"安全(Safety)"和"速度/节约(Speed/Saving)"两个"S",演变为"7S管理",其具体含义如表8-7所示。

表8-7 "7S管理"的含义

7S	宣传标语	具体内容
整理(Seiri)	要与不要,一留一弃	区分需要的和不需要的物品,果断清除不需要的物品
整顿(Seiton)	明确标识,方便使用	将需要的物品按量放置在指定的位置,以便任何人在任何时候都能立即取来使用
清扫(Seiso)	清扫垃圾,美化环境	除掉车间地板、墙、设备、物品、零部件等上面的灰尘、异物,以创造干净、整洁的环境
清洁(Seiketsu)	洁净环境,贯彻到底	维持整理、整顿、清扫状态,从根源上改善使现场发生混乱的因素
素养(Shitsuke)	持之以恒,养成习惯	遵守企业制定的规章纪律、作业方法、文明礼仪,具有团队合作意识,使之成为员工素养,并形成自发的、习惯性的改善行为
安全(Safety)	清除隐患,排除险情,预防事故	保障员工的人身安全,保证生产连续安全正常的进行,同时减少因安全事故带来的经济损失
节约(Saving)	对时间、空间、能源等方面合理利用	发挥时间、空间、能源的最大效能,从而创造一个高效率的、物尽其用的工作场所

"5S"之间是紧密联系的，整理是整顿的基础，整顿是对整理成果的巩固，清扫是显现整理、整顿的效果，而通过清洁和素养，则可以使生产现场形成良好的改善氛围。5个"S"活动的运作关系如图8-3所示。

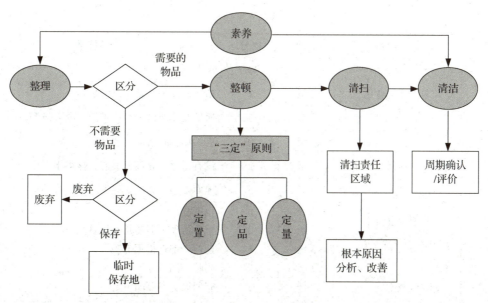

图8-3　5个"S"活动运作关系示意

（二）现场管理的基本要求和作用

1. 整理

整理现场不必要的物品。整理不仅是"5S"的基本活动之一，也是防止事故，保证现场安全的基础。将一些非必需品放置在现场，不仅占用了作业现场的空间和通道，而且妨碍了现场的作业，同时还影响到应急事件的处理，是潜在的安全隐患，因此必须坚决清理非必需品，将其清除或放置在其他地方。

2. 整顿

整顿即按定置、定品、定量的"三定"原则进行现场整顿。考虑通道的畅通及合理，应尽可能将物品隐蔽式放置及集中放置，减少物品的放置区域，采用各种方式隔离放置区域，合理利用空间，使用目视管理，标识清楚明了，安全消防设施放置要易取。

3. 清扫

选定清扫的负责区域并把负责的区域清扫干净。现场作业人员在执行清扫工作的同时也是在做检查工作，包括看得到的、看不到的地方。对清扫中发现的问题，要及时进行整修。清扫发现的问题包括但不限于以下五个方面。一是地板凹凸不平，可能使搬运车辆中的产品发生摇晃甚至碰撞导致发生问题，要及时整修。二是对于松动的螺栓要马上紧固，补上丢失的螺钉、螺母等配件。三是对于需要防锈保护、润滑的部位要按照规定及时保养。四是更换老化的或可能破损的水、气、油等各种管道。五是通过清扫随时发现工作场所的机器设备或一些不容易看到的地方是否需要维修或保养，及时添置必要的安全防护装置。

4. 清洁

清洁是巩固整理、整顿、清扫的必要手段，应规范清洁管理，落实安全责任，是对前面

劳动简论

"3S"（整理、整顿、清扫）工作的规范化、制度化，使现场一直保持清洁的状态。清洁标准可使清洁工作内容和目标更加明确，因此应根据各部门工作内容、工作环境制定明确的清洁标准，以指导各部门清洁工作，如表8-8所示。

表8-8 清洁标准

项次	检查项目	等级	得分	考核标准
1	通道和作业区	1级	0	没有划分
		2级	2	指示线清楚，地面未清扫
		3级	5	通道及作业区干净、整洁、令人舒畅
2	地面	1级	0	有污垢，有水渍、油渍
		2级	2	没有污垢，有部分痕迹，显得不干净
		3级	5	地面干净、亮丽，感觉舒畅
3	货架、办公桌作业台、会议室	1级	0	很脏乱
		2级	2	虽有清理，但还是显得脏乱
		3级	5	任何人都觉得很舒服
4	区域空间	1级	0	阴暗，潮湿
		2级	2	有通风，但照明不足
		3级	5	通风、照明适度、干净、整齐，感觉舒服
备注	1级：差；2级：合格；3级：良好			

5. 素养

素养是通过宣传、教育和各种活动，使员工遵守"5S"规范，养成良好习惯，以进一步使企业形成良好文化，导入目视化管理法，使现场的每个人都能容易理解，鼓励全员参与"5S"管理活动，使员工逐渐形成"5S"工作习惯的素养。

素养的要点是制度完善、活动推行、监督检查。制度完善是指根据企业状况、实施情况等完善现有的规章制度，如厂纪厂规、日常行为规范、"5S"工作规范等。活动推行是指通过班前会、员工改善提案等方法的实施，改善现场的工作状况。监督检查是指将定期检查和不定期巡检结合，加强监督、考核，使各部门人员形成良好的工作习惯和素养。

素养的目的是提升人员素质、形成良好习惯。提升人员素质是指通过制度培训、行为培训、检查监督考核，不断提高员工素质。养成良好习惯是指通过宣传培训、各种活动的施行统一员工行为，养成良好习惯，同时具有良好的个人形象和精神面貌，遵礼仪、有礼貌，其具体表现如表8-9所示。

表8-9 素养的表现

素养内容	具体说明
良好的行为习惯	◎员工遵守以下规章制度，形成良好习惯 ●厂规厂纪，遵守出勤和会议规定 ●岗位职责、操作规范 ●工作认真、无不良行为 ◎员工遵守"5S"规范，养成良好的工作习惯

续表

素养内容	具体说明
良好的个人形象	◎员工自觉从以下几方面维护个人形象 ●着装整洁得体，衣、裤、鞋不得有明显脏污 ●举止文雅，如乘坐电梯时懂得礼让，上班时主动打招呼 ●说话有礼貌，使用"请""谢谢"等礼貌用语
良好的精神面貌	◎员工工作积极，主动贯彻执行整理、整顿、清扫等制度
遵礼仪、有礼貌	◎待人接物诚恳有礼貌 ◎互相尊重，互相帮助 ◎遵守社会公德，富有责任感，关心他人

素养活动也应经常进行检查，素养活动的检查内容如表8-10所示。

表8-10 素养活动检查项目表

素养检查项目	素养检查细则
1. 服装检查	（1）是否穿戴规定的工作服上岗 （2）服装是否整洁、干净 （3）厂牌等是否按规定佩戴整齐，充满活力 （4）工作服是否穿戴整齐，充满活力 （5）鞋子是否干净、无灰尘
2. 仪容、仪表检查	（1）仪容、仪表是否整洁，充满朝气 （2）是否勤梳理头发，不蓬头垢面
3. 行为规范检查	（1）是否做到举止文明，有修养 （2）能否遵守公共场所的规定 （3）是否做到团结同事，大家友好沟通、相处 （4）上下班是否互致问候 （5）是否做到工作齐心协力，富有团队精神 （6）是否做到守时，不迟到、早退 （7）是否在现场张贴、悬挂"5S"活动的标语 （8）现场是否有"5S"活动成果的展示窗或展示栏 （9）是否灵活应用照相或摄像等手段协助5S活动的开展 （10）员工是否养成遵守各项规定的习惯 （11）车间、班组是否经常开展整理、整顿、清扫、清洁活动

案例8-5

安全目视化管理

安全目视化管理，包括员工安全操作标准目视化、设备运行状态目视化、特种作业设备目视化、安全警示标识目视化、工艺及方法安全性目视化等。

劳动简论

1. 员工安全操作标准目视化

为了提高员工的安全操作技能，需要对所有的作业编制安全操作规程，以规范员工行为，尤其是实习生和特种作业人员。

2. 设备运行状态目视化

从设备点检表着手，随时记录设备的运行状态，防止设备带故障作业，特别是行车等特种设备，一旦发生故障将会带来严重的后果。通过设备运行状态目视化、设备点检能及时发现隐患，消除危险因素。

3. 特种作业设备目视化

例如，起重作业作为特种作业，其安全性必须得到保证，这就要求吊具在使用过程中必须完好无损，应形成吊具定期检验机制，进行吊具色标卡管理，对吊具定期进行更改、点检，及时有效地排查吊具是否存在安全隐患。

4. 安全警示标识目视化

针对人员、机器、材料、方法、环境五个方面的危险因素设置安全警示标识，例如，高空楼梯处张贴"禁止攀爬"警示标识，钻床上张贴"不得戴手套"警示标识，电控柜上张贴"高压危险"警示标识，物料摆放设有安全警示线，装配下线处设有"人员作业、不得启动"警示标识，密闭空间设有"受限空间，不得进入"警示标识。

5. 工艺、方法安全性目视化

从作业标准、指导书入手，在下发作业标准之前，必须进行安全审核，以确保作业方法的安全性。

总结案例

实习期间加班工资难主张

小张是一名大四学生，为了尽快找到工作，小张从一开始精挑细选适合自己的职位，到后来不管三七二十一只要待遇还行就投简历，最终他被一家公司录用为实习生，负责进行数据录入。公司承诺，实习期间每月向小张支付实习津贴3 000元，若小张工作表现良好，毕业后即会留用他为正式员工，月收入在6 000元以上。小张进入公司后，由于订单多，产品型号杂，需要录入的数据量非常庞大，他每日勤勤恳恳地从上午8点半工作至晚上8点半，有时双休日也需要到公司加班。数月后，小张终于盼到了毕业，于是向公司提出转为正式员工。然而公司却以各种理由推脱，称无法继续聘用小张，并要求小张当日办理离职交接手续。小张遂提出要求公司支付实习期间的加班费用，公司对该要求置之不理，无奈之下小张到当地劳动人事仲裁委员会申请仲裁，却被告知不属于受理范围，最终小张只能到当地人民法院提起诉讼。

分析： 实习不同于劳动关系，实习过程中的加班工资支付问题，首先取决于双方是否对加班工资的支付有约定，如有约定则按约定进行支付，无约定则无须支付。故而，虽然小张确实有加班行为，但由于该加班行为发生在实习期间，小张与公司又未对加班工资有过约定，所以小张的加班工资主张无法得到支持。

实习中，大学生具有学生和劳动者的双重身份，这一群体权益受侵害的事件时有发生。为了避免被侵害，大学生需要了解一些保护自己合法权益的措施和途径。如，为避免实习期间沦为廉价劳动力，可以从以下几点努力：一是审慎挑选实习单位，考虑知名度高或规模大一些的公司；二是尽量避免与中介机构签订实习协议；三是要求与实习单位签订书面实习协议并进行全面约定；四是签订实习协议应告知学校。

现场管理该如何做

一、活动目标

根据"6S"管理，结合专业实习经验，掌握现场管理的关键点，为未来进入职场奠定良好基础。

二、活动时间

建议30分钟。

三、活动流程

（1）教师按照6~8人把学生分组，要求每名学生必须提出至少3个有建设性的建议。

（2）所有人带着"现场管理该如何做"的问题查找相关资料，并把自己的建议逐一记录下来。

（3）小组成员集体头脑风暴，通过小组内部讨论形成小组观点，列出本组认为的关键点及其原因。

（4）每组选出一名代表分享本组观点，其他小组可以对其进行提问，小组内其他成员也可以回答提出的问题；通过问题交流，将每一个需要研讨的问题弄清楚。

（5）教师进行分析、归纳、总结。

（6）教师根据各组在研讨过程中的表现，给予点评并赋分。

课后思考：

（1）你选择实习时，比较看重什么？为什么？

（2）结合自己的专业，你认为作为一名准职场人在实习期间该如何做？

项目三　角色转换和职场适应

明白事理的人使自己适应世界；不明事理的人想使世界适应自己。

——萧伯纳

劳动简论

案例导入

一项令人意外的调查结果

中国社会调查显示，在工作精神方面，67%的企业认为毕业生不够踏实、缺乏实干精神，而71%的毕业生认为自己是能够吃苦耐劳的；在团队合作方面，52%的企业认为毕业生团队合作精神较差，以自我为中心情况严重，而76%的学生认为自己具备与团队共进退的精神；在薪资方面，61%的企业认为毕业生的薪金要求较高，不切合实际，用这些钱可以聘用到经验更为丰富的人，而79%的学生认为，他们的薪金要求是合适的，与他们的学历、能力相吻合。

从调查可以看出，用人单位对毕业生在工作的表现，特别是团队合作方面，评价不是很高；而毕业生却大多自我感觉良好，认为自己是物有所值，对得住单位付给自己的薪水。

分析： 调查结果在一定程度上反映了毕业生从学校到社会上的不适应和种种矛盾。大多数学生对崭新的职场生涯抱有良好期待，却发现各种不如意的地方，两者之间会产生强烈的矛盾。其次，在大学期间所形成的各种习惯和行为，与社会和企业的要求格格不入，也是容易出现的矛盾之一。此外，学生在学校中往往接受的是书本知识而缺少实际经验，这与进入职场后立刻需要各方面的动手操作能力之间也会形成矛盾，等等。正是这些矛盾导致了毕业生在角色转换时易出现各种问题。毕业生在走向社会时，虽然自我感觉良好，但社会对他们的表现并不是很满意，相当一部分毕业生在如何顺利地实现自己的角色转换、尽快适应社会方面存在问题。

一、从学校到职场

对于即将走上工作岗位的大学生来说，了解学校和职场的区别很重要，它直接关系我们能否顺利地迈出职场生涯的第一步。

（一）功能和目的不同

学校是教书育人的地方，学校的一切工作都围绕培养人这个目标进行，而职场是应用知识和应用技能的场所。企业的根本目标是获得利润，满足自身的生存和发展。企业希望员工能发挥最大的潜能为企业创造价值，至于培养员工仅仅是一个次要目标或者副产品。所有的企业都希望招到适应能力强、上手快的员工。对于刚刚毕业的职场新人，企业经常等不及他们成长，希望他们来之能战、战之能胜。

因此，大学生在求职时，要充分考虑自己的兴趣、爱好、能力等与职位和企业的匹配度。入职前，要提前练习，做好准备。否则仓促上马，容易败下阵来，影响上级和同事对个人的看法，不利于职场进步。

（二）"作战方式"不同

学校里学生基本上是"单兵作战"，独自完成各类作业和任务。个人的失误一般不会对团队产生致命的影响。

在职场上，大多数工作任务需要通过团队协作来完成。任何一个环节的缺少、效率低下或错误都会给整体任务的完成带来不利的影响，并进一步损害企业的效益。即使一些可以被代替的工作，我们少做，同事就要多做；我们做错，同事就要替我们补救。

因此，在职场里就不能靠单打独斗了，我们既要有螺丝钉一样的坚守，又要有链条一样的配合。

（三）奖惩原则不同

学校和职场都看重绩效，但学校主要看学习成绩，职场主要看工作业绩。

在学校犯错，一般不会威胁学校的生存，影响可控；而职场的一个失误，轻则给企业造成一定的损失，重则可能整垮一家百年老店，并断送自己的前程。

所以，在职场上每个人都肩负着自我成长和企业发展的双重责任，员工的所作所为一定要合法合规。

（四）管理方式不同

学校的管理相对来说是民主的，以教育为主，学生有相当大的自由度；企业更多地要求遵从和服从，企业按规章办事，违规即罚，纪律严明。

职场新人，很容易把职场当学校，追求个性表达和工作的自主性，这样很容易引起同事和上级的反感，给自己的职场发展造成障碍。

（五）成长模式不同

校园是一个规范化的成长体系，有老师和学校保驾护航，不用特别考虑前进的方向和长远的目标。职场类似荒野求生，处处荆棘，没有一条常规的路线。要随机应变，不断调整行为方式和目标，做出有利的选择。

刚入职场的大学毕业生，很容易把职场简化为考场，希望有人能指出一条从初级考到中级再到高级，从普通员工晋升到高级管理人员的成长路径，这样肯定会失望。企业招聘员工是为了企业的需要，不是为了员工的成长。员工的成长需要自己想办法，只有兢兢业业做好每一件事情，为企业实现价值，企业才会给员工提供成长的空间。

（六）经济来源不同

在学校里是花父母的钱，经济来源和支出项目相对简单，量入为出即可，无须专门进行财务规划。

在职场中每个人要靠自己的努力挣钱。职场收入除了供自己的日常花销外，还要考虑回馈家庭、回报社会，更要为自己未来的发展和建立家庭积累财力。

有些初入职场的大学毕业生，和上学期间一样，发多少，花多少，不够了还想着找家人赞助，这肯定不行。进入职场后每个人都要做好经济独立的准备，学会规划自己收入和支出。

（七）人际关系不同

大学里，人与人之间不存在明显的、长期性的利益冲突，人际互动相对简单，同学之间、师生之间的关系往往是平等的、民主的。

职场中因为晋升资源稀缺等方面约束，人与人之间经常处于一种竞争态势。由于管理和执行力的需要，企业员工之间是有等级差别的，下级服从上级是基本的纪律。所以，就业以

劳 动 简 论

后面临的一个重要挑战就是学会处理与上级、同事的关系，为自己的职场发展营造良好人际环境。

职场竞争虽然激烈，但还是有规则的。只要愿意学习、善于学习，有谦卑的态度，愿意付出，主动作为，我们就能迅速适应职场，开启人生新的缤纷旅程。

二、入职须知

（一）全面了解新环境

1. 主动了解入职企业的基本情况

正所谓"知己知彼，百战不殆"，在正式进入企业就职之前，应该通过各种途径搜集企业信息，全面了解就业单位情况，包括企业的建制沿革、发展现状、企业文化、组织架构、工作流程、规章制度、薪资福利等。充分了解情况可以减少心理上的不适应感，尽快进入工作角色，为今后正式就职融入团队打下基础。

2. 了解企业的企业文化

企业文化是文化现象在企业中的体现，是在一定社会历史环境下，企业及其成员在长期生产经营活动中形成的文化观念和文化形式的总和，是企业员工共同的价值取向、经营哲学、行为规范、共同信念和凝聚力的体现。对于新员工而言，熟悉本企业文化是了解本企业的关键环节。只有了解和体会企业文化，才能迅速理解企业的精神和宗旨，使自己的行为符合公司或企业的总体目标，适应企业发展的步伐，迅速融入公司。

（二）塑造良好的职业形象

职业形象是社会公众对职业人的感受和评价，职业人从事职业活动时的形象就是职业形象。一个职业人的职业形象是公众对他的着装、气质、言谈、举止能力、敬业精神、乐观自信等外在形象和内在涵养的综合印象。

良好的职业形象不仅能够提升个人品牌价值，还能提高个人的职业自信心。职业形象也是维护职业声誉的重要组成部分，是企业文化和社会文明的重要组成内容。得体的职业形象会给初次见面的人以良好的第一印象。

（三）建立良好的职场人际关系

1. 尊重他人，和平相处

"敬人者，人恒敬之。"同事之间交往，应该彼此相互尊重，人和人之间的关系是平等的，不因职业高低、收入多少而改变，相互尊重、平等待人是建立良好人际关系的前提。

2. 律己宽人，包容有爱

在与他人的交往过程中，要努力做到严于律己，宽以待人，以责人之心责己，以恕己之心恕人。遇到事情能换位思考，不要斤斤计较，谦让大度、宽容守礼，是建立良好人际关系的润滑剂，能赢得更多同事和朋友的信任和喜爱。

3. 诚实守信，进退有度

君子重诺，而诚信乃立身之本。在日常生活、工作中要养成良好的习惯，做到诚实守信。同时，与人交往时还要注意进退有度，保持合适的距离，不给他人造成困扰。

三、职业环境的适应和职业角色转换

（一）职业环境的适应

许多毕业生走上岗位后会产生对新环境的诸多不适应，主要表现在心理上、生活上、工作上、人际关系上和工作技能上。任何人对环境都有一个适应过程，怎样尽快适应新环境呢？

1. 心理适应

步入职场，要树立整体协作意识、独立工作意识、创造意识，并努力克服以下五种心理：对学生角色的依恋心理、观望等待的依赖心理、消极退缩的自卑心理、苦闷压抑的孤独心理、见异思迁的浮躁心理。

新人进入职场一般是从基层做起。俗话说，"良好的开端是成功的一半"。作为职场新人首先要学会心理适应，学会适应艰苦、紧张而又有节奏的基层生活。可能会不习惯一些制度、做法，这时要学会入乡随俗，适应新的环境。我们要在这个阶段培养自己的整体协作意识、独立工作意识和创造意识。

（1）要有自信。虽然在刚开始的时候可能会做错事情，但只要吸取经验教训，在同事和前辈们的帮助下，自己的整体协作意识、独立工作意识就会养成。

（2）要有耐性。我们要充分发挥自己的主观能动性和创造性，凡事要进行具体分析、具体对待，然后脚踏实地干工作。在一个行业准备好从底层做起，不断积累经验提升能力，能为今后的职业发展打下一个良好的基础，形成一个有延续性的职业发展历程。

（3）建立工作和生活的边界。工作和生活是人生的两个组成部分，缺一不可。把工作和生活分开，建立平衡和边界，有利于提高工作效率和享受多彩人生。一些职场新人工作中想着生活，生活中还在工作，缺乏边界，从早到晚忙忙碌碌，短时间可以，长期这样，会让自己疲惫不堪，造成职业幸福感降低和严重的职业倦怠。

总之，就业之初，从相对简单的学生角色转变到较为复杂的职业角色，理想与现实之间总有差距，面临困难和挑战是情理之中的，也是正常的。要完成从学生角色到职业角色的转换，就要充分认识和认真对待这些矛盾和冲突，只有大胆面对现实，立足岗位努力学习，不断提高和完善自我，才能顺利实现角色的转换。

2. 生理适应

步入了职场，从一个学生转换成一个职业人，原来的许多生活习惯就需要改变。在学校的时候，上课迟到等行为也许不会带来什么严重的后果，但在工作期间，如果迟到、旷工，耽误的是整个团队，随时有被开除的可能。如果工作失误，会造成重大的经济损失，没有挽回的机会。所以，为了自己的职业前途，我们需要及时调整生活规律，加强自我管理，遵守职场的规则，快速适应职场生活。

3. 岗位适应

年轻人容易将事情看得简单而理想化，在跨出校门前，对未来充满憧憬，初出校门不能适应新环境，大多与事先对新岗位的设想不切实际有关。当这些职场新人按照过高的目标接触现实环境时，许多所谓的现实所迫会让他们在初入职场时就走上歪路，以致碰了壁还莫名其妙、不知所措，并且产生失落感，感到处处不如意、事事不顺心。因此，在踏上工作岗位后，要学会根据现实的环境调整自己的期望值和目标，为自己做一个良好的职业规划，明确职业目标、在职场中自己该扮演的角色，强化自己的职业素质，并且持续投入钻研，以获得较好的发展。

4. 知识技能适应

在学校里比较注重的是学习理论知识，而在职场上更注重的是动手能力和经验的积累。因此，要主动投入到再学习中，学习工作需要的知识技能。正所谓，干到老、学到老。职场竞争在加剧，学习不但是一种心态，更应该是一种生活方式。为适应社会发展和实现个体发展的需要，每个职场人都需要培养主动学习、不断探索、自我更新、学以致用和优化知识的良好习惯。同事、上级、客户、竞争对手都是老师。

5. 人际关系适应

踏入了职场，人际关系也相应复杂。刚走上工作岗位的新人最容易犯的毛病是过于高傲，把姿态放低一点，恰当的礼貌往往会赢得好感。无论对领导还是同事，无论喜欢还是讨厌，都要彬彬有礼。同时努力工作，适当表现自己，最大限度地得到老板和同事的认可，赢得职场人缘。总之，在职场生活中，当面对复杂情形或困境时，我们要仔细观察，用心揣摩，注意自己的言谈举止，有意识地提升职场情商，这样就会明显改善自己在职场中的生存环境，进入良性和快速发展的轨道。

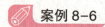

案例 8-6

频繁跳槽的根源

小秦自 2015 年从大学毕业后，不到 5 年时间就换了 13 份工作，最长的不到一年，最短的一个月都不到。兜兜转转，从深圳回到了济南，感觉很苦恼。很多和他类似的年轻人，每个岗位做 3~5 个月，可到头来，不是嫌弃老板克扣工资，就是挑剔公司环境不好同事钩心斗角。于是入职时间不长就想着跳槽，去到新公司后又有新的毛病于是继续跳槽。

麦可思研究显示，2018 届本科生毕业半年后离职率为 23%。数据分析发现，"个人发展空间不够""薪资福利偏低""想改变职业或行业"是大学生毕业半年内选择主动离职最重要的三个因素。而对 2014 届至 2018 届大学生毕业半年内主动离职原因进行分析，发现增长明显的一个离职原因是"工作要求高，压力大"，也就是初入职场无法适应岗位的要求。

（二）职业角色转换

职业角色转换需要以下"五个转变"。

1. 从"情感导向"转向"职业导向"

进入职场后尽可能按照职业操守行事，即使认为自己非常有能力，也要遵章办事，而不能像之前学生时代一味地任由性情待人接物。

2. 从"思维导向"转向"行为导向"

工作要脚踏实地、兢兢业业。很多大学生在参加工作之前很有自己的想法，说起来也头头是道，但是到了岗位上却眼高手低。在角色转换过程中一定要切忌这一点，变思想为行动。

3. 从"成长导向"转向"责任导向"

这里主要是指学生角色到职业角色在社会职责上的转变。在学生时期的主要职责和任务是积累知识，而工作后则要开始承担各方面的责任，包括经济上的独立和家庭义务。

4. 从"个体导向"转向"团队导向"

职场最为看重的是员工的绩效，只有努力工作多多付出，才会得到更多回报。当代大学生大多个性化强，团队和集体意识淡薄，但工作不同于读书，有时候更需要与他人的配合和团队精神。因此，角色转换也包括团队意识的转变。

5. 从"兴趣导向"转向"责任导向"

这是我们进入社会后非常重要的角色转变。大多数大学生凭兴趣做事，比较注重自我的感受。进入社会后，作为成年人、职业人、社会人，我们必须学会承担责任。

四、融入工作团队的方法

（一）加强对班组的理解和认识

班组一般分为服务性班组和生产性班组两大类。企业的生产活动都在班组中进行，班组工作的好坏直接关系企业经营的成败。班组是生产经营活动的基本单位，是最基本的生产单位，也是企业的最基层管理单位，直接面对每一个员工，企业的文化、规章制度和精神风貌最终要通过班组这种团队贯彻到每个员工。

（二）提升挫折耐受能力

挫折耐受能力指个体在遭遇挫折情境时，经得起打击和压力，可以摆脱和排解困境而使自己避免心理与行为问题的能力，这反映了一个人的心理素质水平。当代大学生从小遇到的困难和挫折较小，导致自身独立能力差，承受挫折的能力比较弱，所以提升挫折耐受能力对于初入职场的大学生来说非常重要。

（三）提高学习自主性

自主学习能力是工作团队对其成员的基本要求，也是工作团队成员的核心素质。在崇尚提高团队创新力、构建创新型团队的社会，自主学习能力是非常重要的。

（四）加强自我管理能力

如今，市场竞争激烈，自我管理能力不仅是企事业单位提高运营效率的有效手段，也是团队成员从业和发展个人能力的基本要求，所以国内众多企事业单位和其他组织机构把自我管理能力作为对高素质人才的要求。

五、应对职场不良情绪和行为

工作并不总是一帆风顺的，有些时候会承受难以承受的压力，从而出现各种各样的情绪和行为问题，一些极端的情绪和行为问题会极大损害健康，应该妥善处理。

（一）应对愤怒情绪

愤怒是一种极端不友好、不愉快或恼怒的体验，无法控制好愤怒情绪会损害职业生涯和个人生活，甚至导致攻击行为，因此应该觉察和管理好自己的愤怒情绪。

首先，理性看待愤怒情绪。从积极的方面看，愤怒可以是一种令人奋发的力量，只要降低它的负性影响，愤怒可能会促使我们成就非凡的业绩。其次，要养成在愤怒还没有升级之

劳动简论

前就释放的习惯，不要让愤怒情绪达到不能控制的程度。再次，当我们要发怒时，先强迫自己从 1 数到 10 再去发怒，就有可能避免由于自己的愤怒情绪伤害彼此的关系。最后，主动寻求反馈，以了解愤怒造成的后果。

（二）杜绝拖延行为

拖延行为本身并不是十分严重的问题，然而当拖延行为成为习惯，进而影响到事务进展、人生发展，甚至带来其他负面情绪时，就需要采取有效措施加以克服。

1. 造成拖延的原因

造成拖延的原因很多，常见的造成拖延的因素主要有以下几点。

（1）不够自信：容易逃避，产生拖延。

（2）完美主义者：要求太高，过分追求完美。

（3）内心消极颓废：觉得什么事情都很难。

（4）内心太胆小：对失败乃至成功的恐惧，顾虑太多，执行力弱。

（5）过度自信：错误估计时间进度。

（6）缺乏干劲：得过且过，能拖多久是多久。

（7）外部因素：非个人原因造成的拖延。

2. 如何杜绝拖延行为

首先要告诉自己，拖延不是病，可以从以下方面进行调整。

（1）学会善待自己。重新定位自我，学会自我减压，不必求全责备。

（2）学会"储蓄"时间。当身心疲惫时，不妨停一停，换一下环境，把工作能量储存起来，回来全力再战。

（3）自我奖励。每完成一项工作后给自己一个奖励，即使有些工作没有得到及时的回报，或者效果很难确切地看出，也可以为完成工作而自我奖励一番。

（4）设定完工期限。为了自我约束，必须定下最后期限，最后期限是一种无形压力，以避免毫无计划的自我放任。

（5）将时间看作重要资源。时间是重要的资源投入，是成本，应该更理智、科学地规划和使用时间。

（三）克服和预防自暴自弃

在一些极端的情况下，人们可能出现自暴自弃的行为。克服和预防自暴自弃行为有以下六种策略。

1. 检查"人生剧本"，并做出必要的改变

如果发现个体的"人生剧本"中有太多自暴自弃的场景设定，就应该有意识地改写剧本，并在必要时寻求心理咨询专家的支持。

2. 不再把个人问题归罪于他人或命运

个体应该积极地思考和行动，以提高个人的控制力，为自己的问题负责，把命运的控制权交回给自己。

3. 寻求对自己行为的反馈

可仔细倾听来自上级、同事、下级、客户及朋友的任何形式、直接的或间接的评价，不要对这些反馈进行防御性的反应。

4. 学会从批评中获益

要学会在批评中进行换位思考，尝试寻找批评中可能的价值，这将使我们从批评中受益。

5. 不要否认问题的存在

否认是一种回避痛苦现实的防御性策略，如果否认了问题的存在，自然就不会采用恰当的方式解决问题。

6. 想象自我强化行为

运用想象，为自己制定一套克服自暴自弃行为和想法的措施。想象自己正在进行自我强化，采取合理的行动，拥有正确的想法。当完美的结局即将呈现时，想象自己正在进行高峰体验。

总结案例

勤学善思的新人

小韦第一天上班接到的任务是看文档，以及给写好的程序改漏洞。由于接触的是偏技术工作，他有时候找遍手头的资料还是拿不出解决方案，需要问同事，但是总问同事也会招人烦，但这也锻炼了他沟通的技巧，死磕的次数多了，反而渐渐和同事熟络起来。他仔细琢磨了入职手册，意识到公司喜欢有创造力的员工，于是他开始在改 bug 的间隙也写上几行代码，有几次同事觉得他的思路不错，还增补到源文件中。小韦把这些文档保存下来，在试用期结束的时候随自我评价一起交给上司。最后他顺利转正，工资还提高了一档。

分析： 公司对新员工的要求与老员工是没有差异的，无非是在试用期里主管可能会多布置一些工作给新员工，看他们在一个新环境下的实际工作能力及适应能力。新人要做好的是：适应新公司的文化、价值观；适应新老板的管理风格；适应新工作环境中与老员工的关系。

课堂活动

职业适应能力测试

一、活动目标

教师通过测试引导学生了解自身职业适应能力。

二、活动时间

建议 25 分钟。

三、活动流程

（1）教师出示以下阅读材料，并要求学生先做自我测试。

职业适应能力测试

本测试共有 20 道题，每道题后附有 3 个可供选择的答案。请在仔细阅读后，选出一个最符合你实际情况的答案。

劳动简论

(1) 假如朋友突然带来一个你最不喜欢的人到你家里，你会（　　）。
  A. 表示惊奇
  B. 把你的感觉完全隐藏着
  C. 暂时忍耐，以后再把实情告诉你的朋友

(2) 对自己的某次失败，你（　　）。
  A. 只要别人有兴趣，随时都可以告诉他
  B. 只在谈话时顺便说出来
  C. 决不说，怕会被别人抓住弱点，对自己不利

(3) 遇到困难时，你（　　）。
  A. 毫不犹豫地向有关人员征求意见
  B. 经常向熟人请教
  C. 很少麻烦别人

(4) 你骑车去一个较远的地方参加社交活动，找不到目的地，你（　　）。
  A. 赶快查自带的地图
  B. 大声埋怨，不知何时才能到达目的地
  C. 耐心等待过路车或有人走过时，问个清楚

(5) 当你选择衣服时，你（　　）。
  A. 总是固定在一种款式上
  B. 跟随新潮流，希望适合自己
  C. 在选定以前，先听取朋友或售货员的意见

(6) 当你知道将会有不愉快的事时，你会（　　）。
  A. 自己进入紧张状态
  B. 相信事实并不会比预料的糟糕
  C. 感觉完全有办法应付

(7) 在嘈杂混乱的环境里，你（　　）。
  A. 总觉得很烦，不能静下心来学习
  B. 仍能集中精力学习，但效率降低了
  C. 不受影响，继续学习

(8) 和别人争吵起来时，你（　　）。
  A. 能有力地反驳对方
  B. 常常语无伦次，事后才想起如何反驳对方，可是已经晚了
  C. 能反驳，但无多大力量

(9) 每次参加正式的考试或竞争，你（　　）。
  A. 常常比平时的成绩更好些
  B. 常常不如平时的成绩好
  C. 和平时成绩差不多

(10) 必须在大庭广众面前讲话时，你（　　）。
  A. 常常怯场，不知所措或说话结结巴巴
  B. 感觉虽然难，但还是想方设法完成

C. 总能侃侃而谈

(11) 对团体或社会性的集会，你（　　）。

　　A. 总是想找领导讨论

　　B. 只有在知道讨论的题目时才参加

　　C. 讨厌在集会上说话，所以不参加

(12) 受到别人的批评，你（　　）。

　　A. 想找机会反过来批评他

　　B. 想查明受批评的原因

　　C. 想直接听一下批评的理由

(13) 当情况紧迫时，你（　　）。

　　A. 仍能注意到该注意的细节

　　B. 粗心大意，丢三落四

　　C. 慌慌张张

(14) 参加各种比赛时，比赛越激烈，群众越热情，你（　　）。

　　A. 成绩越好

　　B. 成绩越上不去

　　C. 成绩不受影响

(15) 碰到阻力或困难时，你（　　）。

　　A. 经常改变既定的主意

　　B. 不改变既定的主意

　　C. 越有干劲

(16) 你符合下列哪种情况（　　）。

　　A. 不安于现状，总想改变点什么

　　B. 凡事只求"规范"，不办破格的事

　　C. 礼貌要讲，但事也要办

(17) 你赞成下面哪一种说法（　　）。

　　A. 只要是正确的，就坚持，不怕打击，不怕被孤立

　　B. 在矛盾方面让一让，就过去了

　　C. 尽量求和平，把批评和斗争降到最低的限度

(18) 假如自己被登报，你（　　）。

　　A. 有点自豪，但并不以为然

　　B. 很高兴，想让朋友也看看

　　C. 完全不感兴趣

(19) 为了给人留下好印象，你（　　）。

　　A. 想方设法，并花一定时间考虑计划

　　B. 不特意去做，但有机会就利用

　　C. 根本不想在别人面前做这件事

(20) 你同意下列哪一种观点（　　）。

　　A. 为了深入了解自己的国家，学习外国的东西是件好事

B. 外国的事与我们没有任何关系

C. 学习外国的东西比学本国的东西更有趣

计分方法：根据自己的选择，对照如表8-11所示的计分表，计算出自己的分数。

表8-11　职业适应能力测试计分表

选项	1	2	3	4	5	6	7	8	9	10	11	12	13	14	15	16	17	18	19	20
A	2	2	3	2	1	1	3	3	1	2	1	3	3	1	3	3	1	3	2	2
B	1	3	2	1	3	2	2	1	2	3	3	2	1	2	1	1	2	1	3	3
C	3	1	1	3	2	3	1	2	3	1	2	1	2	3	2	2	3	2	1	1

如果得分为49~60分，说明你的适应能力很强；

如果得分为37~48分，说明你的适应能力较强；

如果得分为25~36分，说明你的适应能力一般；

如果得分在25分以下，说明你的适应能力较差。

（2）教师将学生按照6~8人划分小组，小组按照测试中的20个问题进行讨论并形成小组观点。

（3）每个小组选出一名代表分享本组观点和方法，其他小组可以对其进行提问，小组内其他成员也可以回答提出的问题；通过交流，将每一个需要研讨的问题弄清楚。

（4）教师进行分析、归纳、总结。

（5）教师根据各组在研讨过程中的表现，给予点评并赋分。

课后思考：

（1）你认为尽快适应职场并融入工作团队的方法有哪些？

（2）结合自己的专业和未来希望从事的职业，谈一谈你认为该如何提升自己的职业适应性？

第三部分

提升职业素养

模块九 弘扬职业精神

学习指南

职业素养是大学生走向就业、进入职场的基本条件，职业素养的高低关系到一个人的职业成就，而职业意识、职业责任和职业精神作为职业素养所包含的内容，它们的养成显得至关重要。为了步入社会后能获得良性发展，需要我们在校期间就认识到树立职业意识和责任意识的重要性，从现在起就培养自己的主人翁精神，脚踏实地学习、工作，尽职尽责完成各项学习任务，始终保持高昂的热情和干劲，做到干一行、爱一行，干一行、专一行，切实提高自身职业素养，切实提高自身学习、工作水平。

在职场上，什么样的人能够脱颖而出？什么样的人最受青睐？答案肯定是具有职业精神的人。职业精神是人们必备的品质修养，也是现代企业录用人才时的第一标准。即使是所在的企业不同，从事的工作类型也不一样，但是优秀人才的共通之处是都具有职业精神。职业精神是职场人士的生存资本，是企业发展的内在核心。企业要想变得日益强大，个人要想变得逐渐优秀，都离不开职业精神。

本模块主要包含树立职业意识、担当职业责任和培养职业精神三个项目，希望我们通过学习，成为一名具有较强职业意识和职业责任感的人，在进入社会工作时能彰显自身的职业精神，让自己的职业之路越走越宽。

项目一 树立职业意识

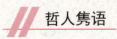
哲人隽语

> 播下一个行为，收获一种习惯；播下一种习惯，收获一种性格；播下一种性格，收获一种命运。
>
> ——威廉·詹姆士

案例导入

一定要做到最好

美国一家公司向中国上海某企业订了一批价格昂贵的玻璃杯,并专门派了一位经理来中国工厂监督生产。在上海这家企业的工厂里,这位经理发现,玻璃厂的技术水平和生产质量都是世界一流的,生产的产品几乎完美无缺,而且中方的要求比美方还要严格。他很满意,也就没有刻意去检查和监督。

他随意来到生产车间,发现一个工人正从生产线上挑出一部分杯子放在旁边。他上去仔细看了一下,并没有发现挑出的杯子有什么问题,就好奇地问:"挑出来的杯子是干什么用的?"

"那是不合格的次品。"工人一边工作一边回答。

"可是我并没有发现它们和其他的杯子有什么不同啊?"美方经理不解地问。

"如果你仔细看,就能发现这里多了一个小的气泡,这说明杯子在制造的过程中漏进了空气。"工人回答说。

"可是那并不影响使用呀。"美方经理说。

工人很干脆地回答:"我们既然工作,就一定要做到最好,绝不能出现任何问题。任何的缺点,哪怕是客户看不出来,对于我们来说,也是不允许的。只要有问题,就要挑出来。"

当天晚上,这位美国经理给总部写邮件报告说:一个完全合乎我们检验和使用标准的杯子,在这里却在无人监督的情况下用几乎苛刻的标准被挑选出来。这样的员工堪称典范,这样的企业绝对可以信任。我建议公司马上与该企业签订长期的供销合同。

分析: 在一个优秀而有竞争力的公司里,需要每个员工树立很强的职业意识,每个人都必须设法将自己的工作做到最好,只有这样才能生产出高质量的产品,为顾客提供优质服务。而作为一名员工,也只有以这样的高标准严格要求自己,认真负责地对待工作,才能赢得老板的信任和器重,获得相应的回报和提升。

一、理解职业意识

(一)职业意识的概念

职业意识是指作为职业人所具有的意识,它是人们对职业劳动的认识、评价、情感和态度等心理成分的综合反映,是职业道德、职业操守、职业行为等职业要素的总和,是支配和调控全部职业行为和职业活动的调节器,包括创新意识、竞争意识、协作意识和奉献意识等。职业意识是用法律法规、行业自律、规章制度、企业条文来体现的。职业意识有社会共性的,也有行业或企业特有的,它是每一个人工作岗位的基石。职业意识由就业意识和择业意识构成,体现个人的择业定位以及在职业活动中的情感、态度、意志和品质等。

(二)职业意识的重要性

马克思主义哲学告诉我们,存在决定意识,意识对存在具有反作用。职业意识对大学生

劳动简论

的职业社会化起着重要作用。大多数人认为职业意识是对所从事的专业的认同，职业意识可以最大限度地激发人的活力和创造性，是敬业精神的前提。职业意识强的人会在工作中努力拼搏、奋斗不息；积极健康的职业意识有助于职业选择的顺利实现以及职业生涯的顺利发展和事业的成功。职业意识是学习的动力源，是贯彻"学以致用"理念的出发点。它在职业生涯过程中发挥着主观能动性的作用，为我们指明了方向，使我们在择业就业过程中不茫然。大学生的就业与劳动深受职业意识的影响，因此，在大学期间一定要培养树立一个好的职业意识。

二、职业意识的内涵

职业意识包含经营意识、前瞻意识、营销意识、全局意识、危机意识、安全意识、主动意识、表率意识、诚信意识、规则意识、自律意识、问题意识、自信意识、竞争意识、沟通意识、团队意识、服务意识、创新意识、效率意识、角色意识、责任意识等。

（一）经营意识

经营意识具体来说有两方面要求，一是要开源，二是要节流。开源就是如何利用资源与优势去拓展业务，节流就是如何节省开支。

（二）前瞻意识

前瞻意识是一种必要的意识，改革就是废旧立新，是一个扬弃的过程，是企业发展壮大的前提。换言之，对任何事情都要有一种前瞻意识，这种意识就是对客观事物的一种超前把握，在遇到突发事件时才能从容不迫，积极应对。

（三）营销意识

营销意识就是营销在我心中，顾客在我手中，就是营销思想无处不在，营销问题人人有责。营销没有限定，只要我们把对职业和企业的爱放在心中，把职业前景和企业前景放在心中，就没有什么能够阻挡成功的脚步。

（四）全局意识

全局意识是解放思想，站在不同角度看待问题，不被表面现象迷惑，既不能把简单问题复杂化，也不能把复杂问题简单化。善于全局思考，以全局为出发点，为全局作贡献，客观分析问题。

（五）危机意识

危机意识是人类进步的原动力。在自然界和社会中，一切生物的生存过程都是时刻防范危机并与危机斗争的过程。危机意识能够激励人们发奋图强，防微杜渐，即使危机发生了也能力挽狂澜，转危为安。要时刻保持居安思危意识，"业精于勤，荒于嬉；行成于思，毁于随。"

（六）安全意识

安全意识是员工在安全生产生活中对客观事物认识的一种反映。要正确把握、处理好安全与效益、安全与发展、安全与稳定、安全与改革、安全与建设的关系。安全是企业发展的基础，是关系生命、关系发展的永恒主题。

（七）主动意识

主动意识就是能够主动、有意识地完成上级交代的工作，是在工作中充分挖掘潜能、发挥自身才干的过程。要时刻以上级、领导的心态对待自己的工作，时刻将自身价值与公司的使命相连接。

（八）表率意识

表率意识是能以身作则、率先垂范。每个人由于所负的责任和所处的位置，一言一行常常处于他人视线之内，表率作用发挥得如何，至关重要。它是一种自然影响力，是通过榜样的身教、品德的熏陶、情操的感染潜移默化影响身边的每一个人，从而产生强大的凝聚力、向心力、感召力。

（九）诚信意识

诚信意识是信守约定，履行约定，不欺骗、不轻诺、不浮夸、不信口开河。要准确、干脆、果敢地行动，若不能实现要及早据实汇报，在与人接触时要做到表里如一。

（十）规则意识

规则意识是一个人最基本、最起码的意识要求，每个人都不例外。无规矩不成方圆。一个人如果没有制度、纪律的约束，必将走向犯罪的深渊。每个人都要强化规则意识，执行职业及企业的规章制度；遵守国家法律，并带头与各种违纪违法的人和事进行斗争。

（十一）自律意识

自律意识就是控制因冲动、感情或欲望而发生的行为过程，或者说为了获得进步而改正或命令自己的过程。它是自我控制行为言谈及自我约束的思维意识。

（十二）问题意识

问题意识不是指不平或不满，而是指进步、向上的前进要求。因此，问题意识与进步要求成正比，与不平或不满成反比。问题意识必须要印证自己的想法：这样会怎样？是否有问题。它是一种自主精神、一种探索意识。

（十三）自信意识

自信意识是一个人对自己的积极感受，它是一种正确的、积极的自我理念和自我评价，正如美国思想家爱默生说过："自信是成功的第一秘诀。"

（十四）竞争意识

竞争意识是以个人或团体力量力求压倒或胜过对方的一种心理状态。它能使人精神振奋，努力进取，促进事业的发展，它是现代社会中个人、团体乃至国家发展过程中不可缺少的心态。竞争意识是人生存和发展的重要素质，也是形成健康的竞争心理的重要前提。

（十五）沟通意识

沟通意识就是在工作中容易相处，能积极主动进行沟通，在沟通中能仔细聆听他人的表达，对问题作出及时、适当的应答。积极参与集体讨论，提出自己的见解和建议。在传达或获取信息时能通过提问的方式澄清彼此的理解。

（十六）团队意识

团队意识是指整体配合意识，包括团队的目标、团队的角色、团队的关系、团队的运作

劳动简论

过程四个方面。团队意识是一种主动的意识,将自己融入整个团体,对问题进行思考,想团队之所需,从而最大程度地发挥自己的作用,促进团队的发展。团队意识是大局意识、协作精神和服务精神的集中体现,核心是协同合作,强调团队合力,注重整体优势,远离个人英雄主义。

(十七) 服务意识

服务意识包括两方面,一是服务顾客,二是服务同事。具有服务意识是职业化的一个标签。

(十八) 创新意识

创新意识是指人们根据社会和个体生活发展的需要,引起创造前所未有的事物或观念的动机,并在创造活动中表现出的意向、愿望和设想。它是人类意识活动中的一种积极的、富有成果性的表现形式,是人们进行创造活动的出发点和内在动力,是创造性思维和创造力的前提。

(十九) 效率意识

效率就是在单位时间内完成任务的量的多少,效率意识指最有效地使用社会资源以满足人类的愿望和需要。

(二十) 角色意识

角色意识是指每一个岗位都特有的职责权限和工作内容,做岗位要求的事,并把事情做到岗位要求的程度,是角色意识的根本体现。

(二十一) 责任意识

责任意识是一种自觉意识,是个人对自己和他人,对家庭和集体,对国家和社会所负责的认知、情感和信念,以及与之相适应的遵守规范、承担责任和履行义务的自觉态度。要明确本职工作的权力和义务,无论工作结果如何,都要勇于承担责任,不推诿。

案例 9-1

第十二块纱布

有一位护士专业的毕业生到一家大医院实习,如果能让医院满意,就可以签约。一天,来了一位生命垂危的伤员,实习护士被安排做主刀医生的助手,手术从清晨一直到黄昏,眼看患者的伤口即将缝合,这名实习护士突然严肃地盯住主刀医生说:"我们用了12块纱布,可你只取出来了11块。""我已经全部取出来了,一切顺利,立即缝合!"主刀医生头也不抬,不屑一顾地回答。"不行,"实习护士高声说道,"我记得清清楚楚,手术中我们共使用了12块纱布!"主刀医生没有理睬她,命令道"听我的,准备缝合!"这名护士毫不示弱,大声叫了起来:"您是医生,您不能这样做!"直到这时,主刀医生冷漠的脸上浮现出欣慰的笑容,他举起右手握着的第十二块纱布,向在场的人宣布:"这是我最满意的助手!"于是这名实习生与这家医院顺利签约。

三、提升职业意识的基本要求及途径

提升职业意识要从树立职业理想、强化职业责任、遵守职业纪律、提高职业技能、提升职业道德五个方面做起，其中强化职业责任将在下个项目中详述。

（一）树立职业理想

职业理想指人们在职业上依据社会要求和个人条件，借想象而确立的奋斗目标，即个人渴望达到的职业境界。它是人们实现个人生活理想、道德理想和社会理想的手段，并受社会理想的制约。职业理想是人们对职业活动和职业成就的超前设想，与人的价值观、职业期待、职业目标密切相关，与世界观、人生观密切相关。

职业理想是职业选择的向导，是取得职业成功的推动力，是事业成功的精神支柱。因此，作为职业意识提升的首要基本要求，要一切从实际出发，实事求是地确立自己的职业理想。一方面，从我国还处在社会主义初级阶段这个实际出发，现阶段我国的大多数企业高科技含量还不高，劳动强度还比较大，劳动条件比较艰苦，择业时应该有吃苦的思想准备；另一方面，要从自身的条件这个实际出发，要树立正确的职业理想，必须做到如下几点：

1. 全面认识自己

要树立正确的职业理想，首先必须全面认识自己。一要全面认识自己的生理特点，主要包括性别、身高、体重、视力、健康状况、体质和相貌等；二要全面认识自己的心理特点，主要包括兴趣、能力、气质和性格特点、人格类型及道德品质等；三要全面认识自己的学习水平和将来可能达到的状态；四要正确认识自己的身心特点、学识能力等与未来职业需要之间的差距，要在全面认识自己的基础上，结合自己的发展潜力，对自己进行合理的定位。

2. 全面了解社会

树立正确的职业理想，要全面、科学地了解社会、了解职业。一要了解党和国家的路线、方针、政策；二要了解我国社会的经济构成及其发展状况；三要了解我国的基本国情；四要了解各地区的产业结构、行业结构和职业结构；五要了解各种产业、行业和职业对职工共同的基本要求和不同的具体要求；六要了解自己所学专业所对应的职业群，以及该职业群在社会主义建设中的地位和作用；七要了解该职业群中各种职业的社会价值、工作性质、工作条件、工作待遇、从业人员的发展前途，以及该职业群中各种职业对人员的素质要求，包括学历、专业、性别、智力、体力、性格等方面的要求。

3. 树立正确的人生观

人生观是人们对于人生目的和人生意义的根本看法和根本态度，不同的人生观会产生对人生的不同看法和不同态度，而对人生的不同看法和不同态度，则会导致人们选择不同的人生道路。由此可见，持不同人生观的人，其职业理想也一定不同。正确的人生观会产生正确的职业理想，错误的人生观则会产生错误的职业理想。因此，要根据时代的要求，根据社会发展的要求，坚持以辩证唯物主义和历史唯物主义的立场、观点和方法看待人生，坚持以最广大人民群众的根本利益为核心，坚持以实现社会主义的共同理想为目标，不断加强学习，不断提高自己的思想觉悟，不断提高自己的思想素质、文化素质、能力素质，不断完善自我，做到自尊、自爱、自强，树立正确的价值观、苦乐观、幸福观、荣辱观，进而树立正确的人生观。

劳动简论

4. 树立正确的职业观

职业观是人们在选择职业与从事职业时所持的基本观点和基本态度,是理想在职业问题上的反映,是人生观的重要组成部分。职业观具有三个基本要素,一是维持生活,二是发展个性,三是承担社会义务。在三个基本要素中哪一个要素占主导地位,将决定一个人职业观的类型与层次。正确的职业观是把三个基本要素统一起来,以承担社会义务为主导方向。有不同的职业观,就有不同的职业理想。

(二)遵守职业纪律

自觉遵守职业纪律是履行岗位职责的前提条件。没有规矩不成方圆,如果人们对职业纪律置之不理,就会出现有令不行、有章不循的现象,必然导致工作无序和混乱。因此,只有人人自觉遵守工作的规章制度,照章办事,才能使各项工作井然有序,从而提高工作效率。

职业纪律是在职业活动范围内从事某种职业的人必须共同遵守的行为准则,它包括劳动纪律、组织纪律、财经纪律、群众纪律、保密纪律、宣传纪律、外事纪律等基本纪律要求,以及各行各业的特殊纪律要求。职业纪律的特点是具有明确的规定性和一定的强制性。

(1)时间纪律,即职工在作息时间、考勤、请假方面的规则。

(2)组织纪律,即职工在服从人事调配、听从指挥、保守秘密、接受监督方面的规则。

(3)岗位纪律,即职工在完成劳动任务、履行岗位职责、遵守操作规程、遵守职业道德方面的规则。

(4)协作纪律,即职工在工种之间、工序之间、岗位之间、上下层次之间的连接和配合方面的规则。

(5)安全卫生纪律,即职工在劳动安全卫生,环境保护方面的规则。

(6)品行纪律,即职工在廉洁奉公、爱护财产、厉行节约、关心集体方面的规则。

(7)其他纪律。

遵守职业纪律是树立职业意识基本要求的重要基础保障,步入职场的大学生要严格遵循职业岗位各项规章制度,确保职业意识的有效提升。

(三)提高职业技能

职业技能是指就业所需的技术和能力。职业技能不仅能在人们确立职业态度、明确职业理想的过程中起到积极作用,也是职业理想付诸实现的重要保障。具备良好的职业技能是顺利就业的前提。为提高职业技能,要做到如下几点。

(1)要掌握扎实的专业理论基础。理论源于实践,也能指导实践,没有理论的实践是盲目的实践。

(2)要勤动手多实践。实践出真知,实践是检验真理的唯一标准。问题唯有自己亲自处理了,印象才会深刻,下次处理同样问题时才不至于毫无头绪,处理速度才会加快。处理问题的经验也是在亲自动手实践中得来的。

(3)要熟悉职业岗位业务。唯有了解业务,熟悉设备,弄懂工作流程,才能更好地巩固职业技能,能更快地使用和操作相应的设备。多巡检,多处理问题,也是熟悉职业岗位的有效途径。

(4)要勤学好问,多向经验丰富的老员工或上级请教。对于不懂的问题要有打破砂锅问到底的精神,弄懂为止。老员工或上级工作时间长,经验丰富,有很多值得学习的地方。

对于老员工或上级讲过的东西，要熟记于心，融会贯通，并用于自己的行动之中。肯钻研，凡事多问为什么，然后一个个去解决这些疑问。在逐渐解决疑问的过程中，我们才能逐渐进步和成熟。

（5）要学会总结经验和教训。每次处理解决问题之后，要进行总结，做得不好的地方，下次吸取教训，做得好的，继续发扬。经历是个好东西，它使人进步和成熟，吃一堑，长一智，一次做得不好，第二次就应该尽量做好。

（四）提升职业道德

职业道德是同人们的职业活动紧密联系的符合职业特点所要求的道德准则、道德情操与道德品质的总和，它既是对本职人员在职业活动中行为的要求，同时又是职业对社会所负的道德责任与义务。它是职业品德、职业纪律、专业胜任能力及职业责任等的总称。职业道德规范的主要内容有爱岗敬业、诚实守信、办事公道、服务群众、奉献社会等。

提升职业道德，首先要树立正确的人生观，其次要从培养良好的行为习惯着手，最后要学习先进人物的优秀品质，不断激励自己。此外还可以通过如下几点有效提升职业道德。

（1）学习职业道德规范，掌握职业道德知识。
（2）努力学习现代科学文化知识和专业技能，提高文化素养。
（3）经常进行自我反思，增强自律性。
（4）提高精神境界，努力做到"慎独"。

延伸阅读

打破蘑菇管理定律

刚刚进入职场，是不是常被人呼来喝去？这样的情形是不是让你很不舒服？这种情况在职场上也被称作为蘑菇管理定律，指的是组织或个人对待新进者的一种管理心态。因为新进者常常被置于阴暗的角落，组织或个人任其自生自灭，得不到必要的指导和提携，这种情况与蘑菇的生长情景极为相似。

处于这样的境地，职场新人应该具备哪些职业意识，才能转危为安呢？
（1）对于职业角色多思考，明白自己适合的方面及职业能力，初入职场不能锋芒毕露。
（2）塑造自己的职业形象，不要一味追求积极上进而忽略个人形象。
（3）保持空杯心态，在职场虚心向他人学习，放低姿态。
（4）适当展示自己，在工作中令自己醒目却不刺眼。
（5）主动学习，主动选择，让自己变得强大。

四、培养职业意识的具体途径和方法

（一）在生活中培养

千里之行，始于足下。我们要在日常生活中养成良好的职业意识。"勿以恶小而为之，勿以善小而不为。"首先，要提高自我约束的能力。要想养成良好的职业意识，必须从自我约束做起，认真对待自身的言行举止，在日常工作、生活、学习中都严格要求自己，持之以恒。其次，要从身边小事做起。"水滴石穿""不积小流，无以成江河"讲的都是这个道理。要从日常小事做起，严格自律，以积极的态度对待、处理身边的日常小事。

（二）在学习中培养

我们要在专业学习和实习实践中增强职业意识，遵守职业规范，这是未来干好工作、实现人生价值的重要前提。对专业学习每个知识体系都要深入钻研、精益求精，不仅要努力完成自己分内的学习、工作任务，还要充分发挥主观能动性，积极拓宽自己的知识领域，深入钻研相关学科的知识技术，争取更好的学习成绩和工作效果。在实习、生产性实训等环节，做到按时出勤、谦虚好学，主动向工人师傅请教，向劳动模范、先进人物学习，刻苦钻研，培养过硬的专业技能，提高自己的职业素养。

（三）在实践中培养

社会是培养我们的最好舞台，也是检验知识的最好、最终的场所，因此社会实践，也就是实习阶段对我们十分重要。此时的我们，脱离了学校在社会上进行相关的实习，能得到实习老师的指导，因此是从校园向社会转化的关键阶段。每个学生都应珍惜并好好利用实习期，把在校园里学到的专业知识真正运用到工作实践中去。除了完成实习工作，还要积极参与社会实践，深入了解社会，适应社会，为今后进一步开展工作打下坚实的基础。

总结案例

用最严谨的态度完成每一次飞行

在 9 800 米的高空，飞机挡风玻璃突然爆裂脱落，在瞬间失压，驾驶舱温度-40℃的生死关头，退役军人、机长刘传健沉着果断处置险情，靠毅力掌握操纵杆，最终成功备降，确保了机上 128 名机组人员和乘客的生命安全。

2018 年 5 月，这一被称为"民航史奇迹"的川航备降事件引发全球关注。机长刘传健也因在事故处置中的出色表现，被授予"中国民航英雄机长"称号，机组全体成员被授予"中国民航英雄机组"称号。对于社会各界的盛赞，刘传健总是说："这份荣誉属于中国民航。"在接受采访时，刘传健表示："我觉得只要在平凡的岗位上做出不平凡的工作，都是英雄。"

1991 年，19 岁的刘传健光荣入伍，成为一名驰骋蓝天的空军飞行员。2006 年，他从空军第二飞行学院退役，加入四川航空股份有限公司。自成为飞行员的那一天起，刘传健就始终牢记确保飞行安全这一最高职责，安全纪录保持良好，未发生过一起人为原因导致的不安全事件。作为部队出身的资深飞行教员，刘传健的言行举止散发着军人严谨、刚毅、沉稳的气质。关键时刻，他敢于挑战飞行极限，勇当国家财产、人民生命的守护者。

分析： 英雄机长的成功，不是运气，也不是偶然。不管是作为飞行员、飞行教员，还是作为机长，刘传健都具备崇高的职业意识，千锤百炼，全身心投入到工作中。正是靠扎实的专业理论，精湛的专业技能，严谨、坚守、执着的职业精神和临危不惧、沉着冷静的战斗精神，才能创造奇迹，挽救上百条生命。他强烈的责任意识，敬业奉献的职业操守，刻苦训练、精益求精的工匠精神，团结协作的工作作风，值得我们学习。

满脸微笑的汽车销售

一、活动目标

理解拥有良好职业意识的重要性,树立正确的职业意识。

二、活动时间

建议 15 分钟。

三、活动流程

(1) 教师出示以下阅读材料,并提问:为什么这个销售员最后获得了成功?

阅读材料:微笑换来财富

在一个炎热的午后,有位穿着汗衫、满身汗味的老农夫,伸手推开了汽车展示中心的玻璃门。他一进门,张丽丽立刻笑容满面地迎面走来,很客气地询问:"老大爷,我能为您做点什么吗?"老农夫有点腼腆地说:"不用不用,只是外边有点热,我刚好路过,想进来吹吹冷气,马上就走。"张丽丽听完后亲切地说:"您一定热坏了,我给您倒杯凉茶吧。"接着,她便请老农夫在沙发上休息。喝完凉茶,老农夫闲着没事,便走到展示中心的新汽车前,东瞧瞧、西望望。这时,张丽丽又走了过来:"这款车不错,要不要我帮您介绍一下啊!"老农夫连忙说:"不用不用。我可没钱买,种田的人也用不着这种车。""不买没关系,以后有机会您还可以帮我们介绍啊!"然后,张丽丽便详细地将汽车的性能逐一解说给老农夫听。老农夫听完后,突然从口袋里拿出一张褶皱的白纸交给了张丽丽,并说:"这些是我要订购的车型和数量。请你帮我处理一下。"张丽丽有点诧异地接过来一看,这位老农夫要购买 8 台汽车。她连忙紧张地说:"您一下订这么多车,我们经理不在,我必须找他回来和您谈,请您先试车吧。""小姐,你不用找经理了,我信任你。这几天我走了好几家,每当我穿着这样的旧汗衫走进汽车销售店,同时表明我没钱买车时,就会受到冷落。只有你们公司与众不同,我从你的工作态度上信任你们公司。你不知道我会是你的客户,还那么热心地接待我,为我服务,对于一个不是你们客户的人都如此,更何况成为你们的客户呢!"后来,张丽丽因为对工作认真负责而顺利晋升。

(2) 教师将学生按照 6~8 人划分小组,通过小组内部讨论形成小组观点。

(3) 每个小组选出一名代表陈述本组观点,其他小组可以对其进行提问,小组内其他成员也可以回答提出的问题;通过问题交流,将每一个需要研讨的问题弄清楚。

(4) 教师进行分析、归纳、总结。

(5) 教师根据各组在研讨过程中的表现,给予点评并赋分。

课后思考:

(1) 结合专业,你认为如何理解职业意识的内涵?

(2) 你认为该如何积极提升自己的职业意识?

项目二 担当职业责任

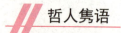

> 责任就是对自己要求去做的事情有一种爱。
>
> ——歌德

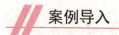

企业家的责任与担当

有一位企业家用多年攒下的积蓄开办了一个企业，但是，一场大火把他的企业全烧光了，他破产，而且欠了很多客户的钱。经过一段时间的痛苦反思，他准备从头开始，再次创业，他决心要偿还那些天文数字般的欠款。所有人都劝他："你为什么要这么做？公司已经破产清算了，你不需要再去还那些钱。"他却回答说："是的，在法律上也许我没有责任，但是，在道义上我有责任，我应该偿还。"而他这么做的代价就是二十年的艰苦奋斗，当他还上最后一笔"债务"时，他轻叹："现在我终于无债一身轻了。"

分析： 这位企业家用一生的付出和汗水书写出两个工整的字，那就是"责任"。他还的不仅是债务，还是他那闪着光芒的真心。他用自己的行动证明了自己，他带给社会巨大的精神财富，让我们都明白什么是责任。对于应负的责任，即便是迎着风险也要干好，做到敢担当、能担当、会担当、善担当。

一、职业责任的特点和种类

职业责任是指人们在一定职业活动中所承担的特定职责，它包括人们应该做的工作和应该承担的义务。职业责任是由社会分工决定的，是职业活动的中心，也是构成特定职业的基础，往往通过行政的甚至法律的方式加以确定和维护。

职业责任有三个特点，一是职业责任具有明确的规定性，二是职业责任与物质利益存在直接关系，三是职业责任具有法律及其纪律的强制性。

职业责任的种类可分为消极责任和积极责任两种。消极责任是把责任作为一种义务的责任，是关于在既定状态下谁来承担责任的问题，即在事情发生后所要承担的责任，消极责任的一个中心问题是"你为什么那么做"。而积极责任则重点强调在当前状态下的活动，或是对未来不希望发生的事情的阻止行为，它的中心问题是"需要做什么"。

新时代职业责任有了更为丰富的内涵，包含个人责任、对家庭的责任、对组织的责任和对社会的责任四个层面。其中，个人责任最为重要，是其他责任的基础。

二、职业责任的内容

（一）肩负的职责和应尽的义务

1. 对个人的责任

从本质上说，责任是一种与生俱来的使命，它伴随着每一个生命的始终，是生命价值的体现。人可以不伟大，也可以清贫，但不可以没有责任。扛起责任，就是扛起了信念，扛起了生命的机制。个人的责任就是自我产生的责任，是自己对自己负责，自己对自己进行评判，是自己对自己、对自己行为的责任。

2. 对集体的责任

对集体的责任是从业人员对自己供职单位所承担的职责和义务。不同职业或不同岗位的责任是不同的，其责任大小也是有差别的。一般而言，管理者的责任大于普通员工的责任，职业责任与职业行为相伴随行。无论是管理者还是普通员工，在职业行为之前必须明确责任意识，明白对工作尽心尽力，就是对集体负责，就是勇于担当对集体的责任。在实际生活中，那些有职业责任感的人不仅在工作中严谨认真、一丝不苟，而且总是主动承担工作中的过失。

3. 对社会的责任和义务

社会学家戴维斯说"放弃了自己对社会的责任，就意味着放弃了自己在这个社会中更好的生存机会。"每个人都是社会的一分子，每个人都应该承担一定社会责任。社会分工赋予了不同职业不同的责任，每一个人在自己的职业行为或职业活动中要为社会作出应有的贡献。每个职业人都应该明确自己的职业和社会之间的联系，明确其中的社会责任和义务。

案例 9-2

用责任诠释职业担当

2000 年王延平从部队转业，2006 年，他成为碑林区城市管理局园林绿化队队长，十几年过去了，如今的王延平依然是一个步履匆匆的大忙人，本本分分做好自己的工作是他多年来的工作真谛。西安市碑林区负责的绿化道路有 168 条，行道树有 15 830 株，绿篱 8 万多平方米，作为中心城区，树龄偏大的行道树较多，夏季暴风雨、冬季大雪等恶劣天气造成的行道树倾倒、树枝断裂阻碍交通事件频发。而在每一次城市守绿的"保卫战"中，都少不了王延平现场应急处置的身影。以身作则，与同事们一起坚守在一线是他做人做事的一贯原则。工作中，他针对不同的绿化抢险任务，制定了不同的应急预案，并事先反复演练、多次修改。多年来王延平的手机都是 24 小时开机，每一次处理故障，只要站在现场，他就感到踏实安心。"特别有责任心，工作能力强，调配人员、安排工作都处理及时果断，做事也井井有条。"在绿化队工作了 16 年的管护员这样评价他。

绿化管护岗位，活重工资低条件差，年轻人、本地人多不愿干，管护员大多是外地人，且年龄较大、妇女偏多。为稳定队伍，王延平经多方努力开办了职工食堂，增加了压面机、和面机、冰柜、消毒柜、电磁炉、餐桌等必需品，统一购买米面油，雇佣专人为管护员做饭，让他们辛苦一天能吃上热乎饭。同时为夫妻管护员安排单独宿舍居住，降低生活成本，并为职工安装了热水器，配备了洗衣机。他还积极向局工会、区总工会为困难职工争取资金帮助，为符合条件的困难职工子女及需要大病救助的争取政策帮扶。王延平就像一个大家长一样，把队内每个人的生活安排得妥妥当当，心里有职工，大家都拥护他。

（二）承担的后果和责任

一个缺乏责任感的人，或者一个不负责任的人，会失去信誉和尊严，会失去别人的信任和尊重，也得不到别人的认可。每一种职业都有相关的法律法规和职业道德规范规定从业者的职业行为及其要承担的责任。职业责任的承担形式不一，主要有道德责任、纪律责任、行政责任、民事责任和刑事责任五种。

1. 道德责任

道德责任是指从业人员在履行职业职责的过程中，由于违反职业道德而受到同行的批评、社会舆论和自我良心的谴责，这是从业人员最基本的承担职业责任的形式。

2. 纪律责任

纪律责任是指从业人员在履行职业职责的过程中，因违反职业规范、职业纪律而应当受到的纪律处分，纪律处分一般有警告、记过、记大过、降级、降职、撤职、开除等。

3. 行政责任

行政责任是指从业人员在履行职业职责的过程中，因违反行政法规而依法应当承担的责任，如对律师的行政处罚就有警告、没收违法所得、停止营业、吊销执业证书等方式。

4. 民事责任

民事责任是指从业人员在履行职业职责的过程中，因故意或过失而违反了有关法律、法规或职业纪律，构成民事侵权、形成债权债务关系等依法应当承担的责任。

5. 刑事责任

刑事责任是指从业人员在履行职业职责过程中，因个人行为给国家、集体或个人造成损失、伤害，并触犯刑法的有关规定依法而应当承担的责任。

延伸阅读

工作责任感的四种表现

纵观职场，凡是事业有成者，都离不开强烈的事业心和责任心。其中，对工作的责任感主要表现在以下四个方面。

一是不推搪。对工作认真负责，不为自己找借口，领导交办的任务坚决执行，同事求助的事情鼎力支持。工作态度不是尽力而为，而是全力以赴，力求完美无缺。

二是不抱怨。人在职场闯荡，难免受挫折、受委屈。不怨天尤人，不责怪自己，眼泪擦干之后再重来，没有任何困难能够阻止事业前进的步伐。

三是不解释。解释等于掩饰，水越洗越脏，事越说越乱。有的人在工作出现问题时，为了让领导"了解实情"，自己费尽口舌，作了一大堆解释，给人推卸责任之嫌，结果得不偿失。

四是不计较。在一个公司里，大家虽工作有分工，但总会有交叉的地方，责任心强的人不计较分内分外事，做到分工不分家，尽量配合同事做好工作。对领导临时交办的工作，即使需要加班加点，也会尽全力完成，给领导一个满意的结果。

案例 9-3

本可以免于开除的资深员工

一名员工回老家看望自己生病的父母,董明珠知道后,不仅没有任何安慰,反而把这名员工开除了,为什么如此不近人情?

这名员工是格力管理层的资深员工,那天上班时董明珠给这个员工打电话沟通工作,但他当时不在岗位上,由于心虚所以在电话里支支吾吾,想用几句谎话蒙混过关。

可是,董明珠的眼睛里是揉不进沙子的,这名员工没在工作岗位上的情况最后还是败露了。董明珠对他的处理结果是:直接开除!

这件事情发生后,有的人认为,作为老板的董明珠就应该这么做,这叫杀鸡儆猴;有的人认为,董明珠这么做实在太狠了。

其实,这需要谈的是一个职业操守问题。

董明珠在专访中谈到格力精神时,说公司注重的是诚信,在招聘员工时,道德品质也是首位。说谎,触碰了董明珠的底线。这名员工如果如实说,有责任感,或许不会落得被开除的下场。

三、提升职业责任感

哲学家柏拉图认为,只要社会上从事各种职业的人各尽其责,各司其职,那么就会出现正义的社会。每个人根据自己所从事的职业,做自己应该做的事,完成自己应担负的工作,那么国家就会和谐,个人就会幸福。职业职责是每一个人应尽的义务,任何不愿意败坏自己声誉的人都必须认真履行自己的职责。在人的一生中,人们都应该通过自己的努力和行为来履行义务,积累财富。持久而良好的职业职责是每一个人应具备的品格。职业责任感是职业人的第一素质。不管从事什么职业,缺乏职业责任感的后果都是非常严重的,我们可以通过以下几种方式提高自己的职业责任感。

(一)强化思想道德意识

强化思想道德意识是大学生必修的课程。每个人的道德觉悟和水平因政治因素、经济状况和文化素养的影响都不同。但是责任心是国家对每名公民、社会对每位成员、企业对每名员工共同的道德要求。构建好思想道德意识是提升职业责任感的根基,是衡量一个人思想道德品质的一个重要尺度。

(二)培养责任意识

勇于承担责任是中华民族的优良传统。大禹治水"三过家门而不入",诸葛任事"鞠躬尽瘁,死而后已",范仲淹挥写"先天下之忧而忧,后天下之乐而乐",文天祥高歌"人生自古谁无死,留取丹心照汗青"。不怕牺牲、尽忠职守、责在人先,是志士仁人相传的思想标杆,是后世子孙生生不息的精神动力。

就即将步入社会的大学生而言,在责任意识方面存在一定的弱化和缺失,主要表现为:一是自我意识浓重,个人责任淡化;二是公德心和纪律意识低下,角色责任弱化;三是个人责任与社会责任错位。其原因如下:一是受不良社会风气的影响;二是德育教育不足;三是家庭教育的疏离,这是造成大学生责任意识缺失的重要因素;四是大学生心理发展的矛盾,这是形成其责任意识缺失的关键因素。因此,在进入职场前,大学生必须明确职业责任,有效培养和提升职业责任意识。在企业中,要求员工都要认真履行职业责任,而职业责任意识引导人们把职业理想同个人理想结合起来,寻求个人需求、个人能力同社会需求的结合,使每一名社会成员都能忠实地在自己的岗位上履行对社会、对人民的责任。

(三) 责任建设,制度为本

讲责任,也要讲责任制;有履责要求,也要有责任追究。落实责任制,一在履责,二在问责。没有问责,责任制形同虚设。问责,要贯穿到履责的全过程。我们要把责任和责任制统一起来,把履责和问责结合起来,在工作中确立一种良性的责任导向,增强责任心、培育责任感、提高责任意识。

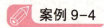

案例 9-4

承担责任,让人变得更强

1988 年,24 岁的杨元庆进入联想工作,公司给他安排的第一份工作是做销售业务员。多年以后,杨元庆还清楚记得自己骑着一辆破旧自行车穿行在北京的大街小巷,推销联想产品的情景。

虽然刚开始杨元庆并不喜欢销售工作,但他觉得这就是自己的责任,干得非常认真,并且卓有成效。正是销售工作的历练,杨元庆后来才能够面对诸多困难而毫不退缩。也正是杨元庆敏锐的市场眼光和出色的客户服务,引起了联想集团前总裁柳传志的注意。

1992 年 4 月,联想集团任命杨元庆为计算机辅助设备部总经理。他在这个位置上依旧尽职尽责,不仅创造出了很好的业绩,而且还带出了一支十分优秀的营销队伍。两年后,柳传志任命杨元庆为联想微机事业部总经理。

2001 年 4 月,37 岁的杨元庆正式出任联想 CEO。柳传志在给他一份新的责任的同时,也给了他一份新的机遇。杨元庆在承担这份责任时,也抓住了机遇,在磨炼中不断成长。经过不断"折腾",杨元庆最终被炼成了一块好钢。

(四) 提高主动性

职业责任感的形成与工作的主动性是相辅相成、辩证统一的关系,责任感是主动性的内在基础,主动性是责任感的外在表现,责任感因为主动性而起作用。

我们必须明确自己工作到底是为了什么,是为了维持生活,还是为了实现自己的理想、体现自身的价值?作为一个有高度责任感的职业人,实现自己的理想和自身价值才是最主要的。当我们对工作充满强烈的责任感时,我们就得更主动学习其中的行业知识,培养对这份工作的兴趣,同时也有了更加饱满的工作热情。只有抱着这种价值观,才会真正激发我们的职业责任感,在工作中自觉发挥主动性,更好地挖掘自身潜力,以更积极、更强烈的工作热情投入工作。

(五) 认认真真做事

工作责任感的强烈与否,体现了一个人的工作态度。态度决定一切,是尽自己最大的努力去完成任务,还是随便敷衍了事,这一点,也正是事业成功者和事业不成功者的分水岭。

成功的人品质是一样的，而不成功的人却各有各的不同。要使责任感成为我们脑海中一种强烈意识，深入到我们工作中的一点一滴，并一直坚持下去，使之成为我们的一种习惯。不仅要做事，还要认真做事。一个人是否可靠，是否值得托付，是通过一件件事情的完成来判断的。弄虚作假，早晚会被察觉，虚假的事情最后肯定无法自圆其说。

（六）不找借口

日常生活中，人们对一些不易做成的事或不愿去做的事，就会找借口。狐狸吃不到葡萄，就为自己找了个借口——葡萄酸。人们讥笑狐狸，殊不知，人类也常常犯这样的错。在工作中，员工会遇到许许多多的困难，于是各种各样的借口也就随之产生了。这是为什么呢？因为他们在遇到困难的时候，往往是找借口退缩，而不是寻找方法去解决。美国巴顿将军曾说："要想打胜仗，就必须挑选不找任何借口去完成任务的士兵。"在职场上里，我们时常可以见到这样一种情况，一些人完不成自己的工作，或者未能按时完成工作，就会编造种种理由，搪塞上司，推卸责任，而且有时候，他们所编造的借口既符合逻辑又合乎情理，也可能蒙混过关。一两次这样上司或老板可能会相信，但如果次次都找借口，那么便是自毁前程。因为借口多了，上司或老板终究会发现真相，如此一来，就会失去他们的信任，而一个得不到上司或老板信任的人，在职场中是绝对没有发展前途的。

在日常工作中，企业判断员工有无责任意识的一个标准就是员工是否会为工作未达到目标而找借口。工作中，一旦没有达到预期目标，找借口不仅于事无补，反而会分散精力、浪费时间。成功的人，都是敢于承担责任、从来不找任何借口的人。员工要养成"不找借口找原因"的思维习惯，一旦工作中出现失误，要能勇于负责，把精力集中在解决问题上，减少失误带来的损失。

（七）重视过程和结果

马云认为，"营销"这两个字强调既要追求结果，也要注重过程，既要"销"，更要"营"。

对企业来说，即能够做事情又能出结果的员工才是好员工。做一名负责任的员工，是走向事业成功的前提。失败有一千种理由，但成功却只有一种方法：做任何事情都出结果。有人说：过程比结果重要。其实，过程和结果没必要分得那么清楚。毕竟，过程决定结果。

（八）想方设法履行承诺

在工作进行过程中，遇到事先没有预想到的困难如何保证承诺的兑现呢？不重视约定的人，总是强调客观原因；而遵守约定的人，则能牺牲个人利益，千方百计地履行承诺。

总结案例

人民英雄张定宇：与时间赛跑

他身患渐冻症，妻子被感染隔离，却率领600多名白衣卫士冲锋在前，与病魔争抢时间。他就是人民英雄、湖北省卫生健康委员会副主任、武汉金银潭医院院长张定宇。

"不要急不要急，在医院门口稍等，我马上安排人出来接。""快些，要抓紧，病人的事一刻都等不得，越快越好！"不到1小时，一瘸一拐的张定宇接了8个来电。在疫情中，他往往是凌晨2点刚躺下，4点就得爬起来，各种突发事件，应接不暇。"雷厉风行"是

劳动简论

身边同事对张定宇评价最多的词语。"性子急,是因为生命留给我的时间不多了。"张定宇被采访时说,"我是一个渐冻症患者,双腿已经开始萎缩,全身慢慢都会失去知觉。我必须跑得更快,才能跑赢时间,把重要的事情做完;我必须跑得更快,才能从病毒手里抢回更多的病人。"

抗击疫情的每个时刻,张定宇兵不解甲、马不停蹄。他说:"身为共产党员、医务工作者,非常时期、危急时刻,必须不忘初心、勇担使命,坚决顶上去!"

就在张定宇日夜扑在一线,为数百名重症患者转诊开启生命通道时,同为医务人员的妻子,却因新型冠状病毒感染,在不远处的另一家医院里独自忍受着病痛,接受治疗和隔离。分身乏术的张定宇,有时忙得一连三四天都顾不上去看她一眼。

分析:张定宇不顾个人安危、出生入死、一心为党,兑现对组织、对人民的承诺。为了病毒感染的重症病人能得到及时救治,他完全忘却自己是一名渐冻症患者,冒着被感染的风险,拖着伤腿坚守在抗击病毒一线,这充分体现了他的担当和责任,诠释了他为党为民的牺牲精神。他践行了自己的承诺,不讲条件,冲锋在前,不顾及家人,坚决服从党的安排,把对组织的承诺时刻铭记在心,用行动践行使命。

课堂活动

抗"疫"中的责任与担当

一、活动目标

理解如何树立青年人的责任与担当。

二、活动时间

建议 15 分钟。

三、活动流程

(1)教师出示以下阅读材料,并提问:我们如何树立社会责任与担当?

阅读材料:用行动诠释青年人的责任与担当

1996 年出生的张锐聪是哈尔滨工业大学研一的学生,寒假回到温江后,她主动向社区请缨,加入志愿者行列,承担起某小区停车场入口的检查服务工作。

对于自己的志愿者行为,张锐聪表示:"有时候出去看见门口的物业工作人员非常辛苦,同时学校的党支部一直在号召大家做力所能及的事,我身为学生党员也该担负起责任。"

2019 年寒假,除了在家上"网课",其他时间张锐聪都蹲守在小区停车场入口,确保一切来往车辆和人员登记在册。不仅如此,张锐聪还要做好人员体温测量以及来往车辆消毒工作。刚开始遇见不配合的业主,她觉得委屈和无奈,但她也理解,因为检查来来回回折腾,所以态度不太友好,碰到这种情况她就尽力与他们做好沟通。

张锐聪身材娇小外表柔弱,面对疫情,却十分坚强。无论刮风还是下雨,张锐聪都坚守在岗位上,一站就是半天的时间,短暂的午餐后,又匆忙回到岗位上。为了及时补充消毒用品,她还要提着沉重的水桶往返于停车场入口与小区物业取水点之间,连续工作接近半个月后,张锐聪干起活来也得心应手了。

如今很多企业陆续复工复产,进出小区的车辆更多了,张锐聪也更加忙碌了,但她坚持做到学校开学:"其实不论是像我们这样的志愿者,还是很多的一线医护人员,都是非常年轻的 90 后、95 后，我们是一代人。以前总觉得自己还是个小孩，但现在突然意识到，其实自己也已经成年，这些社会责任该我们担起来了。"

像张锐聪这样的青年志愿者，在大学城社区还有许多，他们默默付出，用逆行者的身姿诠释青年人的责任、勇敢与担当。

（2）教师将学生按照 6~8 人划分小组，通过小组内部讨论形成小组观点。

（3）每个小组选出一名代表陈述本组观点，其他小组可以对其进行提问，小组内其他成员也可以回答提出的问题；通过问题交流，将每一个需要研讨的问题弄清楚。

（4）教师进行分析、归纳、总结。

（5）教师根据各组在研讨过程中的表现，给予点评并赋分。

课后思考：

（1）你是如何理解职业责任的内容的？

（2）你认为大学生提升职业责任感的具体方法有哪些？请列举三个以上。

项目三　培养职业精神

 哲人隽语

> 古之欲明明德于天下者，先治其国；欲治其国者，先齐其家；欲齐其家者，先修其身；欲修其身者，先正其心；欲正其心者，先诚其意；欲诚其意者，先致其知；致知在格物。
>
> ——《礼记》

 案例导入

公交司机突发脑出血，昏迷前 1 秒他的动作让人感动

2020 年 6 月 22 日中午 12 点左右，河南周口 26 路公交车司机宋安平驾车行驶在七一路五一广场站附近，这里人流量密集，正值中午通勤高峰期，来往车辆非常多。当日的公交车公共视频显示，驾车行驶过程中，51 岁的宋安平感到身体不适，将车停稳打开车门后，他先是摘下眼镜往下拉了拉口罩，紧接着用右手拉起手刹，之后便倒在了自己的驾驶座上。在逐渐失去意识的过程中，他的右手始终没有离开手刹……随后，乘客和路过的公交车司机赶忙拨打 120 急救电话，宋安平被送往医院急救。经过 CT 扫描，诊断为脑干出血，经过几天的治疗他依旧深度昏迷，虽有了微弱的自主呼吸，但还需要依靠呼吸机辅助呼吸。

分析：宋安平是一名优秀的公交车司机。虽然突发疾病，失去意识，但他不忘拉住手刹，保住乘客的安全，这体现了宋安平高尚的道德情操和崇高的职业精神。不管什么职业，都有相应的职业操守和职业精神。拥有良好的职业精神是职场人的重要品质。大学生一定要了解职业精神的内涵，以便培养自己良好的职业精神。

劳 动 简 论

一、认知职业精神

（一）职业精神概念

职业精神是与人们的职业活动紧密联系、具有自身职业特征的精神。具体表现为个体在工作过程中表现出的职业理想、职业态度、职业技能、职业道德等综合素养。这种心理特征是在特定职业环境下所必备的，也是逐渐养成和习得的，与所从事的职业特征紧密相连，具备职业的特殊性，同时，也具备一些共性的基本职业素养。

（二）职业精神的实践内涵

1. 敬业

敬业是职业精神的首要实践内涵，即社会成员特别是从业者对适应社会发展需要的各类职业特别是自己所从事职业的尊敬和热爱。敬业是从业者希望通过自身的职业实践，去实现自身的文化价值追求和职业伦理观念。敬业与人的存在方式、人的本质、人的全面发展都有直接的联系，并共同构成职业精神的完整价值系统。职业精神所要求的敬业，承载着强烈的主观需求和明确的价值取向，这种主观需求和价值取向构成从业者实践活动的内在尺度，规定着职业实践活动的价值目标。

2. 勤业

职业精神必须落实到勤业上。为了做到勤业，我们不仅要强化职业责任，端正职业态度，还需要努力提高职业能力，要在继续推进改革开放和现代化建设的实践中去提高，在解决复杂矛盾和突出问题的实践中去提高，在应对各种挑战和风险的实践中去提高。

3. 创业

职业发展的动力在于创新。历史反复证明，推进职业发展，关键要敢于和善于创新创业。有没有创新能力，能不能进行创新，是当今世界范围内经济和职业竞争的决定性因素。

4. 立业

我国已进入新时代，全面建设社会主义现代化强国是我国所要"立"的根本大业，各行各业的职业精神必须服从和服务于这个大业。我们作为社会主义建设者和接班人，核心的职业任务就是全面推进社会主义物质文明、政治文明和精神文明建设，努力开创中国特色社会主义事业新局面。

二、职业精神的基本要素

社会主义职业精神是由多种要素构成的。这些要素分别从特定方面反映着社会主义职业精神的特定本质和基础，同时又相互配合，形成严谨的职业精神模式。

（一）职业理想

社会主义职业精神所提倡的职业理想，主张各行各业的从业者，放眼社会利益，努力做好本职工作，全心全意为人民服务、为社会主义服务。这种职业理想，是社会主义职业精神的灵魂。一般说来，从业者对职业的要求可以概括为三个方面即维持生活、完善自我和服务社会，这三个方面在社会主义初级阶段的职业选择中都是必需的。

（二）职业态度

树立正确的职业态度是从业者做好本职工作的前提。一个从业者的积极性和完成职业的程度，在很大程度上取决于他的职业价值观念。因此，改善职业态度对于培育社会主义职业精神有着十分重要的意义。

（三）职业责任

职业责任包括职业团体责任和从业者个体责任两个方面。我们要把客观的职业责任变成自觉履行的道德义务，这是社会主义职业精神的一个重要内容。

（四）职业技能

社会主义现代化建设对职业技能的要求越来越高。社会不但需要科学技术专家，而且迫切需要受过良好职业技术教育的技术人员、管理人员和其他具有一定科学文化知识和技能的熟练从业者。我国经济建设的实践证明，各级科技人员之间以及科技人员和工人之间有恰当的比例，生产建设才能顺利进行。

（五）职业良心

职业良心是从业者对职业责任的自觉意识，在人们的职业生活中有着巨大的作用，贯穿于职业行为过程的各个阶段，成为从业者重要的精神支柱。职业良心能依据履行责任的要求，对行为的动机进行自我检查，对行为活动进行自我监督。

（六）职业信誉

职业信誉是职业责任和职业良心的价值尺度，包括对职业行为的社会价值的客观评价和正确认识。从主观方面看，职业信誉鲜明地体现着"全心全意为人民服务"的职业理想和主人翁的职业态度。从客观方面说，职业信誉是社会对职业集团和从业者的肯定性评价，是职业行为的价值体现或价值尺度。同时，职业信誉又要求从业者提高职业技能，遵守职业纪律。

（七）职业作风

职业作风是从业者在其职业实践中所表现的一贯态度。从总体上看，职业作风是职业精神在从业者职业生活中的习惯性表现。

三、基本的职业精神

想要在职场上游刃有余，做出成绩，需要具备哪些基本的职业精神？

（一）牧羊犬精神：敬业

在茫茫的原野中，即使牧羊人已经远远离开，也照样会有一双警惕的眼睛在不停地巡视着羊群，保护它们不受野狼的袭击，它就是深受主人信任的牧羊犬。

同样，在企业里，也需要主动、尽职尽责、按时保质保量完成工作任务，不需要老板催促、不用老板操心的员工。

敬业是工作的基本要求，也是工作的使命所在。优秀的职场人士，都有敬业的好习惯。如果一个人连对为自己提供生存保障的工作都做不到敬业，那在生活中，在人际交往中，也是难以做到尽责的。敬业首先要勤奋，因为勤奋就是实施行为的过程。所有成功者、有心

劳动简论

者，他们工作绝不仅仅是为了那一份收入，他们看到的是工作背后的机会、学习环境和成长过程。工作固然也是为了生计，但比生计更重要的是什么？是品格的塑造，是能力的提高。敬业的第二个要求是将手头的工作努力做到最好。在工作中，有时候无法选择任务，但可以选择自己对待工作的态度，即使是微不足道的小任务，也要尽心尽力做好。敬业的第三个要求是绝不拖延。世界上最不费力的事就是拖延时间，而大多数失败者犯的致命错误就在于此。有人统计过，失败的数十种因素中，拖延症居前三名。敬业的第四个要求是主动。天上不会掉馅饼，没有一样东西可以轻易得到，只有主动去争取。如果想要好的人际关系，就要主动问候；如果想提高自己的演讲能力，就要主动发言；如果想在工作中取得成就，就要主动工作。敬业的第五种要求是努力苦干，富有责任感。如果一个员工有强烈的责任感，不仅能完成自己的工作，还能够时刻为企业着想，就会敬重工作，热爱岗位，就会忠于企业。

（二）变色龙精神：适应

变色龙广泛分布于地球的各个角落，无论是怪石嶙峋、寸草不生的险峰，还是酷日当头、干旱无比的沙漠，都留下了它们的踪影。随着环境的变化而变化是变色龙得以生存的法宝。

我们离开学校进入社会，要学会主动适应环境，适应职业的要求，以完成工作任务为第一要务，要多想想企业需要什么，我们能满足企业的什么需求，创造什么价值。"愿我有一颗平静的心，去接纳我不能改变的事物；有无限的勇气，去改变那有可能改变的东西；并且有足够的智慧，去辨别这两者的差异。"一个人想要拥有成功的人生，就一定要有适应环境变化的能力。

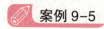

案例 9-5

错失机遇的"才子"

素有"才子"之称的李翔在大学新闻系读书期间已小有名气，不少作品见诸报端，有的还反响很大。大学毕业后，他被一家报社招录了。他个人认为以他才能，肯定会被分到新闻部当记者。可是分配方案让他很失望，他被单位分到总编办公室工作。其实领导这样做是为了考察他的综合才能，让他尽快熟悉报社运作的全过程，但他却埋怨领导不具慧眼，干了5个多月后，就生气地离职了。

他满怀希望地到某著名公司应聘，希望能够在这个传媒企业中找到自己的一席之地。一切都很顺利，李翔连续过了好几关。最后，人事主管问了他一个问题："你有过什么大的失败？你从中汲取了什么教训？"

李翔想了想，就将自己刚开始上班的情况说了一下，并强调说："我的失败源于我的选择，我不应该选择去一个体制呆板的企业发展。"人事主管听完他的话后，看了看他说："这不是你选择的错，而是你不善于适应环境。作为一名新员工，就应该学会适应新的工作环境，这是最基本的要求。"李翔愣了愣，没说话。人事主管继续说："人应该学会适应环境，而不是让环境适应你。一个地方有一个地方的环境特点，如果你到一个新地方去发展，就要先对新环境的特点进行了解并入乡随俗。"最后，人事主管说："我们招聘的最基本原则就是员工必须适应能力强，很遗憾，你并不能满足我们的要求。"

（三）蚂蚁精神：团结合作

蚂蚁太渺小了，恐怕连柔弱的蝴蝶也对它不屑一顾，但它们团结起来的力量，却相当惊人，可以吃掉一头大象。在蚂蚁家族中，工蚁负责日常的生活，蚁后负责繁衍后代，井然有序，俨然一个组织严密的社会。遇到困难，它们马上团结起来，浩浩荡荡，力量惊人。当野火烧起来的时候，蚂蚁们并不是四散奔逃，各求生路，而是迅速聚拢，抱成一团，然后像雪球一样迅速滚动，逃离火海。最外一层毫不犹豫地牺牲自己的生命，保护整个种族。

同样，一个人的力量是微弱的，而一群人分工合作、紧密团结在一起，就能获得最大的成绩。没有谁可以独立活在这个世界上，工作中与同事之间的相互合作是前进的动力，所以，不要拒绝与他人的合作，接受别人才会壮大自己。在工作中，我们应该注意培养自己的团队精神，从自我做起，主动担负起与人合作的责任。在同一个办公室工作，交流是协调的开始，把自己的想法说出来，听听对方的想法，我们要经常说这样一句话："你看这事怎么办，我想听听你的想法。"要平等友善，即使自己各方面都很优秀，即使自己就能解决眼前的工作，也不要骄傲。一个团队、一个集体，对一个人的影响十分巨大。善于合作，有团队意识的人，整个团队也能带给他无穷的帮助。一个人要想在工作中快速成长，就必须依靠团队、依靠集体的力量来提升自己。

为了更好地发挥团队精神，需要做到以下几点。首先，要有明确的目标，只有目标清晰明确，才能够把大家凝聚在一起。要把集体的目标作为个人目标的基础，凡是有利于集体发展的事就要主动、认真完成或配合其他部门完成，力求将所有的事情做到更好、更快。其次，在集体内部，所有部门之间、部门内部上下级之间都要紧密配合，只有大家相互协作，群策群力，才能高效高质地完成集体目标。出现问题时，应积极主动进行协商，并改进流程，减少或避免下次出现同样的问题。

案例 9-6

华为的"狼性精神"

华为的骄人业绩主要是由市场团队创造的。华为的营销人员数量之多、素质之高、分布之广、收入之高是中国企业史上前所未有的。在华为，市场就是核心竞争力，而市场是前线冲锋陷阵的战士们争夺过来的。

在创业过程中，华为曾用三流的技术做出了一流的市场，赢得了一流市场的高额回报，又逐步锻造出一流的产品。营销战略是华为的核心竞争力，而营销战略的核心，就是拥有一支由"狼群"组成的营销团队。"狼性"被看成华为企业文化的一个象征，这就是一种团队精神。无论是国内还是国外，华为市场系统流行了多年的"胜则举杯相庆，败则拼死相救"，这是对华为"狼性"文化的最好概括和总结。

从《华为的冬天》到《华为的红旗还能打多久？》，无不流露出华为的忧患意识。老板任正非认为，告诉"狼群"食物将要越来越少，"狼性"才能够最大限度地发挥出来，"狼群"才会齐心协力去捕捉更多的机会，猎取更多的猎物。

（四）猩猩精神：创新

在自然界中，有一种最聪明的动物，它们生存能力极强，会用树枝诱取白蚁，会用石头

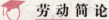

砸开椰子，会借用木箱摘取高处的香蕉，它们就是极富创意的猩猩。

在人才竞争日益激烈的今天，是什么让一个员工在众多员工中脱颖而出？是什么让一个员工跟得上时代前进的步伐，不被社会所淘汰？是什么让一个员工在职场中百战百胜，笑傲风云？成功人士的经验告诉我们：创新是必胜的武器。

创新是时代的需要。如果我们缺乏创造力，不勤奋敬业，要想取得较大的工作成绩是不可能的。科技发展很快，要求我们不仅要保持学习的习惯，还要有创新的能力。要发挥自己的创造力，首先要形成创新思维。创造性的眼光，可以使我们摆脱本行业的条条框框，接受其他领域中的优秀思想，当我们尝试从不同的角度看事物时，创新的智慧常会让我们得出独到的见解。创新能够使我们在竞争中脱颖而出，哪怕起初我们处于不利的地位和形势。创新可以让我们成为企业中不可替代的人。

四、职业精神的培养

（一）要坚持理论与实践相结合

理论课的开设让我们在认知层面了解了什么是职业精神，怎样培养职业精神。在实习过程中，我们可以获得其他任何渠道都无法获得的实践与体验，尤其是对自己未来从事职业、所在岗位所要求的职业精神的体悟。在实习过程中，我们能深刻体会企业文化的魅力，高效的工作、团结的队伍、进取的精神、敬业的态度等都是决定企业前进的因素。在企业中，我们能真正感受到企业领导人的领导才干和人格魅力，加深对职业人的形象认识，对未来职业有更明确的关于职业理想、职业态度、职业纪律等诸多因素的认识。通过参观、实习、见习、志愿活动等形式培养自身的职业精神，使自己提前认识到职业精神对于个人职业生涯的重要性。

（二）提升自我教育的能力

1. 加强自身思想政治素质和心理素质

思想政治素质是职业素质的灵魂，包括从业人员的政治态度、理想信念及价值观念，它能给予我们正确的行为方向，坚定自身立场。心理素质是成长成才的基础素质，包括认知、感知、记忆、想象、情感、意志、态度、个性特征这些方面，我们要达到精力旺盛、坚韧不拔、乐观向上等基本要求。

2. 关注职业习惯养成的自我教育

任何劳动者的职业精神都能在日常的工作中得到展现和流露，包括个人的生活习惯也会在职业生活中表现出来，成为个人职业精神和职业素养的真实写照。因此，我们必须从平时的学习、生活及工作的细节做起，将职业精神融入每件事物并贯穿始终，提升职业习惯养成的自我教育能力。

3. 塑造和谐统一的自我环境

我们强调自我教育的主体性，在与教育者平等互动的氛围中接受职业精神的培养，最大限度地发挥自身潜能；积极调动自己的主动性，从自身做起，坚持终身自我教育，通过自身的信念及实际行动影响周围人，将这种真实的感染力和影响力由点及面、由小及大地传播出去，促进身边的人提高自我教育能力。

（三）要加强自身职业素养

在大学的学习生涯中，在接受学校理论知识传授和劳动教育的同时，也要注重自身职业素养的内化和自我素质的提升，增强职业竞争能力，要充分了解自我、认识自我，发掘自己的兴趣所在。同时，要知晓自己所学的专业相关行业的职业素养，在校期间有意识地进行自我培养。

对于显性职业素养的培养，要利用大学的教育资源学好专业知识和技能，认真刻苦、勤学苦练，学好专业基础课程，加强对专业知识和技能的运用，注重专业能力的培养，为自己的专业技术进一步升华打下坚实的基础。不管在学习还是生活上都要培养良好的学习生活习惯，要利用课外业余时间参加各种学术讲座，多读课外书，提升自己的基本文化修养。

对于隐性职业素养的培养，首先，要在自我认识和了解专业的基础上，并在教师的指导下明确自己专业学习的方向，确定切实可行的职业生涯规划，树立崇高的人生目标，并为之进行坚持不懈的努力；其次，要树立正确的职业态度和职业意识，包括做好步入社会的心理准备，培养自信必胜信念，学会用平和的心态从点滴做起、从基层开始，积极勇敢看待挫折与批评，不怕困境不怕磨炼，学会从别人的批评中清楚客观地看待自己，不断提高自己职业竞争力，不断增强自己的社会责任使命感。

（四）努力践行职业精神

马克思主义关于人的全面发展观强调："造就全面发展的人的唯一方法就是教育和生产劳动相结合。"对于职业精神的培养，需要将理论付诸实践，在实际行动中践行职业精神，是培养和检验人才质量的根本。践行职业精神，要坚持以德为先、勤学好问、知行合一、勇于创新。

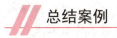 总结案例

> **林达的创意**
>
> 　　哈罗的啤酒厂位于布鲁塞尔东郊，无论是厂房建筑还是车间生产设备都没有很特别的地方。林达的创意销售总监的林达是一个资深的策划人员，由他策划的啤酒文化节曾经在欧洲多个国家盛行。
>
> 　　林达刚进厂时，是个名不见经传的普通年轻人，但他却相信凭借自己的智慧一定能够做出不普通的事情。那时的哈罗啤酒因为销售不景气而没有钱在电视或报纸上做广告，产量一年年削减，这样开始恶性循环，林达多次建议厂长到电视台做一次演讲或者广告，都被厂长拒绝了。
>
> 　　林达决定冒险做自己想要做的事情，于是他贷款承包了厂里的销售工作。正当他为怎样去做一个最省钱的广告而发愁时，他徘徊到了布鲁塞尔市中心的于连广场。这天正是感恩节，虽然已是深夜，广场上还有很多欢庆的人群，广场中心撒尿的男孩铜像就是因为挽救了这座城市而闻名于世的小英雄于连。广场上一群调皮的孩子用自己喝空的矿泉水瓶子去接铜像里"尿"出来的自来水给对方泼洒，他们的调皮激起了林达的灵感。

劳动简论

第二天，路过广场的人们发现于连的尿变成了色泽金黄、泡沫泛起的哈罗啤酒。铜像旁边的大广告牌子上写着"哈罗啤酒免费品尝"的字样。一传十，十传百，全市老百姓都从家里拿来瓶子、杯子排成长队去接啤酒喝。电视台、报纸、广播电台争相报道，哈罗啤酒的广告没花一分钱就成功做到了电视和报纸上。该年度的啤酒销售量跃升了1.9倍，自然也给他带来了一笔不小的收益。

分析：一个人只有热爱自己的工作，具有良好的职业精神，做到敬业、适应、合作、创新，才能成为卓越的职场人。现在已进入信息化时代，初入职场的新人更需要具备基本的职业精神，才能为自己奠定良好的发展基础。我们需要树立为自己而工作的理念，不是为企业，不是为老板。工作不仅仅是谋生，还要在工作中实现自己的人生价值，获得成就感和幸福感。

课堂活动

缺失的职业精神

一、活动目标

引导学生了解职业精神对社会发展的重要性。

二、活动时间

建议20分钟。

三、活动流程

（1）教师出示以下阅读材料，并提问：司机、售票员缺失的职业精神有哪些？

阅读材料：职业精神的缺失

2003年11月30日晚，在扬州市区某处路边，有一对母女相拥而泣。当周围行人纷纷询问时，母女俩道出了缘由：她们来自泰兴农村，因女儿要去仪征上学搭乘了从泰兴至扬州的班车。因为晕车，母女俩禁不住在车内呕吐起来。司机、售票员见状，不仅对她们大肆辱骂，还威胁着要将她们赶下车。在母女俩的请求和乘客们的指责下，司机才将母女带至车站。到站后，她们被要求打扫车厢，当表示能否下车借工具时司机居然将车开出车站，途中，售票员拿起女孩的书包擦呕吐物，随后打开车门，将书包扔出车外，母女俩只好下车，她俩不识路，因而在路边哭泣。

（2）教师将学生按照4~6人划分小组，通过小组内部讨论形成小组观点。

（3）每个小组选出一名代表陈述本组观点，其他小组可以对其进行提问，小组内其他成员也可以回答提出的问题；通过问题交流，将每一个需要研讨的问题弄清楚。

（4）教师进行分析、归纳、总结。

（5）教师根据各组在研讨过程中的表现，给予点评并赋分。

课后思考：

（1）职业精神如此重要，请结合自己的职业规划，谈一谈你是如何理解职业精神的。

（2）你认为在校期间该如何培养自己的职业精神？请举例说明。

模块十

提升职业素养

学习指南

每个人都是独立、鲜活、有差异的生命体，对未来都有美好的憧憬，但现实不尽如人意，有时候可能会走上自己不喜欢的岗位。如果我们在校期间就能够掌握人职匹配的原则，对职业和职场多了解一点，清楚了解自己的能力、性格、气质和兴趣，就能选择既适合自己的个人特点，又有良好发展空间的职业和岗位。在校期间注重岗位素养修炼，未来才会取得成绩，实现人生抱负。

未来我们无论是从事科研工作，还是从事行政管理、市场营销、工农生产，都是以一个劳动者的身份立足于社会的。因此，增强劳动观念和意识，提升职业素养至关重要。但职业素养不是与生俱来的，它需要后天的培养。我们可以通过洞悉职业认识，了解职业发展与变迁，洞悉职业发展趋势，清晰职业定位，做好职业规划；探索人的兴趣、性格、能力，更好地认识自己，让自己匹配到合适的职业；初入职场后养成终身学习的良好习惯，主动学习、不断探索、自我更新、学以致用、优化知识，更好地实现职业生涯价值和实现个人梦想。

本模块包括洞悉职场与职业人、达成人职匹配和培养终身学习习惯三个项目。在洞悉职场与职业人中重点阐述了职业的发展趋势及新职业、职场的关键要素、优秀职业人的素质；在探索人职匹配中运用霍兰德的职业适配性探索职业兴趣、使用MBTI的16种性格类型特征和职业倾向探索职业性格、职业能力；在培养终身学习习惯中，重点强调了未来劳动趋势和终身学习的习惯培养及对职业生涯的价值需要。

项目一　洞悉职场与职业人

哲人隽语

世上没有卑贱的职业，只有卑贱的人。

——林肯

劳动简论

案例导入

从普通工人成长为首席技师

2015年，孟维当选共青团团中央"全国向上向善好青年"。近两年来，孟维带领团队完成了多项创新成果，为企业创造直接经济效益约500万元。

多年前，18岁的孟维毕业后就进入了徐工集团车床操作车间，成为一名普通工人。刚参加工作时，在学校学习的理论知识用到生产一线显得非常"小儿科"，孟维甚至无从下手，不甘心的他开始"蛮干"，别人干8小时，他就干12小时。厂里带孟维的师傅看不下去了，点拨他应该用"动脑筋"代替"耗时间"。孟维就跟着师傅学习、向专家求教，几年下来，他竟然成了一个数控车床维修的"土专家"，承担了大大小小的数控车床维修工作。

从一名普通工人成长为"专家"，这让孟维的收入也从最初进厂时的130元不断上涨，他买了房，过上了幸福的生活。正当他有些沾沾自喜之时，在第一届全国数控技能大赛的选拔赛上，他受挫了，孟维不服气，继续发扬勤学苦练精神。随着时间的推移和技术水平的提升，一个个创新成果让孟维有了很大的自我满足感，孟维也从一名普通的工人成长为江苏省企业首席技师、江苏省有突出贡献中青年专家、江苏省五一劳动奖章获得者，并入选"2012江苏好青年百人榜"。

现在的孟维自信满满，他手机里存着一段视频，他会时不时拿出来给大家"显摆"，那是一台1 600吨全地面起重机，而这台机器哪怕是在全国也少见。"我心里有着一种自豪感，那是我们产业工人用自己的汗水与智慧制造出来的心血。"

（——摘编自：中国青年网，2015-6-17）

分析： 作为初入职场的新人，我们应该勤学苦练，只有耐得住寂寞、能吃苦、有耐心、肯付出，才能得到相应的回报。孟维进入职场后在师傅的指导下用"动脑筋"代替"耗时间"，随着时间的积累和自己的努力，凭着过硬的职业技能从一名普通工人成长为企业的首席技师。

一、职场

职场是指一切开展职业活动的场所。广义上还包括与工作相关的环境、场所、人和事，以及与工作、职业相关的社会生活活动、人际关系等。

（一）职场的关键要素

1. 职业素质

职业素质是工作者对职业了解与适应能力的一种综合体现，主要表现在职业兴趣、职业能力、职业个性及职业情况等方面。影响和制约职业素质的因素很多，主要包括受教育程度、实践经验、社会环境、工作经历以及自身的基本情况（如身体状况等）。工作者能够顺利适应职场环境，取得职场成就，很大程度上取决于个人的职业素质，职业素质越高的人，获得成功的机会就越多。

2. 职业意识

职业意识是指人们对职业的认知、意向及所持的观点，是正确认识和把握社会需求，对自己进行正确社会定位的思维能力，是指工作者对自己未来所从事的职业有明确的追求和全面、清醒的认识，包括职业的就业现状、发展前景等。职业意识能够为人们指明方向，成为人们以某一特定职业去为人类和社会进步服务的内在精神支柱。

3. 职业定位

职业定位就是明确一个人在职业上的发展方向，它是人在整个生涯发展历程中的战略性问题，也是根本性问题。职业定位包括三层含义，一是确定你是谁，你适合做什么工作；二是告诉别人你是谁，你擅长做什么工作；三是根据自己的爱好、特长、能力及个性将自己放在一个合适的工作（生活）岗位上。职业定位是自我定位和社会定位两者的统一，是一个动态过程，需要结合个人职业生涯的不同阶段不断进行调整。

大学生的职业定位容易受就业意识支配，它是大学生价值观的重要组成部分。而就业意识的核心是就业动机，大学生的就业动机总是从一定的动机出发并指向一定的目标。谋生型、创业型和贡献型三种就业动机影响着大学生的职业定位。

案例 10-1

定位决定人生

一个乞丐站在路旁卖橘子，一名商人路过，向乞丐面前的纸盒里投了几枚硬币，就匆匆忙忙地赶路了。

过了一会儿，商人回来取橘子，说："对不起，我忘了拿橘子，因为你我毕竟都是商人。"

几年后，这位商人参加一个高级酒会，遇见了一个衣冠楚楚的先生向他敬酒致谢。这位先生就是当初卖橘子的乞丐，而他生活的改变，完全得益于商人的那句"你我都是商人"。

你定位自己是乞丐，你就是乞丐，靠乞讨为生；你定位于商人，你就是商人，商人靠创造价值来生活。

4. 职业规划

职业规划是对职业生涯乃至人生进行持续的、系统的计划的过程。职业规划有助于使个人认清自身发展的进程和事业目标，作为选择职业与承担任务的依据，把相关的工作经验积累起来，准确充分利用有关的机会与资源，指引自我不断进步与完善。职业规划能够准确评价个人特点和强项，评估个人目标和现状的差距，提供奋斗的策略，增强职业竞争力。

5. 职业发展

职业发展是致力于个人职业道路探索、建立、取得成功和成就的终身的职业活动，也就是在自己选定的领域里，在自己能力所及的范围内，有深入和广泛的经验，对该领域有深刻而独到认知的专家。

（二）未来的职场

如今，在移动、互联、智能技术的推动下，企业正在改变组织形态。相应的，未来的工作和职场也在被重新定义。一方面，市场环境瞬息万变，企业需要具备更多的灵活性和应变

劳动简论

能力，让组织的能力可以随市场的需求快速延展或收缩，传统的组织形态和用人方式显然不能满足。另一方面，职场人的心态也发生了变化。随着自由职业者全球化及共享经济的盛行，"共享平台+企业／个人"的经济组织方式在未来20年将获得突破性进展。未来也许公司会消失，但是工作不会。未来没有稳定的工作，只有稳定的能力。

在未来，一些容易拆分且易于考核的短期业务将更多以零工的形式流入企业外部的劳动力市场，与长期雇佣形成互补的态势。越来越多的"斜杠青年""个人供应商"将成为企业人力资源重要的组成部分。过去企业对员工的评估主要取决于其与岗位所匹配的专业能力、专业知识，但随着时代的变化，员工的雇佣价值将逐渐从过去的以技能为核心的单一维度，转变为多维度的综合评价体系。

二、职业人

所谓职业人就是参与社会分工，自身具备较强的专业知识、技能和素质等，并能够通过为社会创造物质财富和精神财富，而获得其合理报酬，在满足自我精神需求和物质需求的同时，实现自我价值最大化的一类群体。

（一）优秀职业人的素质

1. 具备职业精神

职业人具备明确的工作目标和强烈的责任心，有良好的职业态度，能踏实、高效地完成本职工作，塑造值得信赖的职业形象，获得上级、同事及客户的信任。

2. 良好的职场礼仪

优秀的职业人具备良好的职场礼仪，打造符合职业要求的形象，塑造良好的职业化行为，对外展现个人态度、个人修养、个人能力，同时也能代表组织的良好形象及管理水平。

3. 良好的职业心态

优秀的职业人拥有好奇心和求知欲，勇于面对挫折与挑战，勇于承担任务及责任，能够坦然接受失败，具备强大的抗压能力，善于解决问题、处理矛盾，化压力为动力。

4. 过硬的职业技能

优秀的职业人具备持续学习的能力，高效合作的团队协作能力，能够迅速融入团队的沟通与适应能力，足够专业与理智的自控能力，能够主动出击、创造机遇的执行力和行动力，具有敏锐的思维觉察与创新能力。

延伸阅读

七种优秀职场人士的表现

一、不把问题留给上级的人

作为员工，把问题丢给上级或老板处理，是愚蠢的事情。这种看似简单的处理问题的办法，不仅让自己失去了锻炼的机会，还会让上级或老板认为你是一个懒得思考的员工。因此，在向上级或老板汇报重要问题时，不妨先想好几种处理办法，看看上级或老板的反应，适当提出你的想法。

二、重结果、轻过程的人

对于上级或老板来说，每天的工作流程都安排得比较紧凑，拖沓而没有重点的汇报没有任何用处，上级或老板只想要最终的结果，你只要报告工作处理的最终结果就可以了。

三、执行力强的人

选取你认为最有可能执行的，承担起一定的责任，进一步采取行动，上级或老板会被你的执行力和热情打动。因为上级或老板要的不是"纸上谈兵"，而是"身体力行"。

四、做计划具体的人

对于未来要做的工作或即将要交给你完成的工作，先进行分析，确定一整套工作的流程，按照流程一步步执行下去，并对工作完成的质量制定一个考核的方案，要做到什么程度，达到什么目的都应列在其中，做到有理可依，有据可查。不要空喊口号，说"一定要做到最好"。

五、敢作敢当的人

勇于承担自己错误和责任的员工，会赢得上级或老板的信任。遇到问题只会推卸责任的人，上级或老板怎么敢把重要的事情交给他。

承认错误需要一些技巧。首先，要真诚地表现出对错误的认识，说"对不起，这次是我的问题"，接下来，一定要提出弥补或者改进的方法。

六、能承担责任的人

如果上级给你指派新的任务，那就意味着你有更多的责任，需要投入更多的精力，你也就面临更多的挑战，你可以通过这次挑战接触以前从没有过的工作，让上级或老板觉得你很有担当，很有团队精神。千万不要说："这不是我分内的工作。"

七、懂得控制情绪的人

不懂得在职场上控制情绪的人，会给人留下不专业的印象。不要因为一些小事而和同事甚至上级或老板闹情绪，不能因一时开心而断送自己的前程。要控制住情绪并冷静下来，把眼光集中在如何处理具体的问题上，而不是逞口舌之快。

总之，不管对公司有什么的想法，一定要先做事，用良心做事，用能力说话，这样的人无论走到哪里都受欢迎。

（二）形成正确的价值观和职业价值观

1. 价值观与职业价值观

价值观是指个人对客观事物（包括人、物、事）和自身行为结果的意义、作用、效果和重要性的总体评价，是对什么是好的、什么是应该的总的看法，是推动并指引一个人进行决策、采取行动的原则和标准，是个性心理结构的核心因素之一。人的价值观在形成之后会相对持久和稳定，但也会随着人们经历或经验的增加而发生变化。

职业价值观是个人追求的与工作有关的目标，是个人价值观在职业问题上的反映，即个人对于与工作有关的客观事物的意义、重要性的评价和看法。职业价值观体现了一个人真正想从工作中得到什么，它决定了个体对工作的相对稳定的、内在的追求，对于个体的职业选择和发展起到方向导引和动力维持的作用。

2. 应具备的职业价值观

进入职场，应有意识地建立一些与职业和工作有关的价值观，改进工作习惯和工作效率。

（1）将职业发展的愿景作为行动指南，在决定如何安排生活中的每一天时，给予使命相关目标最高的优先权。

（2）重视出勤和准时。无论是在工作中，还是在学校或日常生活中，高的出勤率和准时会潜移默化地影响个人声誉。

（3）重视时间管理。重视时间的人会充分利用时间，更合理地安排时间。

（4）重视整洁、秩序和速度。整洁、秩序和速度是工作效率的保障，应给予足够重视。

（5）聪明地工作。寻求导致好的结果的灵活方法，而非单纯地埋头苦干、蛮干。

（6）对自己负责。要注意自己每天到底做了哪些工作，反思每天的工作对自己的工作绩效和生活质量提高有没有起到促进作用。

（7）重视休息和放松。过度工作会导致工作压力增加，甚至工作耗竭，适当地休息也有助于保障工作效率和工作质量。

（8）关注效果。将注意力放在影响工作成效的关键因素，而非工作本身上。

（三）学会目标设定和自我激励

1. 目标设定的优点和原则

目标是人们想要达到的结果、境况、目的或状态。目标设定是一种激励方法，设置特定的、具有适当难度的目标能够有效提升个体的工作效果。

目标设定是一门艺术，在目标设定过程中，可以参考以下原则。

（1）形成简明的目标。一个实用的目标通常可以用简洁明了的方式表达出来，过长的目标表述会涉及太多的行动，难以作为一个行动指南为行动服务。

（2）描述当达成目标后将会怎样。所列出的目标应该明确，应该对实际行动的描述。

（3）设定现实的目标。目标既不能过于简单又不能过难，应当具有一定的挑战性，但是通过努力可以实现。

（4）在不同时期设定不同目标。目标最好根据不同时期而有所不同，设立日常、短期、中期或长期目标。

（5）在个人目标设定中保留一些幻想，幻想目标可以弥合职业和生活之间的鸿沟，可以帮助个体进行自我调整，有助于缓解焦虑。

（6）经常回顾自己的目标。要经常回顾目标实现情况，并确保这个目标对自己还有激励作用。

2. 自我激励的技巧

目标的设定可以为个体带来心理上的激励，但更重要的是，我们要学会更好地自我激励。以下是常见的自我激励技巧。

（1）寻找工作的乐趣或工作本身的价值，寻找挑战和新鲜感。

（2）获得工作绩效的反馈。反馈信息很重要，它实际上代表着一种回报，让我们知道自己的努力是有价值的，就会感到欢欣鼓舞。

（3）注重自我行为矫正。行为矫正是一个在做对事情时给予奖励而在做错时给予惩罚的激励系统，人们可以运用这套机制来改变自己的行为，例如克服饮食障碍、烟瘾、网瘾以及无故拖延时间等。

（4）使技能提升与自己的目标相联系。我们应该接受适当的培训来提高自己的技能水平，以满足工作岗位的需要。适当的培训会给我们带来出色完成工作的信心，同时也会加强我们对自我效能的认知。

（5）提升自我期望的水平。我们可以对自己的期望更高一些，虽然高的自我期望和积极的心理状态需要花很长的时间来培养，但它们对我们而言非常重要。

（6）培养强烈的工作道德准则。一个自我激励的高效战略就是培养强烈的工作道德准则。如果个体认为大部分工作是很有意义的，并且是愉快的，那么个体自然很容易受到激励。

（四）提升解决问题的效能

1. 影响问题解决的个人特征

许多个人特征和人格特质会影响个体所采用的或可能采用的问题解决方式，这些个人特征主要包括以下几个方面。

（1）智力、教育和经验。一般而言，如果个体更聪明，受过良好教育，具有一定经验，个体就会比那些不具备这些特征的人得出更佳的决策，有更好的问题解决效果。

（2）情绪智力。有效地应对自己和他人的感觉和情绪，有助于我们进行更好的决策。

（3）灵活与僵化。有些人之所以能成为成功的问题解决者和决策者，是因为他们总能以更为灵活的角度来看待每个问题，避免形成僵化的观点。

（4）直觉。有效的问题解决有时并不单单依靠认真的分析，相反可能会依靠直觉。直觉是一种基于经验的理解或推理方式，其中对于各种证据的权衡和抉择是自动完成的。

（5）专注。专注是进行良好决策的一个重要原因。有效的问题解决者通常会有一种沉浸体验，完全投入到工作中。

（6）决断性和完美主义。如果缺乏决断，而又有完美主义的倾向，就很容易出现拖拉行为，从而影响问题解决的有效性。

（7）承担风险和寻求刺激。对于某些类型的问题（例如突发状况），高风险承担和寻求刺激的个体更有优势；而对于另外一些类型的问题（例如常规工作），承担风险和寻求刺激的个体可能会导致糟糕的结果。

（8）价值观。价值观会在解决问题过程中的每一步决策上产生影响。与情境相适合的、正确的价值观会促进问题解决，而错误的价值观则会导致糟糕的决策。

2. 问题解决的步骤

无论多么复杂的问题，如果遵循标准的问题解决步骤，通常会产生良好的效果。问题解决的步骤如下。

（1）觉察问题。问题解决始于人们意识到了问题的存在。

（2）界定问题原因。在采取任何行动之前，必须首先明确和澄清问题的原因。界定问题原因时，通常会从人、材料、机器设备、物理环境、方法的角度提出问题。在人的方面，哪些人需要对问题负责？他们能胜任吗？他们是否存在态度问题？在材料方面，是否有可利用的正确材料？材料的品质适宜吗？在机器和设备方面，是否有适宜的机器和设备来完成工作？机器和设备是否已经更换？在物理环境方面，环境上是否有什么问题？环境是否发生了改变？在方法方面，过程和程序是否得当？是否所有人已经了解了这个方法？

（3）寻找创新方法。创造力和想象力也同问题解决和决策相关。成功的决策者有能力想出多种解决方法，那些迫使自己寻找一种不同的问题解决方法的人，更有可能找到突破性解决方法。

劳动简论

（4）权衡不同方法。这个步骤仅指对先前阶段所产生出来的不同解决方法的利弊进行检查。一个重大决策中，应该严肃考虑每一种方法。在实践中，权衡不同方法通常是指记录下每种可能选择的好处和坏处。

（5）进行选择。在选择解决方法时，不必过分执着于为问题寻找唯一正确的答案，许多问题有多种解决方法。

（6）实施选择。在决定了采用哪套方案后，将自己的选择付诸实施。

（7）评估选择。实施选择后，要评估自己的选择是否达到理性的效果，从而判断问题解决的有效性，并根据评估结果对前述的问题解决过程进行回顾、反思和调整。

三、建立良好的业缘人际关系

建立良好的业缘人际关系（也称职场人际关系）是化解职场冲突和危机的重要方式。在职场中，需要重点关注的人际关系主要是与上级的关系、与同事的关系和与客户（工作对象）的关系。

（一）与上级建立良好的关系

与上级友好相处是职业生涯发展的最基本策略。与上级建立友好关系有多种方式，其主要目标是使自己被看作是对工作群体有重大贡献的人。具体策略包括以下方面。

（1）取得出色的工作绩效。

（2）表现出良好的职业道德。

（3）展现出较高的情商，有效处理感性和情绪问题。

（4）认真对待工作，展现出可靠和诚实。

（5）即使没有被许诺给予特别的报酬，也愿意为了组织的利益而工作。

（6）营造良好印象，包括参与大家高度关注的项目，和团队成员多多接触，参与管理者关注的活动，给出关于工作的建设性意见，主动承担不喜欢但不得不做的事。

（7）了解上级的期待，适应上级的工作方式。

（8）尽量少抱怨。

（9）避免越级上报。

（10）慎重参与上级的社交活动，与上级保持一般而友好的社会关系。

（二）建立良好的同事关系

如果个体不能融洽地与他人合作，完成工作会变得很困难，可能会产生工作挫折感、压力感，还会降低工作效率。而良好的同事关系会让人在工作中感到愉快，更容易获得合作和支持。下面是一些维持良好同事关系的策略。

（1）通过提高自己的修养来建立同盟。彬彬有礼、善良、富有合作精神且保持乐观心态的人，易于在职场中获得朋友和同盟军。

（2）让他人觉得自己是重要的。一个培养与他人良好关系的准则，就是让对方了解到自己的重要性。

（3）维持开诚布公的关系。与同事进行坦率而有策略的沟通，准确表达自己的感受。

（4）成为团队建设的高手。要关注团队的绩效和合作，而不是只关注个人绩效、对他人的困难袖手旁观。

(5) 遵守团队的行为准则。准则是成员在团队中区分应该做和不应该做的事情的标准，指导团队成员与其他成员进行积极互动。

(6) 关心同事的工作和个人生活。关心他人，用心发现与同事的共同点，但不要打探隐私和过度介入他人私人生活。

(7) 适当地称赞别人。称赞同事最引为自豪的事情，给予他人认可。

（三）和客户建立良好的关系

和客户建立良好关系的有效方法是尊重客户。以下的一些建议能帮个体和顾客建立密切的、有价值的、持续的关系。

(1) 确立客户满意目标，目标将会决定满足顾客的努力方式和努力程度。

(2) 理解客户的需要，并把它们置于首位，集中精力满足客户的需要，而非应付了事。

(3) 在和客户接触的过程中，要对客户的生活情况表示关心和关注。

(4) 以积极的态度来沟通。可以通过表情、友好的手势、热情的音调和良好的交流技巧来表达积极态度。

(5) 让客户因为接受你的服务或从你这里购买商品而感觉良好。

(6) 展示高尚的商业道德，像珍视家人和朋友一样对待客户。

(7) 面对客户抱怨时，首先是伸出援助之手，而非辩白。

(8) 邀请回头客，这种邀请越具体、越有针对性，就越会对客户的行为产生影响。

总结案例

三个砌墙工

在一个建筑工地，有位社会学专家对正在砌墙的三个工人进行了随机调查。

专家问第一个砌墙的工人："你在干什么？"

第一个砌墙工人没好气地说："没看见吗？我不是在砌墙吗？"

专家又问第二个砌墙的工人："你在干什么？"

第二个砌墙工人抬起头，笑了笑说："我在盖一幢高楼。"

专家再问第三个砌墙的工人："你在干什么？"

第三个砌墙工人一边砌墙一边哼着歌，笑容灿烂地回答："我在建设一座城市。"

十年之后，社会学专家了解到，第一个砌墙工人仍然在建筑工地上砌墙；第二个砌墙工人已经坐在办公室里画图纸；第三个砌墙的工人呢，是前两个人的老板。

分析：且不看三个人未来的命运如何，单看第三个人的职业心态就非常令人钦佩。如果都像第一个人，消极愁苦地面对自己的工作，再好的工作也不会有什么成效；而同样平凡的工作，一样的看似简单重复，枯燥乏味，有人却能以积极的职业心态面对，在平凡中感知不平凡，在简单中构筑自己的梦想，化压力为动力，克难攻坚。

劳动简论

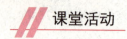

绘制"理想职业"规划彩虹图

一、活动目标

要实现自己的职业目标，我们需要根据自己的职业愿景设计一份目标行动路径图。

二、活动时间

建议 20 分钟。

三、活动准备

空白纸、彩笔若干。

四、活动流程

（1）教师引导学生想象自己未来的生活角色，并在空白纸张上画彩虹图的半圆。

（2）标注年龄阶段和你可能扮演的角色名称。

（3）将在某个年龄阶段所希望扮演角色的区域按照你认为的重要程度，涂上颜色，一种角色一种颜色。

（4）教师将学生按照 6~8 人划分小组，每个组员进行组内分享，谈一下自己对职业变化的思考。

（5）每组推选 1 名代表在班级上分享其对职业变化的思考。

（6）教师进行分析、归纳、总结，并根据每人在整个活动中的表现赋分。

课后思考：

（1）我们正处于一个快速变化的时代，你认为该如何适应未来职场和新职业？

（2）你认为该从哪些方面努力让自己成为一名优秀的职业人？

项目二　达成人职匹配

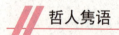

> 所有智力方面的工作都要依赖于兴趣。
>
> ——皮亚杰

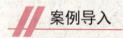

明智的职业选择

　　小霞是一名计算机网络技术专业的女生，对口工作都是与计算机相关的，但是她觉得自己并不喜欢做技术，专业知识学得也不够好，因此决定换个就业方向。

　　刚开始她很迷茫，不知道自己能做什么。一次偶然的机会，她开始在学校招生就业处担任学生助理，平时负责帮助老师组织校内招聘会，接待用人单位，因此和很多企业的人力资源经理有接触，也了解了很多不同行业的信息。由于长期接触招聘工作，并且经常帮助老师处理办公室行政事务，她对人力资源工作产生了兴趣，便开始有意识地留意学校有哪些企业可以提供人力资源岗位，并且了解人力资源岗位的具体要求。因为经常组织招聘活动，她对招聘流程有了清晰了解，再加上出色的沟通能力和组织协调能力，很快就被一家企业人力资源部录用。

分析：有学生对专业不了解，凭感觉选择了专业，学完后，发现和当初自己想象的不一样，不想从事这个工作，这时候应该怎么选择？小霞在关键的时候做出了正确的职业选择。一个人的职业成就与所学专业没有直接关联。在求职的时候，你的专业可能跟将要应聘的职位不相关，但只要你具备这个职位所需求的各项技能，就能胜任。

人职匹配，就是人的信息与职业的信息之间的匹配关系。人与职业环境的类型匹配是形成职业满意度、成就感的基础。职业适配性，强调的是基于"我是谁"去做选择。在职业兴趣测试的帮助下，你可以清晰地了解自己的职业兴趣类型和在职业选择中的主观倾向，在众多的职业机会中找寻到最适合自己的职业，避免盲目行为，尤其是对于学生和缺乏职业经验的人。霍兰德的职业兴趣理论可以帮助大家更好地进行职业选择和职业设计。

一、探索职业兴趣

（一）霍兰德的职业兴趣理论

约翰·霍兰德（John Holland）是美国约翰·霍普金斯大学心理学教授，美国著名的职业指导专家。他于1959年提出了具有广泛社会影响的职业兴趣理论，该理论认为，人的人格类型、兴趣与职业密切相关，兴趣是人们活动的巨大动力，凡是具有职业兴趣的职业，都可以提高人们的积极性，促使人们积极地、愉快地从事该职业，且职业兴趣与人格之间存在很高的相关性。他认为大多数人可以被归纳为六种人格类型：社会型（S）、企业型（E）、常规型（C）、现实型（R）、调研型（I）和艺术型（A）。

1. 社会型（S）

共同特征：喜欢与人交往，不断结交新的朋友，善言谈，愿意教导别人；关心社会问题，渴望发挥自己的社会作用；寻求广泛的人际关系，比较看重社会义务和社会道德。

典型职业：喜欢要求与人打交道的工作，希望能够不断结交新的朋友，从事提供信息、启迪、帮助、培训、开发或治疗等事务，并具备相应能力。如教育工作者（教师、教育行政人员）、社会工作者（咨询人员、公关人员）。

2. 企业型（E）

共同特征：追求权力、权威和物质财富，具有领导才能；喜欢竞争，敢冒风险，有野心、抱负；为人务实，习惯以利益得失、权利、地位、金钱等来衡量做事的价值，做事有较强的目的性。

典型职业：喜欢要求具备经营、管理、劝服、监督和领导才能，以实现机构、政治、社会及经济目标的工作，并具备相应的能力。如项目经理、销售人员、营销管理人员、政府官员、企业领导、法官、律师。

3. 常规型（C）

共同特点：尊重权威和规章制度，喜欢按计划办事、细心、有条理，习惯接受他人的指挥和领导，自己不谋求领导职务；喜欢关注实际和细节情况，通常较为谨慎和保守，缺乏创造性，不喜欢冒险和竞争，富有自我牺牲精神。

典型职业：喜欢要求注意细节、精确度，有系统、有条理，具有记录、归档、据特定要求或程序组织数据和文字信息的职业，并具备相应能力。如秘书、办公室人员、记事员、会计、行政助理、图书馆管理员、出纳员、打字员、投资分析员。

4. 现实型（R）

共同特点：愿意使用工具从事操作性工作，动手能力强，做事手脚灵活，动作协调；偏好于具体任务，不善言辞，做事保守，较为谦虚；缺乏社交能力，通常喜欢独立做事。

典型职业：喜欢使用工具、机器，需要基本操作技能的工作。对要求具备机械方面才能、体力或从事与物件、机器、工具、运动器材、植物、动物相关的职业有兴趣，并具备相应能力。如技术性职业（计算机硬件人员、摄影师、制图员、机械装配工），技能性职业（木匠、厨师、技工、修理工、农民等）。

5. 调研型（I）

共同特点：思想家而非实干家，抽象思维能力强，求知欲强，肯动脑，善思考，不愿动手；喜欢独立的和富有创造性的工作；知识渊博，有学识才能，不善于领导他人；考虑问题理性，做事喜欢精确，喜欢逻辑分析和推理，不断探讨未知的领域。

典型职业：喜欢智力的、抽象的、分析的、独立的定向任务，要求具备智力或分析才能，并将其用于观察、估测、衡量、形成理论、最终解决问题的工作，并具备相应的能力。如科学研究人员、教师、工程师、电脑编程人员、医生、系统分析员。

6. 艺术型（A）

共同特点：有创造力，乐于创造新颖、与众不同的成果，渴望表现自己的个性，实现自身的价值；做事理想化，追求完美，不重实际；具有一定的艺术才能和个性；善于表达、怀旧、心态较为复杂。

典型职业：喜欢的工作要求具备艺术修养、创造力、表达能力和直觉，并将其用于语言、行为、声音、颜色和形式的审美、思索和感受，具备相应的能力。不善于事务性工作。如艺术方面（演员、导演、艺术设计师、雕刻家、建筑师、摄影家、广告制作人），音乐方面（歌唱家、作曲家、乐队指挥），文学方面（小说家、诗人、剧作家）。

霍兰德职业兴趣图如图10-1所示。

职业类型也有六种类型，分类名称及性质与上述人格类型分类一致。现实型（R）典型职业如制图员、机械装配工等；调研型（I）典型职业如科学研究人员、工程师；艺术型（A）典型职业如导演、画家、作家等；社会型（S）典型职业如教师、护士、公关人员等；企业型（E）典型职业如政府官员、企业领导等；常规型（C）典型职业如秘书、会计、行政助理等。

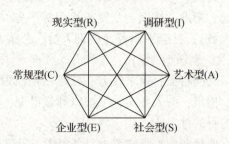

图10-1　霍兰德职业兴趣图

一个人的行为表现，是由他的人格与他所处的环境交互作用而决定的。人总是寻找适合个人人格类型的环境，锻炼相应的技巧与能力，在相匹配的环境，方能施展才能抱负、实现自身价值。人格类型与职业类型的匹配度，可以预测个人的职业满意度、稳定性及职业成就。

（二）探索职业兴趣

兴趣是个体力求认识某种事物并从事某项活动的心理倾向，它表现为个人对某种事物或从事某项活动的积极态度。兴趣是在一定需要基础上，在社会实践中发生和形成的。李开复对于兴趣给出的五点参考：选你所爱；爱你所选；把握每一个选择兴趣的机会；忠于自己的兴趣；找到最佳结合点。兴趣在人的职业选择过程中具有重要作用，是进行职业选择的重要依据。人们在选择职业时，当外界环境限制较少时，更倾向于寻找与自己兴趣有关的职业。

职业环境的变化和社会生活的日益丰富、科学技术的发展、新行业和新职业的不断出现，都会对人的兴趣产生影响。有的人兴趣一经形成就稳定不变，尽管以后兴趣面不断拓宽，但始终保持原来的职业兴趣。有些人则职业兴趣多变，缺乏稳定性和持久性，对某一职业很容易发生兴趣，但很快又会被另一种职业兴趣所代替。在选择职业时，这种态度很难适应职业生涯的要求。只有稳定的职业兴趣才能推动深入理解问题，从而获得系统和深刻的认知，奠定成功的基础。

（三）职业兴趣的培养

职业兴趣是可以通过多种途径，加上自己的努力去改变、发展和培养的。在培养职业兴趣时，可从以下几个方面努力。

（1）培养广泛的兴趣。具有广泛兴趣的人，不仅对自己职业领域的东西有浓厚的兴趣，而且对其他方面也有一定的兴趣。这种人眼界开阔，解决问题时也可以从多方面入手，在职业选择上有较大的余地。

（2）要有中心兴趣。人的兴趣应广泛，但不能浮泛，要有一定的中心爱好。只有有重点，才能学有所长，获得深邃的知识。如没有中心兴趣，往往会知识肤浅，没有确定的职业方向，心猿意马，难有成就。

（3）重视培养间接兴趣。人在最初接触某种职业时，往往对职业本身缺乏强烈的兴趣，必须要从间接兴趣入手培养职业兴趣。如了解职业在社会中的意义、对人类的贡献、职业的发展机会等以引起兴趣。

（4）积极参加职业实践。只有通过实践，才能对职业本身有深刻的认识，从而激发自己的职业兴趣。职业实践活动包括生产实习、社会调查、参观访问及组织兴趣小组等。

（5）客观评价自己的能力来确定职业兴趣。兴趣是成功的前提，但事业成功也必须具备该职业所要求的能力。因此，在培养职业兴趣的同时要客观评价自己的能力，看自己是否适合某种职业。在此基础上形成的职业兴趣才是长久的。

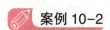
案例 10-2

因兴趣而不知疲倦的丁肇中

年仅 40 岁就获得诺贝尔奖的丁肇中，从小就对物理有浓厚的兴趣。20 岁时，他带着仅有的 100 美元，远赴重洋到美国密歇根大学学习数学和物理。在 3 年多的时间里，他刻苦读书，把全部精力都倾注于学业，有人问他："这样刻苦攻读，你不觉得苦吗？"丁肇中笑着答道："不、不、不，一点也不，没有任何人强迫我这样做，正相反，我觉得很快乐。因为我有兴趣，我急于要探究秘密。"正因为如此，丁肇中以优异成绩毕业，并被留在普林斯顿从事研究工作，后来，又成为哥伦比亚大学助理研究员，与里奇特同一天发现了 J/Q 粒子，共同获得了诺贝尔物理学奖。

作为世界顶尖的物理学家，工作到六七十岁后本可功成身退，但他依然选择奋战在科研一线。他说，好奇心和兴趣是他生命的原动力，"工作就是我的兴趣，兴趣使我不会疲倦"。

二、探索职业性格

（一）职业性格的定义

性格是指人们在对人、事、物的态度和相应行为上表现出来的特征，它是一种个体内部的行为倾向，是相对稳定、具有核心意义的、与社会联系最为密切的个性心理特征。性格具有较为复杂的结构，主要包括态度、意志、情绪、理智四个方面的特征。性格是个性最鲜明的表现。人们在对他人的知觉中所力图确定的个性特征往往就是性格。勇敢或怯懦、诚实或奸狡、勤劳或懒惰、谦虚或骄傲等，都是对一个人性格特征的描写。性格是一个人独特的、稳定的个性心理特征。在职业发展中，性格也决定着一个人的职业适应性和职业成就。

职业性格是指人们在长期特定的职业生活中所形成的与职业相联系的、稳定的心理特征，是个人内部的动力，也是确定个人在职业上的特征性行为的依据。

（二）性格类型与职业倾向

MBTI 性格类型理论以瑞士心理学家荣格的人格分类理论为基础，与其相对应的 MBTI 职业性格测试是目前应用最为广泛的职业人格评估工具。MBTI 人格共有 4 个维度，每个维度有两个方向，共计 8 个方面、16 种性格类型，如表 10-1 所示。

（1）能量获取方式：外向（E）——内向（I）；
（2）信息获取方式：感觉（S）——直觉（N）；
（3）分析判断的方式：思考（T）——情感（F）；
（4）行事的方式：判断（J）——知觉（P）。

表 10-1　16 种 MBTI 性格类型

ISTJ	ISFP	INFJ	INFP
内向+实感+思维+判断	内向+实感+情感+知觉	内向+直觉+情感+判断	内向+直觉+情感+知觉
ESTJ	ESFP	ENFJ	ENFP
外向+实感+思维+判断	外向+实感+情感+知觉	外向+直觉+情感+判断	外向+直觉+情感+知觉
ISFJ	ISTP	INTJ	INTP
内向+实感+情感+判断	内向+实感+思维+知觉	内向+直觉+思维+判断	内向+直觉+思维+知觉
ESFJ	ESTP	ENTJ	ENTP
外向+实感+情感+判断	外向+实感+思维+知觉	外向+直觉+思维+判断	外向+直觉+思维+知觉

16 种 MBTI 性格类型的特征和职业倾向如表 10-2 所示。

表 10-2　16 种 MBTI 性格类型的特征和职业倾向

性格类型	特征	职业倾向
ISTJ	工作缜密，有责任心，讲求实际	管理者、执法者、会计、审计师、行政人员
ISFJ	沉静友善，忠诚，有奉献精神，喜欢实际可行地帮助别人	教育工作者、健康护理师、宗教服务人员、服务员
INFJ	正直坚定，富有理想，对别人有洞察力，感情强烈	咨询服务人员、教导/教育人员、电影编剧等艺术工作者
INTJ	具有创意头脑，能很快掌握事物规律、思维严谨，有怀疑精神，坚韧不拔	科学家、研究人员、工程师等
ISTP	容忍、冷静，坦率诚实，重视效率，善于观察，擅长分析	各类技术专家、技师、熟练工种、执法者、军人等
ISFP	敏感仁慈，沉静友善，喜欢有自我空间，灵活，易于相处，多用行为表达情感	健康护理师、服务员、机械和维修人员、手工制作者
INFP	敏感、理想化、忠诚、信仰坚定，具有忍耐力和适应性，有好奇心	艺术家、作家、咨询服务人员、社会工作者、社科类研究人员
INTP	缄默超然、灵活易变，思维开阔，喜欢分析，喜欢理念思维多于社交	科学或技术研究人员、作家、设计师、艺术家等
ESTP	活跃、率直友善、随遇而安，讲求实际，专注及时的效益，善于用行动解决问题	各类贸易商、零售商、房地产经纪人、保险经纪人、体育工作者等
ESFP	热情大方、乐于助人，擅长交际，喜欢具体的事实，富有灵活性、即兴性	销售人员、客户经理、表演人员、节目主持人、导游、社区工作人员、健康护理师、儿童保育员等
ENFP	乐观自信，富有创造性，好奇，乐于欣赏支持别人，观察力强	儿童教育工作者、职业规划顾问、社会工作者、培训师、节目策划人、广告撰稿人等
ENTP	思维敏捷，喜欢变化与挑战，开放健谈，富有想象力，善于洞察、随机应变	投资顾问、市场营销人员、广告创意、艺术总监、访谈类节目主持人、制片人等
ESTJ	传统、合群、高效、务实，善于分配和处置资源，喜欢制度分明、稳定的工作环境	大中型企业员工、业务经理、职业经理人、管理者等
ESFJ	友好，富有同情心和责任感，重视人际关系、果断坚定、谨慎，讲求实际	办公室行政或管理人员、秘书、医护人员、教师、学校管理者、银行、酒店、餐饮业管理人员等
ENFJ	有同情心，关心他人，社交活跃，积极协助他人成长	人力资源、销售培训员、职业指导顾问、心理咨询师、记者、节目主持人（新闻、采访类）等
ENTJ	自律，有条理，分析能力强，富有远见，善于领导、决策和组织，乐于指导他人	各类管理者、领导者、行业领域专家等

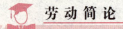
劳动简论

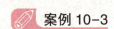
案例 10-3

不称职的财务人员

李强是一所名校会计专业的硕士毕业生，成功应聘某公司财务部从事财务工作。面试时，他表现热情大方，憨厚中透着精明，做人积极乐观、做事认真负责。性格开朗的他入职以来跟谁都自来熟，单位组织活动及同事有什么事，他都愿意帮一把；但是他做事毛糙，做报表经常出错，每到月底，月结常常过不去，往往要花很多时间核对账目，有时候连累其他同事加班，时间长了，其他人难免有怨言。这让李强的上级主管十分为难。

三、探索职业能力

能力是完成一项目标或者任务所体现出的综合素质。人们在完成活动中表现出来的能力有所不同，能力是直接影响活动效率并使活动顺利完成的个性心理特征。能力，是一个人能否进入职业的先决条件，是能否胜任职业工作的主观条件。它可分为知识技能、可迁移技能和自我管理技能。

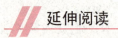
延伸阅读

职业基本能力

1. 一般职业能力主要是指一般的学习能力、文字和语言运用能力、数学运用能力、空间判断能力、形体知觉能力、颜色分辨能力、手的灵巧度、手眼协调能力等。

2. 专业能力主要是指从事某一职业的专业能力。在求职过程中，招聘方十分关注求职者是否具备胜任岗位工作的专业能力。

3. 社会能力主要是指一个人的团队协作能力、人际交往和善于沟通的能力。在工作中能够协同他人共同完成工作，对他人公正宽容，具有准确裁定事物的判断力和自律能力等，是岗位胜任和在工作中开拓进取的重要条件。

4. 个人能力，一个人的职业道德会越来越受到全社会的尊重和赞赏，爱岗敬业、工作负责、注重细节的职业人格会得到全社会的肯定和推崇。

在日常生活中，"喜欢一件事"并不等于"能干好一件事"。喜欢是一种主观体验，而做好一件事包括了主体客观条件。所以，在设计职业发展的时候，不能只考虑自己的兴趣，还要客观评价自己的能力。人在一生中，要从事各种各样的社会生活和社会生产活动，必须具备多种能力。任何职业岗位都有相应的岗位职责要求，一定的职业能力是胜任某种职业岗位的必要条件，因此，在择业时，首先要明确自己的能力优势及胜任某种工作的可能性。

（一）操作型职业能力

以操作能力为主，以运用专业知识或经验，掌握特定技术或工艺，并形成相应的职业技能与技巧的能力为特点，适合打字、驾驶汽车、种植、工厂技术员等岗位。

(二) 艺术型职业能力

以想象力为核心，以运用艺术手段再现现实生活和塑造某种艺术形象的能力为特点，适合写作、绘画、演艺、美工等岗位。

(三) 教育型职业能力

以运用各种教育手段传授知识和思想或组织受教育者进行知识与态度学习的能力为特点，适合教育、宣传、思想政治工作等岗位。

(四) 科研型职业能力

以创造性思维为核心，以通过实验研究、社会调查和资料检索等手段进行新的综合、发明与发现的能力为特点，适合研究、技术革新、发明等岗位。

(五) 服务型职业能力

以敏锐的社会知觉能力和人际关系的协调能力为主，以借助人际交往或直接沟通使顾客获得心理满足的能力为特点，适合商业、旅游业、服务业等岗位。

(六) 经营型或管理型职业能力

以决策能力为核心，以能够广泛获得信息，并以此独立地做出应变、决策或形成谋略的能力为特点，适合经理、厂长等管理领域及各行业负责人等岗位。

(七) 社交型职业能力

以人际关系协调能力为核心，以了解人情世故，能够掌握人际吸引规律，善于周转、协调，并能使对方通力合作的能力为特点，适合联络、洽谈、调节、采购等岗位。

职业能力并不单一。同一个职业往往要求几种职业能力，不同职业之间也可能包括相同的职业能力，因此在大学期间，除了专业职业能力以外，还需要特别注意一般职业能力的培养，才能更具备职业适应性。

总结案例

未雨绸缪的求职

又是一年毕业季，与其他同学相比，2015届旅游专业毕业生余婷的求职过程比较顺利，她很快就成功应聘到一家公司担任文员，薪资待遇她也很满意。

求职时，余婷并没有四处撒网投递简历。因为，在大二时，她知道自己现阶段对职业岗位定位还不精准，所学的专业看似"万金油"，哪个行业都可以干，但应该给自己一个明确的定位：自己想做什么？自己能做什么？所以，在校期间，她除了学好专业课外，还自学了与办公自动化相关的课程。她研究了一些招聘信息后发现，目前旅游专业需求并不高，但文员需求量大，只要熟练掌握办公软件的操作，招聘单位就很难不动心。

分析：个人择业时需要从自身出发，考虑个人的兴趣、性格、能力等，既要考虑客观因素，又要结合自身的主观意向，选择一个适合自己、能够发挥长处的相匹配的行业和岗位。余婷目前的选择也许不是最好的，但绝对是非常明智的。职业定位一定要落在"定"和"准"上，要善于从小事、从最具体的职业岗位做起，只要这种小事、具体事与自己的最终职业目标一致，有利于个人职业目标的实现，都可以定为自己的最初职业岗位，要把内、外优势结合起来，形成职场打拼的核心竞争力。

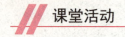

课堂活动

思考人生

一、活动目标

探索人职匹配，促进对个人生涯规划的思考。

二、活动时间

建议 20 分钟。

三、活动流程

（1）请学生们思考一下自己喜欢做的五件事，其中，哪些可能与将来的职业有关，把它们写在表 10-3 中。

表 10-3　自己喜欢做的五件事

序号	喜欢做的事情	有关的职业
1		
2		
3		
4		
5		

（2）看着表 10-3 中自己所填写的内容，自己的感受是什么？

（3）以宿舍为单位分成若干组，每组选出组长，由组长负责对问题进行讨论并归纳组内同学的想法。

（4）组内推选出一名代表在班级分享本组想法，其他小组可以对其进行提问，小组内其他成员也可以回答提出的问题。

（5）教师进行分析、归纳、总结，根据各组在研讨过程中的表现予以赋分。

课后思考：

（1）你想从事的工作与你现在所学的专业匹配吗？如果不匹配你想怎么做？

（2）结合自己的专业和喜欢从事的职业，你认为未来十年你最需要掌握的职业能力有哪些？

项目三　培养终身学习习惯

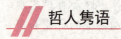

> 学习是终身的职业，在学习的道路上，谁想停下来就要落伍。
>
> ——钱伟长

智能化时代不断前进的故宫博物院

"数字故宫"是北京故宫博物院经过多年的数字化建设，在网上呈现给大家的一场文物盛宴。足不出户也能逛故宫、学历史、看展览、赏文物，带上 VR 眼镜，走进养心殿，用古代皇帝的视角欣赏美轮美奂的古建筑；走进数字文物库房，故宫博物院收藏着各类文物藏品超过 186 万件（套），与海量的文物存量相比，能展出的文物数量只是冰山一角，而数字文物库中一次性就推出 25 大类、5 万余张文物的高清影像，大家可以根据自己的爱好、学习研究的需求来对某项文物反复揣摩。故宫博物院通过与腾讯公司"数字化+云化+AI 化"的方式，还将完成 10 万件文物的高清影像采集。

"数字故宫"的建设，是智能化时代故宫人一步步不断探索的结果。第一步，他们通过胶片相机拍摄文物的影像，转化成影像电子数据，建立文物图片数据库，这样观众可以看到平面的文物，这项工作北京故宫博物院在 10 年前已基本完成；第二步，使用三维扫描技术来采集文物的影像数据，建立三维的影像数据库，这样观众可以看到立体的文物，这项工作北京故宫博物院目前正在开展；第三步，用科学手段采集文物的各种特性数据，如书画纸张的材料、画图的颜料、制作配方等，这是北京故宫博物院未来准备开展的工作。第三步是"数字故宫"建设的难点，但是完工后，无论文物出现任何变化，未来都可以用采集的数据将它重新构建出来，故宫博物院要"把壮美的紫禁城完整地交给下一个 600 年"。

分析： 智能化时代，技术的发展日新月异，从照片到三维实体图像，故宫博物院的数字文物让我们在保护文物安全的同时能够近距离感受古代文物的特点。技术上的进步督促我们要不断地学习，不断接受新鲜事物。不论是谁，停止学习，也就停止了前进的步伐。

一、人工智能时代终身学习的意义

终身学习是每个成员为适应社会发展和实现个体发展的需要，贯穿人的一生的持续学习的过程。我们通常所说的"活到老学到老""学无止境"，其实就是终身学习。在特殊的社会、教育和生活背景下，终身学习理念得以产生，它具有终身性、全民性、广泛性等热点。终身学习启示我们，在大学学习过程中要养成主动、不断探索、自我更新、学以致用和优化知识的良好习惯。

终身学习在人工智能时代是一个生存性的问题，每一个人需要时刻问自己三大问题：我要学习什么内容？我要以什么样的方式学习？时代需要我们具备什么样的学习能力？人工智能时代评价一个人的水平高低，不仅仅看他的学历高低，更要看他是否具备三种能力：一是终身学习能力；二是个性化学习能力；三是相当的软知识技能。新技术与学习的融合带来了终身学习的学习目的、学习内容与学习方式的变革。根据终身学习的变革趋势，人工智能时代的终身学习依然以学习者为主体并且持续终身。学会生活、学会共处和学会做人将是人工智能时代终身学习的重要方向与必然路径。

劳动简论

（一）知识更新速度越来越快需要人们终身学习

在人工智能时代，学习者已经掌握的知识会随着时间的流逝而过时，十年前的知识放到今天很多已经过时。在有些领域，去年的知识，今年就已经不能用了。学者们使用了知识更新周期这个概念，知识更新周期是指知识更新一次所用的时间。在18世纪时，知识更新周期为80~90年；19世纪到20世纪初，缩短为30年；20个世纪60—70年代，一般学科的知识更新周期为5~10年；而到了20个世纪80—90年代，许多学科的知识更新周期缩短为5年；进入新世纪后，许多学科的知识更新周期已经缩短至2~3年。随着人类平均寿命的延长，一生的工作时间也会延长，一辈子从事一种职业的情况会越来越少，可能会主动换岗位，也可能是由于技术的发展、旧的岗位消失而被迫转岗。当开始应对新的工作时，就要学习掌握新的知识、新的技能，因此在一个人头脑中，知识更新速度大于知识老化速度时，这个人就能在激烈的竞争中保持优势；当知识老化的速度超过知识更新的速度时，这个人就会逐渐落后于时代的发展，被后来者赶上，这也是目前终身学习思想被现代社会普遍认同的原因。

（二）劳动竞争日趋激烈需要人们终身学习

英国牛津大学的勒泽尔通过研究各国有关人类生活水平的数据，发现在过去的两百年里，发达国家的普通人在正式场合学习的时间越来越长，只有学习才能不掉队，只有努力学习才有可能超越他人。随着经济全球化程度的加深，国家间的竞争愈来愈烈，国家间的竞争本质上是人才竞争、教育竞争，而随着教育国际化的深入，有限的人才可以选择在各个国家进行各种学习，各国都在大力增加教育投入，提升教育公平和教育质量，以获得竞争比较优势。青年人也在寻找各种学习的机会，完善自己的知识体系，掌握各种技术技能。

人工智能使全球经济增长模式向深度转型、向知识社会转型，劳动密集型企业纷纷成长为技术密集型企业。各行业的经济增长点从"依靠原材料开采"转型升级为"依靠人力资本及知识创新"。日趋激励的转型与竞争，迫使青年人不断提升自身能力、不断增强自身的相对优势。

（三）复合型人才紧缺需要人们终身学习

未来企业需要的是一专多能的人才。要想成为这样的人，就要广泛学习各领域的知识。不同领域知识的学习，可以拓宽人的认知，为解决其他问题提供思路，能从事复合型工作。人工智能时代的复合型人才包括"Π型"人才、斜杠人才。"Π型"人才指至少拥有两种专业技能，并能将多门知识融会贯通的高级复合型人才。斜杠人才是指全面性的人才。斜杠人才不仅仅有多种技能，更是不满足单一职业的生活方式、拥有多重职业和身份。比方说，在小型互联网公司写文章的新媒体工作者，可能既要会写文章、会排版、会设计图片，甚至还要兼任产品经理。企业老板聘请一个斜杠人才，就能顶替两个以上不同职位的人，既能节约工资成本，还能实现岗位之间的无缝对接，更能提高工作效率。

人类文明已发展到一个新的转折点。教育从来没有像今天这样成为关系人类生存命运的重要前提，学习也从来没有像现在这样成为一个人最基本的生存能力。学习是每一个人乃至整个社会开启富裕之门的钥匙。学习不仅仅关系到经济的繁荣。对社会而言，学习告诉人们影响他们生活的主要问题，使他们成为积极的公民，并全力以赴地投入自身的发展之中；对个人而言，学习使人在不断自我完善的同时也提供职业发展和改善生活的机会。人人需要生存的智慧，学习为生存之道。对所有人来说，终身学习都将成为一种回报无限的投资。

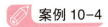

案例 10-4

从图书馆起步进入学术殿堂

1935年，只有小学学历的金克木经人介绍，到北京大学图书馆工作，负责借书还书。一天，他忽然想到：我为什么不能也像那些教授、学生一样读书呢？

但如何在书海中寻到最有价值的书，令他一筹莫展。后来，他想到了"索引"，就像他根据"索引"给借书人找书一样，反过来，他也可以从借书人那里搜索到有价值的书啊！从此，借书人就成了他的"导师"。白天，他在借书台和书库间穿梭，晚上他就偷偷阅读那些被别人借过的书。他的"导师"五花八门，但以毕业生为主，这些学生要写论文，因此他们借的书都很有方向性。

给金克木留下深刻印象的，是一位从十几千米外步行赶来的教授。他夹着布包，手拿一张纸往借书台上一放，一言不发。金克木接过一看，全是些古书名。待这位教授走后，金克木赶紧把书名记下来，以后有了空闲，便按照书单到善本书库中一一查看。日久天长，这个曾经的懵懂少年不仅靠自学精通了梵语、印地语、世界语等十多种语言文字，还在文学、历史、天文等领域卓有成就，成为一代奇才，与季羡林、张中行和邓广铭并称为"燕园四老"。

（资料来源：《求学》，2014年19期）

二、终身学习的内涵及特点

（一）终身学习的内涵

1. 学习是一种持续终身的活动

终身学习是指开始于人的生命之初，终止于人的生命之末，包括人的发展的各个阶段的学习活动，既包括纵向的一个人从婴儿到老年期的各个不同发展阶段的各种学习，也包括横向的在学校、家庭、社会等各个不同领域的各种学习活动。终身学习彻底改变了传统的学习观念、学习思想，对学习赋予了全新的认识、全新的理解。

2. 学习是个体的一种自发的生活方式

终身教育是一种理念，学习化社会是一种保障措施，二者只提供了条件，若要真正实现人的完善还必须通过个体的学习，内化为个人的经验，因此终身学习的重要内涵就是它是个体一种自发的生活方式。在这样的生活方式中，学习者学会观察、听讲、表达自己的观点，提问题和思考；学习者能够认识到自己所需要的教育，并能规划和评价自己的学习。

3. 学习是多样化、个性化的

终身学习尊重每个人的个性和独立性，重视学习者自主、自发地不断发展，它不仅使学习内容多样化的范围扩大，而且教育、学习的技术与方法等也进一步扩大，学习者可以自主地从多种内容和方法中进行选择。另外，终身学习的目标也是多样化的，"学会认知、学会做事、学会共处、学会生存"是终身学习理念的重要支柱与最终目标。

（二）终身学习的特点

1. 终身性

终身教育突破了正规学校的框架，把教育看成个人一生中连续不断的学习过程，是人们在一生中所受到的各种培养的总和，实现了从学前期到老年期的整个教育过程的统一。终身教育既包括正规教育，又包括非正规教育，包括了教育体系的各个阶段和各种形式。

2. 广泛性

终身教育既包括家庭教育、学校教育，也包括社会教育。可以这么说，它包括人的各个阶段，是一切时间、一切地点、一切场合和一切方面的教育。终身教育扩大了学习天地，为整个教育事业注入了新的活力。

3. 全民性

终身教育的全民性，是指接受终身教育的人包括了所有的人，无论男女老幼、贫富差别、种族性别。联合国教科文组织汉堡教育研究员达贝提出，终身教育具有民主化的特色，反对教育知识为所谓的精英服务，使具有多种能力的一般民众能平等获得教育机会。而事实上，当今社会中的每一个人，都要学会生存，而要学会生存就离不开终身教育，因为生存发展是时代的主流，会生存必须会学习，这是现代社会给每个人提出的新课题。

4. 灵活与实用性

终身教育具有灵活性，表现在任何需要学习的人，都可随时随地接受任何形式的教育。学习的时间、地点、内容、方式均由个人决定。人们可以根据自己的特点和需要选择最适合自己的学习。

三、培养终身学习的习惯

（一）主动学习的习惯

1. 主动学习的定义

主动学习，意指把学习当作一种发自内心的、反映个体需要的活动。主动学习的习惯，本质上是视学习为自己的迫切需要和愿望，坚持不懈地进行自主学习、自我评价、自我监督，必要的时候进行适当的自我调节，使学习效率更高、效果更好。

2. 主动学习的内涵

主动学习的习惯主要包括六个方面的内涵：①把学习当成自己的事情；②对学习有如饥似渴的需要；③对自己的学习及时有效地进行评价；④遇到困难坚持不懈；⑤主动调节自己的学习行为，以适应不同的环境和需要；⑥正确对待别人的帮助。

3. 培养主动学习习惯的要点

首先，要培养对学习如饥似渴的需要；其次，把学习当成自己的事情；再次，学会进行自我评价。

（二）不断探索的习惯

不断探索，就是在未知的领域里，凭借自己的兴趣爱好、凭借自己的发现和寻找进行学习，多方寻求答案，解决疑问。

培养不断探索习惯的要点：首先，要对周围某些事物、现象，对听到和看到的观点、看法有浓厚的兴趣。如果周围的任何事物和现象都引不起你的丝毫兴趣，不能令你有所感触，不能让你心动，那就不可能产生真正的探索。探索首先来源于兴趣。其次，还需要不断丰富自己的信息资源。信息资源既包括人的方面的资源，也包括知识方面的资源。

（三）自我更新的习惯

自我更新，就是不固守已经掌握的知识和形成的能力，从发展和提高的角度，对自己的知识、认识和能力不断地进行完善。

培养自我更新习惯的要点主要是以下六点：①要让自己心态开放；②培养对新事物、新现象的敏感性；③要善于进行反思；④要进行自我更新；⑤虚心；⑥重视别人的意见，主动纳言。

（四）学以致用的习惯

1. 学以致用的定义

常常听到有学生抱怨学校里学的东西没有用，果真如此吗？学不致用，当然无用；学以致用，自然会有用。大学生在学习时可以把刚刚学到的知识与生活实践联系起来，把一段时期学习的某个专题，甚至多种学科的多个专题知识结合起来，进行综合运用。

2. 学以致用的内涵

学以致用的精髓，一方面在于把间接的经验和知识还原为活的、有实用价值的知识。这个还原的过程需要有一双敏锐的眼睛和始终思考的心灵。始终思考的心灵，能让人不断去发现现象背后隐藏的规律。

学以致用的精髓，另一方面在于动手。理论上行得通的东西，在实践中做起来可能比想象的复杂得多。对于技术性的工作，最优秀的往往不是学历高的人，而是有操作倾向、操作能力和操作经验的人。

在学以致用的过程中，人们能够充分发现自己的潜力。多做，就会发现自己能做的事情很多；少做，就会发现能做的事情越来越少。

3. 培养学以致用习惯的要点

首先，要经常观察和思考。现象和规律都是客观存在的，但要人去发现。就像苹果园里的苹果，年年都会往下掉，被砸中的人不计其数，却只有牛顿因此发现了万有引力定律，这就是观察和思考的效果。可以说，几乎所有的发现都源于细心的观察和思考。

其次，要学会"做"。"做"是学以致用习惯的核心，我们要不断动手去验证自己的想法和观点。

（五）优化知识的习惯

1. 优化知识习惯的定义

在知识社会里，信息浩如烟海，必须善于管理知识与处理信息。可以肯定地说，21世纪最重要的学习能力就是学会管理知识和处理信息。具体说，你不可能也不需要记住所有的知识，但你可以知道去哪里找你需要的知识，并且能够迅速找到；你不可能也不需要了解所有的信息，但你可以知道最重要的信息是什么，并且明确自己该怎么行动。

2. 优化知识习惯的内涵

首先，要学会反思。人类之所以向往和平与发展并越来越重视环境保护，得益于对历史与现实的反思。我们每一个人的真正进步，无不得益于对过去的反思。所以说，反思是特别

劳动简论

重要的特点。

其次,要学会有效地利用计算机和网络,同时要在了解的基础上避免对计算机和网络的不良运用。要学会管理知识和处理信息,计算机和互联网能发挥重要作用。

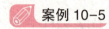 **案例 10-5**

三省吾身的故事

春秋时期,孔子的学生曾参勤奋好学,深得孔子的喜爱,同学问曾参为什么进步那么快,曾参说:"我每天都要多次问自己:替别人办事是否尽力?与朋友交往有没有不诚实的地方?先生教的学生是否学好?如果发现做得不妥就立即改正。"

3. 培养优化知识习惯的要点

首先,要多思考。遇到问题要主动思考,而不是急于去向老师问正确答案。因为学习是一个"悟"的过程,而"悟"是别人替代不了的。做完了作业,首先要自己检查,自己反思总结。

其次,要多复习。读书学习有一个把书变薄再变厚的过程,即读完厚厚的书或学完长长的课,经过反思会悟出最紧要的东西,这就是把书由厚变薄。抓住最紧要的东西,加以联想、引申、升华,薄薄的书便逐步加厚,又成为一本厚书。但是,这已经不是原来的书,而是学习者个人独创的书。

再次,要多动笔。俗话说,好记性不如烂笔头。由于写作比讲话往往更深刻、更理性、更严谨,多动笔便成为反思的基本方法之一。譬如,写日记、写读书笔记等方法,值得大力提倡。

最后,有效利用互联网。计算机和互联网有很大的作用和影响,我们要学会健康有效地利用互联网。

延伸阅读

李开复给大学生的七封信件节选

1. 《李开复给中国大学生的第一封信——从诚信谈起》

在美国,中国学生的勤奋和优秀是出了名的,曾经一度是美国各名校最欢迎的留学生群体。而最近,却有一些学校和教授声称,他们再也不想招收中国学生了。理由很简单,某些中国学生拿着读博士的奖学金到了美国,可是,一旦找到工作机会,他们就会马上申请离开学校,将自己曾经承诺要完成的学位和研究抛在一边。这种言行不一的做法已经使得美国相当一部分教授对中国学生的诚信产生了怀疑。应该指出,有这种行为的中国学生是少数,然而就是这样的"少数",已经让中国学生的名誉受到了极大的损害。另外,目前美国有很多教授不理会大多数中国学生的推荐信,因为他们知道这些推荐信可能就出自学生自己之手,已无参考性可言。

2. 《李开复给中国大学生的第二封信——从优秀到卓越》

当一个公司重视诚信,员工一定更值得信赖。因此,公司对员工也能够完全信任,让他们发挥自己的才能。在微软公司,公司的各级管理者都会给员工较大的自由和空间发展他们的事业,并在工作和生活上充分信任、支持和帮助员工。只要是微软录用的人,微软就会百分之百地信任他。和一些软件企业对员工处处提防的做法不同,微软公司内的员工可以看到许多源代码,接触到很多技术或商业方面的机密。正是因为如此得到公司的信任,微软的员工对公司才有更强的责任心和更高的工作热情。

3. 《李开复给中国大学生的第三封信——成功、自信、快乐》

如何寻找兴趣和激情呢?首先,你要把兴趣和才华分开。做自己有才华的事容易出成果,但不要因为自己做得好就认为那是你的兴趣所在。为了找到真正的兴趣和激情,你可以问自己:对于某件事,你是否十分渴望重复它,是否能愉快、成功地完成它?你过去是不是一直向往它?是否总能很快地学习它?它是否总能让你满足?你是否由衷地从心里(而不只是从脑海里)喜爱它?你的人生中最快乐的事情是不是和它有关?当你这样问自己时,注意不要把你父母的期望、社会的价值观和朋友的影响融入你的答案。

4. 《李开复给大学生的第四封信——大学四年应是这样度过》

自学能力必须在大学期间开始培养。许多同学总是抱怨老师教得不好,懂得不多,学校的课程安排也不合理。我通常会劝这些学生说:"与其诅咒黑暗,不如点亮蜡烛。"大学生不应该只会跟在老师的身后亦步亦趋,而应当主动走在老师的前面。例如,大学老师在一个课时里通常要涵盖课本中几十页的信息内容,仅仅通过课堂听讲是无法把所有知识学通、学透的。最好的学习方法是在老师讲课之前就把课本中的相关问题琢磨清楚,然后在课堂上对照老师的讲解弥补自己在理解和认识上的不足之处。

5. 《李开复给大学生的第五封信——你有选择的权利》

斗转星移,在今天这个瞬息万变的时代里,人们对人才的定义已经发生了很大的变化,因为在现代化的企业中,有更多的人享有决策的权利,有更多的人必须在思考中不断创新,也更多的人有足够的空间来决定要做什么、要怎么做……大多数人的工作不再是机械式的重复劳动,而是需要独立思考、自主决策的复杂过程。著名的管理学家彼得·德鲁克曾指出:"未来的历史学家会说,这个世纪最重要的事情不是技术或网络的革新,而是人类生存状况的重大改变。在这个世纪里,人将拥有更多的选择,他们必须积极地管理自己。"所以,今天大多数优秀的企业对人才的期望是:积极主动、充满热情、灵活自信。要想在现代化的企业中获得成功,就必须努力培养自己的主动意识,在工作中要勇于承担责任,主动为自己设定工作目标,并不断改进方式和方法;此外,还应当培养推销自己的能力,在领导或同事面前要善于表现自己的优点。作为当代中国的青年一代,你应该不再只是被动地等待别人告诉你该做什么,而应该主动去了解自己要做什么,并且规划它们,然后全力以赴地去完成。想想今天世界上最成功的那些人,有几个是唯唯诺诺、被动消极的人?对待自己的学业和研究项目,你需要以一个母亲对孩子那样的责任心全力投入、不断努力。只要有了积极主动的态度,没有什么目标是不能达到的。

6. 《李开复给大学生的第六封信(上、下)——选择的智慧》

一位来自中国科技大学的学生提出"自觉是大学生必备的素质",他说:"之所以提出这样的观点,这主要来自我在校园生活中的一些体会。现在的在校学生,有多少人能真正认识自己?一年多来,因为我在学校某社团做组织工作,可以接触到许多不同类型的学生。让我难过的是，几乎很少有人清楚自己在哪些方面很出色，自己对什么方向感兴趣。特别是当学校的学制从五年改成四年以后，我发现很多大一新生一入校就开始准备考研、出国，两眼紧盯着 GPA。这个时候，考研、出国、GPA 不再是进一步深造的手段，而变成了很多人追求的唯一目标。深入了解自己并不难，事实上，很多人只是从来没有考虑过要了解自己。确定计划和原则时，必须完全基于对自己的了解。最关键的是，一定要清楚自己对什么事情最感兴趣。制订了一个计划以后，也许随着时间的推移，会有某种程度上的修改，但始终要明确自己的大方向。所以我觉得更难的一点是，能经常以旁观者的目光审视自己，看一下自己哪方面做得好，需要保持；哪方面做得差，需要更加努力；哪方面走入了歧途，需要改正。"

7.《李开复给大学生的第七封信——21 世纪最需要的七种人才》

在这美好的 21 世纪，那些能够融会贯通、将创新与实践相结合、跨领域合作、具备 IQ + EQ + SQ 的综合素质、善于沟通与合作、选择自己热爱的工作、积极主动、乐观向上的人一定能拥有更加平坦、辉煌的成功之路。

我将这封信献给所有渴望在 21 世纪成功的世界青年，我也将下面七句话赠给 21 世纪的青年。

融会贯通者：听过的会忘记，看过的会记得，做过的才能真正掌握（Hear and you forget, see and you remember, do and you understand）。

创新实践者：重要的不是创新，而是有用的创新（What matters is not innovation, but useful innovation）。

跨领域融合者：重要的不是深度的解析，而是跨领域的合成（What matters most is not analysis, but synthesis）。

三商皆高者：你的价值不在于你拥有什么，而在于你贡献了什么（Your value is not what you possess, but what you contribute）。

沟通合作者：只会思考而不会表达的人，与不会思考的人没什么两样（The man who can think and does not know how to express what he thinks is at the level of him who cannot think）。

热爱工作者：如果你找到了自己热爱的工作，你就会在一生中享受每一天（If you find a job you love, you will never work a day in your life）。

积极乐观者：半杯水是半满还是半空，主要看你是在倒水入杯还是出杯（The glass is half full or half empty depending on whether you're pouring in or out）。

四、终身学习是实现职业生涯价值的需要

（一）终身学习是职业生存的需要

以往，一个人只要在学校学好一门专业，就可以一辈子当专家；学会一种技术和手艺，就可以受用终身。可是随着现代科学技术的发展，许多行业已不再是代代相承、永远不变。尤其是信息技术的迅猛发展，对人们的生活方式、学习方式产生着重要的影响，终身学习的重要性也越来越明显。"只有终身学习，终身受教育，才能终身就业"，终身学习已经成为

现代劳动力市场的一条基本规律。

当今世界，科技突飞猛进，信息量与日俱增，社会各个领域的科学知识不断由单一走向多元，不断向更深更广的层面发展，因此，要求人们迅速学习和更新专业知识。随着社会主义市场经济的快速深层次发展，职业分类也越来越细化，越来越规范，出现了很多新的职业领域。在工作中单靠原来学习的专业知识是远远不够的。因此，每个职场人都必须认清终身学习对自身成长和发展的重要性，自觉树立终身学习的观念，不断地提高自身的素质，以适应职业生存的需要。

（二）终身学习是被尊重的需要

一个人想要受人尊重，首先得有一定的学识，具备较高的素质。而学习是获得这些的前提和必要条件。学习是人类生存和发展的重要手段，终身学习是自身发展的必由之路。"活到老，学到老"是每个人应有的学习观。人们已经感受到学习的必要性和重要性，主动提高自己内在素质的人越来越多。

（三）终身学习是提高幸福感的需要

幸福感是一种心理体验，它既是对生活的客观条件和所处状态的一种事实判断，又是对生活的主观意义和满足程度的一种价值判断。它表现为在生活满意度基础上产生的一种积极心理体验。而幸福感指数，就是衡量这种感受具体程度的主观指标数值。终身职业学习可使我们紧跟时代的脚步，获得社会的认可，个人的认识有所提高，职场发展顺利，因此，个人生活的满意度也会随之提升，从而提升幸福指数。

从对幸福感的影响因素分析中，我们不难发现，就业状况、收入水平、教育程度等因素起着至关重要的作用，而这些因素无不通过终身职业学习去获得。对于个体来说，我们只有通过自己的刻苦努力，坚持不断地学习和实践，才能紧扣时代的脉搏，跟上时代的步伐，进而才可能拥有较好的职业和收入，提升职业幸福指数。

（四）终身职业学习是适应社会和实现个人梦想的必然要求

学习是人类生存和发展的重要手段，要想更好地适应社会，驰骋职场，终身职业学习是必由之路。21 世纪是"知识爆炸"的时代，知识老化加速，职工更替频繁，社会变化急剧，任何人都不可能拥有足以应对社会发展的知识。因此，必须通过学习，不断丰富自己。

通过终身学习，可以促进自己的学识、能力和素质的全面发展，提升个人的社会竞争力，适应飞速发展的社会，进而实现个人梦想。

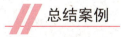 总结案例

活到老学到老的于光远

著名经济学家于光远（1915—2013）可谓活到老、学到老的践行者。为了不落后于时代，2001 年，86 岁的他开始使用电脑并建立了自己的网站，5 年后，91 岁的他又开始开博客当"博主"。他每天花大量的时间坐在电脑前，除了吃饭、睡觉，他基本都在电脑上写着、学着、玩着、快活着。

劳动简论

> 头顶"著名经济学家"桂冠的于光远晚年开始攀登文学高峰，散文出手不凡，自称"21世纪文坛新秀"。90岁之前，于光远出版了75部著作，其中包括散文集《古稀手记》《窗外的石榴花》《我眼中的他们》《我的编年故事》等。他表示，不过百岁生日，要出百部著作，91岁时，他出版的著作已达80部。
>
> **分析：** 生活在人工智能时代的大学生应该养成终身学习习惯，做一名合格的社会主义现代化的建设者和接班人。

课堂活动

沙盘活动——做学习的选择题

一、活动目标

首先，正确认识终身学习；其次，探索正常与非正常情况下，如何应对。

二、活动时间

建议30分钟。

三、活动过程

（1）教师准备人生初始卡片（例如主动学习、自我探索、不断更新等）、经历卡片（例如参加义务教育、获得人生荣誉、遭遇人生变故等）、选择牌（"接受"或"不接受"）。

（2）每位同学可选择初始3~5张卡牌作为自己的初始卡片，根据老师的指令经历，学生需要做出选择，从而进行分组。

（3）通过经历卡片与选择卡片，老师将不同选择的学生进行分组，从而获得不一样的人生。

（4）每一组人生结局，选择1~2位同学进行分享，告诉大家你为什么这样选择，你的想法是什么，是否有同样的伙伴等。

（5）在经历不同的经历卡片时，不同选择会影响手中原有卡片的保留或失去。

（6）教师进行归纳、分析和总结，引导学生认识终身学习的重要性。

课后思考：

（1）你是如何理解人工智能时代下终身学习的意义和价值的？

（2）结合书中所学，你认为培养终身学习习惯的具体方法有哪些？

参考文献

[1] 刘向兵. 劳动的名义 [M]. 北京：中国工人出版社，2018.
[2] B. A. 苏霍姆林斯基. 苏霍姆林斯基论劳动教育 [M]. 萧勇，杜殿坤，译. 北京：教育科学出版社，2019.
[3] 彭新宇，陈承欢，陈秀清. 职业素养的诊断与提高 [M]. 北京：电子工业出版社，2018.
[4] 罗小秋. 职场安全与健康 [M]. 北京：高等教育出版社，2014.
[5] 本书编写组. 马克思主义基本原理概论. [M]. 北京：高等教育出版社，2013.
[6] 檀传宝. 劳动创造美好生活 [M]. 北京：中国劳动社会保障出版社，2019.
[7] 顾明远，边守正. 陶行知选集 [M]. 北京：教育科学出版社，2011.
[8] 李珂. 嬗变与审视 [M]. 北京. 社会科学文献出版社，2019.
[9] 刘艾玉. 劳动社会学教程 [M]. 北京. 北京大学出版社，2004.
[10] 刘向兵. 新时代高校劳动教育论纲 [M]. 北京. 社会科学文献出版社，2019.
[11] Robert D. Lock. 把握你的职业发展方向 [M]. 5版. 钟谷兰，曾垂凯，时堪，译. 北京：中国轻工业出版社，2006.
[12] 成志明. 苏宁：背后的力量——组织智慧 [M]. 北京：中信出版社，2011.
[13] 董克用，李超平.《人力资源管理概论（第三版）》学习指导与案例 [M]. 北京：中国人民大学出版社，2013.
[14] 李艳. 人力资源管理工具大全 [M]. 北京：人民邮电出版社，2009.
[15] 潘新民. 世界500强人力资源总监管理笔记 [M]. 北京：化学工业出版社，2014.
[16] 王志杰. 职业素养基本训练 [M]. 北京：中国劳动社会保障出版社，2015.
[17] 姚裕群. 人力资源管理与劳动保障案例集 [M]. 北京：清华大学出版社，2015.
[18] 姚裕群. 人力资源开发与管理通论 [M]. 北京：清华大学出版社，2016.
[19] [德] 克里斯托弗·迈内尔，乌尔里希·温伯格，蒂姆·科罗恩. 设计思维改变世界 [M]. 平嬿嫣，李悦，译. 北京：机械工业出版社，2017.
[20] [美] 布朗温·卢埃林，罗宾·霍尔特. 适合比成功更重要 [M]. 古典，译. 北京：中信出版社，2013.
[21] [美] 德鲁·博迪，雅各布·戈登堡. 微创新：5种微小改变创造产品 [M]. 钟丽婷，译. 北京：中信出版社，2014.
[22] [美] 菲利普·科特勒. 营销管理 [M]. 梅汝和，梅清豪，周安柱，译. 北京：中国人民大学出版社，2001.
[23] [美] 凯文·凯利. 必然 [M]. 周峰，董理，金阳，译. 北京：电子工业出版社，2016.
[24] [美] 克莱顿·克里斯坦森，[加] 迈克尔·雷纳. 创新者的解答 [M]. 全新修订版.

李瑜偲，林伟，郑欢，译. 北京：中信出版社，2013.
[25] [美] 克莱顿·克里斯坦森. 创新者的窘境 [M]. 全新修订版. 胡建桥，译. 北京：中信出版社，2014.
[26] [英] 马特·里德利. 自下而上：万物进化简史 [M]. 闾佳，译. 北京：机械工业出版社，2017.
[27] 包季鸣. 领导力与职业责任 [M]. 上海：复旦大学出版社，2012.
[28] 曹建华. 职业素质教育 [M]. 北京：国防工业出版社，2015.
[29] 陈川雄. 职业素质拓展 [M]. 北京：高等教育出版社，2014.
[30] 陈春花，曹洲涛，曾昊. 企业文化 [M]. 北京：机械工业出版社，2010.
[31] 陈烈强. 高职创业教育与实践 [M]. 广州：华南理工大学出版社，2014.
[32] 陈松，张大红. 移动互联网背景下市场营销策略创新性研究 [J]. 人民论坛·学术前沿，2018（7）.
[33] 陈涛涛. 世界500强企业面试笔试攻略 [M]. 北京：中国法制出版社，2015.
[34] 陈一鸣. 硅谷最受欢迎的情商课 [M]. 北京：中信出版社，2013.
[35] 陈苡，史豪慧. 市场营销学 [M]. 广州：暨南大学出版社，2015.
[36] 陈宇，姚臻. 就业与创业指导 [M]. 北京：外语教学与研究出版社，2014.